Georg Brandes, Adolf Strodtmann

Die Hauptströmungen der Litteratur des neunzehnten Jahrhunderts

Der Naturalismus in England

Georg Brandes, Adolf Strodtmann

Die Hauptströmungen der Litteratur des neunzehnten Jahrhunderts
Der Naturalismus in England

ISBN/EAN: 9783741172977

Hergestellt in Europa, USA, Kanada, Australien, Japan

Cover: Foto ©Lupo / pixelio.de

Manufactured and distributed by brebook publishing software
(www.brebook.com)

Georg Brandes, Adolf Strodtmann

Die Hauptströmungen der Litteratur des neunzehnten Jahrhunderts

Die Hauptströmungen

der

Litteratur des neunzehnten Jahrhunderts.

Vorlesungen,
gehalten an der Kopenhagener Universität
von
G. Brandes.

Uebersetzt und eingeleitet von
Adolf Strodtmann.

Vierter Band: Der Naturalismus in England.
Die Seeschule. Byron und seine Gruppe.

Einzig autorisierte deutsche Ausgabe.

Fünfte, gänzlich umgearbeitete, vermehrte und mit einem Generalregister
versehene Auflage.

Jubiläums-Ausgabe.

Leipzig,
Verlag von H. Barsdorf.
1897.

Der
Naturalismus in England.

Die Seeschule. Byron und seine Gruppe.

Von

G. Brandes.

Uebersetzt und eingeleitet
von
Adolf Strodtmann.

Einzig autorisierte deutsche Ausgabe.

Fünfte, vermehrte und verbesserte Auflage.

Jubiläums-Ausgabe.

Leipzig.
Verlag von H. Barsdorf.
1897.

I am as a spirit who has dwelt
Within his heart of hearts; and I have felt
His feelings, and have thought his thoughts, and known
The inmost converse of his soul, the tone
Unheard but in the silence of his blood,
When all the pulses in their multitude
Image the trembling calm of summer seas.
I have unlocked the golden melodies
Of his deep soul as with a master-key
And loosened them, and bathed myself therein.

Shelley: Fragment L.

Guiseppe Saredo,

Profeffor der Rechtswiffenfchaft an der Univerfität zu Rom

in herzlicher Freundfchaft gewidmet

vom

Verfaffer.

Inhalt.

Der Naturalismus in England.

𝔈s ist meine Absicht, in der englischen Poesie der ersten Jahrzehnte dieses Jahrhunderts die starke, tief begrün= dete und folgenreiche Strömung des englischen Geisteslebens zu schildern, die von den klassischen Formen und Traditionen befreit, einen die ganze Litteratur beherrschenden Naturalismus hervorbringt, vom Naturalismus zum Radikalismus führt, von der Auflehnung gegen die hergebrachte litterarische Konvenienz sich zu einer gewaltigen Empörung gegen die religiöse und politische Reaktion erhebt, und die Keime zu allen freisinnigen Ideen und allen befreienden Thaten in sich trägt, welche die europäische Kultur seitdem verwirklicht hat.

Die Periode der schönen Litteratur, welche ich darstellen will, ist eine blühend reiche, mit höchst verschiedenartigen, häufig einander fremden oder einander feindlichen Geistern und Schulen, deren wechselseitiger Zusammenhang nicht unmittelbar zu Tage liegt, sondern sich erst dem kritischen Blick enthüllt. Dennoch hat diese Periode ihre Einheit, und das Bild, das sie gewährt, ist von der Geschichte selber zusammenhängend komponiert, wie bunt und bewegt es sich übrigens erweise.

1.
Gemeinsame Züge des Zeitalters.

Zuerst und zuvörderst besitzt diese Gruppe der englischen
Litteratur gewisse Charaktermerkmale, die der ganzen europä=
ischen Geistesrichtung in dieser Periode gemeinschaftlich sind,
weil sie aus denselben Ursachen entspringen. Napoleon bedrohte
Europa mit einer Universalmonarchie. Teils instinktmäßig,
teils mit klarem Bewußtsein, beugte sich überall der bedrohte
Volksgeist, um sich der Vergewaltigung zu entziehen, zu seinen
eigenen Lebensquellen hinab. Das Nationalitätsgefühl erwacht
und schwillt in Deutschland während der Freiheitskriege, in
Rußland flammt es mit dem Brande der alten Hauptstadt
empor, in England begeistert es sich für einen Wellington und
Nelson und behauptet in den blutigen Schlachten vom Nil bis
Waterloo die alte englische Herrschaft über das Meer, in Däne=
mark ruft die Kanonade der Schlacht auf der Rhede einen
neuen Volksgeist und eine neue Poesie hervor. Es ist dies
Nationalgefühl, das ringsum die Völker veranlaßt, sich in ihre
eigene Geschichte und ihre eigenen Sitten, in ihre Sagen= und
Märchenkreise zu vertiefen. Die Liebe zum Volkstümlichen
führt zum Studium und zur Wiederdarstellung des eigentlichen
sogenannten „Volkes," der unteren Gesellschaftsklassen, welche
die poetische Bildung des achtzehnten Jahrhunderts noch nicht
bearbeitet hatte. Ja, die Reaktion wider die Weltsprache
bringt sogar die Dialekte zu Ehren.

In Deutschland führte wie früher*) geschildert worden
ist, die Nationalitätsschwärmerei zur Begeisterung für die
deutsche Vergangenheit, für das Mittelalter, seinen Glauben,
seinen Aberglauben und seine Gesellschaftsordnung. In Italien
findet mit Manzonis Hymnen eine anscheinende Rückkehr zum

*) Vgl. Die romantische Schule in Deutschland. 5. Aufl. 1897. Kap. 16.

Katholizismus statt. Die dogmatische und asketische Religion macht sich hier geltend als Poesie und Moral; sie wird aus einem Glauben zu einem künstlerischen Motive. Manzonis religiöse Begeisterung ist dieselbe, wie die, welche den Papst nach Rom zurück geleitete und Alexander I. die Idee der heiligen Allianz eingab. In Frankreich, das, obschon es selbst Napoleon groß gesäugt hatte, vom Zeitgeist gezwungen eine ähnliche Bahn wie Deutschland betrat, wandte die litterarische Bewegung sich gegen die Akademie, gegen die soge nannte klassische, d. h. abstrakt kosmopolitische Litteratur, und man ging hinter dem Zeitalter Ludwigs XIV. zu den Dichtern des sechzehnten Jahrhunderts zu Du Bellay und Ronsard, ja zu den armen grotesken Poeten zurück, die Boileau verhöhnt und verdrängt hatte.*) In Dänemark folgten die Geister beim Beginn des Jahrhunderts in der Hauptsache der deutschen Strömung. Man opponierte gegen die französische Kultur. Oehlenschlägers Gedicht „Die Büste" in der „Reise nach Lange= land" deutet den Charakter der neuen Bewegung an. Der Dichter hält zuerst die Büste, die er in dem fremden Zimmer findet, für diejenige Voltaires und spricht:

> Wir sind nicht von derselben Schule,
> Einer von uns muß weichen hier.

Dann entdeckt er, daß es Ewalds Büste ist, vor welcher er steht, und macht in begeisterten Worten seinem Dank gegen den Dichter Luft. Auch in Hauchs „Hamadryade" begann die neue Schule den Kampf mit der französischen Geistes= richtung, besonders wie diese sich durch die deutsche Brille ausnahm. Außerdem brachte Steffens die deutsche Kultur= strömung mit nach dem Norden. Allein in dem zweiten, eben so bedeutsamen Stadium der Bewegung gestaltet sich die Pole= mik gegen Frankreich zu einer Polemik gegen das Fremde über= haupt, insbesondere gegen Deutschland, das bei uns in Däne= mark von jeher die Rolle des Unterdrückers gespielt hatte, und

---

*) Vgl. Victor Hugos Auftreten, Sainte=Beuves erste litteraturge= schichtliche Schriften, Théophile Gautiers „Les grotesques".

durch eine seltsame, aber naturgemäße Konsequenz ward es
gerade die Rückkehr zum Volkstümlichen, der man sich nach
dem Beispiele Deutschlands ergab, welche uns immer weiter
von Deutschland entfernte. (Die Richtung auf das Nordische.
Grundtvig). In England finden wir dieselben Grundzüge, welche
die Bewegung in allen anderen Ländern bezeichnen. Man
schüttelte die französische Bildung ab, die im achtzehnten Jahrhundert die höheren Gesellschaftsklassen beherrscht hatte. Der
letzte Dichter der klassischen Richtung, Pope, sollte den Augen
des jüngeren Geschlechts bald nicht mehr als Meister erscheinen.
Man zupfte dem kleinen Mann in seine zierliche Perrücke und
trat ihm in die wohlgeordneten Beete seines Gartens. Und
jetzt zeigte sich's, welch eine mächtige Reserve der britische
Volksgeist in den frischeren, von der Kultur nicht erschöpften
Königreichen besaß, die abseits vom Mittelpunkte des politischen
Lebens lagen. Irland, das im achtzehnten Jahrhundert einen
Denker wie Swift und einen Schriftsteller wie Goldsmith hervorgebracht hatte, besaß einen Schatz herrlicher Melodien, die,
so bald ein großer lyrischer Dichter ihnen Worte lieh, von
allen singenden Lippen Europas erklangen. Die Waliser sam-
melten und veröffentlichten ihre alten Dichtungen, und in
Schottland, dessen untere Gesellschaftsschichten noch nicht von
der gedrückten Lebensweise der englischen Fabrikarbeiter erfaßt
worden waren, und dessen auf ihre Vergangenheit und ihre
Heimat stolzen Bewohner an ihren Volksliedern, ihrem Aberglauben und ihrem politischen Sondergeiste festhielten, tauchte
im letzten Drittel des achtzehnten Jahrhunderts Macphersons
Ossian als ein Protest wider alle verstandeskalte und regel-
rechte Kunstdichtung auf. Der Einfluß desselben war eben
so groß auf Alfieri und Foscolo in Italien, wie auf Herder
und Goethe in Deutschland und auf Chateaubriand in Frankreich. Dann folgt in England Percys Sammlung der englischen Volkslieder und in Schottland Walter Scotts Sammlung altschottischer Balladen.
      Aber zwischen diesen beiden liegt eine jener litterarischen
Strömungen von Land zu Land und wieder zurück, welche

nachzuweisen mein Hauptaugenmerk ist, und welche hier auf
schlagende Weise hervor tritt. Auf einem Dorfe bei Göttingen
saß, kurz nachdem die Percy'sche Sammlung erschienen war,
ein armer kleiner Gerichtsbeamter in drückendsten Verhältnissen,
dem dies Buch eines Tages in die Hände fällt. Es macht
einen solchen Eindruck auf Bürger, daß es eine Revolution in
seinem Gemüte hervor ruft und ihm die Lust erweckt, etwas
zu schreiben, das lange aus der guten Kunstdichtung verbannt
gewesen war, das er aber Baggesen gegenüber (siehe dessen
„Labyrinth") als die eigentliche „Poesie" bezeichnete: eine
Ballade. So beginnt er denn seine berühmte „Leonore", sie
langsam Woche für Woche ausarbeitend, und mit so fester
Ueberzeugung von der Wichtigkeit des Schrittes, den er unter=
nimmt, daß seine Briefe an seine Freunde von dem stärksten
Selbstgefühl überströmen. Die Ballade erscheint und macht
bald die Runde durch ganz Europa. Im Jahre 1795 macht
eine junge Dame in Edinburg einen andern Gerichtsbeamten
mit derselben bekannt, und dieser junge Jurist, Walter Scott
genannt, in dem gleichfalls ein Dichter und ein viel größerer
steckte, debütierte in der Poesie mit der Uebersetzung der Ballade
und einer zweiten: „Der wilde Jäger". Als diese Ueber=
setzungen mit Beifall aufgenommen wurden, begann er sich für
einen Dichter zu halten. Und auf der Grundlage dieser Ueber=
setzungen und der Uebersetzung des „Götz von Berlichingen",
welche Scott 1799 erscheinen ließ, erhob sich die nationale
schottische Romantik in seinen Dichtungen.

Hier begegnet uns also ursprünglich in dieser Litteratur
ein Hauch der gemeinsamen europäischen Reaktion wider das
achtzehnte Jahrhundert. Wir finden das lebendige National=
gefühl, das den Kosmopolitismus ablöst, in England bei
Wordsworth in Gestalt eines poetisch beschreibenden Patriotis=
mus und bei Southey als ganz oder halb offizielle Verherr=
lichung des Königshauses und der nationalen Großthaten,
während Scott und Moore gleichsam als dichterische Inkar=
nationen der beiden anderen Königreiche erscheinen. Das all=
gemeine Zurückstreben zum Volkstümlichen wird zuerst und
zuvörderst durch Wordsworth repräsentiert, der besonders das

Leben der unteren und untersten Klassen darstellt, — die Vor=
liebe für das Mittelalter zuerst und vor allem durch Scott,
welcher die Vorliebe des Antiquars für die Denkmäler der
Vorzeit mit der Lust eines Torypolitikers verbindet, das von
Alters her Ererbte in der anziehendsten Beleuchtung zu schil=
dern. Die Romantik des eigentlichen Aberglaubens findet ihren
Dichter in Coleridge, dessen absichtliche Naivetät und Schlicht=
heit nahe Verwandtschaft mit der Tieck'schen zeigt, und Col=
eridge ist es auch, der als Repräsentant der damaligen deutschen
Philosophie einen abstrakt wissenschaftlichen Protest wider die
Aufklärungsperiode erhebt. Seine Lehre ist durchaus unenglisch,
rein aprioristisch, im Gegensatze zu dem experimentalen Charakter
der englischen Wissenschaft, sie ist konservativ, religiös und
historisch, weil die frühere Philosophie radikal, ungläubig und
metaphysisch gewesen war; es ist ein Schellingianismus, der
von Anfang an so viele Resultate des vorigen Jahrhunderts,
wie möglich zu bewahren sucht, der aber immer hartnäckiger
und bornierter zu dem entgegengesetzten Extrem desjenigen
hineilt, an welchem man im vorigen Zeitraume gescheitert war.
Als Repräsentant der verworren phantastischen Richtung er=
scheint Southey mit seinen orientalischen Epopöen, und was
endlich die zerrissenen und leidenschaftlichen Helden betrifft, so
treten sie in wilderer und männlicherer Gestalt bei Byron hervor,
während Shelleys Geisterglaube und sein Auflösen aller festen
Formen in ätherische Musik an die Innigkeit und Verschwommen=
heit bei Novalis gemahnt.

2.
Gemeinsame Züge des Volkscharakters.

Allein diese gemeinschaftlichen und breitesten Grundzüge
des Zeitalters werden auf eine sehr merkliche Weise durch eine
Reihe speziell englischer Züge modifiziert, die ohne anderwärts
vorzukommen, sich bei den einander sonst unähnlichsten Geistern
wiederfinden, welche diese Periode der englischen Litteratur auf=
zuweisen hat.
Diese Züge lassen sich sämtlich auf einen Grundzug zu=
rückführen: den kräftigen Naturalismus. Ich sagte, die

erste Bewegung sei die, daß die Schriftsteller national werden. Aber national werden hieß in England Naturalist werden, wie es in Deutschland Romantiker, in Dänemark altnordisch werden hieß. Diese englischen Schriftsteller pflegen, studieren, verehren Alle ohne Ausnahme die Natur mit andächtigstem Sinne. Wordsworth, der es liebt, seine Passionen als Ideen zur Schau zu tragen, flaggt förmlich mit dem Worte „Natur" und stellt in grandiosen Bildern, aber mit kleinlicher Sorgfalt, Berge, Seen und Flüsse, Bauern und Leute aus dem Volke von Nordengland dar. Scott's Naturschilderungen sind bekanntlich auf Grundlage zahlreicher an Ort und Stelle gemachter Notizen ausgeführt, und sind so getreu, daß ein Botaniker die Vegetation des Ortes durch sie kennen lernen könnte. Keats ist bei all' seiner Schwärmerei für die Antike und die griechische Mythologie ein (mit den schärfsten Sinnen und der feinsten universellen Sinnlichkeit ausgestatteter) Sensualist, welcher alle Abarten von Farbenpracht und Vogelgesang und Seidenweichheit und Traubensaft und Blumenduft, die die Natur umfaßt, sieht, hört, fühlt, schmeckt und einatmet. Moore ist lauter vergeistigte Sinnlichkeit. Der verwöhnte und verwöhnende Dichter scheint von allen schönsten und gewähltesten Eigentümlichkeiten der Natur umringt zu leben. Er blendet unsern Geist mit Sonnenglanz, betäubt ihn mit Nachtigallmelodien und ertränkt ihn in Süßigkeit. Wir leben mit ihm in einer beständigen Vision von Schwingen, Blumen, Regenbogen, Lächeln, Erröten, Erglühen, Thränen, Küssen und abermals Küssen. Naturalismus ist die wirklich zutiefst liegende Tendenz in Werken wie Byron's „Don Juan" und Shelley's „Die Cenci". Mit anderen Worten, auf englischem Grund und Boden ist der Naturalismus so stark, daß er den romantischen Supranaturalismus bei Coleridge nicht minder, als den hochkirchlichen Theismus bei Wordsworth, den atheistischen Spiritismus bei Shelley, den revolutionären Liberalismus bei Byron und das historische Interesse bei Scott durchdringt. Bei sämtlichen Dichtern beherrscht er ihren persönlichen Glauben und ihre poetische Richtung.

Dieser kräftige, strotzend gesättigte Realismus beruht auf

verschiedenen stark ausgeprägten englischen Eigenschaften. Erstens die Liebe für Land und Meer. Fast alle in dieser Periode auftretenden englischen Dichter sind entweder Landleute oder Seemänner. Die englische Muse war schon von jeher eine Freundin des Herrensitzes und Pachthofes. Wordsworth's echt englische Poesie entspricht genau den bekannten Gemälden und Kupferstichen, welche das englische Landleben mit einem Gepräge von Gesundheit und Ruhe des Gleichgewichts schildern, hie und da mit einem evangelischen Schimmer über der Szene, wenn das väterliche Walten des Dorfpredigers oder der erbauliche Charakter der Hausandacht dargestellt wird. Burns, der Sänger hinterm Pfluge, Schottlands größter dichterischer Genius, widmete frühzeitig die schottische Dichtung dem Lande, und es liegt Wahrheit in dem beißenden Ausspruch, daß Scott in all' seinen Epopöen nur ein gereimtes Reisehandbuch von Schottland schrieb. Daß schon seine Zeitgenossen diesen Eindruck hatten, sieht man aus Moores satirischen Scherzen darüber, wie Scott in seinen Gedichten einen Herrensitz nach den andern „erlebigt".*) Und welche Rolle spielen diese Herrensitze im Leben zweier so polarisch entgegengesetzten Dichternaturen, wie Byron und Scott! Der Name von Newstead Abbey ist untrennbar mit dem Namen Byron's verknüpft, wie der Name von Abbotsford mit dem Walter Scott's. Die alte Abtei mit ihrer mittelalterlichen und phantasievollen Architektur ist für Byron die notwendige Folie seines Pairstitels und das Unterpfand seines Rechtes auf eine Heimstätte in England. Er veräußert sie erst, als er seinem Vaterlande

---

*) Should you feel any touch of poetical glow,
We 've a Scheme to suggest — Mr. Scott, you must know,
Having quitted the Borders, to seek new renown,
Is comming, by long Quarto stages to Town;
And beginning with Rokeby (the job's sure to pay)
Means to do all the Gentlemen's Seats on the way.
Now the Scheme is (though none of our hackneys can beat him)
To start a fresh Poet trough Highgate to meet him;
Who, by means of quick proofs — no revises — long coaches —
May do a few Villas, before Scott approaches.
Moore: Intercepted letters, Nr. 7.

für immer Lebewohl gesagt hat. Walter Scott's Besitzung ist freilich nicht so alt und ehrwürdig; aber er kauft sich Abbots=ford, als der Wunsch nach einem Grundbesitz, der immer mächtig in ihm gewesen ist, unwiderstehlich wird, und er rich=tet sich in der glücklichen Periode seines Lebens, die er dort verbringt, so ein, als wäre er nie mit einer anderen Aussicht vor Augen herangewachsen, als mit der, die königliche Gast=freiheit eines alten schottischen Gutsbesitzers zu erweisen und dessen keckes Leben in freier Luft zu leben. Seine größte Lust ist das halsbrecherische Vergnügen, durch reißende Ströme zu waten, selbst wenn er bei einem Umweg von fünfzig Schritten hätte über eine Brücke gehen können, ein so wildes Pferd zu reiten, daß kein anderer es bändigen kann, und mit dem Speere bei Fackelschein Lachse zu stechen, bald vom Regen durchweicht, bald steifgefroren in der Kälte der Nacht. Wel=cher Kenner von Byron's Leben denkt hier nicht an seine Vorliebe für wilde Parforzeritte und waghalsige Schwimm=versuche!

Nichtsdestoweniger liegt in dem Verhältnis der beiden Dichter zu ihrem Grundeigentum ein Gegensatz, der ihre ver=schiedenen Naturen charakterisiert. Byron's Vorliebe für New=stead war in seinen aristokratischen Neigungen, Scott's Vor=liebe für Abbotsford in seinen historischen Instinkten begründet. Wie Walter Scotts Herrensitz den Ettrick=Wald, so hatte New=stead den durch Robin Hood und seine lustigen Gesellen be=rühmten Sherwood=Wald zum Hintergrunde. Trotzdem haben diese Erinnerungen keinen merklichen Einfluß auf Byron's Poesie ausgeübt, obschon er freilich die Abtei selbst im drei=zehnten Gesange des „Don Juan" vortrefflich schildert. Die Erinnerungen des Ettrickwaldes dagegen klingen wie ein Re=frain durch Scotts ganze Dichtung; ja er sogar und nicht Byron ist es, der (in „Ivanhoe") das Leben und die Poesie des Sherwoodwaldes von den Toten auferweckt.

Die zweite englische Bedingung des Naturalismus ist die Liebe der Dichter zu den höheren Tieren und ihr beständiges Verhältnis zur Tierwelt. Sie haben die Vorliebe für alle Haustiere, welche eine Konsequenz ihres englischen Heimats=

gefühles ist. Sie führen die Heimat und die Haustiere mit
sich, wenn sie reisen. Fast all' diese Schriftsteller sind Sports=
men, vor allem leidenschaftliche Reiter. Man muß diesen Zug
beachten, um nicht, wie es allzu häufig geschieht, eine indivi=
duelle barocke Eigentümlichkeit in Zügen zu sehen, die rein
volkspsychologische Bestimmungen sind. Nicht umsonst stammt
diese Rasse von zwei mythischen Heiden mit Pferdenamen,
Hengist und Horsa, ab. Wir finden auch Byrons Liebe zu
Pferden, Hunden und allerlei wilden Tieren, die so oft als
eine bezeichnende Eigentümlichkeit des menschenscheuen Ver=
bannten hervorgehoben worden ist, eben so scharf ausgeprägt
bei dem im blühenden häuslichen Glück lebenden Walter Scott.
Matthew's bekannter Brief über das Leben auf Newstead zeigt
uns Byron als Jüngling von einer ganzen Menagerie um=
geben, worunter ein Bär und ein Wolf; Medwins Mittei=
lungen über sein Leben in Italien schildern uns seinen Auf=
bruch von Ravenna im Jahre 1821 „mit sieben Dienern,
fünf Wagen, neun Pferden, einem Affen, einem Bulldog, einer
Dogge, zwei Katzen, drei Perlhühnern und anderen Vögeln".
Dergleichen kann als eine rein persönliche Sonderbarkeit er=
scheinen. Aber man lese nur des Vergleiches halber in Wal=
ter Scott's Biographie die Beschreibung seines Umzuges nach
Abbotsford. Der ganze Unterschied ist der, daß die Trödel=
bude des Antiquars hier sich possierlich mit der Menagerie
vermengt: „Der Zug glich einer Karawane, die Wagen waren
mit alten Schwertern, Bogen, Schilden und Lanzen gefüllt,
die Hühner hatte man in alten Helmen einquartiert, und selbst
die Kühe mußten in dieser Prozession alte Fahnen, Standar=
ten und Musketen tragen. Neben dem Zuge lief ein Dutzend
Bauernkinder her, mit Fischereigeräten, Netzen und Lachsspeeren
beladen und allerlei Arten von Hunden an der Leine führend."
— Man findet ein Zeichen der schwermütigen Melancholie
Byrons in seiner Liebe zu dem Hunde Boatswain und in
der feierlichen Inschrift, die er auf das Grab seines Lieb=
lingshundes setzen ließ. Aber um diesen Zug zu verstehen,
muß man bedenken, daß der lebenslustige Scott, als sein
Lieblingshund Camp gestorben war, ihn feierlich in seinem

Garten begraben ließ, während die ganze Familie weinend
das Grab umſtand.

Noch charakteriſtiſcher jedoch, als die Liebe zum Grund
beſitz und zu Pferden und Hunden, und als die Zeugniſſe,
welche ſie ſich in der engliſchen Poeſie errichtet, iſt die Vor=
liebe des Engländers für das Meer. Der Engländer iſt ein
Amphibium. Eine bedeutende Gruppe der Naturſchilderung
dieſer ganzen Periode iſt Marinemalerei. Es war eine alte,
zu jener Zeit aufs Neue glorreich behauptete Ueberlieferung,
daß England die Königin des Meeres ſei; die engliſche Dicht
ung war und blieb der herrlichſte Schilderer und Dolmetſch
der See. Es geht ein Hauch von der Friſche und Freiheit
des Meeres durch die beſte Poeſie des Landes; das Meer
ſelber erſchien ſeinen Dichtern als das große Freiheitsſymbol,
in derſelben Weiſe, wie die Alpen zu allen Zeiten den
freien Bewohnern der Schweiz. Mit vollkommener Wahr=
heit ruft Wordsworth (in ſeinen Sonetten an die Freiheit,
I, 12) aus:

> Zwei Stimmen tönen: eine von der See,
> Die andre von den Bergen, mächtig beide,
> Für dich, o Freiheit, liebſte Ohrenweide
> Und dein erkorner Jubelton von je.

Deshalb taucht auch der längſt begrabene Geiſt aus der
Vikinger Zeit wieder bei den vorzüglichſten Dichtern des Landes
in dieſem Zeitalter auf, in welchem die engliſche Poeſie dieſes
Jahrhunderts kulminiert zu haben ſcheint. Coleridge's Gedicht
„Der alte Matroſe“ umfaßt alles Entſetzen und Grauſen des
Meeres, Campbells Ode „das Schiffsvolk von Alt England“ iſt
eine hinreißend melodiöſe und mannhafte Verherrlichung des
Heldenmutes engliſcher Seeleute und Englands Herrſcher=
macht, Byrons Vikingerfahrten ſpiegeln ſich direkt in „Childe
Harold“ und „Don Juan“ ab, Shelleys Leidenſchaft für die
See und die Schiffahrt lebt und atmet in dem Wogenſchlag
ſeiner Rhythmen und in allen denjenigen ſeiner Lieder, welche
Wind und Wellen verherrlichen, zumal in ſeinem Meiſter=
werke, der „Ode an den Weſtwind.“

Auf die Geſellſchaft übertragen, wird der Naturalismus,
wie es ſchon bei Rouſſeau der Fall war, revolutionär, und

hinter jener Liebe zum Grundbesitz und dieser Lust, sich den
Launen des Meeres auszusetzen und sie zu beherrschen, welche
die tiefliegende Ursache des Naturalismus ist, liegt bei dem
Engländer das noch tiefere nationale Selbständigkeitsgefühl,
das unter den bestimmten historischen Verhältnissen in diesem
Zeitraume so naturgemäß die edelsten Geister zum Radikalismus
führen mußte. Keine Nation ist von diesem Selbstgefühl so
durchdrungen, wie die englische; man gewahrt das am besten,
wenn der Brite im Auslande unter Fremden auftritt; sein
Titel als Engländer kündigt ihn „wie eine Fanfare" an.
Diese Selbständigkeit, die in die englische Litteratur übergegangen ist, hat in entscheidenden Augenblicken ihre Kunst zur
Charakterkunst gemacht, und sie ist es, die in der Periode,
welche wir vor Augen haben, den Ausschlag giebt und den
Umschlag in der litterarischen Bewegung Europas bewirkt.

Ein Engländer war dazu erforderlich, um, wie Byron,
allein den Strom zu stauen, der von der heiligen Allianz
ausfloß, — ein Engländer, zum ersten, weil nur ein englischer Dichter Charakter dazu gehabt hätte, sodann, weil zu
jener Zeit nur die Dichter Englands den ausgeprägten politischen Hang und den scharfen politischen Sinn besaßen, der
immer diese erste, ja vielleicht einzige parlamentarische Nation
ausgezeichnet hat. Es war ferner ein Engländer dazu erforderlich, mit dieser wilden Energie seinem eigenen Volke
den Handschuh hinzuwerfen. Nur in dem nationalstolzesten
Volke konnten sich große Geister finden, die stolz genug waren,
der Nation Trotz zu bieten.

Diese persönliche Selbständigkeit bei den hervorragenden
Dichtergeistern des Volkes wird durch eine echt englische
Eigentümlichkeit bedingt. Diese Dichter haben so gut wie gar
keine Theorie, selten genug eine ästhetische, niemals eine philosophische: während z. B. die Deutschen Lessing, Herder, Goethe
und Schiller sich die bedeutungsvollsten Verdienste um die
Wissenschaft erwerben, ist unter der englischen Dichtergruppe
nicht ein einziger Mann der Wissenschaft. Ja, was das Merk-
würdigste ist, diese Schriftsteller tauschen nicht einmal ihre
Gedanken über ihre Produktionen mit einander aus. Goethe

und Schiller korrespondieren endlos über die Natur und die rechte Behandlung der verschiedenen Sujets, ja, sie diskutieren oft weitläufig genug die Notwendigkeit einer Strophe mehr oder weniger. Heiberg und seine Schule folgen bestimmten ästhetischen Prinzipien, über welche sie überein gekommen, und sind fast eben so kritisch wie produktiv. Aber Scott und Byron und Moore, welche doch eine herzliche Freundschaft verbindet, führen Jeder für sich ihre poetischen Werke völlig isoliert aus, ohne einen Wink, einen Rat, ein Gespräch mit dem Bruderdichter über die begonnene Arbeit auszutauschen oder zu wünschen. Selbst wenn ganz ausnahmsweise eine Einwirkung stattfindet, wie von Wordsworth und namentlich von Shelley auf Byron, so geschieht sie, so zu sagen, heim= lich, völlig unbewußt, und in solcher Weise, daß sie von ihrem Gegenstande nicht erwähnt oder nicht eingestanden wird. Ein amerikanischer Schriftsteller hat diese Eigenschaft der Rasse treffend bezeichnet, wenn er sagt: „Jeder dieser Inselbewohner ist selbst eine Insel."

Ich berührte vorhin den politischen Sinn und das poli= tische Interesse. Wie kein einziger dieser Dichter ein Mann von Wissenschaft ist, so ist fast kein einziger unter ihnen, der nicht Politiker wäre. Die politische Tendenz ist eine direkte Folge des nationalen Realismus. Verschiedene Ueberzeugungen können diese Dichter politisch trennen, aber sie nehmen alle Partei, Scott als Tory, Wordsworth als Royalist, Southey und Coleridge zuerst für, dann gegen die Freiheitsprinzipien der neuen Zeit, Moore für die Irländer, Landor, Campbell, Byron und Shelley als Radikale für die Unterdrückten bei allen Völkern und für die unterdrückten Nationen selber. Muß man einen einzelnen Dichter wie Keats ausnehmen, der die Kunst fast nur um der Kunst willen pflegte, so darf man nicht vergessen, daß er mit fünfundzwanzig Jahren starb.

An diesem Wirklichkeitsinteresse liegt es, daß die rein litterarischen Streitfragen (Klassizismus oder Romantik z. B. in ihrer das Leben nicht berührenden Abstraktheit hier niemals die übertriebene Bedeutung erlangen können, welche rein litte= rarischen Kontroversen gleichzeitig in der deutschen, der dänischen,

ja selbst in der französischen Litteratur beigelegt wird. Nur
ist es ergötzlich, bei diesen Dichtern zu sehen, wie der Drang
des Engländers, praktisch einzugreifen, sich mit dem phantastischen Hang des Poeten verbindet. Scotts Unwille gegen
die Revolution ward zu reiner Donquixoterie. Er ver-
ständigte sich z. B. mit einem seiner Freunde, einem Herzog, darüber, falls die Franzosen eine Landung in England
bewerkstelligen sollten, dann in die Wälder zu ziehen und dort
wie Robin Hood und seine Gesellen zu leben. Ungefähr zu
derselben Zeit kündigten Southey und Coleridge in der ersten
jakobinischen Hitze der Jugend ihren Bekannten an, daß sie
nach einer einsamen Gegend in Amerika auswandern wollten:
die Ufer des Susquehanna wurden gewählt, weil der Name
dieses Flusses den jungen Leuten besonders „hübsch und melodisch" erschien; dort wollten sie dann eine pantisokratische
Kommüne bilden, wo alles Eigentum gemeinsam und alle
Menschen im Naturzustande gleich sein sollten. Landor, der
sich übrigens nicht scheute, als Soldat in Spanien sein Leben
im Kampf für seine Ideen ernstlich einzusetzen, wollte als
Jüngling daheim in Warwickshire die Zeit der arkadischen
Idyllen wieder heraufführen; er entspricht als Dichter ziemlich genau dem Sozialisten Owen. Shelley, der in der Politik eine so feine Empfänglichkeit besaß, daß man beständig an
seinen Ausdruck in „Julian und Maddalo" erinnert wird:

Ich bin als wie ein Nerv, der jeglichen
Sonst unempfundnen Druck auf Erden spürt —

Shelley, der so manche politische Revolution vorausfühlte,
der fünfzig Jahre vor Durchführung der Parlamentsreform
den genauen Plan zu derselben in einer politischen Broschüre
entwarf, und in dem Drama „Hellas" den glücklichen Ausgang des griechischen Aufstandes zu einer Zeit prophezeite, wo
derselbe den Staatsmännern als hoffnungslos erschien, —
Shelley ist ein reiner Phantast, sobald er auf das Kapitel
von dem herannahenden goldenen Zeitalter des Menschengeschlechts zu sprechen kommt. Man lese, wie er dasselbe als

Jüngling in der „Königin Mab" schildert: Das Eis des Nordpols schmilzt, die Wüsten bedecken sich mit Kornfeldern und schattigen Hainen, der Basilisk leckt die Füße des Kindes, das sein Morgenmahl mit ihm teilt, die Winde werden melodisch, die Früchte sind immer reif, die Blumen immer schön. Der Löwe spielt mit dem Zicklein, der Mensch tötet und verspeist kein Tier mehr, die Vögel fliehen nicht mehr den Menschen. Es giebt kein Schrecknis mehr. Fallen einem hierbei nicht unwillkürlich einige der tollsten Utopien des gleichzeitigen französischen Sozialismus ein? Die Einführung der Phalansterien würde, nach dem von Fourier entworfenen Plane, in solchem Grad auf die Oekonomie der ganzen Erde einwirken, daß zuletzt sogar die Naturverhältnisse radikal verwandelt werden würden: eine Nordlichtskrone würde, am Nordpol befestigt, Sibirien die Wärme Andalusiens verleihen, der Mensch würde das Meer seines Salzes berauben und ihm zum Ersatz einen Limonadengeschmack geben, und die Meerungeheuer würden sich als Seepferde vor unsere Schiffe spannen lassen. Zum Glück machte die Erfindung der Dampfmaschine bald darauf dies Vorgespann überflüssig. Selbst Byron, ohne Frage der praktischeste dieser Dichter, ist doch Dichter auch in seiner Politik. Es ist kaum zweifelhaft, daß die griechische Königskrone ihn als das Ziel seiner Bemühungen gelockt hat.

Ich hege also nicht die Absicht, verschleiern zu wollen, wie wenig es auch den englischen Dichtern an Phantasterei in praktischer Beziehung gebricht. Gleichwohl geht doch ein realistischer Zug durch ihre Moral und ihre Lebensanschauung, den man so ausgeprägt bei keinem anderen Volke findet. Es sind mehr Gran gesunden Menschenverstandes in ihrer Poesie aufgelöst, als in der anderer Dichter. Sie alle zeichnet ein lebhafter Gerechtigkeitstrieb aus. Wordsworth erbt denselben von Milton, Campbell, Byron und Shelley fühlen ihn so ursprünglich, als könnten sie ihn wider eine Welt geltend machen. Er spielt keine Rolle, weder bei Byrons großem deutschen Vorgänger Goethe, noch bei seinem reich ausgestatteten, französischen Nachfolger Musset. Keiner von diesen hat jemals, wie er, Fürsten und Regierungen vor den Richterstuhl der Gerechtigkeit gefordert. Eigentümlich englisch aber ist es vor allem, daß diese Gerechtigkeit, von der die Engländer träumen, nicht wie die, welche z. B. Schiller verehrt, eine aprioristische Idee, sondern ein Kind der Nützlichkeit ist. Man wähle, um dies deutlich zu spüren, einen so lustigen, so idealistischen Dichter wie Shelley, und man wird sehen, daß seine Moral eine eben so ausgeprägte Nützlichkeitsphilosophie ist, wie diejenige Benthams und Stuart Mills. In Betreff dieses Punktes findet sich ein schlagender Passus in einer seiner Abhandlungen. Er sagt, im zweiten Kapitel seiner „Moralspekulation": „Wenn Jemand darauf beharrt, zu fragen, weshalb er das Glück der Menschheit befördern solle, so verlangt er einen mathematischen oder metaphysischen Grund für eine moralische Handlung. Die Absurdität dieses Skeptizismus ist minder offenbar, aber nicht minder wirklich, als die, einen moralischen Grund für eine mathematische oder metaphysische Thatsache zu fordern." In der Theorie: „Das höchste Glück für die größtmögliche Anzahl" und in dem tiefen, praktischen Gerechtigkeitstriebe, welcher ihr psychologischer Ursprung ist, liegt in Wirklichkeit der Ausgangspunkt für den Radikalismus der englischen Poesie während der großen europäischen Reaktion.

3.

Der politische Hintergrund.

Da die Engländer zugleich das ausdauerndste und das unternehmendste Volk, da sie die Nation sind, welche am meisten an der Heimat hängt und am reiselustigsten ist, welche sich am langsamsten zu Veränderungen bequemt und den ausgeprägtesten politischen Freiheitssinn von allen besitzt, so spalten die Geister in diesem Lande sich naturgemäß in zwei große politische Gruppen, von denen die eine das konservative Festhalten, die andere den wagekühnen Freisinn bezeichnet. Die Parteischeidung hat hier keine Aehnlichkeit mit derjenigen in Frankreich. Ist es auch Uebertreibung, mit Taine zu sagen, daß Frankreich nur zwei Parteien habe, die der Zwanzig- jährigen und die der Vierzigjährigen, so ist diese Einteilung doch die wesentliche, welche die geschichtlichen Parteinamen nur modifizieren. In England ist die Spaltung im National- charakter selbst begründet, und wir finden in dieser bewegten Periode der Poesie des Landes Wordsworth als Repräsentanten der einen Gruppe von Eigenschaften, Byron als Typus der anderen.

Noch tiefer jedoch wurde in den ersten Tagen des Jahr- hunderts diese Spaltung durch die doppelseitige Natur des Hauptereignisses der damaligen Zeit begründet. Dies Haupt- ereignis war der Krieg gegen Frankreich. Schon von dem deutschen Freiheitskriege habe ich den Ausdruck gebraucht, daß er zwar ein Aufstand wider eine furchtbare Tyrannei, aber wider eine solche war, welche die Ideen der Revolution ver- trat, und daß er zwar ein Kampf für Haus und Herd war, aber auf Kommando der alten reaktionären Dynastien. Ließ sich dies mit Wahrheit von dem Kampfe Deutschlands sagen, um wie viel mehr gilt es von England, dessen Unabhängig- keit nicht angefochten, aber dessen Interessen in hohem Grade bedroht waren, und das während der ganzen langwierigen Kriegsperiode und noch lange nachher, nicht wie Deutschland, die freiheitliebendsten Männer an der Spitze der Bewegung sah, sondern die höchste Gewalt in den Händen der starrsten und hartnäckigsten reaktionären Toryregierung gelegt hatte, die Englands Geschichte jemals erblickt hat.

Deshalb ist der Hintergrund dieser ganzen Periode der Schönen Litteratur so finster. Die Wolken, welche denselben bilden, sind schwer und schwarz — sunbeamproof würde Shelley sie nennen. England erscheint als Hintergrund des Bildes, das ich entrollen will, wie eine Landschaft bei Nacht- beleuchtung. Die großen Eigenschaften des Volkes waren irregeleitet: seine seltene Standhaftigkeit zur Bekämpfung des Freiheitsdranges bei einem andern Volke verwendet, seine edle Freiheitsliebe zuerst zum Sturze der napoleonischen Despotie benutzt, um dann zur Aufrichtung all der alten morschen

Throne mißbraucht zu werden, die man unter dem Schuße des Pulverdampfes von Waterloo mit einer Hast, wie sonst nur Schafotte, zurecht zimmerte. Die neutralen Eigenschaften des Volkes wurden zu schlechten groß gesäugt: die Selbstliebe und Festigkeit ward zu Adelshartherzigkeit und Kaufmanns-egoismus erzogen, wie sie in Reaktionszeiten gedeihen, die Loyalität gegen das Königshaus wurde zur Servilität erhißt, und das Selbstgefühl des Volkes zu Nationalhaß aufgereizt, wie er unter langen Kriegen heramwächst. Und endlich wurden die schlechten Eigenschaften des Volkes über alles Maß ent-wickelt. Die Liebe zum äußeren Dekorum um jeden Preis, welche die Schattenseite der moralischen Instinkte ist, wurde zu moralischer Heuchelei entwickelt, und das Festhalten an einer herkömmlichen Staatsreligion, das der fatalste Begleiter einer praktischen und unspekulativen Geistesrichtung ist, ward einerseits zu religiöser Heuchelei, andererseits zu intoleranter Verfolgungssucht aufgestachelt. Keine Zeit war günstiger für die Entwickelung von Heuchelei und Fanatismus, als diese, in welcher das Volk von seinen Führern direkt dazu ermuntert ward, dem freidenkerischen Frankreich gegenüber auf seine Re-ligiosität zu pochen.

Am meisten von Allen litten die großen Dichter des Landes darunter. Es ist heutigen Tages eine Trivialität ge-worden, von dem „cant" zu reden, der Byron aus seiner Heimat vertrieb, und mancher feinere Geist ist geneigt, als ehrliche, wenn auch bornierte Ueberzeugung erklären zu wollen, was man früher schlankweg Heuchelei nannte. Es ist mir jedoch unmöglich, dieser Auffassung beizupflichten. Eine Reli-giosität, die sich äußert, wie die englische es gegen Byron und Shelley that, ist nicht Dummheit allein, sie ist eine von großer Beschränktheit getragene, höchst widerwärtige Heuchelei. Ich will die Ansichten des ausgezeichneten amerikanischen Be-obachters Ralph Waldo Emerson über diesen Punkt anführen, weil Emerson als der erste Kritiker Amerikas, als der größte Bewunderer der Engländer und als Beurteiler seiner eigenen Rasse allen Anspruch auf Glaubwürdigkeit hat. Er sagt: „Die Schläfrigkeit des englischen Verstandes in Betreff der

Religion beweist, wie viel Vernunft und Unvernunft in einem
Gehirn beisammen wohnen können. Die Religion der Eng=
länder ist Phrase, ihre Kirche eine Puppe, und jede Kritik
wird mit Schreckensgeheul zurück gewiesen. Ihr erwartet, sie
werden in der guten Gesellschaft über den Fanatismus
des Pöbels lachen, aber sie thun das nicht, sie sind selbst
der Pöbel ... Die Engländer, die in allen Dingen Ver=
änderungen verabscheuen, halten an dem letzten Trödelsetzen
des Kirchlichen fest und heucheln auf greuliche Weise. Die
Engländer — und ich möchte wünschen, daß es sich auf
sie beschränkte, aber es ist ein garstiger Trieb, der in
dem angelsächsischen Blute in beiden Hemisphären liegt —
heucheln vor allen anderen Völkern. Die Franzosen überlassen
sie ganz und gar dieser Industrie. Was ist so widerwärtig
wie die höflichen Bücklinge, die man in unsern Büchern und
Zeitungen vor Gott macht! Die populäre Presse wacht eifrig
über ihr genaues Maß heiliger Haltung, und die Tagesreligion
ist ein Sinai, dessen Donnerkeile von den Reichen geschmiedet
werden ... Die Kirche ist in diesem Augenblick sehr zu be
klagen. Wenn ein Bischof mit einem intelligenten Manne zu=
sammentrifft, kann er sich nur dadurch helfen, daß er Wein
mit ihm trinkt." *) Diese Schilderung bezieht sich ungefähr
auf das Jahr 1830 — man denke sich also, wie der Zustand
zwanzig Jahre früher gewesen sein wird.

Vor Allem jedoch war der bedauerlichste Fehler des Volkes,
sein Hang zur Unterdrückung, förmlich in System gebracht.
Von keiner Periode gilt so sehr wie von dieser, was man
als den Grundschaden Britanniens bezeichnet hat: England,
Schottland und Irland unterdrücken im Verein die entlegenen
Kolonien, England und Schottland machen gemeinschaftliche
Sache, um Irland zu unterdrücken, die irische Kirche zu beugen
und Industrie und Handel in Irland nieder zu halten, England
sammelt sich, um Schottland zurück zu drängen, und in Eng=
land selbst unterdrückt der Reiche den Armen und die herrschende
Kaste alle übrigen. Von 30 Millionen Menschen war in diesem

---

*) Emerson. English traits 220—230.

2*

Zeitraum nur eine Million politisch stimmberechtigt, und wer nur die Ausfälle gegen die englischen Gutsbesitzer in Byron's „Ehernem Zeitalter" lesen mag, wird sehen, wie schamlos sie sich während des Krieges auf Kosten der anderen Klassen bereicherten, und wie rücksichtslos ihre ganze Politik darauf gerichtet war, es auch weiter so treiben zu können.

Dieser Zustand übt einen zum Teil verderblichen, zum Teil in entgegengesetzter Richtung begeisternden und anspornenden Einfluß auf die Schriftsteller des Landes aus. Die, in welchen das heilige Feuer schwach brennt, erlöschen früh und werden reaktionäre Stützen des herrschenden Zustandes. Diejenigen dagegen, deren blitzschwangere Geister darauf angelegt waren, gegen den Wind zu gehen, entwickeln unter dem Druck dieser Verhältnisse ein Freiheitspathos, das die politische Atmosphäre in zitternde Bewegung setzt. Diesen Dichtern erscheint England als „ein Gibraltar von Konvenienzen", und sie verlassen ihr Vaterland, um ihre Heimat mit allen Wurfgeschossen des Spottes und der Entrüstung anzugreifen und im Sturme zu bombardieren.

Es ist nötig, betreffs der politischen Verhältnisse dieses Landes etwas mehr ins Detail zu gehen, um das Erdreich recht kennen zu lernen, auf welchem die Litteratur empor wächst, und um die nicht-litterarischen (die politischen, sozialen und religiösen) Prinzipien zu verstehen, welche die Dichter in einander feindselige Gruppen spalten.

Auf dem Throne Englands saß im Beginn des Jahrhunderts (schon seit 1760) Georg III. Von seiner Kindheit an hatte seine Mutter ihm die übertriebenen und unenglischen Ideen von der Bedeutung der Souveränetät, welche auf dem Festlande herrschend waren, beizubringen gestrebt und dies war in solchem Maße gelungen, daß einer nach dem andern von den hohen Lords, die zu Hofmeistern des Prinzen erwählt waren, auf dies Amt verzichtete, weil ihrem Einfluß entgegen gearbeitet ward. Einer von ihnen, Lord Waldegrave, der nicht nur ein scharfsinniger Beobachter, sondern ein ergebener Anhänger des Hauses Hannover war, hat ein Charakterbild seines Zöglings geliefert, das Nichts weniger als anziehend ist. Er schildert

ihn als leidlich begabt, allein ohne jeglichen Fleiß; als streng
rechtschaffen, allein ohne die Offenheit und Unbefangenheit,
welche die Rechtschaffenheit liebenswürdig machen; als aufrichtig fromm, allein stets auf die Fehltritte und Sünden seines
Nächsten mit Aufmerksamkeit achtend; als bestimmt, aber starr-
köpfig und vorurteilsvoll: er schildert, wie Erbitterung und
Zorn sich bei ihm niemals Luft machen, sondern gleich nach
innen schlagen und für den Augenblick nur Zurückhaltung und
Verstellung erzeugen, um sich später mit um so größerer Wirkung
zu äußern, und wie derselbe König, der ein so ehernes Ge-
dächtnis für jedes Unrecht hatte, daß ihm zugefügt worden war,
eine mehr als königliche Vergeßlichkeit den Diensten gegenüber
besaß, die man ihm erwiesen. Die vollständige Verknöcherung
seines Geistes in Vorurteilen war jedoch vielleicht sein größter
Fehler als öffentlicher Charakter und Regent. In seinem Privatleben war er schlicht, bieder, zuverlässig und flößte seinen Untergebenen große Achtung ein, obschon die Mängel seiner Erziehung
niemals gut gemacht wurden. Als er zur Regierung kam, hatte
er wenig oder gar keine Kenntnis von Menschen wie von Büchern,
und sein Leben lang war und blieb er gänzlich unwissend in
Betreff der Litteratur und Kunst; allein seine eigennützige Hof-
umgebung brachte ihm bald eine nicht geringe Menschenkenntnis bei, und er, welchem Große und Kleine, wohin er blicken
möchte, die Hand entgegen streckten, lernte bald den Preis jedes
Menschen erkennen und den Nutzen berechnen, den ihm derselbe
gewähren konnte. Sein von Natur guter Verstand ward weder
durch Studien, noch durch Reisen oder Unterhaltung geschärft:
allein er wußte auf alle Detailfragen, die keine feinere Bildung
der Seele und des Denkens erforderten, einzugehen und sie
mit der Tüchtigkeit zu behandeln, die für einen Regenten nötig
war, der sich höchst ungern darauf beschränken wollte, nur dem
Namen nach König zu sein.*)

Sollte ich meinen dänischen Landsleuten Georg III. auf
eine ihnen verständliche Art mit einem einzigen Worte charakterisieren, so würde ich sagen: er war Englands Friedrich VI.

---

*) Massey: History of England. Vol. I., pag. 69 ff.

Er war ein wirklich patriarchalischer Regent und fühlte sich selbst als Vater seines Volkes. Das Land verlor unter ihm die nordamerikanischen Kolonien, wie Dänemark unter Friedrich VI. Norwegen verlor, ohne daß dieser Verlust oder die unvernünftige Politik, welche denselben verschuldet hatte, der Popularität des Monarchen Abbruch that. König Georg's Haushaltung war ein Muster des häuslichen Lebens eines englischen Gentleman. Morgens früh aufgestanden! war ihr erstes Prinzip. Sie war frugal, ordentlich, ökonomisch, in jeder Hinsicht echt bürgerlich eingerichtet. Sie war langweilig in einem Grade, bei dem zu verweilen ihren Geschichtschreiber Thackeray „schaudert".

Wenn der König eines Tages recht früh aufgestanden war und seine Pagen selber geweckt hatte, plauderte er bei seinem Morgenspaziergang mit Jedem, dem er begegnete, ging inkognito in manches Haus und manche Hütte, schenkte bald einem Kinde einen Silberschilling, bald einer armen Frau ein Huhn. Eines Tages trafen er und die Königin einen kleinen Knaben, mit dem sie ein Gespräch begannen, bis ihm der König sagte: „Knie nieder, du sprichst mit Ihrer Majestät, der Königin!" Als aber der Kleine aus pflichtschuldiger Rücksicht auf seine neuen Hosen sich dessen hartnäckig weigerte, rührte dieser frühzeitige ökonomische Sinn den alten König so stark, daß er den Knaben an sein Herz drückte.

Das Leben bei Hofe schlich mit einer trägen Einförmigkeit hin, welche die jungen Prinzen fern von der Heimat trieb und zum Teil Schuld daran war, daß sie so schlecht arteten. Abends spielte der König entweder seine Tokkabilje oder wohnte seinem Abendkonzert bei, wobei er regelmäßig einnickte, während die Pagen sich im Vorzimmer tot gähnten.

Die täglichen Spaziergänge fanden en famille auf dem Walle von Windsor statt, während das Volk ringsum sich gemütlich versammelte und zusah, und die Schulknaben von Eton ihre rotwangigen Gesichter unter den Ellbogen des Haufens hervor streckten. Die Musik spielte, und wenn das Konzert unter freiem Himmel zu Ende war, unterließ der König niemals seinen, dreieckigen Hut zu lüften und die Musikanten mit den Worten zu grüßen: „Ich danke Ihnen, meine Herren."

Welcher Däne denkt nicht bei diesen Szenen unwillkürlich an die Spaziergänge Friedrich's VI. und seine Segeltouren als Großadmiral im Garten zu Frederiksborg! Wie er, gewann Georg III. die Herzen durch sein bürgerliches Auftreten und seinen fadenscheinigen Rock; auch von Georg III. gilt, was Orla Lehmann von Friedrich VI. sagt, daß man „in der schlichten Einfalt des Königs (sowohl an Verstand wie an Benehmen) und in seiner gutmütigen Teilnahme an dem Wohl und Wehe der Individuen einen Ersatz für die Fehler des Staatsmanns und des Regenten sah," — und wie wenige hatten überhaupt ein Auge für letztere! Für die große Mehrzahl von Englands Bewohnern war der alte Georg ein gewaltig scharfsinniger Staatsmann und ein mächtiger Souverän — ich erinnere nur an einen zu seiner Zeit berühmten Kupferstich Gilray's, auf welchem er in der alten Perrücke und der strammen alten häßlichen Windsor-Uniform — als König von Brobdingnag abgebildet ist, der einen kleinen Gulliver auf der einen Hand hält, und durch den Operngucker in der anderen das Männlein betrachtet. Wer, glaubt man, war der kleine Gulliver? Er trug einen dreieckigen Hut und den grauen Rock von Marengo.

Die meisten meiner dänischen Landsleute werden sich dabei eines Bildchens erinnern, das in photographischer Vervielfältigung vor einigen Jahren besonderes Glück machte. Es trug die Unterschrift: „Die geliebte hohe Familie", und stellte Friedrich VI. mit seinem ganzen Geschlechte vom Größten bis zum Kleinsten auf einem Spaziergange dar. Ist das nachfolgende kleine Familiengemälde, das man bei Miß Burney findet, nicht das genaueste Seitenstück dazu? Sie beschreibt eine ganz allerliebste Prozession. Die kleine Prinzeß Amalia, welche eben drei Jahre alt geworden war, ging allein voran in einem Kleidrocke mit feinem Musselinüberwurf und mit einem hübschen geschlossenen Hute, weißen Handschuhen und Fächer, im höchsten Grade entzückt über die Parade und beständig den Kopf drehend, um Jeden zu sehen, an dem sie vorüber ging; denn alle Spaziergänger stellten sich an den Häusern entlang auf, sobald die königliche Familie in Sicht kam, damit die Passage für dieselbe frei bliebe. Dann folgten der König und die Königin, nicht minder froh über das Ver= gnügen ihres kleinen Lieblings; die Kronprinzessin hatte Lady Waldegrave den Arm gereicht, dann kamen Prinzeß Augusta Arm in Arm mit der Herzogin von Ancaster, General Bude, der Herzog von Montague und Major Price, welcher als Stallmeister den Zug beschloß." „Welch schönes Bild!" ruft Thackeray aus: „Während die Prozession langsam vorüber zieht, spielt das Musikkorps seine alten Melodien, und das Sonnenlicht fällt auf die alten Festungswerke und beleuchtet die königliche Standarte, welche vom großen Thurme wallt, die mächtigen Rüstern und die loyale Zuschauermenge, die das liebliche Kind mit seinem unschuldigen Lächeln grüßt."

Das ist die häusliche Idylle, welcher nach außen die Leidenschaft des Königs, Nordamerika zu unterdrücken, die französische Revolution zu bekämpfen, die irische Kirche zu ver= nichten und den Negerhandel mit all seinen Schrecken fortbe= stehen zu lassen, grell gegenübersteht. Allein selbst die häus= liche Idylle dauerte nicht bis zum Ende des Jahrhunderts.

Im Jahre 1787 hatte der König den ersten Anfall von Wahnsinn und schon damals erörterte man im Parlamente mit unerhörter Leidenschaftlichkeit die Regentschaft des Prinzen von Wales, welche 1810 definitiv beschlossen ward. Die Opposition wähnte damals, das Toryregiment für lange Zeit gestürzt zu haben, wenn der Prinz zum Regenten ernannt würde. Sein Charakter und seine Sitten waren indeß beim Volke so übel berüchtigt, daß man seiner Thronbesteigung mit Angst entgegen sah. Allein gerade als ein Gesetzesvorschlag in dieser Angelegenheit eingereicht werden sollte, fand Pitt sich im Stande, dem Parlamente ein ärztliches Bulletin über die un= mittelbar bevorstehende Genesung Sr. Majestät vorzulegen, und die Gefahr ging für diesmal vorüber. Die Enttäuschung des Prinzen war groß, und er vermochte sie um so minder zu verhehlen, als er während der Krankheit des Königs eine alles eher als kindliche Gesinnung an den Tag gelegt hatte. Er besaß ein gewisses Talent, Gebärden und Stimmen nach= zuahmen, und es war ihm ein Hauptspaß, während der

Krankheitsperiode seines Vaters die guten Köpfe, die lustigen und ausschweifenden Männer und Frauen, die seinen Umgangskreis bildeten, damit zu amüsieren, daß er das Aussehen und die Handlungen seines irrsinnigen Vaters vor ihnen kopierte. Man hat in diesem Zuge seinen Charakter, den Charakter des Mannes, der so lange eines gewissen äußeren Schliffs und Anstandes halber den Namen des „ersten Gentleman von Europa" trug.

Zu bewundern ist die Gewandtheit, mit welcher dieser Mann die seltensten Geister seiner Zeit, wenn auch nur für eine kurze Weile zu gewinnen verstand. Er hatte Burke, Fox und Sheridan zu Umgangsfreunden. Allerdings waren es, wie Thackeray bemerkt, schwerlich seine Ansichten über die Verfassungsfragen oder die Verhältnisse in Irland, welche sie zu hören gelüstete — seine Ansichten über dergleichen! — sondern er sprach von Würfeln mit Fox, und mit Sheridan von Wein. Das waren Punkte, wo die Interessen des Narren und der Genies sich begegneten, und Brummels Freund und Rival war bei den Dandies jener Zeit eine Autorität in Betreff der Frage, welcherlei Knöpfe zu einer gewissen Art Weste paßten, und welche Sauce mit einer gewissen Art Pastete harmoniere. Man sehe weiter, wie er Moore für eine kurze Minute gewinnt! In dem Briefe desselben an seine Mutter vom Juni 1811 (Memoirs Vol. I pag. 225) sieht man deutlich), daß er sich durch die „herzliche Familiarität" des Prinzregenten geschmeichelt fühlt. Dasselbe gilt einen Augenblick von Byron; sein Versöhnungsbrief an Walter Scott zeigt klar, wie wenig unempfindlich er für die Schmeicheleien des Regenten in Betreff des „Childe Harold" war. Und nun erst Scott! In seiner Eigenschaft als hartnäckiger Tory war er immer ein treuer Anhänger des Prinzregenten, wie edel und rechtschaffen er sonst auch war. Als Georg IV. als König nach Schottland kam, wo er in der Tracht eines Clanhäuptlings, seine fetten Waden entblößt und einen schottischen Schurz über seinem unförmlichen Bauche, auftrat — Byron spottet darüber am Schlusse seines „Ehernen Zeitalters," — ging Walter Scott an Bord der Königlichen Jacht, um ihn zu begrüßen, ergriff

ein Glas, woraus Se. Majestät eben getrunken, bat sich die
Gnade aus, dasselbe behalten zu dürfen, versprach, daß es
ewig als teures Erbstück in seiner Familie bleiben solle, ging
nach Hause, traf dort einen unerwarteten Besuch, warf sich
auf einen Stuhl — und setzte sich auf seine Rocktasche, um
allzu früh und schmerzlich an das königliche Andenken erinnert
zu werden. Er blieb Georg IV. treu, selbst als Moore ihn
längst mit seinen Witzpfeilen gespickt, als Byron ihn längst
mit seinen sanglauten Epigrammen verhöhnt, und als selbst
Brummell ihn auf einem Spaziergang im Hydepark wie einen
Fremden durch sein Lorgnon beäugelt und den Begleiter des
Prinzen gefragt hatte: „Wer ist Ihr dicker Freund?"

Unser „dicker Freund" war allmählich über die Maßen
feist geworden. Das Leben, welches er führte, in welchem
Orgie auf Orgie folgte, hatte ihm ein solches Embonpoint
verliehen, daß er nicht mehr gehen konnte. Wenn er ausfahren
sollte, ward ein Brett aus dem Fenster geschoben, und auf
diesem ließ er sich in den Wagen hinabrutschen. Während
die Weber in Glasgow und Lancashire vor Hunger gen Himmel
schrieen, veranstaltete er riesige Festlichkeiten mit unerhörter
Pracht, und empfing den landflüchtigen Bourbon als Ludwig
XVIII. Das Kind ist der Vater des Mannes, sagt Wordsworth. Georg IV. bezeichnete seinen Eintritt in das Hofleben
durch eine Großthat, die seines späteren Lebens würdig ist.
Er erfand eine neue Schuhschnalle. Sie war einen Zoll lang
und fünf Zoll breit. „Sie bedeckte," wie seine Zeitgenossen
erzählen, „den ganzen Spann und reichte über beide Seiten
des Fußes hinab." Wir lesen, daß bei seinem ersten Erscheinen auf einem Hofballe sein Wams von roseuroter Seide
mit weißen Aufschlägen, seine Weste von weißer Seide, mit
verschiedenfarbigen Glanzstoffen bordiert und mit einer Unmasse
nachgemachter Edelsteine verziert war. Sein Hut war mit zwei
Reihen Stahlperlen, fünftausend an der Zahl, mit einem
Knopfe und einer Schnur von dem gleichen Metall geschmückt
und nach kriegerischem Schnitte geformt.

Ein kriegerischer Schnitt! Der stand wahrlich dem Kopfe
an, der ihn trug. Dieser Kopf war damals, als sein Besitzer

in seinem neuen prächtigen Palaste Carlton-House Hof zu
halten begann, voll oberflächlicher Pläne, Litteratur, Wissen=
schaften und Künste zu ermuntern, und es konnte einen Augen=
blick ernst damit scheinen, wenn man an der Tafel des Prinz=
regenten Walter Scott, den besten Erzähler seiner Zeit, mit
unbeschränkter Loyalität und Liebenswürdigkeit eine unerschöpf=
liche Fülle ergötzlicher und launiger Geschichten auftischen hörte,
oder wenn Moore in diesem Kreise einige seiner anakreon=
tischen Lieder sang, oder Grattan, der stolze Führer der Ir=
länder, mit dem Feuer der phantasiereichen und gefühlvollen
Beredtsamkeit zur Unterhaltung beitrug. Aber wie bald machten
diese Männer einer Gesellschaft Platz, die ganz anders für
den Prinzregenten paßte: französische Köche, französische Tänzer,
Jockeys, Hofnarren, Kuppler, Schneider, Boxer, Inveliere
und Fechtmeister. Mit solchen Leuten verbrachte er die Zeit,
welche seine Maitressen und Trinkgelage ihm übrig ließen.
Er bewies seinen künstlichen Sinn und Geschmack, indem er
sich zu hohen Preisen ganze Fuder chinesischer Schnurrpfei=
fereien zusammen kaufte. Kaum war daher auch der Schöngeist
Regent geworden, als er mit den guten Köpfen unter den
Whigs brach, deren Gesellschaft er früher gesucht hatte. Er
schlug um und ward plötzlich Tory.

Es kommt mir vor, als hätten vier europäische Regenten
in der ersten Hälfte dieses Jahrhunderts eine auffallende
Familienähnlichkeit miteinander. Ludwig I. von Baiern, Fried=
rich Wilhelm IV. von Preußen, Christian VIII. von Dänemark
und dieser englische Prinzregent. Es sind vier reaktionäre
Schöngeister auf dem Throne. Hier, wie in Dänemark folgt
in der Königsfamilie der litterarische Dilettantismus auf die
patriarchalische Einfalt. Allerdings war derselbe in England
mit den unheimlichsten Sitten und einer fast unbegreiflichen
Trägheit verbunden. Im Jahre 1816 saßen in Newgate 58
zum Tode Verurteilte, welche darauf harrten, daß die Ver=
gnügungen und Zerstreuungen des Prinzregenten ihm Zeit
lassen würden, das Todesurteil oder den Begnadigungsakt zu
unterzeichnen, und manche von ihnen hatten vom Dezember
bis zum März gesessen. Vergebens erscholl im Parlamente

Broughams furchtbarer Ausfall auf „Diejenigen, die, wenn
die Gefängnisse mit Unglücklichen überfüllt seien, nicht einen
Augenblick ihre gedankenlosen Vergnügungen aufschieben könnten,
um diesem traurigen Schweben zwischen Leben und Tod ein
Ende zu machen." Man lese hierüber Moores Satiren im
„Twopenny Post-bag" nach. Hier zeigt sich's, daß der
liebenswürdige irische Sangvogel einen Schnabel und Krallen
hatte. Man sieht aus Scotts Leben (Vol. III. pag. 342),
mit welch ruhigem Lächeln der Regent 1815 über die Verse
Moores scherzt, die seinen Tisch als überfüllt mit Mode=
journalen auf der einen Seite und ununterzeichneten Todes=
urteilen auf der anderen schildern! Diese Verse waren nur
allzu gerecht und hatten nur allzu wenig genützt. Schon in
einer Parlamentsrede, die er im April 1812 hielt, hatte
Castlereagh gesagt: „Es ist Sr. königlichen Hoheit unmöglich,
seine Person von dem überwältigenden Haufen von Papieren
frei zu machen, die auf seinem Tische angehäuft sind," und in
Moores Satire „The insurrection of the papers" heißt es:

On one side lay unread Petitions,
On th' other hints from five Physicians,
Here tradesmen's bills, — official papers.
Notes from my Lady, drams for vapours,
There plans of saddles, tea and toast,
Death-warrants and the Morning Post

Und nach alledem läßt der Regent vier Jahre später 58
Todesurteile sich aufsummen!

Ich sagte, daß er kaum mit den Regierungsinsignien be=
kleidet worden war, als er mit seinen ehemaligen Freunden
brach und Tory ward. Das große, langwierige Toryministe=
rium ward errichtet, mit Lord Liverpool an der Spitze, einem
zähen, aber gutmütig trägen Reaktionär, von welchem sich die
Erbitterung immer auf seine Kollegen ablenkte. Er war als
Premierminister eine Art konstitutioneller König, mit redlichen
Absichten und mäßiger Begabung. Er genoß, wie sein Kollege
Lord Sidmouth, das Privilegium, weder seiner Charakterstärke
halber gefürchtet, noch seines Talentes halber beneidet zu
werden. Die bezeichnendste und exponierteste Persönlichkeit im

Ministerium war Lord Castlereagh, ein mittelmäßig begabter, aber energischer Mann, den Wilberforce einen Fisch an Kaltblütigkeit nannte. Er hatte schöne Gesichtszüge und eine gebieterische Stimme, und seine äußere Erscheinung trug größere Ehrenzeichen zur Schau, als irgend einem Unterhausmitgliede seit den Tagen Robert Walpoles zu Teil geworden waren. Er war „der edle Lord mit dem blauen Bande." Er war von jeher absolutistisch gesinnt, und sein Verkehr mit den unverantwortlichen Fürsten des Festlandes hatte noch mehr dazu beigetragen, die für einen konstitutionellen Minister bedenklichsten Grundsätze bei ihm zu entwickeln. Kein Bewußtsein von der Beschränktheit seines Verstandes oder den Mängeln seiner Erziehung hinderte ihn, unförmliche Sätze und lockere Argumente stromweise hervorzusprudeln. Seine Schulbildung war so gering, daß er nicht zwei Sätze richtig zusammenfügen konnte, und nur allzu oft erweckte seine Suade das Gelächter des Hauses; aber er hielt mit unerschütterlicher Hartnäckigkeit allen Angriffen Stand, ohne daß irgend eine argwöhnische oder bittere Aeußerung ihn um die Breite eines Haares von seinem Wege abzuschrecken schien, und dem Parlament gegenüber schlug er den alten Ton des Absolutismus an: „Wir allein verstehen das." Byron, Shelley und Moore züchtigten ihn gleichmäßig in ihren Gedichten.

Endlich haben wir noch den Kanzler Lord Eldon zu nennen, die Inkarnation der Doktrinen der Torypartei, dessen Gedanken bei Tag und Nacht darauf gerichtet waren, wie er sich ausdrückte, „die Verfassung aufrecht zu erhalten." Wer dies oder jenes alte Monopol, diese oder jene veraltete Freiheits-Behinderung oder Beschränkung aufheben, oder gar ein altes, grausames Strafgesetzbuch abschaffen wollte, legte nach seiner Anschauung Hand an die Verfassung. Und nichtsdestoweniger war er selbst ununterbrochen der Erste, sein Palladium, das Gesetz, zu suspendieren, sobald es ihm im Wege stand. Die Habeas-Corpus-Akte für eine Zeitlang aufzuheben, die Presse zu knebeln 2c., solche heilsame Amputationen waren nach seiner Ansicht Leben für die Verfassung, ihr aber neues Blut eingießen, war Tod für sie.

Es war dies Ministerium, das 1814 Alexander I. von Rußland durch seinen Eifer, die durch die Revolution er=schütterten Prinzipien wieder aufzurichten, in Erstaunen setzte. Der russische Kaiser verhöhnte das englische Ministerium, indem er die reaktionären Tendenzen desselben beklagte und Be=ziehungen zu den Führern der Opposition in London anknüpfte. Der erste Eindruck der französischen Revolution auf die Re=gierung und das Volk Englands war sympathisch gewesen. Die Gegner Pitt und Fox stimmten darin überein, sie als eins der größten und heilsamsten Ereignisse in der Geschichte der Menschheit zu begrüßen. Allein kaum war jenseits des Kanales Blut vergossen worden, als die Masse der Bevölkerung, ja selbst die Mehrzahl der Opposition, all' ihre Traditionen: die Königsmacht, die Religion, das Eigentumsrecht, gefährdet sah und eine ungeheure Partei der Ordnung bildete. Burke war unter den Whigs derjenige, welcher zuerst mit gewaltsamer Heftigkeit die Revolution verurteilte, und welcher besonders seinen Freund und Parteigenossen Fox wegen seiner Ver=teidigung des Geistes derselben verdammte. Die alten Whigs schlossen sich Burke an. Pitt, der eine Reihe notwendiger Reformen geplant hatte, wagte nicht einmal wider das ver=derbliche Wahlsystem Englands einzuschreiten und gestand auf bestimmte Anfrage, daß, so tief er auch von der Notwendigkeit einer Parlamentsreform durchdrungen sei, die Zeit sich jetzt so gewagten Experimenten nicht günstig erweise. In jeder frei=sinnigen Regung, selbst der unschuldigsten und berechtigtsten, begann man den gefürchteten Jakobinismus zu wittern. Als Wilberforce seine Agitation gegen den Sklavenhandel eröffnete, ward er zugleich von der Regierung und der Opposition unter=stützt. Nur der König, die Schiffsheeder und die Aristokraten des Oberhauses waren gegen ihn. Als er jedoch 1791 die Angelegenheit wieder vorbrachte, war die Stimmung dergestalt umgeschlagen, daß die Abolitionisten fast für Jakobiner galten, und mit 163 gegen 88 Stimmen ward das Gesetz über die Aufhebung des Sklavenhandels verworfen.

Dazu kam der für England beängstigende Eindruck, den die französische Revolution auf Irland gemacht hatte. Man begrüßte dort die Kunde von derselben, wie Sklaven und Heloten die Freiheitsbotschaft begrüßen. Obschon das irische Volk, unter Führung des edlen, von Byron so begeistert besungenen Henry Grattan, im Jahre 1782 die Anerkennung seines Parlaments als gleichberechtigt mit dem englischen erreicht hatte, war es doch in kommerzieller und religiöser Beziehung völlig unterdrückt. Der gemäßigte Thomas Moore gebraucht selbst den Ausdruck, daß er als Kind katholischer Eltern mit dem Sklavenjoche um seinen Hals zur Welt gekommen sei. Er erzählt, wie er als Knabe 1792 von seinem Vater zu einem auf Grund der Revolution veranstalteten Festessen in Dublin mitgenommen worden sei, und wie der Vorsitzende den Trinkspruch ausgebracht habe: „Möge der frische Windhauch von Frankreich die irische Erde ergrünen machen!" Seine Schriften schildern die Bewegung, welche durch die irische Jugend ging. Er kannte und bewunderte ihren Führer, Robert Emmet. Wenn Emmet in dem Dubliner Diskussionsklub, dessen Leitstern und Zierde er war, mit beredten Worten die Thaten der französischen Republik schilderte, wenn er mit einer Anspielung auf Cäsar, der, über den Rubikon schwimmend, sein Schwert in der einen Hand, seine Kommentare in der anderen empor hielt, die Aeußerung that: „So watet Frankreich durch ein stürmisch erregtes Meer von Blut; aber während es in der einen Hand das Schwert wider seine Unterdrücker schwingt, hält es in der anderen die Schätze der Wissenschaft und der Litteratur unbefleckt von dem blutigen Strome, durch den es sich vorwärts kämpft," — so horchte sein junger Landsmann nicht nur auf den direkten Inhalt der Rede, sondern auf jede Abschweifung oder Anspielung, die Irland in das behandelte Thema hinein ziehen konnte. Solche Andeutungen fehlten auch nicht. „Wenn ein Volk," rief er eines Tages aus, „das schnell vorwärts schreitet in Kenntnis und Macht, zuletzt bemerkt, wie weit seine Regierung hinter demselben zurück geschritten ist, was ist dann anders zu thun, als die Regierung zu dem Niveau des Volkes empor zu ziehen!"

Der Tag war nicht fern, wo Robert Emmet für so kühne Worte schwer büßen sollte. 1798 explodierte der angehäufte

Zündstoff, und Castlereagh wusch, nach Byrons Ausdruck, seine jungen Hände in Erins Blut. Die Wut, mit welcher die Regierung wider die Rebellen einschritt, war so tierisch und wild, daß kaum die Unterdrückung irgend eines Aufstandes in moderner Zeit von solchen Schreckniffen begleitet war. Ich komme später bei Gelegenheit von Moores irischen Melodien darauf zurück. Der Haß gegen die Revolution setzte sich als Haß gegen Napoleon fort. Er überstieg alle Schranken der Vernunft. Thackeray erzählt eine Anekdote, welche den Grad desselben erkennen läßt. „Ich kam," sagte er, „als Kind von Indien, und unser Schiff legte auf der Heimfahrt bei einer Insel an, wo mein schwarzer Diener einen langen Spazier= gang über Felsen und Hügel mit mir unternahm, bis wir einen Garten erreichten, in welchem ein Mann auf und ab schritt." „Das ist er," sagte der Schwarze, „Das ist Bona= parte. Er verspeist täglich drei Schafe und alle kleinen Kinder, die er erwischen kann," und Thackeray fügt hinzu: „Es gab mehr Leute im britischen Reiche, als diesen armen Diener aus Kalkutta, die eine gleiche Angst vor dem korsikanischen Menschenfresser hatten." Dieser Haß tritt ebenso stark in Wordsworths Sonetten, in Southeys Dichtungen und in Walter Scotts berüchtigter Biographie Napoleons hervor. Die napoleonischen Kriege leiten die große britische Reaktion ein: die Habeas=Corpus=Akte wird wiederholt suspendiert, die alte Hochverratsverfügung Eduards III. verschärft, das Versamm= lungs= und Petitionsrecht beschränkt, die Preßfreiheit bald in ein leeres Wort verwandelt. Namentlich in Schottland wurden grausame Gesetze aus uralter Zeit wieder hervor gesucht, und hochgebildete Männer wie gemeine Verbrecher in die australi= schen Strafkolonien geschickt. Man wagte gegen Republikaner und Gleichheitsmänner in England von der unumschränkten Gewalt der Krone, von Parlamenten und Juries als von untergeord= neten Nebengewalten zu reden. Es bildete sich eine alles be= herrschende Partei unter dem Feldgeschrei: König und Kirche!

Der König selbst war verrückt, der Prinzregent schlimmer als verrückt, und die Kirche verheuchelt. Mißernte, Ueber= schwemmung, Hungersnot traten 1816 ein. Verzehrender Hunger

trieb rings im Lande die niedere Bevölkerung planlos von
Haus und Hof. Shelley hat dieser Stimmung in der „Maske
der Anarchie" Ausdruck gegeben. In Leicestershire zerstörten
die Arbeiter in ihrer Verzweiflung die Spitzenwebereien und
zertrümmerten die Webstühle. Zu ihrer Verteidigung hielt
Byron seine erste schöne Parlamentsrede.

Man sieht aus Romillys Tagebüchern, wie unmöglich es
den wenigen freisinnigen Männern war, die geringste Reform
durchzusetzen. Er, der allgemein geachtete Reformator der
grausamen, englischen Strafgesetzgebung, (derselbe, welcher als
juristischer Beistand der Prinzessin von Wales und als Sach=
walter der Lady Byron so bekannt geworden ist), sagt in
seinem Tagebuche von 1808: „Wenn Jemand eine angemessene
Idee von den unglücklichen Wirkungen zu erhalten wünscht,
welche die französische Revolution und die Schrecknisse, die ihr
folgten, in unserem Lande verursacht haben, so möge er nur
die eine oder andere legislative Reform nach humanen und
liberalen Grundsätzen versuchen. Er wird dann entdecken, nicht
allein, welche stupide Angst vor Veränderungen, sondern, welcher
grausame Geist in allzuviele seiner Landsleute gefahren ist."
Auf Romillys Antrag, das Gesetz aus der Zeit Wilhelms III.
aufzuheben, nach welchem der Ladendiebstahl mit dem Tod
durch Erhenken bestraft ward, erwiderte Lord Ellenborough,
kräftig durch Lord Eldon unterstützt, mit dem Bedauern, daß
„eine moderne Philosophie sich jetzt sogar unterfange, weise
Verfügungen, die Jahrhunderte alt seien, anzutasten," und
nicht die Regierung allein, sondern Parlamentsmitglieder in
Menge waren wie besessen von Henkerlust. Romilly erzählt
selbst, wie einer seiner jüngeren Kollegen im Parlamente jede
Vorstellung und jeden Einwand mit der stereotypen Phrase
beantwortete: „I am for hanging all". Und doch sollte man
wahrlich meinen, es sei im neunzehnten Jahrhundert Zeit,
der Leidenschaft des Hängens in England ein Ende zu machen,
die nur allzu unvorteilhaft von dem tiefen Fond von Roheit
in der Nation zeugt. Unter Heinrich VIII. waren 72000
Diebe gehenkt worden, und unter Georg III. wurden jährlich
im Durchschnitt 2000 gehenkt, was von 1760 bis 1810 die

die hübsche Summe von 100000 ergiebt. Im Jahre 1817 ward die Verfolgung der Denk= und Schreibfreiheit förmlich in System geseßt während der Prozesse gegen den alten Bücher= freund Hone, der durch einen seltenen Verein von Wahrheits= liebe und Klugheit vor Gericht ein Mal über das andere jeden Versuch, ihn wegen Gottesläſterung zur Strafe zu ziehen, vereitelte. Dann folgten 1818 die Unruhen der armen Be= völkerung von Manchester, wo die Reiterei mit blanker Waffe einhieb und die Soldaten die wehrlosen Volksmassen miß= handelten. Den Eindruck davon findet man in Shelleys Ge= dichten von 1819.

Gewiß also ist der politische Hintergrund dieser Litteratur= periode finster — finster durch die Angst erschrockener Phili= ster vor den Ausschreitungen der Freiheitsbewegung in Frank= reich, finster durch die tyrannischen Gelüste stolzer Tories und den Druck der Hochkirche, finster durch das vergossene Blut irischer Katholiken und englischer Arbeiter — und zu Alledem trägt auf der Zinne der Gesellschaft der Wahnsinn die Krone auf der Stirn Georgs III., und das Szepter ruht in der Hand der schlaffen Unzucht, die in der Gestalt des Prinz= regenten den Königsthron einnimmt als Stellvertreter der Borniertheit, die sich mit seinem Vater dort installiert hatte. Und dies ist der Thron, welchen Lord Eldon mit seinen sechs Knebelgeseßen stüßt, zu denen er die uralte Verfassung Eng= lands umgebildet hat, und welcher in Castlereaghs eben so ungrammatikalischen wie freiheitsfeindlichen Parlamentsreden und in Southeys eben so unmelodischen wie gutbezahlten Schmeichelhymnen verherrlicht und gepriesen wird, — bis der Ehescheidungsprozeß zwischen Georg IV. und Karoline mit seinem ungeheuren, alle Begriffe übersteigenden Skandal, der sich stromweis wie eine Kloake von der Rednerbühne des Oberhauses ergießt, den Glanz der Krone und das Dekorum des Hofes in einem Meere von Koth ersäuft, — und die Schlag auf Schlag einander folgenden Revolutionen in Spanien, Griechenland und Südamerika die Luft reinigen, und Castlereagh sich die Kehle abschneidet, (seinen Gänsekiel schneidet, wie Byron sagt) und England unter Canning die südamerikanischen Republiken anerkennt und sich zur Schlacht bei Navarino rüstet. Shelleys, Landors, Byrons und Campbells Poesien haben ihre politische Parallele in diesen Regierungshandlungen Cannings. Aber die Reden Cannings selbst [sind ein Supplement zu den Werken dieser Dichter, Castlereaghs schlottrige Reden und seine faden, inhaltsarmen Depeschen — doppelt inhaltsarm, weil er als echter Geschäftsmann aus Metternichs Schule die mündliche Mitteilung vorzog — wurden direkt abgelöst durch Cannings freimütige und glühende Beredsamkeit. Während Castlereagh, wie seine ihn überlebenden Kollegen, auf dem schändlichen Kongresse von Verona nur danach trachtete, unter dem Schein evangelischen Friedens, Schweigen und Finsternis aufrecht zu erhalten, leuchteten jetzt Cannings Reden wie ein Waldbrand in der tiefen Nacht der heiligen Allianz. Sein großer politischer Grundgedanke war das Selbstbestimmungsrecht der Völker. Er starb am 8. August 1827; aber am 10. Oktober desselben Jahres wurde die Schlacht bei Navarino geschlagen, die gleichsam der letzte Wille des Toten war, und die für uns heute das politische Symbol für das Erwachen des neuen Geistes in Europa ist. [*Miss Martineau:* The history of England during the thirty years peace. Vol. I, II. — *Massey:* History of England during the reign of George the Third. Vol. I—VI. — *Thackeray:* The four Georges. — Reinhold Pauli: Geschichte Englands seit den Friedensschlüssen 1814. und 1815. — *Emerson:* English characters.]

___

4.

Ankündigung des Naturalismus.

Im Sommer 1797 beschäftigte sich die Neugier der Bewohner eines kleinen Dorfes an der Küste von Sommersetshire oft mit zwei jungen Männern, die seit Kurzem ihre Wohnstatt dort aufgeschlagen hatten, und die man täglich mit ein-

ander spazieren gehen sah, in eifrige und endlose Gespräche
vertieft, wobei fremd klingende Wörter und Namen, unver=
ständlich für die Vorübergehenden, unter lebhaften Fragen
und Antworten ausgesprochen wurden. Der eine dieser beiden
jungen Männer war 27 Jahre alt, er zeigte einen tiefen Ernst
in seinen Mienen, eine unerschütterliche Würde, ja Feierlichkeit
in seinem Wesen, glich zumeist einem jungen Methodisten=
prediger, und hatte eine monotone, ermüdende Stimme. Sein
um ein paar Jahre jüngerer Begleiter, der mit ununterbro=
chener Suade, unruhigen und häufigen Handbewegungen sprach,
hatte einen großen runden Kopf, dessen Form auf erhebliche
Intelligenz schließen ließ, ein glattes Gesicht, tiefe, hellbraune
Augen und einen seltsamen Ausdruck schlaffer Unbestimmtheit,
und durchgängiger Charakterschwäche von jener Art, die nicht
eine plötzlich auflodernde Kraft ausschließt. Seine Stimme
war Musik, seine Beredtsamkeit schien selbst seinen zurückhal=
tenden Zuhörer und Freund zu bezaubern. Wer und was
waren diese jungen Männer, die gar keine Gesellschaft dort
in der Gegend suchten? Das war die Frage, welche die Be=
wohner sich stellten. Was anderes als Politik konnte es sein,
worüber sie so heftig diskutierten, und wenn es sich so ver=
hielt, was anders konnten sie dann wohl sein, als Verschwörer,
als Jakobiner mit Aufruhrsplänen!

Bald verlautete es, daß der älteste der beiden Freunde,
Mr. Wordsworth, sich beim Beginn der Revolution längere
Zeit in Frankreich aufgehalten und die soziale Begeisterung
der Zeit mit großer Wärme geteilt, und daß der jüngere,
Mr. Coleridge, sich frühzeitig als eifrigen Demokraten und
Unitarier bekannt gemacht, ein Drama: „Der Sturz Robes=
pierres" geschrieben, zwei politische Broschüren: „Conciones
ad populum" herausgegeben, ja den Plan erdacht habe, mit
einigen Gleichgesinnten eine sozialistische Kommüne in dem
fernen Amerika zu errichten. Wie sollte man länger zweifeln?
Eine liebereiche Seele in der Nachbarschaft denunzierte die
Freunde bei der Regierung in London, und diese schickte einen
Spion aus, der den Zweck ihrer Spaziergänge und den Gegen=
stand ihrer Gespräche erforschen sollte. Bald erschien ein rot=

nasiger Polizeispion mit einer Bardolphs-Physiognomie in der friedlichen Gegend, folgte unbeachtet den Freunden, und als er sie mit Papieren in der Hand umher gehen sah, zweifelte er nicht daran, daß sie „eine Karte von der Gegend auf= nähmen." Er redete sie hin und wieder an, und wählte sein Versteck im Gebüsch hinter einer Bank am Strande, ihrem Lieblingsruheplatze. Hier lag er Stundenlang auf der Lauer. Zuerst glaubte er, daß die Verschworenen Wind von der Gefahr bekommen hätten, die ihnen drohte; denn in ihren Reden kam oftmals ein Wort vor, das ihm wie Spy-nosy (der Spion mit der Nase) klang, welches Wort er auf sich selbst zu beziehen geneigt war; allein bald überzeugte er sich, daß es der Name eines Mannes sei, der ein Buch geschrieben und schon lange gestorben. Man sieht, die Freunde hatten den Namen Spinoza englisch ausgesprochen. Das Gespräch bezog sich fast ausschließlich auf Bücher, und der Eine forderte den Andern auf, bald dies Werk zu lesen, bald auf jenes sein Augenmerk zu richten. Aber der Polizist vermochte kein Wort von Politik aufzufangen und gab bald enttäuscht seine Be= mühungen auf, um seine Spürnase anderswohin zu wenden.

In der That war hier nichts Bedrohliches zu entdecken ; den politisch=revolutionären Rausch hatten die beiden Freunde längst ausgeschlafen, und selbst jenen Spinoza, der eine so große Rolle in ihren Gesprächen spielte, hatten sie nur aus zweiter Hand kennen gelernt und debattierten über ihn, ohne ihn zu verstehen, geschweige ihn sich anzueignen. Es war Co= leridge, der aus Schellings ersten Schriften die Substanz= philosophie kennen gelernt hatte, und der jetzt seinen philoso= phisch unbewanderten Freund in die neu erworbene Weisheit einweihte. Aber Spinoza war in diesen Gesprächen nur das Symbol eines mystischen Naturkultus; Jakob Böhmes Name klang friedlich neben dem seinen. Es handelte sich hier nicht um Wissenschaft, sondern um Poesie, und war bei diesen langen Diskussionen von einer Revolution die Rede, so war diese Revolution eine rein litterarische und poetische, hinsicht= lich welcher die Ideen der beiden Dorfeinsiedler, trotz verschie= dener Ausgangspunkte, auf das Schlagendste übereinstimmten.

Was in diesen Gesprächen vollzogen ward, war nichts
anderes und nichts geringeres, als der bewußte litterarische
Bruch mit dem Geiste des achtzehnten Jahrhunderts, der
gleichzeitig unter verschiedenen Formen ringsum in Europa
stattfindet.

Coleridge hatte eine prüfende Natur, deren Abscheu vor
dem französischen klassischen Puder schon in der Schule geweckt worden war, wo ein origineller Lehrer seinen aufmerk-
samen Zögling vor Harfen, Lauten und Leiern im Prosastile,
statt welcher „Feder und Dinte“ zu verlangen sei, vor Musen,
Pegasus, Parnaß und Hippokrene in der Lyrik gewarnt und
dergleichen als Perrückenmanier und Konvenienz gestümpelt
hatte. Coleridge verweigerte daher Pope und seinen Nach-
folgern den Dichternamen und schwor bei Bowles Sonetten,
er sprach gegen Pope, wie Oehlenschlägers junge Freunde in
Dänemark etwas später gegen Baggesens Poesie sprachen.
Das germanische Naturell in ihm war ein geborener Feind
von Esprit, Epigrammen und Pointen: die Vorzüge der aus
Frankreich stammenden Schule schienen ihm nicht von poetischer
Art zu sein; sie bestanden nach seiner Ansicht in richtiger und
scharfer Beobachtung von Menschen und Sitten in einem
künstlichen und verfeinerten Gesellschaftszustande und in der
geschliffenen Form, welche diese Beobachtungen aufnahm; diese
Form war eine Art Witzlogik, in glatten und stark epigram-
matischen Versen entwickelt; selbst wenn das Subjekt von einer
unwirklichen Natur war, wandte der Dichter sich an die Intelligenz, ja selbst in der zusammenhängenden poetischen Erzählung war für eine Pointe am Schlusse jeder zweiten Zeile
gesorgt, und das Ganze nahm sich wie „ein Kettenschluß von
Epigrammen“ aus. Man fand nach Coleridges Auffassung
mit anderen Worten hier nicht poetische Gedanken, sondern
unpoetische, in eine Sprache gekleidet, die man aus Gewohnheit
poetisch nannte; in der Empfängnis des Gedichtes selbst war
nichts Phantastisches, ja es gebrach häufig dem Dichter so
sehr an Phantasie, daß es von einem großen oder kleinen An-
fangsbuchstaben abhing, ob die Worte als Personifikationen
oder als bloße Begriffe betrachtet werden sollten; während zu

dem die großen alten Dichter Englands, wie Spenser, den phantastischen Einfall in dem reinsten und schlichtesten Englisch auszudrücken wußten, vermochten diese neueren die gewöhnlichsten Trivialitäten nicht anders als in dem geschraubtest jämmer=lichen und phantastischen Englisch auszusprechen, so daß das Resultat sich ausnahm, als hätten Echo und Sphinx im Verein sich die Köpfe zerbrochen, um es zuwege zu bringen. Mit Unwillen wandte sich Coleridge von jenen Versuchen, Phantasielosigkeit durch eine verschrobene Diktion zu verdecken, ab. Er verabscheute Oden an die „Eifersucht", „Hoffnung", das „Vergessen" und an ähnliche Abstraktionen. Sie erinnerten ihn an eine Oxforder Ode auf die Kuhpockenimpfung, welche begann:

„Steig, Pockenimpfung, Himmelsmaid, herab!" *)

Aber selbst in der besten späteren englischen Poesie erhielt sich die Unsitte, Abstraktionen für Gestalten zu nehmen, nur zu lange. Bei Shelley treten „die Zwillingsschwestern Irrtum und Wahrheit" (the twins Error and Truth) noch als handelnde Personen auf. Die ganze rhethorische System schien Coleridge direkt von der Sitte abzustammen, lateinische Verse in den Schulen zu schreiben. Im Gegensatze hierzu schwebte es ihm als Ideal vor, natür=liche Gedanken in einem natürlichen Stile auszudrücken, der weder buchgelehrt noch platt wäre, weder nach der Lampe noch nach dem Rinnstein röche, und die altenglischen Balladen in Percys Sammlung erschienen ihm mit der unverfälschten Volks=tümlichkeit ihrer Naturtöne als Wegweiser. Auch er wünschte solche Naturtöne erklingen zu lassen.

Hier kam ihm Wordsworth mit seinen Grübeleien und Vorsätzen entgegen. Er war einer von den Geistern, die an entschiedenen und schroff verwerfenden Urteilen Gefallen und Sicherheit finden. Seine Ansicht von der ganzen englischen Poesie seit Milton war die, daß das Volk, nachdem es diesen großen Mann hervorgebracht, seine poetische Kraft verloren und nur eine Kompositionsform bewahrt habe, so daß die

*) Innoculation! heavenly maid, descend!

Poesie nur noch in einer Sprachkunst und Wortspielerei bestehe, und der Dichter nach seiner Herrschaft über das Sprachinstrument beurteilt werde. Deshalb hatte der metrische Stil sich mehr und mehr von der Prosa entfernt. Die Aufgabe sei, ihn zu derselben zurück zu führen, so daß er sich nur durch die rhythmische Form von der Alltagssprache unterschiede. Während Coleridge für Naturmelodien schwärmte, war Wordsworth so radikal, daß er sich theoretisch nicht mit Wenigerem als einem gereimten natürlichen Prosadialog begnügen konnte.

Und zu diesem Naturalismus in der Auffassung der Form gesellte sich ein ähnlicher in der Auffassung des poetischen Inhalts. Es war eine von Wordsworths Lieblingsbehauptungen und einer seiner heftigsten Vorwürfe gegen die herrschende litterarische Schule, daß zwischen Milton und Thomson kaum ein einziges originelles Bild der äußeren Natur oder eine einzige neue Schilderung derselben vorgekommen sei. Selbst mit einem hohen Grade von Empfänglichkeit für die Phänomene der materiellen Natur ausgestattet, machte er den Ruf: „Natur! Natur!" zu seiner Losung, — und unter „Natur" verstand er das Land im Gegensatze zur Stadt. Durch das Stadtleben vergaßen die Menschen die Erde, auf der sie lebten; sie kannten dieselbe nicht mehr, sie erinnerten sich wohl der groben Züge in der Physiognomie von Feld und Wald, aber nicht der Einzelheiten des Naturlebens, nicht seines wechselnden Schauspiels mit seinen zahllosen lächelnden, strahlenden, ernsten und schrecklichen Szenen. Wer kannte noch die Namen der verschiedenen Bäume und wilden Blumen, wer kannte die Zeichen von Wetter und Wind, oder wußte, was es bedeutet, daß die Wolken gerade so fortziehen, daß die Heerde sich so zusammendrängt, oder daß die Nebel so zu Thal rollen! Wordsworth hatte, seit er als Kind zwischen den Höhen von Cumberland spielte, all diese Runen deuten können. Er war tief vertraut mit jeglicher Art englischer Natur im Lenz wie im Winter; er war dazu geschaffen, wiederzugeben, was er sah und empfand, und darüber nachzugrübeln, bevor er es wiedergab, — geschaffen, mit vollem Bewußtsein dessen, was

er unternahm, die poetische Reform zu vollführen, welche von
dem armen Chatterton, dem „schlaflosen Knaben", und von
dem Bauernsohne, dem an primitiver Begabung Wordsworth
so weit überlegenen Burns, begonnen worden war. Es war
allerdings nur eins der zahlreichen Organe jener Liebe zur
äußeren Natur, die sich seit dem Ende des vorigen Jahrhunderts
über Europa verbreitet, aber er hatte ein stärkeres und inten=
siveres Bewußtsein von der Thatsache, daß ein neuer poetischer
Hauch über England hinstrich, als irgend ein anderer Mann
in den drei Königreichen.

Darüber verständigten sich also die Freunde, daß man
die ganze englische Poesie in drei Gruppen einteilen könne:
die Zeit der poetischen Kraft und Jugend von Chaucer bis
Dryden, die Periode der poetischen Unfruchtbarkeit von Dryden
inklusive bis zum Ende des achtzehnten Jahrhunderts, und
das Zeitalter der Wiedergeburt, welches jetzt mit ihnen selbst
begann, nachdem es durch ihre Vorläufer verkündet worden
war; und gerade wie die Männer der neuen Zeit in Deutsch=
land [und Dänemark, suchten diese Jünglinge nach großen,
schlagenden Bezeichnungen, die ihren Unterschied von denen,
die sie bekämpften, ausdrücken sollten, und sie fanden ganz
dieselben wie jene. Sie legten sich selbst Phantasie, und damit
das eigentlich schaffende Vermögen, bei; sie schrieben Blatt auf
Blatt zu unklarer Verherrlichung der „imagination" im
Gegensatze zur „fancy", wie Oehlenschläger und seine Schule
die Phantasie priesen und Baggesen höchstens Laune zuge=
standen. Sie hatten Vernunft, ihre Vorgänger nur Verstand,
sie hatten Genie, jene nur Talent, sie waren die Schöpferkraft,
jene nur die Kritik. Selbst ein Aristoteles konnte es als
Nicht=Dichter zu keinem höheren Titel, als dem eines Talents,
bringen. Auch in England fiel man über Oehlenschlägers Nu=
reddin her, und fühlte sich unendlich erhaben über sein „natur=
loses" Forschen.

5.

Die Tiefe und Wahrheit des Naturgefühls. — Wordsworth.

Wordsworths eigentlicher Ausgangspunkt war also der, daß die Menschen im Stadtleben und unter der Zerstreuung desselben die Natur vergessen hätten: sie waren dafür gestraft worden, indem das gesellschaftliche Zusammenleben ihre Kräfte und Fähigkeiten zersplittert und die Empfänglichkeit ihrer Herzen für einfache und reine Eindrücke geschwächt hatte. Unter den Hunderten von Wordsworths Sonetten ist eines, das in betreff dieses Grundgedankens besonders bedeutungsvoll er-scheint. (Select Poetical Works. Tauchnitz Edition. Vol. I., pag. 365). Es beginnt mit einer Klage darüber, daß die Menschenwelt gar zu viel um uns sei, und daß wir in Folge dessen nur wenig in der Natur erblicken, was uns als unser Eigenes entgegen tritt. Dann heißt es weiter:

Die See, dem Mond entschleiernd ihren Schoß,
Die Winde, heulend bald zum Sturm gestaltet,
Jetzt noch wie Blumen still im Schlaf gefaltet,
Dies trifft und Jegliches uns stimmungslos,
Bewegt uns nicht. — Ein Heid', ach, lieber wär'
Ich, in verschollnem Glaubenswahn gebor'n:
Dann blitzt' aus all der Schönheit um mich her
Ein Schimmer doch, nicht ganz in Nacht verlor'n,
Ich sähe Proteus tauchen aus dem Meer,
Und hörte blasen Tritons Muschelhorn.

Das sind bemerkenswerte Worte in Wordsworths Munde, bemerkenswert, weil sie zeigen, was aller wahre Naturalismus im Grunde ist, mit wie vielen theistischen Lappen er sich auch verbräme: im tiefsten Innern ist er verwandt mit der Natur-anschauung des alten Griechenlands und feindselig gegen alle offiziellen Dogmen der neuen Zeit; im tiefsten Innern trägt er den Stempel des Pantheismus, den wir in diesem Jahr-hundert das poetische Naturgefühl in allen Litteraturen be-herrschen sehen. Ich habe auf den Pantheismus hingewiesen,

der sich unter Tiecks romantischer Naturbetrachtung verbarg *),
derselbe begegnet uns hier unter der Gestalt des selbstvergessenen
und halb bewußtlosen Verschmelzens der Menschen mit der
Allnatur, des Aufgehens als einzelner Ton in ihrem großen
Zusammenklange. Er hat Ausdruck gefunden in einem kleinen
eigentümlichen Gedichte (Select Poetical Works. Vol. I,
pag. 241):

> Ein Schlummer deckte meinen Geist,
> Samt allem Menschenleid;
> Nicht fühlt er, wie vorüber kreist
> Der Erdenjahre Zeit.
>
> Nun stört ihn nichts, er blickt nicht auf,
> Liegt still als wie im Traum,
> Und schwingt sich nur im Erdumlauf
> Mit Fels und Stein und Baum.

Vertieft man sich in die Stimmung, aus welcher ein Gedicht wie dieses entsprungen ist, so hat man das Symptom
eines rein pantheistischen Ideenganges: das unbewußte Leben
wird als Grund und Quelle des bewußten angesehen, und alle
Wesen der Erde werden als im Schoße der Natur zusammengewachsen aufgefaßt, bis zu dem Punkte, wo das Bewußtsein
erwacht. Einer von den Keimen der Poesie des neuen Jahrhunderts liegt in einem solchen kleinen Gedichte; denn dem
zivilisierten Menschen, den das vorige Jahrhundert entwickelt
und gepriesen hatte, stellt die neue Zeit den Menschen als
Naturwesen im Kreise all seiner Verwandten, der Vögel und
wilden Tiere, Pflanzen und Blumen, gegenüber. Das Christentum gebot, alle Menschen zu lieben, der naturalistische Pantheismus gebietet, das geringste Tier zu lieben. Für mich
steht „Hart-leap-well" am höchsten von allem, was
Wordsworth geschrieben hat. Dies einfache Gedicht — eine
Doppelromanze — ist ein Plaidoyer von ergreifender Beredtsamkeit für ein armes, preisgegebenes und gehetztes Tier, einen

---

*) Vergl. Die romantische Schule in Deutschland. 5. Aufl.
1897. S. 136.

Hirsch, d. h. einen Gegenstand, dem die klassischen Dichter nur ein kulinarisches und gastronomisches Interesse abgewinnen konnten, und den die Bewunderer der Ritterzeit, ja selbst Scott, von ihren Helden würden zu Hunderten erlegen lassen. Rührend trotz seines vulgären Sujets, groß und einfach in seinem Stile, ist es ein edles Zeugnis der tiefen Pietät für die Natur, welche Wordsworths Adelsbrief ist.

Diese Pietät ist bei ihm zuerst und vor allem Pietät für das Kindliche und für das Kind, und die Ehrfurcht vor dem Menschenwesen, das in seiner Unbewußtheit der Natur am nächsten steht, ist wieder einer der originellen Züge des neuen Jahrhunderts. In einem kleinen Gedichte, das Wordsworth an die Spitze aller übrigen auf die Kindheitsperiode bezüglichen gestellt hat, sagt er:

> Mein Herz jauchzt auf, seh' ich die Luft
> Den Regenbogen färben;
> So war es, da mein Lenz begann,
> So ist es jetzt, da ich ein Mann,
> So sei es, wenn das Alter ruft,
> Sonst laßt mich sterben!
> Das Kind ist Vater für den Mann —
> O, möchten meine Tage stät
> Verknüpft sein durch natürliche Pietät!

Hier ist die Ehrfurcht vor dem Kinde so weit getrieben und so auf die Spitze gestellt, daß sie an die Stelle der Pietät für das Alter tritt. Aber, wie ich an einer andern Stelle bemerkt habe*), die Einsetzung des Kindes in seine natürlichen poetischen Rechte ist nur eins der vielen Phänomene der Thronbesteigung der Naivetät in den europäischen Litteraturen. „Das achtzehnte Jahrhundert, das seine Stärke im räson= nierenden Verstande hat, seinen Feind in der Einbildungskraft, in welcher es nur den Bundesgenossen und Leibeigenen der veralteten Traditionen sieht, seine Königin in der Logik,

---

*) Siehe den Aufsatz von G. Brandes über H. C. Andersen als Märchendichter in A. Strodtmann's „Das geistige Leben in Dänemark", S. 296.

seinen König in Voltaire, den Gegenstand seiner Poesie und
Wissenschaft in dem abstrakten, dem aufgeklärten und gesell=
schaftlichen Menschen, schickt das Kind, das weder gesellschaft=
lich, noch aufgeklärt, noch abstrakt ist, aus der Wohnstube
hinaus und weit, weit in die Ammenstube hinüber, wo es
Märchen, Sagen und Räubergeschichten hören mag, so viel
ihm beliebt, wohlgemerkt wenn es als erwachsener Mensch
dafür sorgt, all dies Unwürdige wieder vergessen zu haben.
In der Gesellschaft des neunzehnten Jahrhunderts tritt die
Reaktion dagegen ein." Wir finden dieselbe hier mit ihren
äußersten Konsequenzen, selbst bei einem so reflektierenden
Dichter wie Wordsworth. In einem seiner Sonette (Select
Poetical Works, Vol. I, pag. 364) schildert er einen Spazier=
gang, den er an einem schönen Abend mit einem kleinen
Mädchen unternimmt, er malt die sanfte, feierliche Abendstunde,
nennt sie „still wie eine Nonne, vor Andacht atemlos", und
wendet sich dann an das Kind mit den Worten:

> Lieb Kind, lieb Mädchen, das Genoß mir war:
> Schien unbewegt von Andacht deine Brust,
> Nicht minder göttlich ist darum dein Sein —
> Du liegst in Abrahams Schoß das ganze Jahr,
> Und betest an des Tempels innerm Schrein,
> Gott ist allstets mit dir, uns unbewußt.

Der theistische Ausgang ist bei Wordsworth obligat, aber,
wie jeder aufmerksame Leser erkennen wird, nur dem Grund=
gedanken von der an und für sich göttlichen Natur des Kindes
angeheftet. In seiner berühmten Ode an die Unsterblichkeit
führt er diesen Grundgedanken mit solcher Schwärmerei aus,
daß es selbst einem so weitgehenden Verehrer der Naivetät,
wie Coleridge, zu stark war. Er ruft hier einem sechsjährigen
Kinde zu:

> Du, dessen Aeußres die Unendlichkeit
> Der Seele Lügen zeiht;
> Du bester Phi osoph, der noch umschließt
> Sein Erbteil, Auge unter Blinden du,
> Der, taub und stumm, die ew'ge Tiefe liest,

Vom ew'gen Geist durchwandelt immerzu, —
Du Seher und Prophet,
Bei dem als wahr besteht,
Was lebenslang wir suchen ohne Ruh'!

Allerdings erhalten all diese Aussprüche eine Art poetisch=
philosophischer Erläuterung dadurch, daß die Größe des Kindes
darauf zurückgeführt wird, daß es dem Leben vor der Geburt
und damit der Vorbedeutung der Unsterblichkeit näher stehe,
als wir; aber selbst dies darf nach Coleridges fast autorisierter
Erklärung keineswegs als Wordsworths buchstäbliche Ansicht
aufgefaßt werden. Das Kind wird als Pflegesohn der Natur
geehrt, und der Jüngling, welcher doch stets weiter von „Osten"
(der Stätte des Sonnenaufgangs) fortwandern muß, ist noch
„Priester der Natur".*)

In zahlreichen Gedichten kommt Wordsworth auf die
Empfänglichkeit zurück, die er als Jüngling für jedes Natur=
schauspiel besaß. In einem derselben, das, wie fast alle seine
Stücke, einen langen und schleppenden Titel hat (Influence
of natural Objects, in calling forth and strengthening
the imagination in Boyhood and early Youth), dankt er
dem Weltgeiste, weil derselbe bei ihm von Kindheit an die
Leidenschaften, aus denen unser Seelenleben sich aufbaut, nicht
mit den geringen und niedrigen Werken des Menschen, sondern
mit hohen dauerhaften Gegenständen, mit dem Leben und der
Natur, verflocht. So, sagt er, wurden die Elemente seiner
Gefühle und Gedanken gereinigt, bis er eine gewisse Größe
(grandeur) im Pulsschlag seines Herzens empfand. Man
achte auf das feine und innige Naturgefühl in folgender
Schilderung:

Und nicht war dieser freundliche Verkehr
Mir karg gemessen! Am Novembertag,
Wenn Nebel, thalwärts rollend, oder noch
Die Oede machen; mittags lief im Wald;

---

*) The Youth, who daily farther from the East
Must travel, still is Nature's Priest.

Und in der Sommernächte stiller Ruh',
Wenn ich am Saum des leis bewegten Sees
Unter den dunklen Hügeln heimwärts ging
In Einsamkeit, war solche Zwiesprach mein.
Mein war sie in den Feldern Tag und Nacht,
Am Wasser auch, den ganzen Sommer lang,
Und in der kalten Jahreszeit, wenn die Sonn'
Ins Meer getaucht, und durch die Dämmerung
Die Hüttenfenster blitzten meilenweit,
Nicht achtet ich der Mahnung. Glücklich war
Uns allen diese Zeit: Entzücken gar
War sie für mich! Die Dorfesglocke schlug
Mit lauten Schlägen Sechs — ich stürmte fort
Mit stolzer Freude, wie ein muntres Roß,
Das sich nicht heimwärts sehnt. — Auf Eisenschuhn
Flogen wir übers blanke Eis im Spiel
Gesellt, nachahmend alle Sommerlust
Des Waldes und der Jagd, — des Hornes Ruf,
Der Meute Bellen, das gehetzte Wild.
So schwebten wir durch Frost und Dunkel hin,
Und keine Stimme schwieg: im Wiederhall
Scholl all der Lärm vom Uferhang zurück;
Die kahlen Bäum' und jedes eis'ge Riff
Klirrten wie Erz: und von den fernen Höhn
Erklang in den Tumult ein fremder Ton
Der Schwermut, leis empfunden, und im Ost
Funkelten die Sterne hell, indes im West
Das Goldgewölk des Abends sanft verglomm.

Nicht selten schoß aus dem Getümmel ich
In eine stille Bucht, und stahl zum Scherz
Mich seitwärts fort aus der Gespielen Schar,
Zu kreuzen eines Sternes Wiederschein,
Ein Bild, das blinkend auf dem glatten Plan,
Allüberall vor mir entwich: und oft,
Wenn wir uns treiben ließen von dem Wind,
Und all die schattigen Ufer rechts und links
Vorüber glitten durch die Finsternis,
Hab' ich urplötzlich in der Sturmesfahrt,
Auf meinen Hacken rückgelehnt, den Flug
Gehemmt; doch immer schossen einzeln noch
Vorbei die Klippen, gleich als hätte sich
Die Erde sichtbarlich vor mir gedreht;
Und hinter mir verschwamm der Berge Zug
Schwächer und schwächer, und ich schaute hin,
Bis alles still lag wie ein Sommersee.

Mich dünkt, dies ist eine Naturmalerei, die ihres gleichen
sucht. Doch in einem seiner schönsten und bedeutungsvollsten
Gedichte, „Tintern Abbey"*) hat Wordsworth selber sein
Naturgefühl in Ausdrücken geschildert, von denen er später
nicht mit Unrecht behauptete, daß sie in den berühmtesten und
poetischsten Stellen von Byrons „Childe Harold" nachklingen,
und die auf jeden Fall unzweifelhaft in der englischen Poesie
Epoche gemacht haben. Er sagt:

> Denn, nachdem
> Die gröbern Freuden meiner Knabenzeit
> Und ihre muntern Spiele all' dahin,
> War Eins und Alles für mich die Natur. —
> Ich kann nicht schildern, was ich damals war.
> Der rauschende Wasserfall bestrickte mich
> Wie eine Leidenschaft: der hohe Fels,
> Der Berg, der tiefe, schattenbunkle Wald,
> Ihr Aussehn, ihre Farben, waren mir
> Ein Anreiz, eine Liebe, ein Gefühl,
> Das keiner Lockung durch Gedankenreihn
> Bedurfte, keines Interesses, das
> Dem Auge nicht entstammte.

Mag es komisch wirken, wenn Wordsworth 1820 Moore
von Byrons Plagiaten aus seinen Gedichten unterhält und
ihm erzählt, daß der ganze dritte Gesang des „Childe Harold"
auf seinen Gefühlen und seinem Stile basiert sei, und mag
Lord Russell Recht haben, wenn er bei dieser Veranlassung
trocken bemerkt: falls Wordsworth der Urheber des „Childe
Harold" sei, sei es sein bestes Werk, so begreift man doch
leicht, daß Wordsworth die Empfindung haben mußte, als
enthielten die Hauptstellen in jenem dritten Gesange und die
schönen Stellen über die Einsamkeit in den früheren Gesängen
nur in antithetischer und gekünstelter Form, was bei ihm ein=

---

*) Poetical Works, London 1843. Vol. II, pag. 164. In der
sonst recht guten Auswahl der Tauchnitz Edition fehlt dies Gedicht.
Anm. des Uebersetzers.

sach und natürlich gesagt worden war.*) Es ist nicht schwer, die verwundete Eitelkeit eines beschränkten und überstrahlten Geistes in diesen Ausbrüchen zu erblicken; aber man darf nicht vergessen, daß einzelne besonders schlagende und lebendige Verse von Wordsworth augenscheinlich Byron im Gedächtnisse geblieben sind. Wer kann z. B. die Zeile in „Childe Harold" (Dritter Gesang, Strophe 72) lesen:

> Für mich sind hohe Berge ein Gefühl,

ohne sich der eben zitierten Worte zu erinnern? und wer kann leugnen, daß Byron jene Stimmung bei Wordsworth aufnimmt und bereichert, wenn er ebendaselbst (Strophe 75) weiter singt:

> Sind nicht Gebirge, Himmelszelt und Wogen
> Ein Teil von mir, wie ich von ihrem Sein?
> Hat Liebe nicht für sie mein Herz durchzogen
> Mit reiner Leidenschaft?

Allein während Wordsworth in „Tintern Abbey" diese seine Leidenschaft für die Natur als etwas vorübergegangenes darstellt, das nur einen flüchtigen Augenblick während eines Uebergangsalters gedauert hat, um sofort von der Reflexion erwogen und beherrscht zu werden, ist sie bei Byron das bleibende Gefühl und dasjenige, welches sein Wesen ausdrückt. Bei ihm ist das Ich in seinem Verhältnisse zur Natur nicht in die theistische Zwangsjacke eingeengt, es ist kein dogmatischer Damm zwischen der Natur und ihm aufgeworfen, er fühlt sich in pantheistischer Mystik als Eins mit ihr, und ohne daß irgend ein deus ex machina sie mit einander zusammen führt.

Die unmittelbare Leidenschaft ist auch nicht das Bezeichnende für Wordsworths Verhältnis zur Natur. Seine Eigentümlichkeit in der Auffassung und Wiedergabe der Natureindrücke ist von feinerer und komplizierterer Art. Der Eindruck wird, obschon mit frischen Sinnen aufgenommen, durch

---

*) Siehe Thomas Moore: Memoirs. Vol. III, pag. 161.

Reflexion darüber gedämpft und gemildert; er stimmt den
Dichter nicht unmittelbar zum Liede. Wenn letzterer mit
Goethe sagen kann:

> Ich singe, wie der Vogel singt,
> Der in den Zweigen wohnet,

so ist es wenigstens kein Singen, wie die Nachtigall singt, kein
reich hervorströmendes Liebeslied, das vom Rausch der Seele
zeugt und der nächtlichen Stille spottet, die es unterbricht und
verscheucht. Wordsworth hat selber das Lied der Nachtigall
mit ähnlichen Worten geschildert, (Select Poetical Works.
Vol. I, pag. 204), dann fügt er hinzu:

> Am selben Tage mir erklang
> Des wilden Taubers schlichter Sang;
> Leis durch die Bäume scholl hervor
> Sein Lied in Winde an mein Ohr.
> Er girrte, girrte, süß zum Sterben,
> Schwermütig ernst doch klang sein Werben.
> Er sang von Liebe, Ruh' entsendend,
> Langsam beginnend, nimmer endend,
> Voll Treu und Frohsinn innerlich;
> Das war das Lied, — das Lied für mich!

Wordsworth hatte sich selbst in der Zeile schildern wollen:
„and somewhat pensively he wooed." Nach der Ge=
wohnheit so mancher Dichter hat er seine Praxis zur Theorie
zu erheben und zu beweisen gesucht, daß alle gute Poesie die
Eigenschaften seiner eigenen Dichtung haben müsse. Alle gute
Poesie, sagt er, ist das unwillkürliche Ueberströmen mächtiger
Gefühle, aber doch ist kein wertvolles Gedicht von einem
Manne hervorgebracht worden, der nicht, außer dem Umstande,
daß er in ungewöhnlichem Grade gefühlvoll war, zugleich
lange und tief gedacht hatte. Der Grund dafür, ist nach
seiner Ansicht zum ersten der, daß der Strom unserer Gefühle
beständig von unseren Gedanken bestimmt und gelenkt wird,
zum andern der, daß unsere Gedanken selbst nichts anderes
sind, als „Repräsentanten all' unserer früheren Gefühle," —

ein tiefes und glückliches, wenn auch nicht wissenschaftlich be=
friedigendes Wort, das auf treffende Weise seine poetische Re=
flexion charakterisiert.

Diese besteht nämlich, genau definiert, darin, daß der
Natureindruck, aufgespart und bewahrt wird, um gleichsam
verdaut, gründlich angeeignet zu werden, damit er später
wieder aus der Vorratskammer der Seele heraufgeholt und
dann noch einmal beschaut und genossen werden könne. Wer
diese Eigentümlichkeit bei Wordsworth recht verstanden hat,
besitzt den Schlüssel zu seiner Originalität. In „Tintern
Abbey" erklärt er, wie diese stille Aneignung der menschen=
ähnlichen Stimmungen der Natur im Mannesalter der un=
mittelbaren und heftigen Freude über die Naturschönheit in
den Jünglingsjahren gefolgt sei:

> Jene Zeit ist aus,
> All' ihre schmerzlichen Freuden sind dahin,
> Und all' ihr schwindelndes Entzücken. Doch
> Nicht klag' ich drum. Denn andre Gaben sind
> An ihrer Statt gefolgt, für den Verlust
> Ein reichlicher Ersatz. Ich hab' gelernt,
> Auf die Natur zu blicken, nicht wie in
> Der Zeit gedankenloser Jugend, nein,
> Erhorchend oft die stille Moll-Musik
> Der Menschlichkeit, die kreischend nicht und rauh,
> Doch stark genug, den Sinn zu läutern und
> Zu bändigen. Und eine Gegenwart
> Hab' ich gefühlt, die mit der edlern Lust
> Erhabener Gedanken mich erregt . . .
> Ein Wehen, einen Hauch, der Alles, was
> Da denkt, und Alles, was gedacht wird, treibt,
> Und der durch alle Dinge kreist.

Hier hat Wordsworth seine Domäne umschrieben, sanft
und unbestimmt das Gebiet bezeichnet, welches das seinige
ist. Welcher Gegensatz zu Byron, der selten oder niemals
die humane Stimme in der Natur hörte, und sie am aller=
wenigsten jemals ohne kreischenden Mißlaut erklingen hörte, —
er, der in „Childe Harold" sogar das ganze Menschenleben,
„den falschen Ton" im großen Akkorde des Alls nennt.

4*

Aber wir sind noch nicht zu den eigentümlichsten Aeußerungen in „Tintern Abbey" gelangt. Es sind diejenigen, in denen Wordsworth das stille Wirken des aufbewahrten und aufgesparten Natureindrucks auf das Gemüt schildert. Er sagt:

> Diese schönen Formen sind
> In der Entfernung langer Zeit mir nicht
> Gewesen, was die Landschaft für das Aug' —
> Des Blinden: — oft im einsamen Gemach,
> Im Lärm der Stadt, in müden Stunden, hab'
> Ich ihnen seligsten Genuß verdankt,
> — — ·· — — Gefühle auch
> Von jetzt vergessnen Freuden, die vielleicht
> Den schwächsten und geringsten Einfluß nicht
> Auf jenen besten Teil der Lebensthat
> Des Biedermannes üben: auf die Zahl
> Von kleinen, namenlosen Handlungen
> Der Güte und der Liebe, deren er
> Sich nicht erinnert.

Und er entwickelt, daß er diesen Natureindrücken noch eine andere und erhabenere Gabe verdanke, den glücklichen und hellen Sinn, der den Bürden des Lebens ihren Druck benimmt, und schließt seine Gedankenreihe mit der Ueberzeugung, daß in diesem genußreichen Momente, wo er die vertrauten Stätten wiedersieht, nicht nur augenblickliches Vergnügen, sondern „Leben und Nahrungsstoff für künftige Jahre" liege.

Aber= und abermals kehrt diese Wendung bei ihm wieder. Ich will als besonders prägnant das Gedicht in den „Poems of imagination" (Select Works. Vol I, pag. 241) anführen, worin der Dichter erzählt, wie er auf einer einsamen Wanderung an einem See plötzlich ein ganzes Heer goldener Narcissen entdeckte, die im Winde schwankten und tanzten, so dicht neben einander, wie die Sterne der Milchstraße und in noch lustigerer Bewegung, als die plätschernden Wellen, an deren Saume sie wuchsen:

> Ich schaut' und schaute — doch mein Sinn
> Nicht ahnte dieser Schau Gewinn:

Denn oft, wenn ich gedankenschwer
Auf meinem Lager Nachts gelegen,
Blinkt meinem innern Auge hehr
Ihr lieblich Spiel zu Trost und Segen;
Dann wird das Herz mir leicht und klar,
Und tanzt mit der Narcissenschar.

Nichts kann dem gewöhnlichen Leben des lyrischen Dichters im gegenwärtigen Augenblick entgegengesetzter sein, als dieses Lyrikers bewußtes Aufbewahren des gegenwärtigen Momentes zu künftigem Gebrauch. Er charakterisiert sich selbst als eine Sammelnatur, er häuft sich förmlich einen Wintervorrat von lichten Sommeraugenblicken an, und es liegt hierin etwas Wahres, etwas Allgemeinmenschliches, das allzu viele Menschen überspringen und versäumen; aber vor allem liegt darin etwas Nationales: es wundert Einen nicht, daß der englische Naturalismus damit beginnt, ökonomisch und haushälterisch sich ein Kapital und ein Lager von Natureindrücken zu bilden.

Wir alle kennen die Stimmungen, welche dazu führen können. Mancher von uns hat Angesichts einer weiten unbegrenzten Aussicht über das blaue, im Sonnenschein blinkende Meer gefühlt, daß der tägliche Anblick eines solchen Naturschauspiels die Seele erweitern und alles Kleinliche aus ihren Winkeln hinwegfegen müßte, er hat bedauert, die Stätte verlassen zu müssen, und er hat sich an den Eindruck festgeklammert, um absichtlich die Wirkung desselben in sich erneuern zu können. Oder man war beim Erblicken schöner Landschaften, besonders wenn man sie auf Reisen und mit der Gewißheit sah, schwerlich so bald wieder ihre Schönheit genießen zu können, bemüht, sich so passiv wie möglich zu verhalten, um sich das Bild recht tief in die Erinnerung einzuprägen zu lassen. Man ist auch häufig instinktiv zu dem schönen Andenken zurückgekehrt, wie die Seele überhaupt unwillkürlich zu allen lichten Erinnerungen in ihrer Bilderreihe zurück strebt, um Kraft und Lebensmut aus ihnen zu schöpfen. Aber stärkere Impulse haben bei uns Anderen diese übertäubt. Wir haben sie nicht für die Zukunft einpökeln oder beständig wiederkäuen können. Das Gesellschaftsleben, der Lärm der

Welt und das Spiel der Leidenschaften haben es uns unmög=
lich gemacht, unsere tiefsten und inspirierendsten Freuden in
den Erinnerungen an sonnenbeglänzte Blumen oder mit ein=
ander verwachsene Riesenbäume zu finden. Anders ging es
in der Seele des englischen Dichters zu, dessen Lebensberuf
es war, das Interesse und den Sinn für alle jene elemen=
taren Strömungen und Eindrücke wieder zu erwecken. Seine
praktisch unthätige Seele vegetierte in diesen Naturträumereien,
und es läßt sich nicht leugnen, daß diese beständig wieder=
kehrende Beschäftigung mit den einfachsten Natureindrücken
seine Seele frei und rein erhalten hat, die Schönheit in ihren
schlichten und irdischen Formen ohne Phantasterei und Er=
hitzung empfinden zu können.

Wie selten ist dies Vermögen? wie häufig fehlt es den
allergrößten und besten Geistern! wie schnell ging es in der
englischen Poesie wieder verloren! Es offenbart sich am
schönsten und stärksten in den wenigen poetischen Frauenge=
stalten, deren Konturen Wordsworth in seinen kleinen Gedichten
gezeichnet hat. Die Helden seiner erzählenden Dichtungen sind
von viel geringerem Werte, sie sind teils dazu bestimmt, In=
teresse für die Landbevölkerung und die untersten Volksklassen
zu erwecken, teils in der Absicht geschildert, eine moralisierende
Wirkung hervorzurufen. Aber die wenigen, leicht hingeworfenen
Frauengestalten, die mit demselben ruhigen und doch ver=
liebten Blick angeschaut sind, mit welchem Wordsworth auf
Vögel und Bäume sah, sind die Natur selbst. Sie sind die
englische Frauennatur selber, und Keiner hat ihre Züge mit
sichrerer Hand getroffen, als er. Man lese eins dieser kleinen
Gedichte (She was a phantom of delight. Select Poeti=
cal Works. Vol. I, pag. 238), das freilich durch jede
Uebersetzung einen Teil seiner eigentümlichen Schönheit ver=
lieren muß:

Sie war ein Luftgebild an Zier,
Als sie zuerst gelächelt mir:
Ein lieblich Wunder, das zur Pracht
Für einen Augenblick gemacht;

Wie Zwielichtsstern' ihr Augenpaar,
Wie Zwielicht auch ihr dunkles Haar;
Doch Alles sonst an ihr gewebt
Aus Morgenglanz, dem Lenz entschwebt,
Ein tanzend Elfchen, lusterhellt,
Das hold verwirrt und Netze stellt.

Dann saß in näherem Bereich
Ich sie, — ein Geist, doch Weib zugleich!
Durchs Haus hin leicht und sicher glitt,
Jungfräulich rasch, ihr Gang und Schritt;
Ein Antlitz, deß Erinnern süß,
Und süße Zukunft noch verhieß:
Ein Wesen, nicht zu gut und licht
Für Menschenthun und Alltagspflicht.
Für Lachen, Weinen, Freud' und Schmerz,
Lob, Tadel, Liebe, Kuß und Scherz.

Und nun seh' ich mit klarem Blick
Den Puls in diesem Meisterstück:
Ein Dasein, das Gedanken haucht,
Wie sie der Lebenspilger braucht;
Verstand und Willen, nie erschlafft,
Ausdauer, Vorsicht, rüst'ge Kraft;
Ein Weib, ein echtes, das den Mann
Erquicken, warnen, lenken kann;
Und doch ein Geist noch, dessen Welt
Ein Strahl von Engelslicht erhellt.

Man hat hier unzweifelhaft ein echt naturalistisches Ideal des englischen Frauentypus, und man kann Words-worth einen Triumph bereiten, indem man diese Schilde-rung mit den weiblichen Idealen vergleicht, die Englands größte Dichter in der nächstfolgenden Zeit zu skizzieren bestrebt waren. Man nehme Shelley's Darstellung der ätheri-schen Beschützerin der Blumen und Insekten in seinem Gedicht „Die Sinnpflanze." Das Bild der feenhaften Schönheit ist lieblich wie Alles, was Shelleys Feder entfließt; ihre Zärt-lichkeit für die Pflanzen, ihr rührendes Mitleid mit all den häßlichen und verachteten Tierchen, „deren Absicht, wiewohl sie schadeten, unschuldig sei," verleiht ihrem Elfenwesen mensch-liche Züge, — aber ein Mensch ist sie doch nicht, so wenig

wie Shelleys „Fee des Atlas" oder die unklare Heldin des
„Epipsychidion." Shelley war, wie die Lerche, die er besungen,
ein Verächter der Erde (scorner of the ground.)

Oder man nehme die leidenschaftlichen orientalischen
Heldinnen in Byrons ersten poetischen Erzählungen, Medora,
Gulnare, Kaled! Sie erreichen nicht diese schöne Einfachheit.
Sie treten immer nur in der höchsten Leidenschaftlichkeit auf,
ihre Liebe, Hingebung und Entschlossenheit überschreiten alle
Schranken. Sie sind für eine Leserwelt gedichtet, der das
betäubende Stadtleben in dem Menschengewimmel Londons
und die stete Beschäftigung mit den Weltereignissen eine Art
nervösen Bedürfnisses nach den stärksten geistigen Reizmitteln
eingeflößt hatte. Aber Wordsworth schwebte es von Anfang
an als eine schöne und lohnende Aufgabe vor, den Beweis
zu liefern, wie tief die Menschennatur ohne Anwendung grober
oder gewaltsamer Stimulantien bewegt, gerührt und ergriffen
werden kann. Er sah freilich ein, daß der, welcher an
schreiende Farben gewöhnt war, kaum im Stande sein würde,
Werken Geschmack abzugewinnen, deren Originalität in einem
sanften und naturgetreuen Kolorit bestünde, allein er beschloß,
die Erwartungen des Lesers von den Wirkungsmitteln eines
Gedichts auf ihre natürliche Spur zurück zu lenken.

—

6.

Landleben und Schilderungen vom Lande. —
Wordsworth.

Man versteht Wordsworths poetische Stärke und ihre
Beschränkung nicht vollständig ohne einen Blick auf seinen
Lebenslauf. Es war ein eigentümlich idyllisches und be=
schütztes Leben. Er wurde im wohlhabenden Mittelstande ge=
boren (sein Vater war Rechtsanwalt), studierte in Cambridge,
machte Reisen, kehrte heim, und erbte schon 1795 von einem

Bewunderer seines Genius 900 Pfund, die, nebst seinem An=
teil an der Summe von 8,500 Pfund, welche ein englischer
Lord, als eine Schuld, die er dem verstorbenen Vater zu ent=
richten hatte, an die Familie auszahlte, den Dichter in Stand
setzten, seinen Unterhalt zu bestreiten, ohne daß er ein be=
stimmtes Fach zu ergreifen brauchte. Im Jahre 1803 ver=
heiratete er sich, 1813 ließ er sich zu Rydal Mount an „den
Seen" nieder. Er hatte seitdem eine Sinekure als Stempel=
verwalter mit einem Jahreseinkommen von 500 Pfund bis
1842 inne, wo er auf dieselbe zu Gunsten eines seiner
Söhne verzichtete; 1843 folgte er Southey als Poet laureate,
und bezog als Solcher eine Regierungspension von jährlich
300 Pfund bis an seinen Tod. Derselbe trat erst 1850 ein,
als er gerade sein achtzigstes Jahr vollendet hatte. Von
allen Seiten gegen die äußeren Wechselfälle des Lebens ge=
sichert, betrachtete er dasselbe mit einem protestantisch-philo=
sophischen Blick.

Ein Lebenslauf, wie dieser, war nicht geeignet, die
Leidenschaft zu entflammen, dieselbe findet sich auch weder in
seinem Leben, noch in seiner Poesie. Im Lebenslaufe anderer
hervorragender Schriftsteller pflegt der eine oder andere schwer
wiegende biographische Umstand vorzukommen, ein oder mehrere
Wendepunkte, diese oder jene historische Quelle zu Melancholie
oder zu Charakterstärke oder zu Produktivität, bei Words=
worth findet sich Nichts von dieser Art. Kein angeborenes
Unglück lähmte ihn, kein Angriff auf Leben und Tod reizte
ihn auf und gab seinem Geiste sein Gepräge. Allerdings
wurde er von der Kritik verhöhnt und verspottet, und zwar
lange genug: von 1800 bis 1820 ward seine Poesie mit
Füßen getreten, von 1820 bis 1830 bekämpft, und nach 1830
allgemein anerkannt. Aber die Opposition war nicht albern
und hitzig genug, der Kampf nicht heiß genug, der Sieg
nicht glänzend genug, um seinem Lebenslauf Farbe und Glanz
zu geben, oder um denselben zu einem Stoffe für Dichtungen
zu machen. Sein innerstes persönliches Leben war also
niemals so stark und energisch, daß es seine Poesie absorbieren
oder ihr Sujets liefern konnte. Es führte ihn vielmehr da=

hin, nach außen zu blicken. Die Naturumgebungen und die kleine unansehnliche Menschenwelt, in der er lebte, erfüllten ganz sein Gemüt. Er war nicht, wie Byron, zu sehr von seinem Ich in Anspruch genommen, daß er nicht Gemüts= ruhe genug hätte haben sollen, bei dem Kleinen und Geringen zu verweilen, das er mit Milde und Mitgefühl darstellte und beschrieb.

Allerdings fühlte er sich als Mittelpunkt in seiner Welt. Von seinem idyllischen und abgelegenen Heim sandte er von Zeit zu Zeit Gedichtsammlungen oder größere Gedichte hinaus, deren erklärende Vorreden an der Hand einer langen Reihe von Beispielen den Leser darüber belehrten, daß alle großen Dichter von ihrer Mitwelt verkannt und verschmäht worden, daß jeder Schriftsteller, dafern er groß und originell ist, erst selber die Geschmacksrichtung erschaffen müsse, die an seinen Werken Genuß finden könne, und daß seine Vorgänger ihm zwar in Betreff alles Dessen, was er mit ihnen gemein habe, den Weg gebahnt und geebnet hätten, daß er aber in allem, was ihm speziell eigentümlich sei, sich in derselben Situation befinde, wie Hannibal inmitten der Alpen (Vorrede von 1815.)

Er mußte wohl, daß kein bahnbrechender Geist volle An= erkennung von anderen seiner Zeitgenossen erwarten kann, als von denen, die jünger sind, als er selbst. Aber die Kritik, die nicht gewaltsam genug gewesen war, ihn kriegerisch und rücksichtslos, wie Byron, zu machen, machte ihn von sich selbst eingenommen und arrogant. Die Abwechselung seines Lebens bestand darin, daß er im Schoße seiner bewundernden Familie die zufälligen Besuche solcher Verehrer empfing, welche eine Fußreise in der Gegend machten, und Empfehlungsbriefe an ihn mitbrachten. Mit Diesen unterhielt er sich auf eine kalte und würdevolle Weise, verletzte sie nicht selten durch den Egois= mus, mit welchem er unablässig seine eigenen Werke pries, anführte und vortrug, durch die Gleichgültigkeit, die er gegen alles Andere bewies, die peinliche Strenge, womit er von seiner Umgebung jedes sichtbare Zeichen der Ehrfurcht forderte, und den Ernst, mit welchem er das unbedeutendste Wort wiederholte, das zu seinem Lobe gesagt worden war.

Man hat eine Menge charakteristischer Anekdoten von seinem Selbstgefühl. Thomas Moore erzählt (Memoirs. Vol. III, pag. 163), wie Wordsworth eines Tages, als er bei Lord Davy zu Mittag speiste, ohne daß ein Wort gefallen war, das auf das Thema führen konnte, von einem Ende des Tisches nach dem andern hinüber schrie: „Davy, wissen Sie, weshalb ich das weiße Reh von Rylstone in Quartformat drucken ließ?" — „Nein! — weshalb?" — „Um der Welt meine eigene Meinung davon zu zeigen." Wordsworth las niemals andere Werke vor als seine eigenen. An dem Tage, als Walter Scotts „Rob Roy," mit einem Motto aus dem Gedichte von Wordsworth „Rob Roy's Grab," erschienen war, befand sich Wordsworth bei einer Familie, welche den Roman eben erhalten hatte und demselben mit Spannung entgegen sah. Er ergriff das Buch, und man erwartete, daß er die ersten Kapitel vorlesen würde; aber stattdessen trat er an den Bücherschrank, nahm einen Band seiner eigenen Werke heraus, und las sein Gedicht der Gesellschaft vor. Emerson hat uns Notizen aufbewahrt, die unmittelbar nach zwei Besuchen bei Wordsworth, zwischen denen Jahre liegen, aufgezeichnet worden sind. Nach dem ersten Besuche schreibt er: „Wordsworth sprach schlecht von den Franzosen, nicht besser von den Schotten, kein Schotte könne Englisch schreiben. Seine Ansicht über Franzosen, Irländer und Schotten schien in aller Eile nach kleinen Geschichten formuliert worden zu sein, die ihm oder Mitgliedern seiner Familie in einer Diligence oder einem Postwagen passiert waren. Sein Gesicht erheiterte sich ein paarmal, sonst zeichnete seine Konversation sich weder durch eine besondere Kraft, noch durch einen besonderen Schwung aus. Wordsworth ehrt sich selbst durch seine schlichte Wahrheitstreue, aber man erstaunt über die engen Grenzen seiner Gedanken. Nach einem einzelnen Gespräch zu schließen, machte er den Eindruck eines beschränkten und echt englischen Geistes, welcher die seltenen Stunden der Begeisterung durch die trockenste Prosa in den anderen erkauft." — Nach seinem zweiten Besuche (1833) schreibt er: „Wordsworth brachte sein Lieblingsthema aufs Tapet, daß die Gesellschaft durch oberflächliche

Kultur aufgeklärt worden sei, ohne alle Rücksicht auf die
moralische Bildung. Schulen hülfen nichts. Der Schulmeister
sei nicht Erziehung. Er wollte mich und alle guten Amerikaner
zu der Einsicht bringen, daß die Moral, das konservative
Element gepflegt werden müsse. Er schalt und schimpfte auf
„Wilhelm Meister". Derselbe sei voll Unzucht jeglicher Art.
Es sei, als ob die Fliegen in der Luft sich paarten. Er sei
niemals weiter als bis zum ersten Teil gekommen und habe
das Buch fortgeschleudert, so empört sei er gewesen. Er zitierte
seine Sonette: „Gefühl eines hochherzigen Spaniers" und „Die
zwei Stimmen" und sagte seine Verse an die Lerche her."
Mich dünkt, man hat Wordsworth ganz und gar, wie er im
täglichen Verkehr ging und stand, in dieser photographischen
Notiz: die höhnischen Urteile über alle fremden Nationen, das
Argument gegen die moderne Kultur — dasselbe, welches die
Muhammedaner in Asien noch heutigen Tages immer gegen
sie in der Hand haben, — daß sie sich nämlich mit großer
Immoralität vereinigen lasse, die Verherrlichung der konven=
tionellen Moral als des konservativen Elementes (die wahre
Moral ist das radikalste Element, das es giebt), die an Novalis
erinnernde Entrüstung gegen Goethe, und endlich die Zitate
aus seinen eigenen Dichtungen als Finale!

1843 traf Wordsworth eines Tages zum ersten Mal mit
Dickens zusammen. Wordsworth hegte eine große Verachtung
für alle jungen Leute; der gemeinschaftliche Freund, bei dem
die Begegnung stattgefunden hatte, war daher neugierig, seinen
Eindruck von dem großen Humoristen zu erfahren. Nachdem
er die Lippen auf eine ihm eigentümliche Art in die Höhe
gezogen und ein Bein über das andere geschwungen hatte, so
daß man die nackten Knöchel über den Strumpfsocken sah,
antwortete er langsam: „Oh, ich bin nicht sehr geneigt, die
Leute, welche ich treffe, kritisch anzusehen, allein da Sie mich
einmal fragen, will ich aufrichtig bekennen, daß ich ihn für
einen sehr geschwätzigen und sehr gewöhnlichen jungen Menschen
halte — übrigens aber mag er ganz tüchtig sein. Verstehen
Sie mich recht, es ist nicht meine Absicht, ein Wort gegen ihn
zu sagen, denn ich habe nie eine Zeile von seinen Schriften

gelesen." Einige Zeit nachher richtete der gemeinsame Bekannte behutsam die Frage an Dickens, wie ihm der gekrönte
Dichter gefallen habe. „Gefallen!", antwortete Dickens, „Ganz
und gar nicht. Er ist ein schrecklicher alter Esel!"*) Der
Leser wird ein so peremptorisches Urteil gewiß nicht unter-
schreiben. Aber so viel steht fest, daß etwas/ die Geduld in
hohem Grade irritierendes in Wordsworths persönlichem Um-
gange gewesen sein muß. „Wenn er sprach," sagt einer seiner
Zeitgenossen, „arbeitete er wie ein Walfisch, und verkündete
im Drakeltone Truismen." Das Wort „Truismus" (Wahrheit,
die zu wahr ist, als daß man sie auszusprechen brauchte) ist
bezeichnend für mehr als seine mündliche Produktion. Es trifft
den ganzen kontemplativen und didaktischen Stil seiner Poesie.
In derselben liegt keine eigentümliche geistige Kraft oder Leidenschaft, sondern ein hamletisches Verweilen bei den großen
Fragen von Sein und Nichtsein. Geburt, Tod und Zukunft,
die Leiden und Sünden des Menschen in diesem und seine
Hoffnung auf ein künftiges Leben, die Kleinheit der ganzen
Sphäre unseres Wissens und das beängstigende Verhältnis,
in welchem wir zu der Welt des Uebernatürlichen stehen —
Das sind, wie Masson sagt**), die beständigen und unver-
meidlichen Gegenstände der allgemein menschlichen und insbesondere der Wordsworth'schen Kontemplation und Bekümmer-
nis. Allein diese Gedanken bewegen sich leider, da sie nicht
dem Mittelpunkte, sondern der äußersten Peripherie unseres
Wissens angehören, auf Bahnen, die nirgendhin führen, auf
alten, ausgetretenen und von tiefen Spuren durchfurchten Wegen,
die im Kreise herum gehen, und die man mit ruhiger und
würdevoller Melancholie, allein ohne Nutzen oder Gewinn für
sich selbst oder andere, befahren kann. Daß Wordsworth
immer von neuem in dieser Peripherie unseres Wissens an-
langt, welche die Anhänger der positiven Religionen als den
natürlichen Mittelpunkt unserer Gedanken betrachten, hat mehr
als irgend etwas anderes bewirkt, daß sein Ruf, so groß der-

---

*) „Like him! Not at all. He is a dreadful old ass! R. S.
Mackenzie: Life of Dickens.

**) Siehe Masson: Wordsworth, Shelley, Keats and other essays.

selbe auch in England ist, niemals sonderlich über die Grenzen
des Landes hat hinausdringen können.

Als Coleridge die persönliche Bekanntschaft Wordsworths
machte, hatte dieser schon genug geschrieben, daß man sich
ein Urteil über die Art und Weise seiner Originalität bilden
konnte. Was Coleridge in Wordsworths Poesie rührte, war
der Verein tiefen Gefühls mit dem, was ihm als tiefer Gedanke erschien, das seine Gleichgewicht zwischen Wahrheit in
der Beobachtung und Einbildungskraft in der Modifizierung
des Beobachteten, vor allem das Vermögen, die Atmosphäre
einer idealen Welt über Formen, Situationen und Vorkommnisse zu verbreiten, welche die Gewohnheit für das gemeine
Auge jedes Interesses beraubt hatte.

Die ersten Gespräche Wordsworths und Coleridges drehten
sich also um das, was ihnen als die beiden Hauptpunkte der
Poesie erschien: das Vermögen, die Sympathie des Lesers
durch treue Naturwahrheit zu erwecken, und das Vermögen,
durch die umstimmenden Farben der Einbildungskraft das
Interesse der Neuheit mitzuteilen. Die plötzliche Anziehung,
welche Auge und Seele bei dem Licht- und Schattenspiele in
der Natur empfinden, das neue und bezaubernde Aussehen,
welches Mondschein oder Sonnenuntergang einer vorher schon
bekannten Landschaft erteilen können, schien ihnen die Möglichkeit anzugeben, wie beide Elemente sich vereinen ließen.
Hier hatte man ja die eigene Poesie der Natur, es galt, sie
wieder hervor zu bringen. Sie wollten nicht direkt die Natur
nachahmen, sondern die Poesie der Natur.

So beschlossen sie, eine Reihenfolge von Gedichten zu
schreiben, die aus zwei verschiedenen Genres bestünden. In
dem ersten sollten die Ereignisse und handelnden Personen
übernatürlich sein, und der Vorzug, auf den man es absah,
sollte in der dramatischen Wahrheit bei der Schilderung solcher
Gemütsbewegungen bestehen, welche naturgemäß die Situation
begleiten würden, wenn sie reell wäre. Und reell in diesem
Sinne war sie ja für jeden Menschen, der jemals auf Grund
einerlei welcher Illusion unter übernatürlicher Einwirkung zu
stehen glaubte. Die Ausführung dieser Aufgabe fiel Coleridge

zu, und es unterliegt für mich keinem Zweifel, daß ebenfalls
er es war, welcher dieselbe gestellt hat. Jeder irgend in der
europäischen Litteratur bewanderte Leser sieht sofort, in wie
naher Verwandtschaft sie mit den Aufgaben steht, welche von
der deutschen Romantik gestellt und gelöst wurden. Eigentüm=
lich englisch ist es nur, daß der Nachdruck hier nicht auf das
Uebernatürliche oder Phantastische, sondern auf die Natur=
wahrheit gelegt ist, so daß die Romantik hier nur eine der
Formen des Naturalismus wird.

In dem zweiten Dichtergenre sollten die Sujets aus dem
täglichen Leben gewählt werden. Allein Wordsworth, dem
die Gruppe zufiel, nahm sich vor, den schlichtesten und natür=
lichsten Ereignissen den Schein von etwas Außerordentlichem,
Neuem, ja Uebernatürlichen mitzuteilen, indem er das Gemüt
seinem Gewohnheitsschlummer entrisse, und es zwänge, sich
auf die Schönheit und die Wunder zu richten, welche die
wirkliche Welt unbeachtet vor den menschlichen Sinnen ent=
falte. Er machte den Versuch zuerst in den „Lyrischen Balla=
den," die in der Vorrede als ein „Experiment" bezeichnet
wurden, nämlich das: ob Gegenstände, die nach ihrer Natur
nicht zu „ornamentaler" Darstellung geeignet wären, nicht
trotzdem, obschon in der Sprache des täglichen Lebens darge=
stellt, interessieren könnten, und er setzte den Versuch später in
Hunderten von Gedichten von höchst ungleichem Wert fort, deren
Helden und Heldinnen alle den unteren und untersten Volksklassen
angehören, unter ländlichen Beschäftigungen herangewachsen
und in einer Umrahmung ländlichen Lebens dargestellt sind.

Man findet in der dänischen Litteratur keine Dichtungs=
gruppe von dieser Art. Dagegen wird der, welcher Words=
worth mit Aufmerksamkeit studiert, hin und wieder einer Form
der poetischen Anekdote und einem Erzählungstone begegnen,
die ihn an Runebergs „Fähnrich Stahl"*) erinnern. Selbst
in Rhythmus und Versmaß findet man hie und da einige
Aehnlichkeit: es wäre interessant zu erfahren, ob Runeberg
überhaupt den englischen Dichter gekannt hat: vielleicht rührt

---

*) In Auswahl aus dem Schwedischen übersetzt von Hans Wachen=
husen. Leipzig, Lorck, 1852.

die ganze schwache Aehnlichkeit nur daher, weil die Ereignisse bei Beiden beständig innerhalb derselben eng begrenzten Lokalität stattfinden, in der Umgegend der englischen wie in der Umgegend der finnischen Seen. Der Unterschied zwischen ihnen ist in jedem Falle enorm. Bei Runeberg der kriegerische Hintergrund und Stimmungston, der feurige lyrische Stil, die patriotische und geschichtliche Begeisterung, bei Wordsworth das stagnierende Leben in ländlichem Frieden, die rein epische Haltung und der vollständige Kirchturmspatriotismus, die Liebe für das Leben und Treiben von ein paar Dorfschaften. Bei Runeberg die Begeisterung des Soldaten für das Heer, bei Wordsworth die Teilnahme des Dorfpredigers für die Gemeinde.

Es giebt indessen ein einziges dänisches Gedicht, das auf ganz überraschende Weise an Wordsworths Ton und Stil erinnert, mit daß es viel dramatischer ist, als irgend etwas, das er geschrieben hat, nämlich „Der Obsthändler" von Henrik Hertz. Dies Gedicht schien mir immer, lange bevor ich Wordsworth kennen lernte, merkwürdig allein unter Hertz's Poesien zu stehen, so viele Saiten sonst in ihnen angeschlagen sind. Der Held desselben ist wie dazu geschaffen, von Wordsworth behandelt zu werden; das Vermögen, zu rühren, ohne zu verherrlichen, ist gerade dem Meister der Seeschule eigentümlich. Selbstverständlich besitzt es jedoch nicht die Eigentümlichkeit, an welcher man gerade Wordsworth als Solchen erkennt, — diejenige, welche er selbst als das Vermögen bezeichnet, dem Alltäglichsten einen fast übernatürlichen Schimmer zu verleihen. Hier ein Beispiel, wie er dabei verfährt. Ich wähle ein Gedicht, das sicher eins seiner bezeichnendsten ist, wenn ich es auch nicht entfernt ein vorzügliches Gedicht nennen möchte. Es heißt „Resolution and Independance". Der Dichter schildert seinen Spaziergang an einem Sommermorgen, das Blinken des Taues, den Gesang der Vögel, die Flucht des Hasen über die Felder, er denkt daran, daß er selbst unbedachtsam wie die Tiere des Feldes und die Vögel des Waldes gelebt hat, und wie ein solches Leben sich dereinst rächen könne. Es fällt ihm ein, wie viele bedeutende Dichter

in Jammer und Not endeten, und höchst prosaische Besorg=
nisse in Betreff der Zukunft bedrückten sein Gemüt. Da ge=
wahrte er plötzlich in dieser einsamen Gegend einen alten Mann
in einiger Entfernung:

> Er schien der ältste Mann, der graues Haar je trug.

> Wie einen ries'gen Stein man wohl gesehn
> Auf einer Berghöh lagern, sichtbar weit,
> Ein Wunder allen, die ihn jetzt erspähn,
> Wie er dahin kam und zu welcher Zeit,
> Daß Leben fast ihm unser Sinn verleiht,
> Als wär's ein Seetier, das hinauf einst kroch,
> Sich nun zu sonnen dort auf hohem Felsenjoch:
> So schien der Mann, bei seiner Jahre Last,
> Nicht lebend ganz, noch tot, noch schlafentrafft:
> Gekrümmt sein Leib, und Haupt und Füße fast
> Begegnend sich auf langer Pilgerschaft,
> Als hätte peinvoll wilder Schmerzen Kraft
> Und Siechtum, in verschollner Zeit gehegt,
> Ein mehr als menschliches Gewicht ihm auferlegt,

> Reglos wie eine Wolke stand der Greis,
> Die nicht der lauten Winde Toben hört,
> Doch, regt sie einmal sich, ringsum die Ruhe stört.

Wie genial ist hier das doppelte Gleichnis, und wie
mystisch wirkt dasselbe! Der Alte gleicht dem Riesenstein auf
der Höhe, und dieser Stein sieht wieder so mächtig aus, daß
er wie ein Seetier dorthinauf gekrochen zu sein scheint. Mit
seltener Kraft ist hiedurch der Eindruck des hohen Alters ge=
geben. Der Greis schien „der älteste Mann," der je gelebt.
Befänden wir uns in Deutschland oder auf dem Boden der
Romantik, so würden wir nicht verwundert sein, zu erfahren,
daß wir hier den Schuhmacher von Jerusalem vor uns hätten.
Aber wir sind in England, Wordsworth ist unser Führer.
Es zeigt sich also, daß der alte Mann ein in hohem Grade
gewöhnliches menschliches Wesen ist, Blutegelsammler von Ge=
schäft — ein Geschäft, das sich für alte und schwache Leute
in einer wasserreichen Gegend paßt. Die trostvolle, gotter=
gebene Rede des alten Mannes, seine Gemütsruhe selbst in

der höchsten Einsamkeit und Armut, beruhigt den jungen
Dichter in seiner Furcht vor der Zukunft, und er beschließt,
so oft eine ähnliche Furcht sich in seinem Gemüt erheben
sollte, des alten Egelsammlers zu gedenken. Dies ist „kein
Odenflug," wie Ewald irgendwo bemerkt, aber es ist ein gutes
Muster von Wordsworths Gabe, dem trivialsten, naturalis-
tischesten Stoffe durch die Behandlungsart ein gewisses phantastisches und großartiges Gepräge zu verleihen.

Dies Bestreben hat in nicht wenigen von Wordsworths
Gedichten sich selbst karikiert, überall nämlich, wo bei ihm
eine mystisch-religiöse oder schauerliche Wirkung durch irgend
ein schlechthin unheimliches oder seltsames Ereignis veranlaßt
wird, das er mit der Wirkungskraft des sogenannt Uebernatürlichen ausstattet. Es ist höchst pueril, wenn in dem
Gedicht „Der Dornbusch" ein Erzähler (dessen Stand oder
Verhältnisse nicht angegeben werden, aber den Wordsworth,
wie er selbst zu Coleridge sagte, sich als einen alten pensio-
nierten und faseligen Schiffskapitän gedacht hatte), mit einem
ekstatischen Grausen, als handle es sich um eine Spukgeschichte,
von einem armen und irrsinnigen Mädchen berichtet, das
nachts in einem hochroten Kleide jammernd unter einem Dornbusch sitzt. Und rein parodistisch wird diese Richtung in
Wordsworths mit so großer Prätension dem Publikum vor-
gelegtem „Peter Bell," der ohne Shelleys gleichnamige Satire
sicher völlig vergessen sein würde. Hier ist es nämlich das
Entsetzen eines rohen und grausamen Knechtes über die natürliche Standhaftigkeit, mit welcher ein armer Esel lieber die
schrecklichsten Prügel erträgt, als daß er von der Stelle wiche,
was im Verein mit einer von der Dunkelheit erhitzten Phantasie die moralische Bekehrung des Knechtes bewirkt. Es zeigt
sich, daß die Ausdauer des Esels ihre Ursache darin hatte,
daß sein Herr an der Stelle, wo er stand, ins Wasser gefallen war, und daß er die Aufmerksamkeit hierauf hinlenken
wollte. Die moralische Größe des Esels steht hier in glänzendem Gegensatze zu der Eselei des Mannes, und Wordsworth, dem jeglicher Sinn für das Komische abging, unter-
läßt nicht, diesen Gegensatz hervorzuheben.

Und das ist kein Zufall, sondern ein Charakterzug. Die neue Schule empfand in ihrem Hasse gegen das Blendende und ihrer Liebe für das Schlichte und Einfältige eine wirkliche Hinneigung zu den Eseln, diesen stätischen, geduldigen und besonders verkannten Naturgeschöpfen, die stets von minder genügsamen Tieren überstrahlt wurden. Coleridge ließ sich sogar in seinem bekannten Gedichte „An einen jungen Esel, als seine Mutter in seiner Nähe angepflöckt ward", zu dem warmen Ausruf: „Ich grüße dich als Bruder!"*) und zu dem mehr als philanthropischen Wunsche hinreißen, in einem an= deren Leben dem Esel eine Weide in einem Thal voll über= irdischen Friedens und Seligkeit schenken zu können — dann würde sein fröhliches Wiehern ihm schöner ins Ohr klingen, als die süßeste Musik. Kein Wunder, daß der Spottvogel Byron gleich jenen Brudergruß aufgriff und sich in seiner ersten Satire „Englische Barden und schottische Rezensenten" darüber lustig machte! Für Coleridge war dieser extreme Naturalismus jedoch nicht natürlich, er war selbst der Erste, der über seine Extravaganzen scherzte. Wordsworth hingegen, der von Natur auf Konsequenz angelegt und obendrein von streitbarem Charakter war, trieb als Dichter den rein litte= rarischen Naturalismus zu seinen letzten und äußersten Konse= quenzen.

Er wählte sich fast durchgehends Sujets aus dem Leben der Landbewohner und besonders der niederen Volksklassen, und nicht etwa, um, wie die Franzosen des vorigen Jahr= hunderts, selbst poliert und geschliffen, das Ungeschliffene als Kontrast und mit einem Gefühl der Ueberlegenheit zu genießen, sondern weil er meinte, daß die wesentlichen Leidenschaften des Herzens bei diesen Klassen ein besseres Erdreich fänden und eine größere Reife erlangten, als bei den Gebildeten, und weil sie, als einem geringeren Zwang unterworfen, eine schlich= tere Sprache redeten. Er meinte, die Grundgefühle des Menschenherzens träten bei den Landbewohnern einzelner und

---

*) Innocent fool! thou poor despised forlorn!
I hail thee brother.

elementarer hervor, und ließen sich deshalb leichter wahrneh=
men, als im Stadtleben. Er war endlich davon überzeugt,
daß das Zusammenleben mit den schönen und bleibenden
Formen der Natur, im Verein mit dem notwendigen und
stetigen Charakter der ländlichen Beschäftigungen, alle Gefühle
dauerhafter machen müsse. Man findet also hier in der Ge=
burtsstunde des Jahrhunderts den Keim zu der länger als
ein halbes Säkulum dauernden und weit verbreiteten, von
Land zu Land sich verpflanzenden ästhetischen Grundanschau=
ung, die in Deutschland, Frankreich und Skandinavien zu der
Bauernpoesie und Dorfgeschichte, in verschiedenen Ländern zu
besonderer Verherrlichung der Sprache des gemeinen Mannes
führt. Indem man diesen Keim botanisch zergliedert, lernt man
die Naturgeschichte der Pflanze gründlich kennen.

Wordsworths Ausgangspunkt ist rein t o p o g r a p h i s c h.
Ortsbeschreibung im weitesten Sinne dieses Wortes ist für
ihn noch eigentümlicher, als für Scott. Die Aufgabe seines
Lebens war, englische Natur und englische Naturen so zu
schildern, wie er sie von Angesicht zu Angesicht kannte. Und
da er nur dasjenige schildern wollte, womit er völlig ver=
traut war, so gelangte er zu der Theorie, daß es für jeden
Dichter notwendig sei, sich beständig an einen bestimmten
Fleck Erde zu binden, und verknüpfte selbst seinen Dichter=
namen mit den Seen Nordenglands, deren Umgebungen
durchgehends die Szenerie seiner Dichtungen bilden. Ja, er
ging so weit, daß er den Geburtsort des Einzelnen als die
Stätte bezeichnete. die sich am besten zum Schauplatz seiner
Thätigkeit sein ganzes Leben hindurch eigne.

So ward er speziell englischer Naturmaler, so erhielten
seine Schilderungen ein rein lokales Interesse. Der feinsinnige
englische Kunstkritiker John Ruskin hat mit Recht Words=
worth den großen poetischen Landschaftsmaler jener Periode
genannt. Während Byron ein Mal über das andere der
Heimat entfloh, um die Natur Griechenlands und des Orients
mit fremden und glühenden Farben zu schildern, während
Shelley vor dem Klima Englands als totbringend für seine
zarte Konstitution schauderte, und wieder und wieder Italiens

Küsten und Flüsse verherrlichte, während Scott Schottland
besang und Moore niemals müde ward, die Schönheit des
grünen Erin zu preisen, stand Wordsworth allein wie der Voll=
blutengländer, tief wurzelnd im Land und mit dessen Boden
selber wie ein alter Eichbaum mit hundert Wurzeln verwach=
sen.   Sein Ehrgeiz war, ein echt englischer beschreibender
Dichter zu sein.   Wenn er sich daher in die Gegend vertiefte,
in welcher er zu Hause war, spazieren ging, segelte, in die
Kirche ging und Besuche von Bewunderern empfing, so geschah
es mit der allerumständlichsten Kenntnis des Lebens der un=
teren Klassen dort in der Gegend und des ländlichen Lebens
überhaupt.   Er hat denselben Blick dafür, wie ein guter und
würdiger englischer Landprediger von der Art, die er selbst in
der „Exkursion" geschildert hat.

Seine Spezialität sind all die gewöhnlichen Kirchspiel=
ereignisse und Kirchspielunfälle, welche in einer ländlichen
Gegend in England passieren: die Rückkehr eines längst ver-
schollenen Dorfkindes in die Gegend, wo seine Heimatshütte
verschwunden ist, und wo er die Namen aller seiner Lieben
auf den Kirchhofkreuzen findet („Die Brüder"), das Schicksal
eines armen verführten und verlassenen Mädchens („Ruth"),
der nächtliche Ritt eines idiotischen Knaben zum Arzte und
sein Abirren vom Wege („Der idiotische Knabe"), das überraschende Abenteuer, das ein kleiner blinder Junge bestanden
hat, ohne zu Schaden zu kommen („Der blinde Hochlandsknabe"),
die Trauer eines alten trefflichen Vaters über seinen entarte-
ten Sohn („Michael"), die bedauerliche Neigung eines in der
ganzen Gegend beliebten Diligenzekutschers zu einem kleinen
Haarbeutel und seine nachfolgende Amtsentsetzung (in vier
Gesängen unter dem Titel „The waggoner" besungen).

Das einzige Unenglische in der Weise, wie diese Vorkommnisse, selbst die leichteren und lustigeren unter ihnen, be=
richtet werden, ist der gänzliche Mangel an Humor in der
Darstellung.   Statt des Humors hat Wordsworth, wie Masson
es trefflich ausdrückt, „Ein hartes, wohlwollendes Lächeln".
Tief und ernst ist zur Entschädigung dafür das Pathos, mit
welchem er die tragischen und ernsten dieser einfachen Lokal-

geschichten erzählt. Hat dasselbe bei all seiner Reinheit und
Echtheit keinen pythisch erbebenden oder modern glutvollen
Charakter, so wirkt es desto stärker auf die Mehrzahl der
Menschen, die es gern sehen, daß der Dichter sich nicht allzu
hoch über ihr Niveau erhebt, und die das Wohlthuende und
Heilende der Sympathie empfinden, welcher dasselbe entstammt.
Es ist eine Sympathie, welche derjenigen des Priesters oder
des Arztes gleicht, und welche, obschon weniger sanft als pro=
fessionell, durch ihren vollendeten Ausdruck ergreift.

Nirgends erscheint dieser Ausdruck mir schöner, als in
Gedichten wie „Simon Lee" und „Der alte Bettler von Cum=
berland". Das erste Gedicht ist eine Anekdote von einem
alten Jäger, der in seiner Jugend der rüstigste mit Horn und
Hund, zu Fuß und zu Roß gewesen, aber jetzt in seinen alten
Tagen so schwach geworden ist, daß der Dichter ihn eines
Tages nur mit Mühe die leichte Arbeit des Aufgrabens einer
morschen Baumwurzel verrichten sieht.

> „Zu schwer für Euch ists, guter Mann",
> Sprach ich, „gebt mir den Karst zur Hand!"
> Und frohen Blickes nahm er an
> Die Hilf, ihm zugewandt.
> Ich hieb — ein einz'ger Schlag, da flog
> Die Wurzel aus der Erde,
> An der der Alte sich so lang
> Geplagt mit viel Beschwerde.

> Von Thränen ward sein Auge naß,
> Und Dank und Preis gesprudelt kam
> Aus seiner Brust so stürmisch, daß
> Es schier kein Ende nahm, —
> Ungüt'ge Herzen haben oft
> Gulthaten kalt empfangen;
> Ach! öfter ließ der Menschen Dank
> Mich wehvoll trüb erbangen.

Wenige Dichter haben die schöne Pietät, wie Words=
worth, gegen die ohne eigene Schuld Unbrauchbaren, die be=
mütigen Venerabilia des Menschengeschlechts bewiesen. „Der
alte Bettler" ist vor Allem ein Beispiel davon. Wordsworth

schildert, wie derselbe, von Allen gekannt, dort in der Gegend
von Haus zu Haus pilgerte:

> Von Kind auf kannt' ich ihn; da war er schon
> So alt, daß er mir jetzt nicht älter scheint.
> Er wandert fort, ein einsam müder Mann;
> So hilflos ist sein Ansehn, daß vor ihm
> Der müßig schweifende Reiter sorglos nicht
> Die kleine Gabe hin zur Erde wirft,
> Nein, anhält, — sicher in des Alten Hut
> Das Geld zu legen; und auch dann noch stets,
> Wenn er dem Roß die Zügel schießen ließ,
> Von seitwärts her, und halb zurückgewandt,
> Zum Bettlergreis hinüber blickt. Die Frau
> Am Schlagbaum, wenn sie Sommers vor der Thür
> Ihr Spinnrad dreht, und auf dem Straßendamm
> Den Bettler kommen sieht, verläßt ihr Werk,
> Und öffnet ihm den Schlag zum Weitergehen.
> Der Postknecht, dessen rasselnde Räder ihn
> Oft überholen auf dem Heckenpfad,
> Ruft ihm von ferne; und wenn, so gewarnt,
> Der Alte doch nicht ausweicht, biegt der Knecht
> Langsamern Schritts beiseit und fährt an ihm
> Freundlich vorüber, ohne einen Fluch
> Auf seinen Lippen oder stillen Groll. . .
>
> Doch haltet diesen Mann für nutzlos nicht! —
> Staatsmänner ihr, die, rastlos weis' und klug,
> Ihr stets den Besen schwingt, um aus der Welt
> Jedwedes Aergerniß zu fegen! Ihr,
> So stolz gebläht in eurem Uebermut
> Auf eure Gaben, Weisheit oder Macht,
> O, nennt ihn eine Last nicht! Ein Gesetz
> Ist's der Natur, das kein Erschaffenes,
> Und sei's das niedrigste und schlechteste
> Und schädlichste von allen Dingen, lebt,
> Dem nicht doch etwas Gutes innewohnt,
> Ein Hauch und Puls des Guten, Lebenskraft
> Und Seele, mit jedweder Form des Seins
> Untrennbarlich verknüpft. — — — —
> Wo sich der alte Bettler blicken läßt,
> Treibt des Gebrauches milde Nötigung
> Zu Liebesthaten, und Gewohnheit thut,
> Was die Vernunft heischt, und bereitet doch
> Nachfreude, wie Vernunft sie liebt. So wird,

Durch dies Gefühl von unerstrebter Lust,
Die Seele unvermerkt zu Tugend und
Zu wahrem Gutsein hingelenkt. — —
Der Reiche, der behaglich vor der Thür
Des eignen Hauses sitzt und, gleich der Frucht
Des Birnbaums über seinem Haupt, gedeiht
Im Sonnenschein; — der kräft'ge junge Mann,
Der Glückliche, Gedankenlose, — sie,
Die unter sicherm Obdach leben, und
In einem Hain von Sprossen ihrer Art
Wachsen und blühen, — Alle sehn in ihm
Den stillen Mahner, welcher ihrem Sinn
Den flüchtigen Gedanken einmal doch
Der Selbstglückwünschung einprägt.

Man lese dies Gedicht in den wuchtigen Versen des
Originals, und man wird gestehen: wenn es auch eine Predigt ist, so ist es doch eine Predigt in optima forma. Es
lag ja in eben diesem Naturalismus, der sich in seiner späteren Entfaltung folgerichtig und logisch zu Humanismus und
Radikalismus entwickelte, von Anfang an ein Hang zum
Moralisieren und zu evangelischer Religiosität. Er suchte die
Einfältigen im Herzen, die Armen, die vor den Augen der Welt
Geringen auf. — Das stimmte mit der Moral des Evangeliums überein. Er verschmähte eine verfeinerte Zivilisation
und wandte ihren Helden den Rücken, um Fischer und Bauern zu erwählen — in so weit folgte er dem Beispiele des
Evangeliums. Und so vereinigte sich bei Wordsworth ganz
konsequent die Naturverehrung mit dem in England so höchst
populären moralisierenden und protestantisch-christlichen Elemente. Man verwerfe auch nicht ganz seine moralischen Lehr-
gedichte. Es liegt oftmals eine eigentümliche Größe in der
Weise, wie die einfache Lehre ausgedrückt ist. Ich finde eine
wahre Hoheit in den Worten, mit denen in „Laodamia" der
trauernden Gattin verkündet wird, daß sie, statt ihren Gatten
zurück zu verlangen, auf ihn verzichten müsse, um durch die
Liebe zu einem höheren geistigen Leben geläutert zu werden:

Lern durch ein sterblich Sehnen aufzuschweben
Zu einem höhern Ziel. — Die heil'ge Kraft

Der Liebe ward dir dazu meist gegeben;
So hoch beflügelt ward die Leidenschaft,
Das Ich zu töten: ihre Knechtschaft gleicht
Den Fesseln eines Traums, dem Liebe weicht.

Ja, selbst die abstrakte Ode an „die Pflicht,“ die eine rein kantische Begeisterung enthält, hat genial-absurde Zeilen, sublim wie manches Paradoxon der Kirchenväter. Der Pflicht ruft der Dichter zu:

Du hältst in Takt der Sterne Schwung,
Die ältsten Himmel sind durch dich noch stark und jung.

Von allen derartigen Gedichten wird der Leser jedoch schnell zu Wordsworths eigentlichem Gebiete, seinen Idyllen, zurück kehren. Werfen wir noch einen Blick auf diese Gedichte und auf die Theorie, welche sie nach der Absicht des Dichters zur Geltung bringen soll. Unzweifelhaft maß Wordsworth der Schilderung des ländlichen Lebens eine größere Bedeutung für die Poesie überhaupt bei, als demselben zukommt. Seine Um= gebungen waren freilich geeignet, eine solche theoretische Ueber= schätzung bei ihm hervor zu rufen. Wenn er zu seinen Hel= den shepherd farmers von Cumberland und Westmoreland als Modelle hat benutzen können, so kommt es daher, weil diese Männer, die auf der einen Seite unabhängig genug sind, nicht für andere arbeiten zu müssen, und auf der andern Seite doch nicht über die Notwendigkeit, zu arbeiten, noch über eine frugale Einfachheit hinausgehoben sind, allgemein poetische Eigenschaften darbieten. Daß das Landleben an und für sich den Menschen besser machen sollte, ist Aberglaube; es kann ihn eben so wohl abstumpfen. Coleridge hat z. B. erklärt: wenn man in England die Methode, wie die Armen= gesetze in Liverpool, Manchester und Bristol gehandhabt werden, mit der Methode vergleiche, wie man auf dem Lande die Armenunterstützung verteile, so falle der Vergleich durch= aus zu Gunsten der Städte aus. Aber Wordsworth hat ferner auch die Bedeutung überschätzt, welche die Schilderung

der ländlichen Beschäftigungen für seine eigene Poesie hat.
Nicht allein sind die Hauptpersonen in vielen seiner besten
Dichtungen (wie in „Ruth," „Michael," „Die Brüder") nicht
ausdrücklich Bauern oder Landbewohner, sondern manchmal
hat er, kraft seiner naturalistischen Leidenschaft und seines
damit verwandten Hanges, durch Verherrlichung der untersten
Gesellschaftsklassen zu moralisieren, den Namen dieser oder
jener unansehnlichen oder geringen Profession an Fähigkeiten
und Eigenschaften geknüpft, die man mit wenig Wahrscheinlichkeit mit derselben verknüpft finden wird. Es ist ein Paradoxon, daß Wordsworth in seinem Gedichte, „Die Exkursion"
mit einer gewissen Vorliebe predigt: große Dichter seien in
den niedrigsten Ständen verborgen;*) es befriedigt auch seine
evangelischen Instinkte, sich die Unabhängigkeit des Talentes
von Vermögen und guten, äußeren Lebensverhältnissen zu
denken. Mögen sie unabhängig davon sein; aber wäre es
nicht doch ungereimt, in einem Gedichte dem Poeten die Schorn-
steinfegerprofession zu geben und dann in einer genau er-
fundenen Biographie zu erklären, wie es zuging, daß er zugleich Dichter, Philosoph und Schornsteinfeger ward? Derlei
seltsame Erscheinungen kann nur die wirkliche Lebensbeschreibung
rechtfertigen.

Jn der Poesie wirkt ein so weit getriebener Naturalismus anstößig, weil der Fall zu wenig typisch ist. Und
welcher Unterschied ist zwischen diesem Falle und den vielen,
wo Wordsworth einem Tabuletkrämer, einem Egelsammler,
einem Bauern Gedanken in den Mund legt, die man nicht
ohne Befremden von solchen Lippen aussprechen hören kann?
Um seinen Charakter zu rechtfertigen und ganz zu erklären,
sieht sich Wordsworth daher genötigt, eine Menge zufälliger,
untergeordneter Umstände von solcher Art anzuführen, welche
notwendig sind, die Wahrscheinlichkeit einer Thatsache im

---

*) O, viele Dichter, säte die Natur,
Männer, begabt mit höchster Geisteskraft,
Mit Seherblick und göttlichem Talent,
Entbehrend nur der Verskunst feinen Schliff . . .
The Excursion, Book I. The wanderer.

wirklichen Leben festzustellen, welche wir aber mit Vergnügen
einem Dichter schenken würden. Das kleinliche Rücksichtnehmen
auf die Wahrscheinlichkeit, die kleinliche Aengstlichkeit in der
Motivirung ist im höchsten Grade ermüdend bei Words=
worth, besonders in den langen Uebergängen und Beschreib=
ungen der „Exkursion," welche Byron witzig als ein ewiges:
„Hier gehen wir hinauf, und hier gehen wir hinab, und hier
gehen wir rund herum!" charakterisiert hat.*)

Allein Wordsworths Wahl seiner Stoffe führt ihn zu
einer Eigentümlichkeit in sprachlicher Hinsicht, die als die
äußerste litterarische Konsequenz dieses Naturalismus bezeichnet
werden dürfte. Wordsworth stellte die Behauptung auf: die
Sprache, welche von der von ihm geschilderten Klasse geredet
werde, sei, so bald sie nur von ihren Flecken gereinigt werde,
die beste, die es gebe, weil Männer und Frauen der gemeinen
Volksklasse auf dem Lande in beständigem Verkehr mit den
Gegenständen lebten, von denen der beste Teil unserer Sprache
ursprünglich abgeleitet sei, und weil sie wegen der Einförmig=
keit und Enge ihres Gesichtskreises am wenigsten der sozialen
Eitelkeit ausgesetzt seien, welche dahin führt, daß man seine
Ausdrücke sucht und überlegt. Da nun diese Sprache die beste
ist, meint Wordsworth, so wird es für jeden Dichter unmög=
lich sein, eine bessere Ausdrucksweise an ihre Stelle zu setzen,
und zwar ganz einerlei, ob er in Prosa oder in Versen
schreibt. Und so gelangt Wordsworth zu seinem bekannten
und interessanten Paradoxon, daß zwischen der Prosa=
sprache und der metrischen Komposition irgend ein
wesentlicher Unterschied weder bestehe, noch bestehen
könne. Wenn er hiermit nur einen Protest gegen all die
langweiligen und jammervollen Sprachverrenkungen hätte er=
heben wollen, zu denen Reimnot und Mangel an rhythmischem
Gefühl allzu viele selbst unter bedeutenden Dichtern verleitet
haben, so würde man ihm von Herzen beipflichten. Ich für

---

*) Or Wordsworth with his eternal: Here we go up, up, and
up, and here we go down, down, and here round about, round
about! Look at the nerveless laxity of the Excursion. What inter-
minable prosing.   Byron.

meinen Teil unterschreibe gern das Kapitel in Théodore Ban
villes Poetik,*) das die Ueberschrift Licentia poetica, und
den Inhalt hat: „Es giebt keine." Allein Wordsworth will
seinen Satz ganz anders verstanden wissen. Er behauptet,
daß die Sprache nicht nur in großen Partien jedes guten
Gedichtes notwendigerweise in allen andern Beziehungen, außer
der metrischen, mit der Prosa zusammenfallen, sondern daß
sie sogar in den interessantesten Partien der allerbesten Gedichte völlig mit dem Prosastile übereinstimmen müsse. Denn,
sagt Wordsworth, wie wahr und lebendig die Sprache des
Dichters auch sei, so lebendig und so wahr wie die Sprache
Dessen, der sich wirklich in der erdichteten Situation befindet,
kann sie doch niemals werden; mit anderen Worten, sie kann
den prosaischen Ausdruck der Wirklichkeit nie übertreffen,
höchstens nur sich ihm nähern. Mit echt englischer Hartnäckigkeit versicht er seine Doktrin den Angriffen gegenüber,
die von allen Seiten erfolgten. Man hatte als Musterge-
dicht im Sinne der neuen Poetik die von Johnson gegen den
Balladenstil verfaßte burleske Strophe zitiert:

> Ich setzte meinen Hut aufs Ohr
> Und ging hinab zum Strand,
> Dort traf ich einen Mann, der trug
> Den Hut in seiner Hand.**)

Das ist keine Poesie sagt man. Zugestanden, antwortet
Wordsworth, aber es ist auch als Prosa weder an sich selbst
interessant, noch zu etwas Interessantem hinführend, und daher außer Stande, Gefühle und Gedanken in Bewegung zu
setzen. „Weshalb beweisen, daß ein Affe kein Newton ist,
wenn er nicht einmal ein Mensch ist?" Und der allgemeinen
Ansicht, die er ungefähr mit den Worten charakterisiert, daß

---

*) Petit traité de poésie française, pag 56.

**) I put my hat upon my head
And walked into the Strand
And there I met another man,
Whose hat was in his hand.

ein Schriftsteller, indem er Verse schreibt, eine förmliche Verpflichtung eingehe, gewissen geistigen Gewohnheiten zu entsprechen, gewissen Klassen von Ideen in seinem Werke Raum zu geben und andere sorgfältig auszuschließen, stellt er dann seine Ueberzeugung von der Identität der guten Poesie und der guten Prosa gegenüber, welche auf seinem Abscheu vor der poetischen Affektation begründet, ihn bei seinem dichterischen Schaffen dahin führte, seinen in so vielen Beziehungen mustergültigen und meisterhaften poetischen Stil bald stark zu begrenzen, bald geradeswegs zu trivialisieren.

Was die Verherrlichung der Sprache des gemeinen Volkes auf dem Lande betrifft, von welcher Wordsworth ausgeht, und welche nicht ohne Analogie mit der Pflege der Volkssprache ist, die in Dänemark von Grundtvig ausging, so ist zunächst zu erwidern, daß eine, wie es der Dichter verlangt, von Provinzialismen gereinigte und nach den Regeln der Grammatik berichtigte Bauernsprache nicht von der Sprache jedes anderen verständigen Mannes verschieden sein wird, nur daß die Begriffe der Bauern spärlicher und unklarer sind. Sodann wird Letzterer in Folge seiner geringen Entwickelung nur bei einzelnen Thatsachen verweilen, die seiner beschränkten Erfahrung oder seinem überlieferten Glauben entnommen sind, während der Gebildete den Zusammenhang der Dinge sieht und nach allgemeinen Gesetzen sucht. Wordsworth meint, der beste Teil der Sprache werde von den Gegenständen abgeleitet, die den Bauer umgeben und ihn beschäftigen. Aber die Vorstellungen, welche sich um Nahrung, Obdach, Sicherheit, Wohlstand bewegen, sind durchaus nicht der Sprache bester Teil. Es ist eben so unrichtig, mit Wordsworth von dieser Sprache nur einen gewissen Grad von Leidenschaftlichkeit zu verlangen, um sie mit dem Ehrentitel poetisch zu stempeln; denn die Leidenschaft erschafft keine neuen Gedanken und keinen neuen Wortvorrat, sie setzt nur den Inhalt, welcher da ist, in erhöhte Thätigkeit, und sie vermag keineswegs die Umgangssprache in Poesie zu verwandeln, da sie dieselbe mit knapper Not zur Prosa zu erheben vermag.

Es ist nämlich schon eine seltsame naturalistische Ver-

wechfelung von Wordsworth, daß er die Worte „Umgangs=
fprache" und „Profa" durch einander wirrt. Die gute Profa
ift fchon von den leeren und finnlofen Wiederholungen, den un=
fichern und ftammelnden Redensarten gereinigt, welche Halb=
bildung und Konfufion immer mit fich bringen, und von
welchem Wordsworth überall, wo er eine dramatifche Diktion
einführt, leider nur allzu viele in feine Gedichte aufgenommen
hat. Es ift die unfelige Vorliebe für die allerplattefte Natur=
nachahmung, welche in feinen Gedichten die plötzlichen und
peinlichen Uebergänge von einem hohen und edlen Stile zu
einem völlig undiftinguirten bewirkt. Man fehe z. B. das
Gedicht „Der blinde Hochlandsknabe."

Die Poefie hat, nach Wordsworths Definition, ihren
Urfprung in einer Gemütsbewegung, deren man fich in Ruhe
erinnert. Sie erftrebt Nachahmung der Sprache der Natur,
mit dem einen Vorbehalte, daß der Dichter, da es fein Be=
ruf ift, Vergnügen, nicht Wahrheit geradezu, mitzuteilen, die
Versform benutzt, welche dem Lefer durch Rhythmus und
Reim eine Reihenfolge kleiner angenehmer Ueberrafchungen
bereitet. Das Versmaß wirkt, indem es beftändig die Neu=
gierde erweckt und befriedigt, aber auf fo fchlichte Weife, daß
es keine felbftändige Aufmerkfamkeit auf fich zieht. Es übt,
ungefähr wie eine künftlich bereitete Atmofphäre oder wie
Wein bei einer angeregten Unterhaltung, einen mächtigen,
aber unbemerkten Einfluß auf das Bewußtfein. Durch feine
ftets wiederkehrende Regelmäßigkeit dämpft und mildert es den
leidenfchaftlichen oder ergreifenden Inhalt der Erzählung, und
durch feine Tendenz, die Sprache ihres Wirklichkeitsgepräges
zu entkleiden, verleiht es der Kompofition eine Art Halbbe=
wußtfein von ihrer Unwirklichkeit. Im Uebrigen aber, meint
Wordsworth, kann felbft die befte Poefie in keiner Beziehung
von der Profa verfchieden fein. Er vergißt, fich die Frage
zu ftellen, ob es nicht umgekehrt eine Menge von Ausdrucks=
weifen, Konftruktionen und allgemeinen Sätzen giebt, die in
einer Profamitteilung an ihrem Platze find, die aber in der
Poefie höchft anftößig wirken würden, und ob nicht in jedem
pathetifchen Gedichte ohne alle Künftelei eine Bauart und

Ordnung der Sätze oder eine Anwendung der Redefiguren vorkommen kann, die im Prosaſtile unmöglich ſein würden.

Der eine Sinn, in welchem man ſagen kann, daß ein großer Teil der beſten Poeſie der Sprache des wirklichen Lebens gleiche, iſt der, daß ihre Ausdrücke ſolche ſind, deren ſich einige wenige der Höchſtgebildeten bei ſehr ſeltener Gelegenheit bedienen würden. Im Alltagsgeſpräche ſchweift die Rede locker umher, in der öffentlichen Rede ſammelt ſie ſich zu feſtem Zuſammenhang der Gedanken, und im geſchriebenen Buche ſchlängelt der ausgearbeitete Satz ſich naturgemäß in mancherlei Windungen vorwärts. Im Vers endlich kann die Form nicht zu gewählt und zu feſt ſein. Hier gilt die Lehre, welche Théophile Gautier in ſeinem herrlichen Gedichte „Die Kunſt" gepredigt hat:

> Oui, l'ocuvre sort plus belle
> D'une forme au travail
> Rebelle,
> Vers, marbre, onyx, émail!
>
> Point de contraintes fausses!
> Mais que pour marcher droit
> Tu chausses,
> Muse, un cothurne étroit!

Doch, wie Viel ſich auch gegen dieſe Poetik oder, wie ſie richtiger heißen könnte, „Proſaik" Wordsworth's — eine Lehre, die von den Zeitgenoſſen Anfangs aufgenommen wurde, als wäre ſie gleichbedeutend mit dem alten Hexenliede in Macbeth: „Schön iſt häßlich, häßlich ſchön" — mit Fug und Recht einwenden läßt, ſie hat für uns Nachlebende einen hohen Grad von Intereſſe als ein präziſer und unzweideutiger Ausdruck für das erſte litterariſche Extrem des engliſchen Naturalismus.

7.

Naturaliſtiſche Romantik. — Coleridge.

Wir haben Coleridge einen Augenblick aus dem Geſichte verloren. Als Wordsworth und er die neuen Dichtungsarten

unter sich verteilten, fiel, wie schon erwähnt, ihm die der=
jenigen Wordsworths gerade entgegengesetzte Aufgabe zu, über=
natürliche Stoffe auf natürliche Weise zu behandeln. Er löste
dieselbe in den Beiträgen, welche er zu den „Lyrischen
Balladen" lieferte, und überhaupt in dem kleinen Zyklus von
Gedichten, an die sein bedeutender Dichtername sich knüpft.

Samuel Taylor Coleridge war ein Landkind und ein
Predigersohn, geboren im Oktober 1772 in Devonshire. Von
1782—90 besuchte er die Schule in Christs Hospital zu
London, und von dieser Schulzeit schreibt seine Freundschaft
mit einem andern englischen Romantiker, seinem warmen Be=
wunderer Charles Lamb, sich her. Von 1791—93 studierte
er in Cambridge ohne Aussichten und ohne Hilfsmittel, wo=
rauf er in einem, entweder durch Schulden oder durch eine
unglückliche Liebe veranlaßten Verzweiflungsanfalle plötzlich
der Universitätsstadt Valet sagte und sich unter dem Pseudo=
nym Silas Titus Cumberback in das 15te leichte Dragoner=
regiment einschreiben ließ*). Es scheint durchaus nicht Ehr=
geiz gewesen zu sein, was ihn, wie einige Jahre vorher den
Dänen Ewald, dazu trieb, sein Glück als Soldat zu versuchen,
sondern ausschließlich Mangel an Erwerbsmitteln. Er blieb
auch nur vier Monate Dragoner. Denn als er eines Tages
unter seinem Sattel den lateinischen Klageruf an die Wand
geschrieben hatte: „Eheu, quam infortuni miserrimum est
fuisse felicem!" und als sein Kapitän bei dieser Gelegen=
heit seine Bildungsstufe entdeckte, that derselbe bei seiner
Familie die nötigen Schritte, daß er nach Cambridge zurück=
kehren konnte.

Hierauf folgt der kurze Zeitraum, in welchem er als
anti=orthodoxer Demokrat auftrat, und in Folge dessen sich
jeden Gedanken an eine Universitätskarriere aus den Sinn
schlagen mußte. Ich habe schon seine und Southeys gemein=
schaftliche ·Verherrlichung Robespierres (den ersten Akt des

---

*) . . . being a loss when suddenly asked my name, I answered
Cumberback, and verily my habits were so little equestrian, that my
horse, I doubt not, was of that opinion . . .

Dramas „Der Sturz Robespierres" hatte Coleridge, den zweiten und dritten Southey geschrieben) und seine tollen Kommunisten= und Kolonistenpläne erwähnt. Mitglieder der kleinen Auswanderergesellschaft, die sie errichteten, waren nur Coleridge, Southey, ein junger Quäker Namens Lovell, und ein Jüngling Namens George Burnet, ein Schulkamerad Southeys. Aber der Gott Hymen brachte im Jahre 1795 diese gesellschaftbedrohenden Pläne zum Scheitern. Coleridge war nach Bristol gereist, um öffentliche Vorträge zu halten, und entfaltete dort all jene Beredtsamkeit, die bei ihm — ähnlich wie bei dem in seiner mündlichen Rede so bezaubernden norwegischen Dichter Welhaven — seinen poetischen Werken die Kräfte entsogen zu haben scheint. Eine junge Dame in jener Stadt gewann sein Herz, und noch in demselben Jahre war Coleridge mit Sara Fricker getraut, während ihre Schwestern Edith und Mary Fricker ihre Stammnamen mit den Namen Lovell und Southey vertauschten, und — die Reise nach Amerika wie die Reise der Kinder bei Christian Winther endete*). Wie hätte Coleridge, der sein ganzes Leben hindurch ohne Willen war, einen so weit angelegten Plan ausführen sollen! Er, der nie etwas anderes ausgeführt hat, als das, was er nicht beschlossen hatte, oder was sich seiner Natur nach nicht be= schließen ließ!

Im Jahre 1796 wurde er, welcher damals noch ein leidenschaftlicher Unitarier war, von einigen anderen Philan= thropen „überredet" (er wird immer überredet), eine Wochen= schrift „Der Wächter" (The Watchman) herauszugeben, welche 32 Seiten Großoktav für den mäßigen Preis von vier Pence liefern sollte, und deren feurige Subskriptionseinladung die

---

*) Zu dem Scherzgedichte Winthers „Die Flucht nach Amerika" wird erzählt, wie ein paar kleine Rangen, die mit schlechten Schulzeug= nissen nach Haus gekommen und deshalb gescholten worden sind, nach Amerika auszuwandern beschließen, das sie sich als den Inbegriff aller Herrlichkeit und Freiheit vorstellen. Sie wollen eben, mit ihrer großen Bilderbibel und einem Gewürzkringel ausgestattet, abziehen, als die Mutter sie zum Essen ruft und damit ihren kühnen Reiseplänen ein Ende macht.
Anm. des Uebersetzers.

Devise „Wissen ist Macht" trug. Um Abonnenten darauf zu
sammeln, unternahm er, so jung er war, eine Agitationsreise
von Bristol und Sheffield nach Norden und rings durch das
Land, in allen großen Städten auf dem Wege als unbezahlter
Laienprädikant in blauem Rock und weißer Weste predigend,
nicht geneigt, eine pfäffischere Tracht anzulegen, damit „kein
Fetzen, der an die babylonische Hure erinnere," an ihm hafte.
Die Schilderung, welche er von dieser seiner Odyssee geliefert
hat, zeichnet uns den jungen Romantiker, wie er war und
blieb: unklug in allem Weltlichen, abwechselnd begeistert für
jede religiöse und philosophische Halbheit, aber von Humor
sprudelnd in seiner Auffassung der Lächerlichkeit anderer und
seiner selbst.

Er eröffnete seinen Feldzug in Birmingham und richtete
seinen ersten Angriff auf einen strengen Kalvinisten, einen Licht-
gießer von Profession. Es war ein hagerer finsterer Mann,
dessen Länge seine Breite soweit überstieg, daß er hätte als
Schürhaken in seiner eigenen Gießerei dienen können. „Und
dies Gesicht!" ruft Coleridge aus, „ich sehe es noch diesen
Augenblick vor mir. Das schlottrige, schwarze, garnartige Haar,
glänzend von Fett, in einer geraden Linie mit den schwarzen
Stoppeln seiner schießpulverigen Augenbrauen geschnitten, die
wie ein versengter Nachwuchs der Barbieroperation von der
vorigen Woche aussahen. Seine Rockknöpfe hinten in vollkommener Uebereinstimmung mit dem dicken und klebrigen Tau-
werk, das er sein Haar nennen mochte, und das mit einer
Krümmung nach innen beim Nackenwirbel — dem einzigen
Anlauf zu einer Biegung an seinem Haupte — hinter seiner
Weste hinab sank, während das Gesicht, mager, finster, hart,
mit tiefen senkrechten Furchen, mir die undeutliche Vorstellung
von Jemand gab, der mich durch einen verschlissenen Bratrost
voller Ruß, Fett und Eisen anglotzte. Aber er war Einer von
der echten Vollblutsorte, — ein wahrer Freund der Freiheit,
und der, wie man mir mitgeteilt, zur Genugthuung vieler
bewiesen hatte, daß Mr. Pitt eins von den Hörnern des
zweiten Tiers in der Offenbarung sei, desjenigen, das wie ein
Drache sprach . . ." Eine halbe Stunde lang entfaltete Cole-

ridge seine ganze Beredtsamkeit vor ihm, bewies, beschrieb,
verhieß und prophezeite, begann mit dem Unabhängigkeitszu=
stande der Nation, und endete mit dem nahen Anbrechen des
tausendjährigen Reiches. Der Lichtfabrikant hörte ihn mit
ausdauernder und rühmenswerter Geduld an, obschon ein ge=
wisser, nicht eben ambrosischer Geruch seinem Gaste verriet,
daß er an einem Gießtage gekommen sei. Endlich nahm er
das Wort: „Und wie hoch, Sir, werden die Kosten?" —
„Nur vier Pence, Sir, für jede Nummer, die alle acht Tage
erscheint." — „Das macht doch ein artiges Sümmchen bis
zum Ende des Jahres. Und wie viel, sagten Sie, erhielte
man für das Geld?" - - Zweiunddreißig Seiten, Sir, Groß=
oktav, eng gedruckt." — „Zweiunddreißig Seiten! Gott soll
mich bewahren! Mit Ausnahme dessen, was ich von
Familienwegen am Sabbath vornehme, ist das mehr, als ich
das ganze Jahr hindurch jemals lese, Sir! Ich bin so gut,
wie irgend ein Mann in Brummagem für Freiheit und Wahr=
heit und all diese Geschichten, Sir, aber in diesem Falle —
Sie nehmen's mir nicht übel, Sir! — muß ich Sie recht sehr
bitten, mich zu entschuldigen."

So endete Coleridges erster Versuch, Rekruten für den
Kampf wider die heilige Dreieinigkeit zu werben. Der zweite
in Manchester bei einem stattlichen und wohlhabenden Baum=
wollgroßhändler führte nur dazu, daß derselbe ihn von Kopf
bis zu Füßen maß und ihn frug, ob er „eine Faktur von dem
Ding" habe. Coleridge überreichte ihm die Subskriptions=
einladung, und nachdem er murmelnd seinen Blick über die
erste und noch schneller über die zweite und letzte Seite hatte
hingleiten lassen, knitterte er das Blatt zusammen, rieb und
strich dann behutsam und nachdenklich die eine Seite gegen die
andere, steckte es in die Tasche, und wandte mit den Worten:
„Ueberlaufen mit dem Artikel!" Coleridge den Rücken, um
sich in sein Kontor zurück zu ziehen. - - Nach diesen miß=
lungenen Versuchen gab Coleridge den Gedanken auf, seine
Abonnenten einzeln gewinnen zu wollen, kehrte aber nichts=
destoweniger von dieser merkwürdigen Rundreise mit nahezu
tausend Namen auf seiner Subskribentenliste heim. Doch - -

schon die erste Nummer erschien, in echt Coleridge'scher Weise,
zu spät: die zweite, welche eine Abhandlung gegen die Fest=
tage enthielt, verscheuchte 500 konservative Abonnenten, und
die folgenden Nummern, welche voller Ausfälle gegen die fran=
zösische Philosophie und Moral und gegen diejenigen waren,
die sich an die Armen und Unwissenden wandten, statt für
sie bei den Wohlhabenden und Angesehenen zu plädieren, ver=
anlaßten die übrigen, jakobinischen und demokratischen Abon=
nenten, das Blatt abzubestellen. Coleridge scheint, indem er
selbst dies Faktum berichtet, nicht einmal zu ahnen, eine wie
natürliche Strafe für all seine Halbheit dies war, — eine
Halbheit, die darin bestand, niemals die Konsequenzen seines
eigenen Gedankens ziehen zu wollen. Halb war er auf dem
politischen, eben so halb auf dem religiösen Felde; während er
als alter Mann an diese Zeit zurückdenkt, ruft er selber aus:
„Mein Hirn war bei Spinoza, obwohl mein ganzes Herz bei
Paulus und Johannes war," und er beeilt sich, dem Leser
die richtigen Beweise für die Existenz Gottes und der Drei=
einigkeit vorzulegen, die er in seiner Jugend nicht hat ergrübeln
können *). Da die Wochenschrift kaum ein Halbdutzend Nummern
erlebte, ward Coleridge Journalist, schrieb erst gegen das
Ministerium Pitt, aber bald, da seine Ansichten mehr und mehr
eine konservative Richtung annahmen, streng ministeriell, und
besonders nach der Besetzung der Schweiz durch die Franzosen
als eifriger Franzosenhasser. So antifranzösisch waren seine
Artikel in der Morning Post, daß sie sogar Napoleons Auf=
merksamkeit erregten, und Coleridge als ihr Verfasser ein be=
sonderer Gegenstand seines Zornes ward. Während seines
Aufenthaltes in Italien würde sogar seine Freiheit gefährdet
gewesen sein, wenn er nicht rechtzeitig sowohl von dem preu=
ßischen Gesandten Wilhelm v. Humboldt wie von dem Kardinal
Fesch dem eigenen Oheim Napoleons, selber durch einen unter=
geordneten Beamten gewarnt worden wäre.

Das Jahr 1797, dasselbe, in welchem er Wordsworth
kennen lernte, ward in poetischer Beziehung das entscheidende
Jahr seines Lebens, sein annus mirabilis In diesem Jahre

---

*) Siehe Biographia litteraria, Vol. I, Abt. II. pag. 208 ff.

schrieb er seine weltberühmte Ballade „Der alte Matrose" und das in der englischen Poesie epochemachende Gedichtfragment „Christabel."

„Christabel" ist die Einleitung zu einem Romanzenzyklus, der niemals fortgesetzt wurde, und unzweifelhaft das früheste englische Gedicht, das von dem im strengsten Sinne romantischen Geiste durchdrungen ist, und daher durch seine Neuheit in Tonfall, Inhalt, Charakter und Versbehandlung einen gewaltigen Eindruck auf die Herzen der zeitgenössischen Dichter machte. Das unregelmäßige und doch wohlklingende Versmaß übte einen so starken Einfluß auf Walter Scott, daß er es sich in seinem ersten romantischen Gedichte, „The lay of the last minstrel", aneignete. Er bekennt offen, wie viel er „dem schönen und tantalisierenden Bruchstück Christabel" verdanke, daß er, wie alle anderen Dichter der Zeit, in der Handschrift kennen gelernt hatte, da Coleridge es volle zwanzig Jahre hindurch in allen Gesellschaften vorlas, bevor es als öffentliches Eigentum das Licht erblickte. Byron lernte das Gedicht auf dieselbe Weise kennen, wie Scott. Und da er, bevor er dasselbe hörte, in einem seiner Gedichte („Die Belagerung von Korinth," Nr. 19) einige Verszeilen geschrieben hatte, die mit ein Paar Versen in „Christabel" Aehnlichkeit zeigten, benutzt er später die Gelegenheit, in einer Anmerkung einige Worte zu Ehren dieses „wilden und merkwürdig originellen und schönen Gedichts" zu sagen. Daß jedoch nicht alle die Bewunderung dieser Dichter und die noch größere Wordsworths teilten, sieht man aus Moores Leben und Briefwechsel. Sowohl er selbst wie Jeffrey machen starke Reservationen in Betreff der Affektation des Gedichts (Vgl. Bd. II, S. 101, und Bd. IV, S. 48, von Moores „Memoires"). Für deutsche und dänische Leser, welche durch Tieck und die Brüder Schlegel, und später besonders durch Ingemann in die Mysterien jener poetischen Manier so gründlich eingeweiht worden sind, hat das Bruchstück kein großes Interesse. Die grenzenlose Naivetät der Erzählungsweise und das ganze absichtlich Kindliche in Anlage und Ton ist für uns, was Weißbrot für Bäckerskinder ist. Der höchste Vorzug des Gedichtes ist, abgesehen von seiner

lieblichen und vollen Melodie, die eigentümliche Macht, mit
welcher das Wesen der bösen Fee geschildert wird, das eigen=
tümlich Dämonische, das nie zuvor in der englischen Poesie
mit solcher Wirkungskraft, wie hier, hervorgetreten war. Es
verdient bemerkt zu werden, daß, wenn auch der erste Teil
des Gedichtes 1797 geschrieben ward, doch nicht allein der
zweite Teil erst in Jahre 1800 verfaßt, sondern ohne Frage
auch eine Ueberarbeitung in diesem Jahre vorgenommen worden
ist, d. h. nachdem Coleridge auf einer gemeinschaftlichen Reise
mit Wordsworth nach Deutschland die moderne deutsche Poesie,
ihre mittelalterlichen Voraussetzungen und ihre neuesten Ten=
denzen kennen gelernt hatte.

Sein zweites Hauptwerk, die Ballade „Der alte Matrose,"
welche noch gekünstelter naiv in der Diktion, und, wie die mittel=
alterlichen Volksballaden, die man als Flugblätter in den
Winkelgassen kauft, mit einem prosaischen Inhaltsverzeichnis
am Rande versehen ist, hat die größte Popularität unter
Coleridges Gedichten erlangt, wiewohl es bei seinem Erscheinen
mit Bitterkeit angegriffen ward. Auf eine höchst affektierte
Einleitung (drei Hochzeitsgäste vergessen ihre Bestimmung über
der Erzählung des alten Matrosen, solche Beredsamkeit ent=
wickelt er — „noch dazu auf der Gasse," wie Falstaff sagt)
folgt eine schauerliche Spukgeschichte auf einem gespenstigen
Schiffe, deren Schrecknisse alle dadurch veranlaßt werden, daß
ein Matrose so leichtsinnig gewesen ist, einen Albatros zu
töten, der Zuflucht auf dem Schiffe gesucht hat. Die ganze
Mannschaft, fast nur ihn ausgenommen, wird dieser Ungast=
lichkeit halber mit Tod und Verderben bestraft. Als das Ge=
dicht noch nicht lange erschienen war, erörterte, wie Swinburne
erzählt, die englische Kritik sehr lebhaft die Frage, ob die Moral
desselben (daß man keine Albatrosse schießen darf?) nicht so
überwiegend sei, daß sie der phantastischen Seite des Gedichts
schade, während andere meinten, daß der Fehler des Gedichts
in seinem Mangel an einer Wirklichkeitsmoral liege, und in
unseren Tagen hat dieser Punkt Anlaß zu einem ähnlichen
Streite zwischen Freiligrath und Julian Schmidt gegeben*).

*) Julian Schmidt hatte in seiner „Uebersicht der englischen Litte=
ratur im 19. Jahrhundert" (S. 31) Coleridges „Alten Matrosen" als

Die moderne Kritik schenkte wahrlich gern der Ballade und ihrem Dichter die „Moral", wenn sich nur der poetische Kern darin finden ließe. Ich gestehe, daß ich ihn nicht zu finden vermag, und ich glaube, durch ein Beispiel nachweisen zu können, worin der Grundfehler liegt.

Man trifft in den „Zeitlosen" des deutschen Lyrikers Moritz Hartmann ein längeres Gedicht, das, obschon es sich nicht als eine Nachahmung des „Alten Matrosen" von Cole= ridge ankündigt, sich mir beim ersten Blick als eine solche er= wies. Es bewegt sich in derselben metrischen Form, und das Sujet ist ein durchaus verwandtes. Es führt den Titel „Der Camao." Der Vogel Camao, welcher in diesem Gedichte dem Albatrosse bei Coleridge entspricht, wurde das ganze Mittel= alter hindurch in jedem abligen Hause der pyrenäischen Halb= insel gepflegt und mit einer Verehrung behandelt, die er einem allgemein verbreiteten Aberglauben verdankte. Dieser Vogel konnte nur in einem Hause leben, dessen Ehre nicht durch die Schuld der Hausfrau befleckt worden war; er starb, sobald auf die Ehre des Hausherrn durch Treulosigkeit der Gattin, der geringste Makel kam. Gewöhnlich hing sein prächtiger Käfig in der Vorhalle. In dem Gedichte Hartmanns erzählt nun der alte wahnsinnige Mann, welcher hier dem geisteskranken Matrosen bei Coleridge entspricht, wie er als Page von der wildesten Leidenschaft für die Gemahlin seines Herrn entflammt, und wie er von dem Gesang des Vogels zu Ehren ihrer Keusch= heit, der er sein Leben verdankte, jedesmal gequält wurde, wenn er abgewiesen und verzweifelnd über ihre Kälte, wieder aus ihrem Gemach entfloh. Sein Herr kehrt von einem Kriegs= zuge heim und hat seinen Freund, einen jungen, schönen Sänger= helden, mitgebracht, dem die Schloßherrin die herzlichste Freundschaft erweist, und auf den der Page bald den ganzen

---

handgreiflichen Beleg für seine Behauptung angeführt, daß die Seeschule darauf ausgegangen sei, „Geschichten ohne Pointen" zu erfinden. In der Einleitung zu seiner Ausgabe von Coleridges Gedichten (Tauchnitz Edition, pag. XXIV) wendet sich Freiligrath gegen diese Behauptung. Das Gedicht, sagt er, habe unzweifelhaft eine Pointe: — seine Moral, die nur allzu einleuchtend sei, als daß es sich zu ihrer Einprägung einer so umständlichen Maschinerie verlohne. Anm. des Uebersetzers.

Haß der Eifersucht wirft. In seinem Liebeswahnsinn denunziert er die angebliche Untreue der Beiden, aber sein Herr
antwortet ihm ruhig, daß der Camao lebe und gerade in diesem
Augenblick zu Estrellas Ehren singe. Da beschließt er in
blutgieriger Eifersuchtswut, sich zu rächen, und tötet den Vogel.
Vasco erdolcht seine Gemahlin — und seitdem schweift der
Verbrecher unstät und wahnwitzig von Land zu Land, ohne
jemals Ruhe für seine Seele zu finden.

„Der Camao" läßt sich, was Eigentümlichkeit und Vir-
tuosität der Sprachbehandlung betrifft, dem „Alten Matrosen"
nicht entfernt an die Seite stellen; hinsichtlich des dichterischen
Kernes aber steht er nicht allein hoch über seinem englischen
Vorbilde, sondern er kritisiert außerdem auf die befriedigendste
Weise Coleridges Ballade und den ganzen affektiert romantischen Ideenkreis, welchem dieselbe entspringt. Hier ist die
Tötung des Vogels eine wirklich menschliche Handlung, aus
einem wirklich menschlichen Motive vollbracht; hier ist die
Strafe dessen, der ihn erschlug, keine Schrulle, sondern eine ge-
rechte und natürliche Folge seiner Missethat; hier ist das Unglück, daß der Tod des Vogels über Vascos Gemahlin und
ihn selber bringt, durch eine wirkliche Ursachenverkettung damit
verknüpft, während der Untergang der Matrosen wegen ihrer
Ungastlichkeit gegen den Albatros wie eine Art Wahnwitz erscheint; hier endlich zeigt sich deutlich der Unterschied zwischen
einem wahren poetischen Aufnehmen der abergläubischen Vorstellung und einer romantischen Behandlung derselben. In
beiden Dichtungen beruht ja alles auf einem Aberglauben,
und Hartmann ist weit davon entfernt, denselben einer rationalistischen Kritik unterwerfen zu wollen; aber er drängt ihn
keinem Anderen auf, die Schönheit seines Dichterwerks ist ganz
unabhängig davon, ob der Leser im vulgären Sinne des
Worts an den magischen Einfluß des Camao glaubt, oder
nicht, während die romantische Verschrobenheit gerade die Ehrfurcht vor dem Magischen und Unerklärlichen als die Summe
aller Lebensweisheit und aller Poesie predigt.

Steht aber auch „Der alte Matrose" nicht hoch im Vergleich mit der Poesie, welche sich in späterer Zeit aus den

Windeln der Romantik entfaltete, so überragt dies Gedicht doch bei Weitem die meisten verwandten Produktionen der deutschen Romantik. Es ist, trotz all seines romantischen Schein= wesens, vom Meere inspiriert, vom wirklichen, natürlichen Meere, dessen wechselnde Stimmungen, dessen beängstigenden und drohenden Ernst es schildert. Die frische Brise, der schäumende Gischt, der unheimliche Nebel und der heiße, kupferfarbige Abendhimmel mit seiner blutigen Sonne, all diese Elemente sind Elemente der Natur, und der ganze Jammer der auf dem Meere Verschlagenen, die Hungersnot, der ver= zehrende Durst, welcher sie dazu treibt, das Blut aus ihrem eigenen Arm zu saugen, die bleichen Gesichter, das furchtbare Todesröcheln, die grausige Verwesung, all diese Elemente sind Elemente der Wirklichkeit und mit der ganzen naturalistischen Kraft eines Engländers geschildert.

Durchaus englisch ist auch der Zug, daß Coleridge selbst aufs vortrefflichste die Schattenseiten einer Produktion wie seine berühmte Ballade zu erkennen vermochte. Die nationale Grundeigenschaft, der Humor, läßt ihn in dieser Hinsicht auf= fallend geistesfrei dastehen. Man höre, was er selber in Be= treff seiner Selbstkritik erzählt. Ein poetischer Dilettant sprach einem seiner Freunde den Wunsch aus, bei dem Dichter ein= geführt zu werden, zögerte aber, als ihm sofort Gelegenheit dazu eröffnet ward, aus dem Grunde, weil er „einräumen müsse, daß er der Verfasser eines sehr bitteren Epigramms über den alten Matrosen sei, das, wie er wisse, Coleridge sehr großen Aerger verursacht habe." Der Dichter versicherte seinem Freunde: wenn das Epigramm gut sei, würde es nur seine Lust erhöhen, die Bekanntschaft des Verfassers zu machen, und bat, daß man es ihm vorlese. Und da zeigte es sich zu seinem eben so großen Erstaunen, wie Ergötzen, daß es ein paar Spöttereien waren, die er selbst geschrieben und in die Mor- ning Post eingerückt hatte. Fügt man hinzu, daß Coleridge drei Sonette schrieb, um, wie er sagt, sich über die affektierte Einfalt und den larmoyanten Egoismus der neuen Richtung lustig zu machen. Sonette, deren schwülstige Phrasen aus= schließlich seinen eigenen Gedichten entnommen waren, so läßt sich nicht leugnen, daß er mit einer seltenen Geistesüberlegenheit sich von jener Verranntheit und Befangenheit in einer Doktrin frei zu halten gesucht hat, welche die schwächste Seite der deutschen Romantik war. Nichtsdestoweniger empfing sein Geist aus Deutschland seine kräftigste und wesentlichste Nahrung. Er war der erste Engländer, welcher in die von Fremden noch unbetretenen Wälder der deutschen Litteratur eindrang, und zwar ungefähr zu der gleichen Zeit, wo Frau von Staël den romanischen Völkerstämmen den Weg zu ihnen bahnte. Zu derselben Zeit, wo er seine vorhin erwähnten berühmtesten Gedichte schafft, beginnt er Deutsch zu studieren, und Schiller und Kant ziehen ihn zuerst an. Dann unternimmt er mit Wordsworth 1798 eine litterarische Entdeckungsreise nach Deutschland. In Hamburg suchen die jungen Männer den Patriarchen Klopstock auf, welcher Bürger rühmte, sonst aber kühl und abfällig von der jüngeren Schule in der Litteratur und gerade von Coleridges Göttern, von Kant und Schiller, sprach, dessen „Räuber" er nicht lesen zu können erklärte, sie aber zum Ersatz dafür um so mehr von der „Messiade" und von seiner Entrüstung über die schlechten englischen Uebersetzungen dieses Gedichts unterhielt. Coleridge begann in Deutschland Alt- und Mittelhochdeutsch zu studieren, las die Minnesänger, die Meistersänger und Hans Sachs, und veröffentlichte bei seiner Heimkehr, eine Ueber= setzung von Schillers Wallenstein, den Benjamin Constant nicht lange nachher für die französische Bühne bearbeiten sollte. Dann läßt er sich an jenen „Seen" in Nordengland nieder, wo Wordsworth und Southey etwas früher ihre Zelte aufge= schlagen hatten, und von welchen die litterarische Schule, die sie nach Auffassung der Zeitgenossen bildeten, ihren Namen empfing.

Der Name bedeutet jedoch nicht viel mehr, als wenn man 1830 Hauch, Ingemann, Wilster und Peter Hjort hätte „Soraner" nennen wollen. Die englischen Dichter der Seeschule waren ebenso verschieden in der Art ihrer Anlagen, wie die erwähnten Docenten in Soröe. Aber die Kritik stellten Coleridge beständig mit Wordsworth und Southey zusammen, weil man wußte, daß er in freundschaftlicher und intimer Verbindung mit diesen Männern stand, weil er nie eine Gelegenheit, sie zu rühmen, versäumte, so wenig wie sie eine Gelegenheit ihn zu rühmen, vorüber gehen ließen, und weil er und die übrigen Mitglieder der Seeschule einmal allvierteljährlich in der Quarterly Review mit frischen Lorbeeren bekränzt und der Sünder Byron gleichzeitig mit frischen Skorpionen gezüchtigt wurden. Die Folge davon war, daß die Lauge der Kritik sich fast niemals über Wordsworth und Southey ergoß, ohne daß ihm, der doch fast nie von sich hören ließ, zugleich ernstlich der Pelz mitgewaschen ward. Der Umstand, daß die See= schule, ungefähr wie die Prärafaeliten und Nazarener in der Malerkunst, darauf ausging, lauter poetische Vertiefung, lauter Kindessinn und Kindesglaube, lauter priesterliche Sanftmut und Salbung zu sein, gewährte einer scharfen und beißenden Kritik steten Anlaß zu Spott und Neckereien gegen den, welcher vor allen als der Theoretiker der Schule erschien. Als Jüngling hatte Coleridge in seinem Gedichte „Feuersbrunst, Hungersnot und Schlächterei" alle Schrecknisse nach einander auf jede Frage, wer sie zu wüten geheißen, mit dem, auf Pitt bezüg= lichen, furchtbaren Refrain antworten lassen:

> The same! the same!
> Letters four do form his name;
> He let me loose, and cried: Hallo!
> To him alone the praise is due.

Jetzt war er Mr. Pitts treuer Journalist und, wie alle andern Mitglieder der Seeschule, ein strenger Tory, ein Feind der liberalen Ideen sowohl auf dem Gebiete des Staates wie der Kirche, — was Wunder also, daß er gemeinsam mit den Anderen parteiischen und unaufhörlichen Angriffen von Seiten der liberalen Partei ausgesetzt war! Und doch wäre es so leicht und so natürlich gewesen, ihn als Dichter von all den übrigen zu unterscheiden, und ihm die Ehre zu geben, welche seiner Originalität gebührte. Die wenigen Gedichte, die er im Laufe eines ziemlich langen Lebens geschrieben hat, zeichnen sich durch eine wunderbare Melodie der Sprache aus; ihre

Harmonien sind nicht allein fein und fallen schmeichelnd ins Ohr wie bei Shelley, sondern sie sind kontrapunktisch zusammengesetzt und reich von einer eigentümlich schweren und gehaltvollen Süßigkeit; jede Zeile hat den Geschmack und das Gewicht eines Honigtropfens. In Gedichten wie „Liebe" oder wie „Lewty", wohl die lieblichsten seiner Gedichte, in einer orientalischen Phantasie wie „Kubla Khan", die aus einem Traume hervorging, hört man Coleridges Nachtigallstimme mit allen herrlichsten und wechselvollsten Kadenzen der Sangvogelkehle flöten und locken, trillern und singen.

Shelley ist, wie Swinburne treffend gesagt hat, wenn man ihn hinsichtlich der Sprachharmonien mit Coleridge vergleicht, was eine Lerche im Vergleich mit einer Nachtigall ist. Aber Coleridges Poesie ist ebenso unplastisch wie melodisch, und ebenso leidenschaftslos wie wohllautgesättigt. Sie ist rein romantisch-phantastisch, d. h. sie stellt weder ein energisch gelebtes persönliches Seelenleben dar, noch giebt sie Beobachtungen aus der umgebenden Welt wieder. Es ist in letzter Beziehung interessant, daß Coleridges große Reise nach dem Süden gänzlich ohne Ausbeute für seine Poesie blieb; die einzige Frucht, welche er von derselben heimbrachte, die Hymne „Vor Sonnenaufgang im Chamonnithale", wohin er niemals seinen Fuß setzte, ist eine Umschreibung der Schilderung des Thales bei der in unserer Litteratur wohlbekannten Dichterin Friederike Brun. Sein historischer Sinn war ebenso gering, wie sein Lokalsinn. Er sagt selbst: „Der liebe Sir Walter Scott und ich waren einander darin diametral, aber harmonisch entgegengesetzt, daß jede alte Ruine, Anhöhe, Fluß oder Baumstamm in seinem Gemüt ein Heer von historischen und biographischen Ideenverbindungen hervorrief, . . . wogegen ich glaube, daß ich selbst über die Ebene von Marathon gehen könnte, ohne mehr Interesse für dieselbe, als für jede ähnliche Ebene zu empfinden . . . Charles Lamb hat eine Abhandlung über einen Mann geschrieben, der in der Vorzeit lebte — ich habe daran gedacht, eine Abhandlung über einen Mann hinzu zu fügen, der überhaupt nicht in der Zeit, sondern außer-

halb derselben, oder neben ihr her lebte"*). Seine Poesie be=
steht daher im buchstäblichen Sinne des Wortes aus Traum=
bildern; dasjenige seiner Gedichte, welches die besten Kenner
am höchsten schätzen, komponierte er im Schlaf während eines
Traumes.

Sein eigenes Leben war so willenlos und planlos, wie
das eines Träumenden. Von Natur indolent, war er mit den
Jahren mehr und mehr geneigt, Alles aufzuschieben, und diese
Sucht ewigen Hinzögerns von einem Tag auf den andern
(die procrastination der Engländer) türmte auf seinem Wege
immer mehr Schwierigkeiten auf, die seine Arbeitskraft nicht
mehr zu bewältigen vermochte. Um Linderung für körperliche
Leiden zu suchen, nahm er seine Zuflucht zum Opium, ergab
sich aber bald ganz dem Opiumessen, das ihm in noch höherem
Maße die Fähigkeit benahm, irgend einen Plan auszuführen.
Nach einem unsteten Wanderleben mit wechselndem Aufenthalle
bei seinen Freunden, während dessen er zuweilen litteraturge=
schichtliche Vorlesungen hielt und Beiträge für Zeitschriften
schrieb, begab er sich, als unfähig, die Leitung seines eigenen
Lebens zu führen, in die Pflege eines Arztes, Namens Gill=
man, und lebte in Highgate bei diesem Manne und unter
seiner Herrschaft in einer freiwilligen Trennung von seiner
Familie, die er der Sorge seines Freundes und Schwagers
Robert Southey anvertraute. Auf den Opiumrausch folgte
jetzt ein Katzenjammer der Reue, der Selbstvorwürfe und immer
orthodoxerer Religiosität. Was er in dieser Periode schrieb,
hat durchschnittlich den Zweck, die Ketzereien seiner Jugend zu
widerlegen, und in der Dogmatik die Dreieinigkeit, in der
Politik die englische Staatskirche wider alle kritischen An
fechtungen zu vertheidigen**). Emmerson schildert ihn uns nach
einem Besuche bei ihm als „alt und voller Vorurteile", ent=
rüstet über die Unverschämtheit, welche die Handvoll Priest=
leyaner dadurch bewies, daß sie die jahrhundertelang mange=

*) Specimens of the table-talk of the late Sam. T. Coleridge.
Vol. II., pag. 225.
**) On the constitution of Church and State according to the
idea of each. — Lay Sermons.

fochtene Dreieinigkeitslehre des Paulus zu bestreiten wagte, und seine Rede mit allerlei Trivialitäten eines alten Mannes spickend.

Achtzehn Jahre verstrichen ihm unter Träumereien, Kon=versation und Abfassung erbaulicher Traktate, während er stets einen weit geringeren Einfluß durch seine Produktionen als durch seine aufpornende Thätigkeit hatte. Er reizte und stachelte Andere zur Produktion; in der Nähe von London wohnend und wegen seines sprudelnden Unterhaltungstalentes unablässig von den Schriftstellern aufgesucht, lebte er als Zuschauer des Lebens in Gesprächen mit Männern wie Charles Lamb, Wordsworth, Southey, Leigh Hunt, Hazlitt, Carlyle, gerade in denselben Jahren, wo die Geister der entgegengesetzten Richtung, Shelley und Byron, sich mit feuriger Kraft gegen die politische und gesellschaftliche Ordnung aussprachen, von deren Vortrefflichkeit er überzeugt war. Während er willenlos und der Disziplin unterworfen, wie ein Kind, sein Leben von Anderen konservieren ließ, und, selbst konserviert, sich immer mehr zum Konservativen ausbildete, entwickelten die beiden großen Freiheitsdichter, von ihrer Heimat verstoßen, und allein auf ihre persönliche Energie angewiesen, das höchste Selb=ständigkeitsgefühl, das noch in der Geschichte der Poesie zum Ausbruch gekommen war, und rieben sich, da weder sonst Je=mand, noch sie selbst Etwas dafür thaten, ihr Leben zu kon=servieren, lange vor der Zeit in leidenschaftlichen Kämpfen auf, um von einem frühen Tode dahingerafft zu werden. Die Freiheit der Forschung und die Freiheit des Individuums waren für sie ein eben so kostbares Kleinod, wie die Kirche von England für ihn.

—— ——

8.

Der Freiheitsbegriff der Seeschule.

Gewiß waren Coleridge und die übrigen Mitglieder der Seeschule weit davon entfernt, sich anders als warme Freunde

der Freiheit zu nennen; die Zeit war vorüber, wo die Re-
aktionäre sich anders nannten: Coleridge hat eins seiner
schönsten Gedichte, die Ode „Frankreich", als einen Hymnus
auf die Freiheit geschrieben, und nimmt hier Wolken, Wellen
und Wälder zu Zeugen, daß er sie immer geliebt habe, und
Wordsworth, der ihr ausdrücklich zwei große Gruppen seiner
Gedichte gewidmet hat, betrachtet sich sogar als ihren erkorenen
Fürsprecher. Nach einer flüchtigen Lektüre könnte man diese
Dichter für eben so freiheitsliebend wie Moore, Shelley oder
Byron halten. Aber selbst das Wort Freiheit bedeutet [im
Munde Jener etwas Anderes, als im Munde Dieser. Man
muß, um dasselbe zu verstehen, es mittels der zwei einfachen
Fragen analysieren: Freiheit --- wovon? Freiheit — wozu?

Freiheit ist diesen konservativen Dichtern ein bestimmtes
endliches Gut, das England besitzt und das Europa entbehrt,
das Recht eines Landes, ohne Alleinherrscher sich selbst zu
regieren, vor Allem ohne Alleinherrscher aus einem fremden
Stamme. Das Land, welches dies Privilegium besitzt, ist frei.
Unter Freiheit wird also in diesem Lager Freiheit von fremder politischer Despotie verstanden, von Freiheit zu Etwas
ist, so zu sagen, in demselben gar nicht die Rede. Man werfe
einen Blick auf Wordsworth's Freiheitssonette, und sehe, was
er besingt. Es sind die Kämpfe der europäischen Völkerstämme
gegen Napoleon, der als eine Art Antichrist bezeichnet wird
(den „Teufel auf seinem Flammenthrone" nennt ihn Scott).
Der Dichter trauert bei der Eroberung von Spanien,
der Schweiz, Venedig, Tyrol. Er besingt den tapferen Hofer,
den braven Schill, den kühnen Toussaint l'Ouverture, die es
gewagt haben, den Gewalthabern Trotz zu bieten, und nicht
minder Gustav IV. Adolf von Schweden, der mit romantisch-
ritterlicher Talentlosigkeit Napoleon den Handschuh hingeworfen
und seine Schwärmerei für eine bourbonische Restauration verkündet hatte. Kurz nachher sollten ja auch Victor Hugo und
Lamartine als Legitimisten seinen Sohn, den Prinzen Gustav
Wasa, besingen. Von Napoleon überträgt sich der Haß und
der Abscheu auf Frankreich. In einem der Sonette („Inland
within a hollow vale I stood") erzählt Wordsworth, wie

der Kanal zwischen England und Frankreich ihm einen Augen=
blick schmal wie ein Landsee erschienen sei, und wie ihn die
Angst erfaßt habe, daß England mit jenem verlorenen Lande
zusammengewachsen sein könne; da stärkt ihn wieder der Ge=
danke, wie groß die englische Volksseele und wie klein die
französische sei. In einem andern Sonette freut er sich an
dem Gedanken, was für bedeutende Männer und bedeutungs=
volle Bücher England hervorgebracht habe, und stutzt darüber,
daß Frankreich im Gegensatze dazu „nicht einen einzigen
bedeutenden Band, nicht einen einzigen Meistergeist" er=
zeugt, sondern „eben so großen Mangel an Büchern wie an
Männern" habe.

Deshalb kehrt er immer wieder zu England zurück; seine
Sonette sind eine lange Liebeserklärung an dies Land, für
das er „wie ein Liebhaber und ein Kind" empfindet, dies
Land, welches das einzige ist, auf dem jetzt „alle Hoffnungen
der Erde ruhen" (Sonnets dedicated to Liberty. Part I,
Nr. 17 und 21). Er begleitet in seinen Dichtungen sein
Vaterland bei dessen Kämpfen, er schreibt, wie Southey einen
Lobgesang auf jeden Sieg desselben, seine Freiheitssonette
schließen daher auch höchst bezeichnend·mit der großen, pom=
pösen „Danksagungsode" für die Schlacht bei Waterloo. Wir
fragen uns heut zu Tage, was für eine Art Freiheit die
Schlacht bei Waterloo brachte; aber wir begreifen vollkommen,
daß die Gruppe von Dichtern, deren Helden die National=
helden Pitt, Nelson und Wellington selbst waren, deren Lob=
gesänge der englischen Verfassung als der Freiheit selber und
England als dem Musterstaat unter allen galten, eine Popu=
larität bei der großen Mehrzahl des Volkes gewann, die zu
erreichen ihren großen poetischen Gegnern noch bis auf den
heutigen Tag nicht gelungen ist. Für Jene war das Volk,
wie es war, ein Ideal. Diese wollten ihr Volk zwingen, den
Blick auf ein noch nicht erreichtes, ja nicht einmal erkanntes
Ideal zu richten; Jene schmeichelten dem Volke und wurden
mit Lorbeeren belohnt, Diese erzogen und züchtigten das Volk
und wurden aus seinem Schoße verbannt.

Während der Ehrenposten als Poet laureate Scott an=

geboten und sowohl von Southey wie von Wordsworth bekleidet
wurde, hat das englische Volk bis heute noch durch kein
einziges öffentliches Zeugnis seine Pflicht gegen Shelley und
Byron erfüllt*). Die Ursache ist, daß ihr Freiheitsbegriff so
verschieden von demjenigen der Seeschule war. Für sie war
die Freiheitsidee nicht in einem Lande oder in einer Verfassung
realisiert, lag überhaupt nicht als ein fertig Ding vor, für sie
realisierte sich der Kampf für die Freiheit auch nicht in einem
zunächst doch egoistischen Kriege gegen einen revolutionären
Eroberer, sie fühlten tief, wie viel Unfreiheit, politisch sowohl
wie geistig, religiös sowohl wie sozial, unter einer sogenannten
„freien" Verfassung gedeihen könne. Wenig zu Lobgesängen
darüber aufgelegt, wie herrlich weit es die Menschheit und
zumal ihre Landsleute gebracht hätten, empfanden sie unter dem
sogenannten Freiheitsregimente ein tiefes und brennendes Frei=
heitsbedürfnis, ein Bedürfnis nach Freiheit zu allem Möglichen:
— zu denken ohne Rücksicht auf Dogmen, und zu schreiben,
ohne vor einer öffentlichen Meinung zu schweifwedeln, zu
handeln, wie es mit ihrer innersten Individualität überein=
stimmte, ohne der Kontrolle Derjenigen unterworfen zu sein,
die, weil sie selbst keine Persönlichkeit besaßen, sich als die
lautesten und unbarmherzigsten Richter der Charakterfehler er=
wiesen, die mit Selbständigkeit, Originalität und Genie ver=
knüpft waren. Sie sahen, daß die herrschende Kaste unter
der „Freiheit" heuchelte und log, aussog und plünderte, knebelte
und zwang, in Ketten und Bande legte, völlig so arg, wie
der einzelne Selbstherrscher es bei seiner unumschränkten Macht
that, und ohne, wie er, die Autorität des großen Geistes und
die Entschuldigung des Genies für sich zu haben. Für die
Dichter der Seeschule war der Zwang kein Zwang, so bald
er englisch war, die Tyrannei keine Tyrannei, so bald sie
konstitutionell=monarchisch war, der Obskurantismus
kein wirklicher Obskurantismus, so bald er von einer pro=

---

*) Erst in neuerer Zeit (1875) hat Disraeli als Präsident des Byron
Memorial Committee sich an die Spitze der Sammlungen für ein Stand=
bild des Dichters gestellt, das 1881 auf einem der öffentlichen Plätze Lon=
don's errichtet worden ist.

testantischen Kirche ausging. Die radikalen Dichter nannten
den Zwang Zwang, selbst wenn derselbe die eigene Fahne
Englands über seinem Haupte schwang und die englische
Kokarde als Polizeischild trug; sie dehnten den Groll Jener
gegen absolute Könige auf die Könige überhaupt aus, sie
wünschten die Erde nicht allein vom Regimente der katholischen
Pfaffen, sondern von der Pfaffenvormundschaft überhaupt befreit zu sehen. Als sie die Dichter der entgegengesetzten Schule,
die in der Jugendhitze gerade so weit wie sie selbst gegangen
waren, die Toryregierung Englands mit dem ganzen Eifer
einer Renegatensippschaft verherrlichen sahen, da konnten sie
dieselben nur als Freiheitsfeinde betrachten. Deshalb trauert
Shelley in seinem Sonett an Wordsworth darüber, daß er
„Wahrheit und Freiheit verlassen" habe, deshalb fühlt sich
Byron aber- und abermals Southey gegenüber versucht, ihn
„wie einen Kürbis aufzuschlitzen", und deshalb liegt überhaupt
in der Leidenschaft dieser Dichter für die Freiheit ein heiliger
Grimm, ein edles Feuer, wovon kein Funken in der platonischen
Freiheitsliebe der Seeschule zu finden ist. Wenn Shelley der
Freiheit zusingt:

> Doch heller dein Blick, als des Blitzes Schein,
> Und wie du, so dröhnet die Erde nimmer;
> Des Meeres Getos, der Vulkane Spein
> Uebertönst, überstrahlst du; der Sonne Schimmer
> Ist vor dir wie Irrlichtsgeflimmer!

so fühlt man, daß diese Freiheit kein Ding ist, daß sich mit
Händen greifen oder als Geschenk in einer Verfassung geben
oder in einer Staatskirche registrieren läßt, sondern daß sie
die ewige Forderung des Menschengeistes ist, sein unveräußer-
licher Anspruch an sich selbst, das himmlische Feuer, welches
Prometheus als Funken in das Menschenherz legte, als er es
formte, und das die größten Dichter zu der Flamme entfacht
haben, welche die Quelle alles Lichts und aller Wärme für
diejenigen ist, die empfinden, wie grabesdunkel und eisig kalt
das Leben ohne sie sein würde. Diese Freiheit ist es, die in
jedem neuen Jahrhundert mit einem neuen Namen auftaucht,
die im Mittelalter unter dem Namen Ketzerei verfolgt und

ausgerottet, im sechzehnten Jahrhundert unter dem Namen Reformation verfochten und bekämpft, im siebzehnten Jahrhundert als Hexerei und Atheismus zum Scheiterhaufen verurteilt, im achtzehnten Jahrhundert unter der Form der Philosophie zu einem Evangelium erhöht wird, um während der Revolution in Gestalt der Politik zu einer Macht zu werden, und die endlich in unserm eigenen Jahrhundert von den Vertretern der Vergangenheit mit dem neuen Schmähnamen des Radikalismus gestempelt wird.

Die Freiheit, welche die Dichter der Seeschule preisen, war ein bestimmter konkreter Inbegriff von Freiheiten, keine Freiheit. Was die revolutionären Dichter dagegen verherrlichen, war freilich an und für sich die wahre Freiheit, aber sie faßten diese Freiheit so abstrakt auf, daß sie im Einzelnen allzu häufig über das Ziel hinaus schossen. In der Schwächung aller bestehenden Regierungen sahen sie nur die Schwächung schlechten Regierens, in den halb barbarischen Aufständen unterdrückter Völkerstämme sahen sie die Morgenröte der ewigen Freiheit. Shelley war so abstrakt, daß er die Schlacht für gewonnen hielt, wenn er auf einen einzigen Schlag alle Könige und Priester ausrotten könnte, und Byron lernte erst spät auf dem Wege der Erfahrung, ein wie geringes Maß republikanischer Tugenden die im Namen der Freiheit verschworenen europäischen Revolutionsmänner besaßen. Die Männer der Seeschule waren gegen die edelmütigen Verirrungen und Antezipationen der radikalen Dichter geschützt, aber die Nachwelt hat größeren Genuß und Vorteil von den Ausschreitungen der Freiheitsliebe bei diesen gehabt, als von dem rings begrenzten und eingehegten Freisinne Jener.

<hr>

9.

Die orientalische Romantik der Seeschule. Southey.

Hier ist der Ort, dem Manne einen Platz zu gönnen, welcher Byrons und Shelleys schlimmster Feind und Coleridges bester Freund war, und welcher, im Ganzen genommen, als

hervorragender englischer Romantiker Coleridge nahe steht, wie
weit seine Produktionen auch an Wert und Gehalt hinter denen
des Freundes zurückbleiben.

Robert Southey, geboren 1774 zu Bristol, war der
Sohn eines Leinwandhändlers daselbst, und behielt sein ganzes
Leben hindurch das Gepräge, in engen Verhältnissen und mit
einem engen Horizonte vor Augen zur Welt gekommen zu sein.
Nachdem er kurze Zeit zu Oxford studiert hatte, ward er, wie
die übrigen Dichter der Seeschule, von dem Revolutionsgeiste
ergriffen, und verfaßte 1794 ein höchst jakobinisches Gedicht,
„Wat Tyler"*). Als auch er seine Auswanderungspläne aufgegeben und seine Miß Fricker bekommen hatte, ließ er sich
1797 in London nieder. Seit 1807 genoß er eine Staats-
pension von jährlich 150 Pfund. Nach dem Tode des Dichters
Pye ward er Poet laureate mit 300 Pfund per Jahr.
Diese Stellung, welche die Verpflichtung in sich schloß, alle
das königliche Haus betreffenden Ereignisse zu besingen, wurde
zuerst vom Prinzregenten Walter Scott angeboten, der seinen
Gönner, den Herzog von Buccleugh, um Rat frug. In der
Antwort des Herzogs heißt es: „Wie könnten Sie es aus-
halten, an einem königlichen Geburtstage eine Schar heiserer
und quäkender Choristen Ihre Verse in Rezitativen ableiern
zu hören, zur Erbauung für Bischöfe, Pagen, Hofdamen und

---

*) Als Inschrift für das Zimmer, in welchem der Königsmörder
Martin gefangen gesessen hatte, dichtete er um diese Zeit folgende Zeilen:

For thirty years secluded from mankind
Here Martin lingered. Often have these walls
Echo'd his footsteps, as with even tread
He paced around his prison. Not to him
Did Nature's fair varieties exist;
He never saw the sun's delightful beams;
Save when through you high bars he pour'd a sad
And broken splendour. Dost thou ask his crime?
He had rebell'd against the King, and sat
In judgment on him, for his ardent mind
Shap'd goodliest plans of happiness on earth
And peace and liberty. Wild dreams! but such
As Plato loved etc.

Leibgardisten? o schrecklich, dreimal schrecklich!" Scott lehnte infolgedessen die ihm zugedachte Auszeichnung ab, schlug aber Southey als loyalen und bedürftigen Dichter für dieselbe vor. Während der größten Zeit seines Lebens war er darauf an=gewiesen, von seiner Feder zu leben, und schrieb daher vieles aus äußerem Zwang. Fleißig, wie er war, ökonomisch und mit allen guten häuslichen Eigenschaften geschmückt, hinterließ er ein Kapital von 12000 Pfund. Die Romantik war bei ihm, wie bei den Deutschen, so weit davon entfernt, die bürger=lichen und die spießbürgerlichen Tugenden auszuschließen, daß sie sich im Gegenteil auf das Beste mit ihnen vertrug. Sie hatte ja nun einmal so wenig mit dem Leben zu thun; zum Ersatz dafür hinderte ihn sein ehrbares Philistertum keines=wegs, seine Phantasie die wildesten orientalischen Flüge unter=nehmen zu lassen.

In Southeys erster Periode, der freisinnigen, lag augen=scheinlich etwas Schönes und Warmes in seiner Begabung. Er hatte Begeisterung, und er hatte Mut. Sein Epos von 1797 „Joan of Arc", ist ein Gedicht, das aus einem ebenso innigen Gefühl für die französische Heldin hervorgeht, wie Schiller es fünf Jahre später in seinem Drama „Die Jung=frau von Orleans" an den Tag legte. Wie Schillers Dich=tung, ist die Southeys ein Gegenstück zu Voltaires „Pucelle"

Auf diese Verse verfaßte Canning damals folgende ergötzliche Parodie: Inschrift für die Zelle in Newgate, in welcher Mrs. Brownrigg, die Lehrlingsmörderin, eingesperrt saß.

For one long term or ere her trial came,
Here Brownrigg linger'd. Often have these cells
Echo'd her blasphemies, as with shrill voice
She scream'd for fresh geneva. Not to her
Did the blithe fields of Tothill, or thy street,
St. Giles, its fair varieties expand;
Till, at the last, in slow-drawn cart she went
To execution. Dost thou ask her crime?
She whipp'd two female 'prentices to death
And hid them in the coalhole. For her mind
Shap'd strictest plans of discipline. Sage schemes!
Such as Lycurgus taught etc.

ja der bezeute englische Poet versichert sogar in seiner Vorrede, daß er „sich niemals des Frevels schuldig gemacht habe, einen Blick in dies Gedicht zu werfen." In „Johanna von Arc" ist Southey noch nicht Romantiker. Er läßt hie und da seinen Blick vorwärts gleiten bis zu seiner eigenen Zeit. Im dritten Gesang verherrlicht er Madame Roland als das heroische Weib, welches zur Märtyrerin ihrer Vaterlandsliebe wurde, im neun= ten Gesang Lafayette, dessen Namen die Freiheit immerdar lieben wird, und selbst in der Schilderung von Johannas Thaten ist ganz anders, als bei Schiller, jeder Appell an das Magische vermieden. An einer Hauptstelle des Gedichtes (im dritten Gesang), wo die Jungfrau über ihren Glauben exami= niert wird, bekennt sogar sie, und durch sie der Dichter, sich so ehrlich und aufrichtig zur Natur, daß man aufs tiefste fühlt, wie auch in Betreff Southeys der die ganze damalige englische Poesie beherrschende Naturalismus der Grund ist, auf welchem er steht.

Weib, sagt ein Priester zu Johanna, —

Weib, du scheinst
Zu höhnen unsrer Kirche fromm Gebot;
Und wenn ich deine Worte recht versteh',
Sagst du, daß Einsamkeit und daß Natur
Dich dein Gefühl von Religion gelehrt,
Und daß jetzt Messen und Absolution
Und Christi heil'ger Leib dir unbekannt.
Wie konnte, ohne diese, die Natur
Dich wahre Religion wohl lehren? Nein,
Zu sündigen lehrt einzig die Natur;
Der Priester nur lehrt Reue, nur auf sein
Geheiß schließt Petrus auf das Himmelsthor,
Und aus des Fegefeuers Strafgericht
Erlöst nur er die Seele.

Das Mädchen antwortet:

Väter der heil'gen Kirche, sollt' in so
Verzwickten Punkten eine schlichte Maid,
Wie ich, sich irren, schreibt den Frevel nicht
Dem eigenwill'gen Verstand zu, der
Sich stärker, denn die ew'ge Weisheit, dünkt!

Wahr ist's daß ich seit lange nicht den Ton
Der Messe hörte, noch den heil'gen Leib
Des Herrn mit zitternder Lipp' empfangen; doch
Der Vogel, der ein muntres Lied als Gruß
Zum Morgenstrahl empor gesandt, schien mir
In seiner wilden Melodie des Glücks
Weit süßern Dank zu schmettern in das Ohr
Der Frömmigkeit, als jemals durch die hoch
Gewölbten Hallen menschlicher Kunst erklang.
Und dennoch hab' ich niemals ohne Dank
Des Rebstocks reife Trauben abgepflückt,
Uneingedenk des Gottes, welcher dies
Unblut'ge Mahl mir gab. Ihr sagtet mir,
Daß die Natur uns einzig sünd'gen lehrt.
Ist's Sünde, hilfreich dem verserhrten Lamm
Die Wunden zu verbinden und sie sanft
Mit meinen Thränen zu benetzen? Das
Hat mich Natur gelehrt! Ihr Väter, nein,
Nicht die Natur lehrt uns zu sündigen:
Natur ist Güte, Liebe Schönheit ganz!
Im stillen Schattengrund des grünen Walds
Giebt es kein Laster, das zur zornigen Wang'
Empor die Röte treibt: kein Elend giebt's
Und keine arme Mutter dort, die bleich
Und hager auf die hungernden Kinder starrt
Mit einem Blick, so matt, so wehevoll,
Daß seine strafende Beredsamkeit
Dereinst die Mächtigen der Welt verklagt! . . .

Der aufmerksame Leser wird schon in diesem kleinen Deklamationsstücke nicht allein den Nachklang der revolutionären Leidenschaft jenseit des Kanals, welche hier in englische Naturverehrung umgesetzt ist, verspüren können, sondern auch den Mangel des jungen Dichters an Fähigkeit, seinem Sujet eine wirkliche Zeit- und Lokalfarbe zu geben. Frankreich und das Mittelalter sind ihm, was ihm später der Orient und die Sagenwelt werden sollte, ein Kostüm, worunter er seine englischen und protestantischen Ideen agieren läßt. Es gehörte jedoch ein gewisser Mut dazu, in jener Zeit, wo der Nationalhaß gegen Frankreich so lebhaft war, die nationale Heldin des Feindes zu verherrlichen, und das Gedicht ist, trotz seiner Trockenheit, sowohl an Gefühl wie an Farbe ein Werk, das einem jungen Dichter Ehre macht; aber der Geist, welcher hier seinen Gaben einen höheren Aufschwung verlieh, sollte rasch aus seiner Poesie verschwinden.

Je mehr die uneigennützige Begeisterung der Jugend für die großen Aufgaben und Träume der Menschheit in seiner Seele zurückwich, desto mehr fühlte er den Drang, für diese Trockenheit dadurch Ersatz zu leisten, daß er sie mit einem Strome rein äußerlicher Romantik befruchtete. Er hatte all= mählich eine gewisse Herrschaft über die Sprachmittel erlangt, er vermochte locker gebaute, aber melodische und in all ihrer Vagheit und Monotonie recht stimmungsvolle Verse zu schreiben. Mit dieser weichen und geschmeidigen Form umwob er nun allen Aberglauben Arabiens und alle phantastischen Träume des Orients, und aus dieser Mischung entstanden seine Haupt= werke, „Der Fluch Kehamas" und „Thalaba, der Zerstörer." Die Richtung nach dem Morgenlande ist eine gemeinsam ro= mantische, wir finden sie gleichzeitig bei Oehlenschläger (Aly und Gulhyndi) und, als die Bewegung Frankreich erreicht, bei Victor Hugo (Les orientales). Was aber besonders die eng= lischen Dichter nach dem Orient locken mußte, war das farb= lose protestantische Leben in der Heimat mit seinem strengen und kalten Dekorum. Es war jedoch ein Irländer, Thomas Moore, ein Kolorist mit celtischem Blut in seinen Adern, dazu erforderlich, wenn auch nur annähernd, eine Nation und eine Sagenwelt wie die altpersische zu verstehen, und in der eng= lischen Sprache die Natur des Ostens in einem Stile darzu= stellen, der wie überstreut mit Juwelen und barbarischen Orna= menten ist. „Lalla Rookh" ist kein Meisterwerk und viel zu europäisch und human in den Charakteren und Reflexionen, aber „Thalaba" ist äußerst matt im Vergleich mit „Lalla Rookh", und so dezent wie eine englische Predigt. Dies Gedicht, das zu seiner Zeit eines gewissen Rufes genoß, leidet an dem schrei= enden Widerspruche zwischen dem bunten Flitter der Szenerie und der nüchternen Ehrbarkeit der Gefühle. Wir befinden uns einerseits in einer Welt, welche nicht minder abenteuerlich als die von „Tausend und eine Nacht" ist; aber zugleich in einer Welt, wo ununterbrochen Monotheismus und philantropische Moral doziert werden. Das Leben des Helden wird von der allerspeziellsten Vorsehung gelenkt. Soll er das Haus seines Pflegevaters verlassen, so geschieht nichts Geringeres, als daß ein Schwarm syrischer Heuschrecken, von einer Vogelschar verfolgt, über das Haus hinfliegen muß, einer der Vögel aus seinem Schnabel eine Heuschrecke verliert, die vor Thalabas Füße fällt und auf deren Stirn mit seinen Schriftzeichen zu lesen steht:

> „Wenn die Sonne mittags verdunkelt wird,
> Dann, Sohn Hodeirahs, zeuch fort!"
> (Gesang III, Strophe 32).

Aber zu derselben Zeit, wo der Dichter eine so abenteuerliche Maschinerie verwendet, kann er, wie in „Johanna von Arc", nicht umhin, seinen Leser gegen die irrigen religiösen Ansichten des Orientes und der Zeit zu schützen. All seine Hauptpersonen sind ihrer orientalischen Religion gegenüber Rationalisten, und es fehlt ihnen so wenig, wie möglich, daran, gute Protestanten zu sein. Als die Heuschrecken erscheinen, sagt Thalabas Pflegevater Moath (Gesang III, Str. 29):

> Wähnst du denn,
> Daß der Geruch von Wasser, hingesetzt
> Auf irgend eine syrische Moschee
> Mit Priesterpossen und Beschwörungswort,
> Die nur den Pöbel äffen, sie hieher
> Geführt aus Khorasan? Nein, Allah, der
> Zu Plag und Straf den Menschen sie erschuf,
> Hat ihnen auch hieher den Weg gezeigt

Es ist unmöglich für einen geborenen Araber, sich mit mehr Kritik auszudrücken. Und so fast überall. Southey häuft phantastische Motive, um dann, wenn er ihrer müde wird oder meint, daß dem Leser eine Lehre not thun könne, sie mit diesem oder jenem evangelischen Texte kurz und klein zu schlagen.

Thalaba trägt an seinem Finger einen Talisman, der ihn wider die bösen Geister beschützt. Deshalb gehen alle Bestrebungen des bösen Geistes Lobaba darauf aus, ihm den Ring abzulocken. Einmal versucht er z. B. ihm denselben vom Finger zu ziehen, während er schläft. Allein irgend ein guter

Genius schickt eine Wespe ab, welche Thalaba dicht über dem
Ringe in den Finger sticht, so daß es unmöglich wird, den
Ring über die geschwollene Stelle zu ziehen. Auf ähnliche
Art werden seine Pläne beständig gekreuzt. Endlich gelingt
es dem furchtbaren Zauberer Mohareb, den Jüngling zu be=
thören. Nachdem der Zauberer mehr als einmal von ihm über=
wunden worden ist, höhnt er ihn, weil er nicht in offenem
Kampfe, sondern nur durch einen Talisman seinen Feind habe
besiegen können, und bringt es durch seine Schlauheit so weit,
daß Thalaba den Ring in einen Abgrund wirft. Dann beginnt
der Kampf von neuem. Man erwartet, er werde jetzt das
Knie beugen müssen, da er wehrlos einer übernatürlichen Macht
gegenüber steht. Aber nein, Thalaba siegt nichtsdestoweniger.
Wie und weshalb? Eine Stimme vom Himmel verkündet es:
Weil der Ring nicht der wahre Talisman war, der wirkliche
Talisman ist „Glaube" (Gesang V, Nr. 41). Aber wozu
dann der ganze Apparat?

Der Dichter führt uns durch unterirdische Höhlen, wo
abgeschnittene Menschenköpfe den Schlangen, die den Eingang
bewachen, hingeworfen werden müssen, wo die Kerze nur
brennend erhalten werden kann, wenn der Wanderer sie in die
abgehauene Hand eines hingerichteten Mörders steckt u. s. w.
— mit einem Worte, durch eine Welt, wo es ganz anders
zugeht, als in dem britischen Reiche. Aber das Ganze ist
nur Ballett, plötzlich erfolgt eine Szenenveränderung: die
orientalische Garderobe verschwindet, und der Souffleur verliest
einen Glaubensartikel. Dann beginnt wieder das Ballett. Die
Bühne stellt ein Bankett dar mit luxuriösen Gerichten, mit
herrlichen Weinen in goldenen Gefäßen, Weinen, „rosig wie
das Morgenrot" und safranglänzend, „wie der sonnige Abend=
nebel," oder wie Rubin und Ambra. Aber was nützt all
diese verlockende Herrlichkeit? Thalaba ist ein zu guter Musel=
mann, um sich verführen zu lassen:

Doch Thalaba nahm nicht den Trank:
Er wußte, daß verboten der Prophet
Ihm dies Getränk, das Sünden zeugt.
Die Gäste drängten auch

Zum zweiten Mal das flüssige Feuer nicht
Ihm auf; denn aus des Jünglings Auge sprach
Ein eherner Entschluß.

Genau betrachtet, ist der „Zerstörer" Mitglied eines englischen
Mäßigkeitsvereins; als echter teetotaler will er nur Quell-
wasser trinken und Wassermelonen dazu speisen (Gesang VI,
Nr. 24). Dann füllt sich die Szene mit Figurantinnen:

Ein Trupp von Tänzerinnen schlang den Reihn,
Mit Glockenspangen um den Fuß,
Die leis und sanft erklingelten im Takt.
Durchsicht'ge Kleider ließen schamlos frech
All' ihre feilen Glieder schaun
In lüstern reizendem Gebärdenspiel.

Man ängstige sich nicht, Thalaba ist ein eifriger Gegner der
arabischen Polygamie, und unser junger reisender Engländer
wappnet sich mit dem Gedanken an seine Braut in der Heimat:

Und Thalaba sah hin,
Doch einen Talisman umschloß sein Herz,
Deß heil'ge Alchemie
Der lockern Szene Reiz
In tugendhafte Regung wandelte:
Vor seinem Auge schwamm Oneizas Bild,
Arabiens süße Maid.

„Thalaba" entstand in England fast zu derselben Zeit,
als „Aladdin" in Dänemark geschaffen ward (Kehama ist von
1801, Aladdin von 1804, Thalaba von 1810). Wie fisch-
artig erscheint er im Vergleich mit seinem dänischen Bruder!
Er erreicht sein Ziel, er wird mit seiner „arabischen
Maid" vermählt. Damit das Ganze recht asketisch und religiös sei, stirbt seine Braut in derselben Nacht. Damit Alles
einen morgenländischen Anstrich bekomme, wird Thalaba von
dem arabischen Fatum gezwungen, ein junges unschuldiges
Mädchen, Namens Laila, zu töten. Damit endlich Alles recht
evangelisch ende, schließt er damit, in einer pathetischen Trauer-
rede dem Zauberer zu verzeihen, der Schuld an all seinem
Unglück ist, — derselbe, den er sein ganzes Leben hindurch
gesucht hat, um den Tod seines Vaters zu rächen, und der
jetzt endlich außer Stande ist, ihm zu entrinnen:

„Ich töte dich nicht, Greis!" sprach Thalaba;
„Was du mir und den Meinen Böses thatst,
Trug bittre Strafe in sich selbst."

O Thalaba! du sprichst wie ein Buch, aber wie eins der
Bücher, die man zuschlägt. Schlagen wir es zu und werfen
einen Abschiedsblick auf den Verfasser! Selbst Thackeray, der
Southey als Charakter aufs Höchste rühmt, muß von seinem
Hauptwerk bekennen, daß möglicherweise in dem Kampfe zwi=
schen Thalaba und der Zeit doch wohl die Letztgenannte der
„Zerstörer" ist, welcher das Schlachtfeld behauptet hat. Ich
möchte wissen, wie viele jetzt lebende Engländer dies Gedicht
gelesen haben. Der Nachwelt ist und bleibt Southeys Name
nur bekannt durch seine hysterischen Ausfälle gegen Byron
und durch dessen göttliche Gegenhiebe. Wir haben Southeys
„Vision des Gerichts" für diejenige Byrons zu danken, und
um der letzteren willen verzeihen wir ihm gern sowohl „Ke=
hama" wie „Thalaba".

Und doch, wie viele leere Phantasterei diese Gedichte auch
enthalten: auf die Naturschilderungen erstreckt sich dieselbe
nicht in solcher Weise, wie bei den Romantikern in Deutsch=
land. Selbst inmitten all dieser romantischen Verirrungen ver=
leugnet die nüchterne und naturalistische Anlage sich nicht.
Wie schön ist gleich die erste Strophe des Gedichts mit ihrer
Schilderung der Nacht in der Wüste, deren sanften Tonfall
Shelley als Jüngling in seiner „Königin Mab" nachahmte:

Wie herrlich ist die Nacht!
Tauige Frische füllt die stille Luft;
Kein Nebel trübt, kein Wölkchen unterbricht
Des Himmels Heiterkeit.
In seiner Pracht durchrollt der volle Mond
Die blaue Tiefe dort.
In seinem Strahle ruht
Der Wüste brauner Kreis,
Vom Himmel, wie der Ozean, umspannt!
Wie herrlich ist die Nacht!

Der Karawanengesang im fünften Akt des „Aladdin" giebt
kein schöneres Bild des Mondscheins auf dem Sande der

Wüste. Und solcher Bilder findet man bei Southey nicht wenige. Wenn er die furchtsame Antilope schildert, die den Schritt der Wanderer hört und unschlüssig, wohin sie sich in dem unsichern Dämmerlicht wenden solle, stille steht, oder den Strauß, der ihnen in seiner blinden Hast gerade entgegen eilt, während die unbeweglichen Nebel der Nacht sich über der Wüste lagern (Gesang IV, Nr. 19), so ist Das keine Szenerie im deutsch-romantischen Stile, sondern ein naturgetreues Bild aus dem Osten, auf der Grundlage englischen Beobachtungsgeistes ausgeführt.

Die Zeitgenossen und Freunde Robert Southeys haben zu Gunsten seines Charakters wärmere Zeugnisse ausgestellt, als sich sonst bei einem Manne von so zweifelhaftem politischen und litterarischen Renomée erwarten läßt. Er war für Wordsworth ein zuverlässiger Freund, für Coleridge die beste und treueste Stütze und, was nicht am wenigsten ins Gewicht fällt, Walter Savage Landor beehrt ihn, trotz seines direkt entgegengesetzten politischen Standpunktes, mit einer Freundschaft, die erst mit dem Tode erlosch, und die sich in Landors „Imaginary Conversations" mehr als Ein Denkmal gesetzt hat. Als Emerson am 15. Mai 1833 bei Landor zu Mittag gespeist hatte schrieb er: „Ich aß bei Landor — er quälte mich mit Southey — aber wer ist Southey?" — Man sieht, daß Landor sich bemüht hat, Proselyten für seinen Freund zu machen. Endlich hat Thackeray, wo er nach dem Typus eines englischen Gentleman sucht, keinen Anstand genommen, den armen, fleißigen und hilfreichen Robert Southey als das Musterbild eines solchen zu nennen.

Aber kein Zeugnis zu Gunsten seines persönlichen Charakters wird seinen litterarischen retten können. Derselbe ist durch seine Lobgesänge auf das englische Königshaus und durch seine Denunziation Byrons ein für alle Mal gestempelt. Daß er, wie die übrigen Mitglieder der Seeschule, eine kalte und feindselige Stellung zu diesem litterarischen Phänomen einnahm, war natürlich. Aber daß er — selbst ein Dichter — durch die perfide Anklage der Immoralität und Irreligiosität den gebildeten Pöbel gegen einen andern und so

unendlich viel größeren Dichter aufhetzte, Das ist ein Verbre=
chen, welches die Geschichte ihm nicht verzeiht, und welches
sie dadurch straft, daß sie den Namen Southeys nur in einer
Note zu Byrons Thätigkeit aufbewahrt. Als „Don Juan" erschien, schrieb Southey: „Ich bin
nicht blind dafür, daß das Publikum besonders intolerant
gegen litterarische Reformversuche ist . . . aber ich möchte
wünschen, daß die litterarische Intoleranz einer gesünderen Ur=
teilskraft entspränge und mehr die Moralität des Werkes als
seine Komposition, mehr den Geist als die Form beträfe.
Ich möchte wünschen, daß sie sich gegen die monströse Mischung
von Greuel und Spöttereien, von Unsittlichkeit und Gottlosig=
keit richtete, mit welcher die englische Poesie unserer Tage be=
fleckt worden ist. Seit mehr als fünfzig Jahren hat die eng=
lische Litteratur sich durch ihre moralische Reinheit ausgezeich=
net, welche die Wirkung und wiederum die Ursache einer Ver=
besserung der Sitten des Volkes ist. Ein Vater hätte ohne
Gefahr seinen Kindern jedes neu erschienene Buch in die Hand
geben können, wenn es nicht auf dem Titelblatte irgend ein
sichtbares Zeichen trug, daß es auf Vertrieb in unzüchtigen
Häusern berechnet sei. Es kam nur darauf an, daß das
Werk den Namen eines ehrenwerten Verlegers trug, oder von
einem ehrenhaften Buchhändler seinen Kunden zugeschickt ward.
Das war insbesondere der Fall mit der Poesie. Es ist jetzt
nicht mehr so, und wehe Demjenigen, von welchem das Aerger=
nis kommt! Je größer das Talent des Aergernisbringers,
desto größer ist sein Vergehen, und desto länger wird seine
Schande dauern. Mag nun das Gesetz an sich außer Stande
sein, einem Unheil von dieser Bedeutung abzuhelfen, oder mag
es mit Schlaffheit und in so ungerechter Weise gehandhabt
werden, daß die Berühmtheit des Aergernisbringers ihm Straf=
losigkeit zusichert, so muß doch Jeder bedenken, daß so ver=
derbliche Werke weder veröffentlicht noch geschrieben werden
würden, wenn sie bei dem allgemeinen Gefühl auf den Wider=
stand träfen, dem sie begegnen sollten. Jeder, der solche Bücher
kauft oder sie über seine Schwelle kommen läßt, vermehrt das
Unheil und macht sich insofern zum Mitschuldigen am dem

Verbrechen. Die Veröffentlichung eines unsittlichen Buches ist eine der ärgsten Verletzungen, welche dem Wohl der Gesell=schaft zugefügt werden kann. Es ist eine Sünde, deren Folgen sich nicht abgrenzen lassen, und die keine spätere Reue wieder gut machen kann. Denn welche Gewissensbisse der Verfasser auch erleiden mag, wenn seine Stunde kommt, und kommen muß sie, es wird nutzlos sein. Die jammervollste Reue auf dem Sterbelager vermag kein einziges Exemplar des Buches auszulöschen . . . Männer mit krankem Herzen und verdorbe=ner Einbildungskraft, die sich ein System von Ansichten ge=bildet haben, welche zu ihrer eignen kläglichen Aufführung passen, Männer, die sich wider die heiligsten Vorschriften der menschlichen Gesellschaft empören und die geoffenbarte Religion hassen, welcher gegenüber sie sich trotz all ihrer Anstrengungen und Prahlereien doch nicht ganz ungläubig zu verhalten im Stande sind, arbeiten daran, Andere eben so elend wie sich selbst zu machen, indem sie ihre Seelen mit einem geistigen Eiter infizieren. Die Schule welche sie gebildet haben, läßt sich am passendsten die satanische Schule nennen; denn ob=schon ihre Erzeugnisse den Geist Belials in ihren schlüpfrigen Partien atmen, und den Geist Molochs in den widerwärtigen Bildern von Grausamkeiten und Schrecknissen, den sie mit be=sonderer Vorliebe darstellen, charakterisieren sie sich doch am eigentümlichsten durch den Geist satanischen Hochmuts und frecher Gottlosigkeit, welcher nichtsdestoweniger das unselige Gefühl von Hoffnungslosigkeit verrät, das mit ihm verbunden ist."

Ich habe eine so lange Probe dieser biblischen Beredt=samkeit angeführt, weil sie so typisch für die Rasse des Verfassers ist. Diese moralische Brühe enthält Kraftextrakt genug für ein ganzes Dutzend von Leitartikeln in anti=freidenkerischen Organen und jeder kräftige Erguß eines mächtigen Parteigeistes hat kulturgeschichtlichen Wert. Aber war es nicht wie eine Nemesis für Southey, daß ein Buchhändler im Jahre 1821, demselben Jahre, wo er diese Salve abfeuerte, darauf verfiel, sich durch den heimlichen Wiederabdruck seines alten aufrühre=rischen „Wat Tyler" einen Gewinn zu verschaffen, so daß der Dichter sich an die Gerichte wenden mußte, um die Unter=

drückung der Auflage und die Bestrafung des Thäters zu erlangen, — und daß Lord Eldon die Klage zurückwies, weil
er es nicht für richtig hielt, einen Schriftsteller in seinem Rechte
zu unterstützen, wo es sich um direkt schädliche und die Sittlichkeit untergrabende Produkte handelte! Im selben Jahre schrieb
auch Southey bei dem Tode des alten geisteskranken Königs
Georg III. sein langes tristes Hexametergedicht „Die Vision
des Gerichts“, ein Gedicht, das nicht allein wegen der Aehnlichkeit des Sujets, sondern auch wegen der Uebereinstimmung in
der Benutzung des Uebernatürlichen, eine interessante Parallele
zu Victor Hugo’s legitimistischem Gedichte „Die Vision“ bildet.[*)]
Charakteristisch genug, apotheosierte Southey den armen alten
Georg III. wegen der einzigen Tugenden die er besessen hatte,
und die Southey selbst zu würdigen verstand, — wegen der
häuslichen und bürgerlichen Tugenden: daß er treu gegen seine
Frau, gut gegen seine Kinder gewesen u. s. w., — Eigenschaften, die eben so wenig einen guten König, wie einen guten
Dichter ausmachen. Da war für Byron das Maß voll. Der
beleidigte Apollo erhob sich in seinem Zorne, mit unbeschreib-
lichem Humor pakte er den unglücklichen Marsyas am Ohre
und schund ihn bei lebendigem Leibe in seiner „Vision des
Gerichts“.

10.

Der historische und ethnographische Naturalismus.
Walter Scott.

Wenden wir uns von Southey zu einem besseren Manne,
zu dem Dichter, der die eigentümlich britische Romantik auf
dem Grunde der Volksnatur und Geschichte gestaltete, der nicht
wie die Männer der Seeschule, sich zum Renegaten machen
mußte, um in religiöser und politischer Hinsicht konservativ zu
werden, sondern der es ohne Haß oder Groll wider die Geister
der entgegengesetzten Richtung war, rein und ruhig von Naturell,
edel und fest von Charakter, poetisch so übersprudelnd reich
begabt, daß er länger als zwanzig Jahre hindurch alle Länder

---

*) Vergl. die Reaktion in Frankreich 5. Aufl. 1897. S. 227.

Europas mit einer gesunden und unterhaltenden Lektüre ver=
sorgte, und so tief originell in seinen Anschauungen über
Menschenrassen und Weltgeschichte, daß sein Einfluß auf die
europäische Geschichtschreibung nicht geringer ward, als sein
Einfluß auf die Romandichtung in allen zivilisierten Ländern.

Walter Scott wurde als der neunte Sohn einer alt=
adeligen Familie am 15. August 1771 zu Edinburg geboren.
Der Vater war Jurist und scheint in seinem strengen Ordnungs=
sinne eine Aehnlichkeit mit dem Vater Goethe's gehabt zu
haben: der Sohn hat ihn, wie man sagt, als den alten Kauf=
mann in „Rob Roy" geschildert. In der Familie herrschte
eine streng monarchische Tradition — zuerst als Ergebenheit
für die Stuarts, dann für das Haus Hannover — und die
strengste Kirchlichkeit. Der kleine Walter war gesund und
kräftig, bis in seinem zweiten Jahre das rechte Bein ihm plötz=
lich gelähmt wurde. Die Gemütsruhe, mit welcher er sein
Lebenlang diese Lahmheit ertrug, steht in einem bemerkens=
werten Kontraste zu der Leidenschaftlichkeit, mit welcher sein
großer englischer Nebenbuhler ein verwandtes Mißgeschick hin=
nahm. Er wuchs auf in der Schwärmerei für die vertriebene
Königsfamilie und für die Volkslieder mit ihren Berichten über
Hochländer und Schotten; schon im zartesten Alter konnte er
lange Partien jener Ballade von Hardiknut hersagen, durch
welche er 1815 Byron Thränen entlocken sollte. Alles, was
anekdotenhaft war, besonders in Reim= und Balladenform, er=
lernte er mit Leichtigkeit; dagegen wird ausdrücklich bemerkt,
was schon den Charakter seiner späteren Produktion andeutet,
daß er sich Jahreszahlen und allgemeine Prinzipien nur
mit Schwierigkeit aneignete. Der kleine, lahme Knabe, der
immer auf einem Pony von der Größe eines gewöhnlichen
Schlächterhundes umher ritt, war ein Kenner von Percy's
Sammlung altschottischer Lieder und Fragmente, ja, was be=
merkenswerter ist, er sammelte alte Gedichte, wie andere
Kinder Münzen oder Siegel, und hatte im Alter von zehn
Jahren mehrere Bände voll zusammengebracht. Sein ganzes
Leben hindurch blieb er auch ein Balladenjäger. Sein Sinn
war eben so früh für die Naturumgebungen wie für die Poesie
erschlossen. Er verweilte bei jeder Ruine, jedem Denkmal, ja

bei jedem alten Steine; aber er betrachtete nicht die Natur mit Wordsworth's eigentümlicher Innigkeit um ihrer selbst= willen bloß als Natur; sie hatte für ihn ein überwiegend historisches und poetisches Interesse. Eine Gruppe alter zu= sammengewachsener Bäume vermochte nicht an und für sich die Andacht in seinem Gemüte, wie in demjenigen Wordsworth's zu erwecken: aber hieß es: „Unter diesem Baume hat Karl II. geruht" — oder: „Dieser Baum ist durch die Erinnerung an Maria Stuart geweiht", — so schnitt er Zweige von dem Baume zum Andenken an seinen Besuch der Stelle, und ver= gaß sie niemals.

Fünfzehn Jahre alt, lernte er die malerischen schottischen Hochlande kennen, die eine so große Bedeutung für seine Poesie erlangen sollten, indem sie den Gestalten seiner Dichtung den Hintergrund einer neuen, Europa unbekannten Szenerie gaben. Von dem Augenblick an, da er sich seiner Eigenschaft als Dichter bewußt geworden war, studierte er die Natur, ganz wie ein Maler seine Studien aufnimmt. Wollte er eine Gegend beschreiben, so reiste er expreß dorthin, notierte sich aufs genaueste das Aussehen der Berge, die Lage und Form der Wälder, selbst den Charakter der Wolken im betreffenden Augenblick, ja oft die einzelnen Blumen und Sträucher, die am Eingang einer Höhle standen. Der poetische Blick auf die Natur, den er mit den Romantikern in Deutschland und Dänemark gemein hatte, schloß nicht den kräftigsten Realismus und die genaueste Präzision der Schilderung aus; während Oehlenschläger sich lange mit „Vergißmeinnicht" und Rosen zu behelfen vermochte kannte Scott jeden Hügel, jede Schlucht, jeden Bach, jede Fels= klippe, jeden Stein, jeden Pfad*), und die ganze schottische Flora.

Noch war Scott sein Dichterberuf jedoch nicht klar geworden, er bildete sich zu einem fleißigen und eifrigen Juristen aus, der seine Akten mit der zierlichen Juristenhand und den juristischen Schnörkeln schrieb, mit denen er später so viele poetische Werke zu Papier bringen sollte. Trotz seines Ge= brechens besaß er einen gesunden, geschmeidigen und kräftigen Körper und war in Leibesübungen so wohl geschult, daß er sich einmal eine ganze Stunde lang auf einem einsamen Wege

---

*) Siehe „Marmion", Gesang IV, Nr. 23, wo er selbst diesen Aus= druck gebraucht.

mit seinem Stock gegen drei Kerle vertheidigte, die ihn über=
fielen. Was aber höchst bezeichnend für seine geistige Struktur ist:
diese Gesundheit war nicht mit einer entsprechenden Feinheit
der Sinnesorgane verbunden. Der Geruchssinn fehlte ihm
ganz, und sein homerischer Appetit war Alles eher, als lecker=
haft; er vermochte sein Lebenlang guten Wein nicht von
schlechtem zu unterscheiden, noch einen Unterschied zwischen
einem kläglichen und einem fein bereiteten Mahle zu schmecken, —
ein Punkt, worin er den ausgeprägtesten Gegensatz zu seinem
jüngeren Zeitgenossen Keats bildet. In seinem Verhältnis
zu dem anderen Geschlechte war er so kalt, daß er wegen
dieser Kälte manche Neckereien seiner Freunde ausstehen mußte:
nichtsdestoweniger hegte er in den Jünglingsjahren romantische
Empfindungen für eine junge Dame, die einem Anderen ihre
Hand gab, beherrschte sich aber so vollkommen, daß Niemand
etwas davon ahnte. Er verwand bald diesen Schmerz, und
nach einer keuschen und leidenschaftslosen Jugend heiratete er
mit 26 Jahren eine protestantische Französin, Miß Carpenter,
deren Vater während der Revolution gestorben war. Den
Winter 1796 bis 1797 verbrachte er unter der allgemeinen
Furcht vor einer Landung der Franzosen damit, Volontär=
Regimenter zu errichten, und da er Feuer und Flamme für
die Sache war, so wurde er zum Quartiermeister und Sekretär
eines der Regimenter ernannt. Ich habe schon seiner ersten
Uebersetzungen aus dem Deutschen gedacht. Er, der so lange
ein lebendiges Magazin von Liedern, Balladen und Erzählungen
gewesen war, gab jetzt 1803 eine Sammlung schottischer
Volksweisen (Minstrelsy of the Scottish Border) heraus,
die er seinem Geburtslande, „Albions besserer Hälfte",
widmete; der dritte Teil, „Neuere Nachahmungen", enthält
Gedichte des Herausgebers selbst.*) Eine Kritik des Werkes
macht die prophetische Bemerkung, daß es Stoff für hundert
Romane enthalte.

Bei all seiner Treue gegen das englische Königshaus
fühlte er sich doch beständig als Schotte, ja es ist unzweifel=
haft, daß das schottische Rassengepräge selber die entscheidende

*) Gerade in selben Jahre bebütterte in der dänischen Litteratur Oehlen-
schläger gleichfalls mit einer Sammlung von Umdichtungen alter Volkslieder.

Grundlage seiner Originalität bildet. Schon das poetisch=historische Interesse, welches bei ihm zum Durchbruche kommt, ist schottisch. Kein gemeinsames Kennzeichen ist bei den Schotten zu allen Zeiten so ausgeprägt gewesen, wie ein heftiges und leidenschaftliches Nationalgefühl. Jenes Wort „perfervidum ingenium Scotorum", das seit dem Mittelalter Jahrhunderte lang die stehende Redensart über die Bewohner Schottlands war, hat ursprünglich keine andere Bedeutung. Sehen wir einen Augenblick von der inneren Parteispaltung im Lande ab, die das Gefühl der Gemeinsamkeit nicht umstößt, so finden wir nicht leicht in irgend einem anderen Lande ein solches Gefühl von Zusammengehörigkeit wie bei diesem kleinen Volke, dessen Reich unmittelbar mit einem anderen, bedeutend größeren zusammenhängt, das dieselbe Sprache spricht und die Herrschaft über dasselbe übt. Auch der Engländer hat ein lebhaftes Nationalgefühl, aber dasselbe drängt sich weniger scharf hervor; es ist von rein positiver Natur und hat die reiche Fülle alles dessen zum Inhalt, was nach der Anschauung des Engländers sein Volk auszeichnet. Das Nationalgefühl des Schottländers dagegen ist ununterbrochen wachsam, beständig auf seinem Posten, weil es im Wesentlichen negativer Natur ist. Wenn der Engländer sagt: Ich bin ein Engländer, so meint er genau das, was er sagt; aber wenn der Schotte sagt oder denkt: Ich bin ein Schotte, so bedeuten diese Worte in seinem Munde so Viel wie: Ich bin kein Engländer.*)

Um dies Gefühl recht zu verstehen, muß man die geringe Zahl der Schotten im Vergleich zu der Anzahl ihrer mächtigen Nachbarn bedenken. Wenn man weiß, daß noch im Jahre 1707 die ganze Bevölkerung Schottlands nicht eine Million überstieg, so begreift man, daß ein tiefes Gefühl von festem Zusammenhalten, Hartnäckigkeit und defensiver Streitbarkeit erforderlich war, damit die weniger zahlreiche Rasse ihre Eigentümlichkeit nicht von Süden her überflutet und verdrängt sähe. So kam man dazu, auf eine besonders nachdrückliche Weise das rauhe und unwirtliche Schottland im Gegensatze zu dem grünen und fruchtbaren England zu lieben, seine Berge,

---

*) Masson: Scottish Influence in British Literature.

Wiesen, Sümpfe und Nebel mit einer fast polemischen Vater=
landsliebe zu verehren. Es kann also nicht Wunder nehmen,
daß Schottland, als in diesem Lande ein großer epischer Dichter
geboren wird, obendrein zu einer Zeit, wo das Nationalgefühl
rings in Europa die Poesie durchdringt, die ersten und kräftigsten
Erzeugnisse der historischen und volkspsychologischen Romantik
hervorbringt Was lag für einen Dichter dieses Landes näher,
als sich in die eigentümlichen Sitten der Hochländer zu ver=
tiefen, und sie mit ihrem effektvollen Kostüm zu schildern?
was war natürlicher für den Mann, dessen Name ihn schon
zu einer Inkarnation seines engeren Vaterlandes zu stempeln
schien, als sich in die Vergangenheit, in ihre Denkmäler und
Erinnerungen zu flüchten, um gleichsam für die geringere Zahl
und Bedeutung seiner Landsleute in der Gegenwart dadurch
Ersatz zu gewähren, daß er ihr Leben in der Vergangenheit
und ihre geschichtlichen Thaten schilderte?

Was das schottische Nationalgefühl auszeichnete war
also zuerst dessen Charakter als Gemeingefühl: das Provinz=
volk war substantieller, umfaßte nicht so scharfe individuelle
Gegensätze wie die Hauptnation. Scott hat an manchen Stellen
dies energische Verwandtschaftsgefühl seiner Landsleute geschildert,
— nirgends schöner als im dritten Teile seines Romans
„Das Gefängnis von Edinburg", wo dies gesunde und schöne
Gefühl dem armen Bauernmädchen den unbefangenen Mut
giebt, sich an den Herzog von Argyle ganz wie an einen An=
gehörigen um Hilfe zu wenden. Aber das schottische National=
gefühl hatte noch einen anderen Grundzug, nämlich den, daß
es in seinem Wesen ein Partikularismus, und als solcher
unmodern, traditionell und deshalb mit allen alten Traditionen
verwandt war. Daher bei Scott die übertriebene Ehrfurcht
vor der Königsmacht und ihren Attributen. Als er Mitglied
der Untersuchungskommission in Betreff der alten schottischen
Kronregalien war, versetzte die Auffindung derselben ihn in
eine so lebhafte und andächtige Aufregung, daß er, als einer
der Beamten das Diadem einer jungen Dame zur Probe auf
den Kopf setzen wollte, nicht umhin konnte den Schrei auszu=
stoßen: „Nein, um Gotteswillen nein!"

Der erste große Partikularismus zog ein ganzes Gefolge

fernerer Partikularismen nach sich. Zu derselben Zeit, wo nicht viele Leute das Zusammengehörigkeitsgefühl der Schotten besaßen, teilten sie sich in Parteien und Lager. Das Gefühl des Individuums von der Pflicht, in einer gemeinsamen Sub=stanz aufzugehen, begann nicht erst beim Staate, sondern beim Stamme, beim Clan, ja bei der Familie. Deshalb finden wir auch bei Scott als Balladensammler eine besondere Vorliebe für diejenigen Balladen, welche Thaten behandeln, die von den Stammverwandten oder Vorfahren des Dichters ausgeführt worden sind. Und deshalb besitzt er in seiner Eigenschaft als Schotte das ausgeprägteste Familienge=fühl. Er war ein musterhafter Sohn, ein exemplarischer Gatte, er war — wie seine Briefe an den ältesten Sohn beweisen — der zärtlichste Vater; er war ein guter Erzieher seiner Kinder an Leib und Seele, der zunächst nur den altpersischen Anspruch an sie stellte, daß sie gut zu Pferde sitzen und die Wahrheit reden sollten; aber selbst in diesen Gefühlen ist er kein recht moderner Geist. In seinem Privatleben, wie in seiner Poesie, ging ihm das Geschlecht über das Individuum. Er hatte einen Bruder, Daniel Scott, welcher verkam und, ohne etwas geradezu Unehrenhaftes begangen zu haben, doch der Familie Unehre machte. Er verschaffte diesem seinem ver=kommenen Bruder auf schriftlichem Wege eine kleine Anstellung in Westindien, nannte ihn aber in den Briefen an den Vor=gesetzten desselben stets nur seinen „Verwandten", verlangte gleichfalls von ihm, daß er niemals Jemandem sagen dürfe, wie nahe dies Verwandtschaftsverhältnis sei, und wollte ihn durchaus nicht sehen, als er nach Schottland zurückgekehrt war, noch seinen Namen nennen, noch, als er starb, seinem Be=gräbnis beiwohnen oder Trauer um ihn anlegen. Derartige Fehler sind es, welche die stark konservativen Tugenden be=gleiten. Aber es wird Niemand wundern, daß der Mann, der sonst so milden Gefühls, so viel auf dem Altare der Ver=wandtschaft opferte, nicht der Dichter der Individualität werden konnte, sondern mit einem Schlage in die Vergangenheit zu=rückgestoßen ward, als Byron auftrat.

Im Jahre 1802 wurde die Edinburgh Review gegrün=det, und Scott lieferte von Anfang an Beiträge für dies Or=

gan, dessen Hauptredakteur sein Landsmann Jeffrey war, der als Kritiker eine so große Rolle in dem Leben der damaligen Dichter spielt, obschon ein gewisser derber Verstand ohne Geschmeidigkeit und ohne Schule seine einzige kritische Gabe war. Diese Mitarbeiterschaft dauerte indeß nur sieben Jahre, da Scott im Jahre 1809, unzufrieden mit der allzu liberalen Haltung der Edinburgh Review in der katholischen Frage, und gereizt durch Jeffreys herabsetzende Ankündigung seines „Marmion", die Quarterly Review begründete.

Im Jahre 1805 erschien Scotts erste erzählende Dichtung: „Das Lied des letzten Minstrels." Das Werk machte außerordentliches Glück, man freute sich über diese Rückkehr zur Volkspoesie und zur Natur. Besonders wurden die Naturschilderungen höchlich bewundert; Pitt sagte, daß Scott nach seiner Ansicht an mehreren Stellen die Wirkungen der Malerkunst erreicht habe, und sein Gegner Fox war ausnahmsweise in diesem Punkte mit ihm einverstanden. War Scott schon allein durch seine persönliche Liebenswürdigkeit als Beamter so populär gewesen, daß Wordsworth im Jahre 1803 erfuhr, wie sein Name genügte, um einem wie auf einen Zauberschlag alle Thüren in seinem Amtsdistrikte zu öffnen, so wurde er jetzt ebenso beliebt als Dichter. In kurzer Zeit wurden 30 000 Exemplare abgesetzt. Es waren die Zustände des sechzehnten Jahrhunderts, die hier mit annähernd historischer Genauigkeit dargestellt dem Leser entgegentraten. Die Schilderung der hochländischen Sitten interessierte so sehr, daß der Beifall, mit dem sie aufgenommen wurden, den Dichter auf den Gedanken brachte, etwas ähnliches in Prosa zu versuchen, ein Gedanke, der später in den Waverley-Romanen verkörpert ward. Vorläufig war das Interesse für das Mittelalter, für das Ritterwesen, die Königsherrlichkeit, die Lehnstreue und die schottische Nationaleigentümlichkeit erweckt. Die englischen Touristen begannen Wallfahrten zu den Ruinen der alten Burgen und zu dem Schlachtfelde Killiecrankie zu unternehmen, wo ihre Landsleute im siebzehnten Jahrhundert von den Ungeheuern mit den Tartanen und den nackten Beinen geschlagen worden waren.

Bisher hatte Scott Abends und bis spät in die Nacht hinein geschrieben; jetzt, wo seine eigentliche Thätigkeitsperiode beginnt, verlegte er seine Arbeitszeit auf den frühen Morgen. Er stand vor fünf Uhr auf, ging erst in die Ställe, begrüßte seine Pferde und Lieblingshunde und sah nach all seinen Haustieren, dann setzte er sich an den Schreibtisch und arbeitete so leicht und schnell, daß er, wenn er zwischen 9 und 10 Uhr zum Frühstück kam, fast immer schon den Hauptteil seines Tagewerks hinter sich hatte. Um 12 Uhr verließ er sein Arbeitszimmer und verbrachte den Rest des Tages mit seiner Familie und seinen Gästen. In den frischen Morgenstunden schuf er all die Werke, welche jetzt folgten, während Byron eigentümlich genug all seine Werke Nachts schrieb. Es ist, selbst wo die beiden Dichter einander am nächsten stehen, als fühlte man die verschiedene Stimmung der hellen oder dunklen Empfängnisstunde über dem Werke ruhen.

Und am nächsten kommt Scott gerade Byron in dem Gedichte, das er jetzt im November 1806 begann, „Marmion, oder die Schlacht von Flodden Field." In Betreff ihrer Fabel steht diese Dichtung den übrigen Scotts ganz nahe; es ist wieder das sechzehnte Jahrhundert, wieder Schottland, wieder das Leben auf der Burg und bei Hofe, was hier geschildert wird. Aber der Held des Gedichtes ist ein solcher, daß er direkt den Uebergang zu den Byron'schen Helden bildet, wie auch das ganze Werk in den leichten und fließenden, obschon etwas eintönigen, vierfüßigen Jamben geschrieben ist, deren sich Byron in seinen poetischen Erzählungen am häufigsten bedient hat. Marmion ist ein stolzer und unerschrockener Ritter, aber von verbrecherischer Natur. Er hat eine junge, schöne Nonne, Constanze von Beverley, entführt, die ihm überall in Männertracht als sein Page folgt, allein bald ihrer überdrüssig, will er sich mit Gewalt die Hand einer anderen jungen adligen Dame erzwingen, obschon er weiß, daß sie einen anderen liebt. Von eifersüchtiger Verzweiflung getrieben, macht Constanze ein Attentat auf Marmions Leben, und mit kalter Grausamkeit überliefert er sie als entflohene Nonne der Strafe des Klosters. Die Aebtissin verurteilt sie zum Tode, und in einer romantischen Schreckensszene von der Art, wie Byron sie liebt, aber mit weit geringerer Schonung der Nerven des Lesers auszumalen pflegt, wird sie lebendig in ein

unterirdisches Gewölbe eingemauert. Hier ist bei Scott nicht
viel die Rede von psychologischer Motivierung; die Pracht
der Rüstungen, das Dunkel des Klosters und die genau wieder=
gegebene Architektur der alten Schlösser, gelten ihm mehr, als
die feinen Regungen der Seele; aber nichtsdestoweniger hat
er in „Marmion" ein Gedicht geliefert, das uns jetzt wie
ein Prototyp des „Gjaur" und insbesondere des „Lara" er=
scheint. Auch die Geliebte des Gjauren erleidet einen schreck=
lichen Tod, auch Lara wird überall von einem ihm ergebenen Frauen=
zimmer in Pagentracht begleitet, und es kommt eine Szene in
Marmion vor, wo der Held des Gedichts öffentlich beschämt wird,
die einige Aehnlichkeit mit derjenigen hat, wo Laras Ver=
gangenheit ihm plötzlich mit Verachtung vorgeworfen wird.
Klingt es nicht schon fast wie eine Stelle aus Byron (Marmion,
Gesang III, Nr. 14):

> Marmion' deß Seele fest und klar
> Verblieb in äußerster Gefahr;
> Marmion, der trotzig selbst zurück
> Gab seines Königs Hochmutsblick;
> Der in der Kampfgenossen Zahl
> Den Tapfersten ihr Thun befahl, —
> Ihm jetzt versagte Sprach und Denken,
> Den Blick zu Boden mußt' er senken,
> Und glüh'nde Röte stieg
> Ihm ins Gesicht; es klang das Wort
> So strafend in der Seel' ihm fort,
> Daß er betroffen schwieg.

Die Worte, mit denen seine Gewissensqual geschildert
wird (Ebendaselbst Nr. 14):

> Es dringt, o Reue, deine Pein,
> Zutiefst in stolze Seelen ein.
> Den Feigling schreckt die Peitsche nur,
> Du bist der Tapferen Tortur!

diese Worte erinnern gleichsam zum Voraus an die berühmte
Stelle im „Gjaur", wo der von Schuld gequälte Geist mit
dem von Flammen umringten Skorpion verglichen wird, der
verzweiflungsvoll seinen Giftstachel in sein eigenes Hirn bohrt.
Und wie eine gewisse Aehnlichkeit zwischen der Situation
und dem Charakter Marmions und Laras existiert, so sterben
sie auch auf dieselbe Weise, in offenem Kampfe gefällt, unge=
beugt im Sterben, gottlos bis zum letzten Augenblick des Lebens.

Aber damit ist auch die Aehnlichkeit erschöpft; sie ist eben groß genug, um Byrons Eigentümlichkeit klar zu machen. Für Scott ist Marmions Persönlichkeit nicht die Hauptsache, er gruppiert nur um sie die Gestalten und Situationen aus der Vergangenheit seines Vaterlandes; er bedarf der Laster des Helden, um seine einfache Handlung in Fluß zu setzen; aber sie interessieren ihn nicht an und für sich und er stellt sie vollkommen unpersönlich dar. Wenn Byron dagegen seine frühesten verbrecherischen Helden skizziert, so will er vor Allem Interesse für sie erregen. Schon ihr Antlitz erweckt Aufmerksamkeit und Teilnahme bei Jedem, der sie erblickt, und erzeugt die Vorstellung von Stolz, Schuld, Haß und Trotz; sie schlagen in keinem Augenblick ihres Lebens, wie Marmion, die Augen vor einem Ankläger nieder; sie leben, wie jener Scorpion der Sage: „ringsum die Flammen, drinnen Tod." Ohne Trost im Himmel oder auf Erden zu finden, zieht ihr Herz sich in Stolz und Qual zusammen, bis es auf= hört zu schlagen. War Marmion auch ein hartherziger und selbstsüchtiger Ritter, so ist sein letzter Gedanke und sein letztes Wort doch „England", er ist an ein größeres Ganzes, als sein eigenes egoistisches Leben geknüpft. Anders Byrons früheste Helden: sie leben vollständig in ihrem eigenen Innern. Sie bilden gleichsam eine ganz abgeschlossene Welt für sich, und der Dichter hat dafür gesorgt, das Publikum hie und da eine ähnliche finstere und abgeschlossene Welt in seiner eigenen Seele ahnen zu lassen. Man erblickt seine Individualität hinter der erdichteten, man fühlt hinter dem Werk ein Herz, das gelitten hat, und das in halben Geständnissen und dunk= len Ausbrüchen Linderung sucht; die Darstellung ist mit einem Worte im vollsten Sinne persönlich, und damit ist eine Re= volution in der englischen Dichtungsweise eingetreten.

In Scott's rein episch angelegtem Gedichte war es nicht die Hauptperson, sondern es waren die Begebenheiten, welche besonders Glück machten, vor allem die Schlachtenschilderungen im letzten Gesange, welche von der begeisterten Kritik für die besten seit Homer erklärt wurden. Und war das Gedicht durch= aus geeignet, Bewunderung bei Scotts schlichten Landsleuten zu erwecken, so war es nicht minder geeignet, bei Hofe zu ge=

fallen. Byron hatte recht, als er dem Prinzregenten sagte, Scott scheine ihm so recht ein Dichter für Fürsten zu sein, sie seien niemals glänzender geschildert worden, als im „Marmion" und der „Jungfrau vom See." Ich möchte sogar behaupten, daß man in „Marmion" direkten Anspielungen auf den Prinzregenten und seine Gemahlin begegnet. Ersterer konnte schwerlich ohne Gemütsbewegung die Schilderung von dem Auftreten des Königs James in der prächtigen Hoftracht*) lesen, und die vom Hofe verstoßene Prinzessin von Wales, welche Scott persönlich kennen gelernt hatte, als er 1806 zum ersten Mal als Löwe in London gefeiert ward, und an deren Partei er sich als Tory anschloß, konnte auf sich die Schilderung des Gedichts von dem einsamen Leben der verlassenen Königin Margarete beziehen, während der ritterliche und leichtfertige Monarch die Zeit mit seinen Geliebten verbringt.

1806 begonnen, erschien „Marmion" 1808, und als Scott im folgenden Jahre zum zweiten Male nach London kam, wurde ihm dort ein Empfang zuteil, der jedem andern den Kopf verrückt haben würde. Er spielte seine Löwenrolle mit einer Gutmütigkeit und einem Humor, die man nicht oft bei demjenigen findet, der in einer Weltstadt der Held des Augenblickes ist. Man sagt, daß er einmal, als er eine ganze Gesellschaft mit seinen Erzählungen und Einfällen unterhalten hatte, und spät in der Nacht nach dem Fortgang der Gäste mit einigen intimen Freunden allein geblieben war, mit heiterer Laune in das Shakespearesche Zitat ausbrach:

„Ich weiß recht wohl, daß ich Hans Schnock, der Schreiner bin,
Kein böser Löw' fürwahr",

und so bescheiden war und blieb er, daß er, als die Rede auf Burns kam, heftig sagte, er verdiene nicht, am selben Tage mit Burns genannt zu werden.

---

*) For royal were his garb and mien,
His cloak, of crimson velvet piled,
Trimm'd with the fur of martin wild;
His vest of changeful satin sheen,
The dazzled eye beguiled, etc.
Marmion Canto V, Nr. 8.

War nun aber Scott als Löwe zahm und sanft, so war er desto grimmiger als Tory. Seine Reise nach London hatte besonders den Zweck, der Quarterly Review Mitarbeiter zu verschaffen; sie sollte in streng konservativem Geiste redigiert werden, und es war vor allem die Frage wegen der Emanzipation der Katholiken, welche Scott in Aufregung versetzte. Sein Gedankengang war der: wenn eine religiöse Sekte ihrem Wesen nach eng mit den politischen Bestrebungen einer ausländischen Macht verbunden und dem geistigen Einflusse einer Priesterschaft unterworfen sei, die an Schlauheit und Thätigkeit nicht ihresgleichen habe, so könne man es dem Staate nicht verdenken, daß er die Anhänger derselben nicht zu seinen Aemtern berufen wolle. „Wenn einer mit ein paar Pfund Schießpulver in der Tasche herumgeht," sagt Scott, „und ich gutmütig genug bin, ihn deshalb nicht aus meinem Hause zu jagen, so brauche ich ihm doch wohl keinen Platz an meinem Herde zu geben." Er behielt diese Ansichten sein ganzes Leben hindurch; denn noch wenige Jahre vor seinem Tode sagte er eines Tages zu seinem Schwiegersohne: „Ich halte die Papisterei für einen so nichtsnutzigen und schrecklichen Aberglauben, daß ich kaum meine Einwilligung zur Aufhebung der peinlichen Strafen gegeben hätte, die bis 1780 in Geltung waren. Aber jetzt, da man der babylonischen Dame das Pflaster vom Munde genommen hat, weiß ich nicht, warum man so viel Bedenken trägt, ihr einen Sitz im Parlamente zu gewähren." Man begreift, daß dem englischen Gemeinwesen Dichter wie Moore, wie Byron und Shelley not thaten, wenn man einen Mann von Scotts Geistesadel und Bildung sich mit so schmählicher und grausamer Borniertheit aussprechen hört.

Im Jahre 1810 erschien „Die Jungfrau vom See." Es war der größte Erfolg, den der Dichter noch erreicht hatte, Die herrliche Wald- und Gebirgsfrische, welche das anmutige Werk durchströmt, die milde Wärme, das wahre Gefühl, das nirgends zu stürmischer Leidenschaftlichkeit emporschwillt, das ganze Naturbild, das nirgends, wie bei Wordsworth, durch Armenhaussympathien und Moralpredigten gestört wird, wirkte bezaubernd auf die Leserwelt. Die Popularität des Gedichts war so groß, daß die Einnahmen der Postanstalten auf den

der Szenerie zunächst gelegenen Stationen sich verdoppelten.
Man muß seine Zuflucht zu Thatsachen aus Scotts eigenem
Leben nehmen, um ein Seitenstück zu einem derartigen Faktum
zu finden. Als sein Roman „Der Altertümler" erschien, von
welchem in zwei Tagen 6000 Exemplare abgesetzt wurden, verlautete es, daß Scott die beiden Hunde Dandie Dinmonts
„Pfeffer" und „Senf" nach ein Paar Hunden benannt habe,
denen ein Pächter in Liddlesdale diese wunderlichen Namen
gegeben. Dieser Mann, welcher Davidson hieß und welcher
übrigens gar nicht in dem Romane porträtiert war, wurde dadurch so bekannt, daß man Reisen machte, um ihn zu sehen;
ja, eine vornehme Dame, die ein Paar Welfen von den berühmten Hunden wünschte, und seinen Namen nicht kannte,
adressierte ihren Brief an Dandie Dinmont — und derselbe
kam ihm richtig zu Händen. — „Die Jungfrau vom See" wurde
kaum mit geringerer Wärme aufgenommen. Ein Brief von
dem schottischen Kapitän Adam Fergusson teilte z. B. dem
Dichter mit, daß er in Portugal auf Vorposten seine Dichtung,
dem Feuer des Feindes ausgesetzt, selbst knieend vorgelesen habe,
während die Mannschaft platt ausgestreckt auf der Erde lag,
und daß, als er die Beschreibung der Schlacht im sechsten
Gesange las, eine lautlose Stille geherrscht habe, nur unterbrochen von einem donnernden Hurrah, wenn eine französische
Kugel neben ihnen einschlug.

Was findet ein moderner und ausländischer Leser heutzutage in diesem Gedichte? Zuerst das Nationalgepräge, die
Verherrlichung der nationalen und feudalen Erinnerungen und
Sitten, der Königsmacht und der Clanstreue, in klaren, lebendigen und unschuldigen Liedern, dann Naturschilderungen,
taufrisch, wie bei Christian Winther, — keine Psychologie.
Da ist ein alter Barde, namens Allan, ein romantischer Greis,
halb Druide, halb Prophet, namens Brian, romantische Träume
die in Erfüllung gehen, und Weissagungen, die eintreffen.
Aber dies ist also volkstümlich, nicht als mystisch eingewoben.
Wir finden keine Spur von der Romantik des Unheimlichen,
an die zu glauben Scott selbst der Letzte gewesen wäre. Ein
wie großes Ergötzen er auch an seinen Geister- und Gespenster-
geschichten finden konnte, er selbst war, in direktem Gegensatze

zu den deutschen Romantikern, weit davon entfernt, den Ein-
drücken des Schauerlichen und Geheimnisvollen unterworfen
zu sein. Er erzählt irgendwo, daß er eines Abends, als
er in ein Dorfwirtshaus kam, den Bescheid erhielt, daß kein
Bett mehr leer sei. — „Ist denn gar kein Platz, wo ich schlafen
kann?" — „Nein, das einzige leere Bett steht in einem Zimmer,
wo eine Leiche liegt." — „Ist die Person an einer ansteckenden
Krankheit gestorben?" — „Nein." — „Gut, dann gebt mir
das andere Bett." — „Ich legte mich also in dasselbe," sagt
Scott, „und habe nie eine ungestörtere Nacht verbracht." —
Man denke sich Novalis oder Hoffmann in einer ähnlichen
Situation!

Der romantische Duft in der „Jungfrau vom See" ist
somit weit davon entfernt, etwas Unfrisches an sich zu tragen.
Was das Gedicht uns heutzutage weniger interessant macht,
ist also nicht dies, sondern das theatralische Arrangement in
der Schilderung der Sitten und Gebräuche. Auch hat Scott
die schlimmste Klippe der romantischen Epopöe: das Ballet,
woran Southey strandete, nicht ganz zu umschiffen vermocht.
Es wird z. B. in dem Gedicht ein Aufgebot zum Krieg er-
lassen, und nun wird umständlich erzählt, wie es dabei hergeht,
indem ein Jüngling das Feuerkreuz durch das Land trägt.
Hier ist alles der Theaterwirkung halber auf die Spitze gestellt: der junge Mann trifft zuerst auf ein Leichenbegängnis
und nimmt den waffenfähigen Sohn von der Leiche des Vaters,
dann begegnet er einem Hochzeitszuge und nimmt der Braut
ihren Bräutigam fort. Man sieht gleichsam die Prozession
über die Bühne gehen und den grellen Effekt, als der Bote
aus der Koulisse hervorstürzt. Es geht zu wie im Theater:
auf einen Pfiff füllen sich die Thäler und Höhen mit Hunderten
bewaffneter Männer: eine Handbewegung — und sie verschwinden wieder: es sind Massenwirkungen, und man
fühlt, daß die Massen, nicht das Individuum, dem Dichter
die Hauptsache sind. Er will zuerst und vor allem mit grellen
und deutlichen Zügen die schönen Sitten seines Landes darstellen: der Fremde wird in der Hütte gastlich aufgenommen,
ohne daß man ihn ausfragt, der Feind teilt aus Kourtoisie
seinen Plaid mit dem Feinde, als er müde wird; — sodann

will der Dichter seinen Leser durch harmlose Effektmittel, Ver=
wandlungsszenen und dergleichen, überraschen: der hochländische
Führer, welcher Fitz=James geleitet, enthüllt sich plötzlich als
der gefürchtete Clanhäuptling Roderick Dhu, und Fitz = James
ist zuletzt kein geringerer, als der König selbst. Aber wie ge=
sund, wie leicht, wie fröhlich, mit wie breitem Strome fließt
dieser Lobgesang auf Schottland und die Schotten dahin! Der
König beherrscht, ehrliebend wie ein König bei Calderon, seine
Leidenschaft, und Hochländer und Bewohner der Ebene, Männer
und Frauen haben alle das Herz auf dem rechten Flecke. Man
erhält den Einblick in eine harmonische Welt, und man ent=
behrt nicht Wordsworths strafende und moralisierende Psycho=
logie.

Will man in Wirklichkeit ein lehrreiches Gegenstück zur
„Jungfrau vom See" haben, so lese man Wordsworths auf
einer Ballade in Percys Sammlung beruhendes Epos „Das
weiße Reh von Rylstone," welches ebenfalls 1809 begonnen
ward, und in welchem der Poet von Rydal Mount, der sich
zur Konkurrenz angespornt fühlen mochte, Scotts Gebiet am
nächsten kommt. Es wird kaum Jemand bestreiten wollen, daß
das Gefühl bei Wordsworth viel tiefer ist. Bei seinem Hasse
gegen alle blendenden Tugenden und schimmernden Laster hat
er sich einen Helden gewählt, der obschon ein gehorsamer Sohn
und mutiger Rittersmann, sich aus Pflichtgefühl weigert, seinem
Vater und seinen Brüdern zu folgen, als sie das Aufruhrs=
banner gegen die Königin Elisabeth von England erheben, und
der, verstoßen und verkannt, ohne die Gefahr seiner Verwandten
teilen zu können, ihre Niederlage und schmähliche Strafe er=
leben muß. Er hat seinen Helden mit Resignation, Festigkeit,
Herzensgüte und einer nazarenischen Religiosität ausgestattet,
aber wie viel erkünstelter Tiefsinn, wie viel affektierte Ueber=
natürlichkeit, Sentimentalität und Salbung machen sich hier
breit! Scott betrachtet die Natur und die alten Sitten mit
dem Auge eines Jägers, Wordsworth mit dem Auge eines
Moralisten. Wordsworths schwer beladenes Frachtschiff bewegt
sich langsam, zögert und verweilt unterwegs, Scotts Dichter=
nachen fährt mit vollen Segeln dahin und hinterläßt nur
leichte Schaumblasen in der Phantasie des Lesers, aber —

wie es im dritten Gesange des Gedichts ·von dem Nachen
heißt —

> So rasch den See der Ruder schlug,
> Daß, wo ins Wasser schnitt der Kiel,
> Die Blase noch ihr lustig Spiel
> Trieb tanzend auf dem krausen Spiegel,
> Als schon erreicht die Festlandshügel.

Man versteht leicht, daß Scotts Poesien mit ihrer Vorliebe
für die ritterlichen Tugenden, für die Kühnheit und den
Mut selbst bei aufrührerischen Clanhäuptlingen, Seeräubern,
Zigeunern, Schmugglern ꝛc., kurz mit allen Sympathien, die
den Uebergang zu der Vorliebe Byrons für das Verwegene
und Wilde bilden, eine Seite hatten, von welcher sie den
moralischen und christlichen Dichtern der Seeschule höchst
zuwider waren. Ich finde in dieser Beziehung eine sehr
charakteristische Stelle bei Coleridge (Letters, Conversations
and Recollections. Vol. I. pag. 193), wo er Scott beschuldigt,
daß er „dem krankhaften Verlangen nach Reizmitteln in die
Hände arbeite, indem er das Lasterhafte und Ruchlose sympathisch darstelle, so bald der Teufel nur verwegen sei," und
mit den verbissenen Worten schließt: „Keine zwanzig Zeilen
von Scott werden in die Nachwelt kommen, sie stehen zu
gar nichts in Relation." Die Prophezeiung ist nicht ein-
getroffen.

Das Jahr 1811 brachte die beiden ersten Gesänge von
„Childe Harold", und bald darauf einen herzlichen Brief
Byrons an Scott mit einer aufrichtig gemeinten Entschul-
digung wegen des thörichten Angriffs in den „Englischen
Barden und schottischen Rezensenten." Der junge hitzköpfige
Poet hatte seinen älteren Kollegen mit Spottglossen überhäuft,
nicht allein, weil sein Lieblingsheld „ein Gemisch von Wilddieb,
Räuber und gemeinem Schuft sei," sondern weil Scott ein
Honorar für seine Schriften empfange, um Lohn schreibe und
„für seine Brotherren arbeite," was Byron in seiner ersten
Jugend, so sehr er auch dessen bedurft hätte, aus Vornehm-
heit entschieden ablehnte, — bis er nach seiner zweiten Abreise von England hinlänglichen Gewinn aus seinen Arbeiten
ziehen lernte. Er bereute seine Uebereilung gegen Scott eben

so ernstlich wie all seine anderen Uebereilungen dieser Art. Und auf das kurze Mißverständnis zwischen den beiden großen und liebenswürdigen Männern folgte jetzt das herzlichste Einvernehmen. — Aber auf Scotts Produktionen übte „Childe Harold" einen tiefen und nachhaltigen Einfluß. Mit klarem Blick erkannte er, daß er in der poetischen Erzählung nicht mit Byron zu rivalisieren vermöge, und beschloß, ein anderes Kunstgebiet einzuschlagen, auf welchem er bald in Europa ohne Nebenbuhler dastehen sollte.

Die Aeußerung über seine Beweggründe dazu, wie überhaupt alle Aeußerungen über Byron, die sich in seiner Lebensgeschichte verstreut finden, sind von liebenswürdigster Offenheit und Zeugnisse der edelsten Humanität. Im Jahre 1821 sagt er zu einem Freunde: „Ich habe es lange aufgegeben, Verse zu schreiben. Ich war Sieger auf dieser Bahn gewesen und wollte die Zeit nicht erleben, wo ich hinter einem andern hätte zurückbleiben müssen. Die Klugheit riet mir, vor Byrons mächtigerem Genius die Segel zu streichen. Wäre ich nach Dichterruhm begierig und eifersüchtig darauf gewesen, so würde ich vielleicht mit ebensoviel Mut, wie ihn Byron bei seinem Auftreten entwickelte, mich auf den Zweikampf eingelassen, oder ich würde das Publikum in Staunen und Schrecken gesetzt haben, indem ich in eigener Person die Rolle des sterbenden Fechters aufführte; aber ich gestehe lieber mit der Offenheit, die Sie seit zwanzig Jahren an mir gekannt haben, daß ich mich nicht stark genug dazu fühlte." Und als er ein Jahr vor seinem Tode gefragt wurde, weshalb er keine Verse mehr geschrieben habe, sagte er geradezu: „Weil Byron mich geschlagen hat," und auf den Einwand des Fragenden, daß er für seinen Teil ebensoviel Stellen von Scotts wie von Byrons Gedichten auswendig wisse, antwortete er: „Das mag sein; aber er hat mich durch seine Schilderung der leidenschaftlichen Gefühle und seine tiefe Kenntnis des menschlichen Herzens aus dem Felde geschlagen." Mußte dies auch im ersten Augenblick ein bitteres Gefühl für Scott sein, so konnte er mit Recht Erhebung in dem Gedanken suchen, den er ein anderes Mal ausgesprochen hat: „Wenn ich Ursache hatte, mir zu Herzen zu nehmen, daß die Entwicklung seines Genies mich in Schatten zu stellen schien, so durfte ich mich

damit trösten, daß die Natur mich zum Ersatz dafür mit einer
weit größeren Anlage zum wahren Glück ausgestattet hatte."
Mit „Waverley", der anonym im Februar 1814 erschien
begann jetzt eine lange Reihe anonymer Romane, die Scott und
sein Vaterland in der ganzen Welt berühmt machten. Ihr
Auftreten fällt mit dem Aufblitzen des nationalen Stolzes beim
Friedensschlusse mit Frankreich und den hoffnungsvollen Aussichten für die Zukunft zusammen. Diese Werke sind nicht,
wie die der vorzüglichsten Dichter, wie die Werke Goethes
und Byrons, Produkte verschiedener Entwicklungsstufen und
Bildungsstadien, auch nicht tief eingreifender persönlich erlebter
Ereignisse, sondern vollausgetragene Erzeugnisse einer uner-
schöpflichen Erzählungsgabe und eines ungewöhnlichen charak-
terisierenden Talentes. Sie bezeichnen nach zwei Richtungen
einen außerordentlichen Fortschritt: in betreff der Auffassung
des Historischen und in betreff der Darstellung des bürgerlichen Lebens.

Während die Geschichtschreiber des achtzehnten Jahrhunderts, deren Ideal in ihrer eigenen Zeit lag, ihren Beruf mehr
oratorisch als dichterisch aufgefaßt, und mit abstrakter Ver-
ständigkeit sich mit den politischen und zivilisatorischen Fragen
beschäftigt hatten, ohne einen Blick für den Einfluß der Klimata
und der geographischen Situationen, und ohne Rücksichtnahme
auf die ethnographischen Ursachen, da das Volk als Volksstamm
überhaupt keine Rolle in ihrem Bewußtsein spielte, — ging
Walter Scott als historischer Romanschriftsteller vor allem
darauf aus, eine farbige Schilderung des bestimmten Zeitalters
und des bestimmten Landes zu geben, und fühlte sich um so
weniger versucht, seine Helden in dem Kostüm seiner eigenen
Zeit auftreten zu lassen, als er im tiefsten Innern seiner Seele
das bunte und farbenreiche Leben der Vergangenheit bei Weitem
dem nüchternen Treiben und den glatten Räsonnements seines
eigenen Jahrhunderts vorzog.

Chateaubriand hatte wenige Jahre vorher, in den „Märtyrern" den Versuch gemacht, jedes Zeitalter mit seinem eigenen
Maße zu messen, und die Physiognomie des Altertums in
lebendigen Schilderungen wiederzugeben. Allein Walter Scott
ist doch der eigentliche Entdecker und Durchführer jener Lokal-

farbe in der Dichtung, welche die Grundlage für die ganze Poesie des Romantismus in Frankreich ward, und von Anfang an Hugo, Mérimée und Gautier inspirierte. Und nicht genug, daß er durch seinen historischen Sinn der Wegweiser einer ganzen Dichterschule ward, übte er auch durch seine anspruchslosen Romane den größten Einfluß auf die Geschichtschreibung des neuen Jahrhunderts aus. Man darf nicht vergessen, daß Walter Scotts „Ivanhoe" Augustin Thierry auf den Gedanken brachte, hinter den Thaten Chlodwigs, Karls des Großen und Hugo Capets den Rassenkampf zwischen Normannen und Sachsen und die Spuren einer französischen Eroberung als die wahren Ursachen der Ereignisse zu suchen. Dieser Dichter, dessen Blick für das Seelenleben der einzelnen modernen Menschen nicht tief war, und welcher der modernen individualistischen Zeit gegenüber auf mancherlei Weise durch nationale, monarchische und religiöse Vorurteile gebunden und befangen erschien, besaß kraft seines gewaltigen Naturalismus, sobald er die Menschen als Clan, als Volk, als Stamm oder Rasse vor sich sah, den schärfsten Entdeckerblick für die Natursubstanz in ihnen. Er, welcher gewohnt war, stets an den Gegensatz zwischen Schotten und Engländer zu denken, fand leicht und wie durch eine plötzliche Inspiration die Bedeutung des Rassengegensatzes zwischen Angelsachsen und Normannen, und seine Schilderungen erhielten dadurch eine ebenso große Bedeutung für die Völkerpsychologie wie die Schilderungen Byrons für die Psychologie des Einzelnen.

Hierzu kommt aber die große Vorzüglichkeit dieser Bücher als Schilderungen aller bürgerlichen Gesellschaftsschichten in scharf ausgeprägten und typischen Repräsentanten. Während man in den Romanen des vorigen Jahrhunderts (in denen Fielding's z. B.) von einer Wirtshausszene zur anderen taumelt, offenbart sich das bürgerliche Leben bei Scott in seiner ganzen treuherzigen Breite. Und der Wert dieser Werke wird noch durch die realistische Energie erhöht, mit welcher das Individuum dargestellt ist. Die Engländer haben stets bei dem Dichter das Vermögen besonders hoch geschätzt, mittels handgreiflicher und augenscheinlicher Details zu schildern, so daß die Gestalt deutlich vor das Auge des Lesers tritt. Ihr

derber, gesunder Verstand freut sich an dem kräftig anschau=
lichen Ausdruck   Sie sehen am liebsten das poetische Bild
mit so gesättigten Farben ausgeführt, daß man es vor sich
erblickt wie ein Wappen, das auf ein Schild gemalt ist.
Dieser Vorliebe kam Scott als Romanschriftsteller entgegen.
Man verzieh ihm gern die entsetzliche Breite seiner Beschreib=
ungen und Gespräche, weil man die deutlichste Anschauung
dadurch gewann, entweder durch Addirung der einzelnen Züge,
oder durch endlose Wiederholung derselben Charakterzüge. Ist
sein Verfahren ermüdend, so ist er doch nichtsdestoweniger
einer der größten Charakterzeichner, die je gelebt haben. Eine
Frauengestalt wie Diana Vernon in „Rob Roy" oder Jeanie
Deans in dem „Gefängnis von Edinburgh," eine historische
Persönlichkeit wie Ludwig XI. in „Quentin Durward" stehen
auf der Höhe Dessen was die Romandichtung geleistet hat.

Es war jedoch von Anfang an mit der Abfassungsart
dieser Romane ein sehr mißlicher Umstand verknüpft, der sich
in der Folgezeit auf eine ganze Klasse talentvoller Roman=
schriftsteller vererbte: die unkünstlerische Schnellschreiberei,
welche mit der Aussicht auf ungeheure Honorare das dichterische
Schaffen fabrikmäßig wie eine Industrie betrieb. Schon im
Jahre 1809 war Scott mit der Buchhändlerfirma Ballan=
tyne, welche die Quarterly Review für ihn druckte und ver=
trieb, in Verbindung gekommen; als Romanschriftsteller trat
er in ein förmliches Kompagniegeschäft mit seinem Drucker
und Verleger, einer Firma, die leider weit mehr unternehmungs=
lustig als vorsichtig war. Er produzierte jetzt mit einer fabel=
haften Schnelligkeit. „Guy Mannering" wurde in 25 Tagen
geschrieben und gleichzeitig gedruckt, und bald brachte er es
dahin, jährlich im Durchschnitt zwölf Bände zu liefern, vierzig
Druckseiten bis zum Mittage fertig zu haben, war für ihn
nur eine gewöhnliche Vormittagsarbeit. Der Absatz entsprach
der riesigen Produktion: von „Rob Roy" wurden in sechs
Wochen 10,000 Exemplare verkauft, von den späteren Ro=
manen war der Absatz noch reißender. Um durch eine Zahl
zu veranschaulichen, welchen Grad der Verbreitung diese
Bücher erlangten, will ich nur mitteilen, daß Scotts Ver=
leger allein im Jahre 1822 nicht weniger als 145,000 Bände

alter und neuer Romane von ihm erscheinen ließ. Die Honorare stiegen mit dem Absatze: für die ersten zwei Auflagen
der Biographie Napoleons erhielt Scott 18,000 Pfund, und
seine jährliche Einnahme an Honoraren war bis 1826 in
keinem Jahre geringer, als 75,000 Thaler. Er verwandte
die Gelder zur Erweiterung seiner Besitzung Abbotsford und
zur Aufführung einer förmlichen Burg, wo er mit fürstlicher
Gastlichkeit das Heer von Besuchern empfing, welches sein
Haus überschwemmte und oft für lange Zeit dort sein Quar-
tier aufschlug. Sein Ruf und seine Popularität waren beständig im Steigen.

Während seines Triumphaufenthaltes in London 1815,
wo man in ihm nicht allein den Dichter, sondern auch den
Patrioten, den Ehrenbürger von Edinburgh, feierte, der sich
durch seinen glühenden Haß gegen Napoleon bekannt gemacht
hatte, ward er beim Prinzregenten eingeführt, der ihn mit
Gnadenbezeugungen überschüttete. Man erzählt eine Anekdote von diesem Besuch, welche zugleich eine Vorstellung von
der Art von Witz giebt, wodurch der Thronfolger auf eine
kurze Zeit bestechen und für sich einnehmen konnte. Es war
eine Abendgesellschaft bei dem Prinzregenten versammelt, und
Scott hatte als Ehrengast unaufhörlich erzählen müssen,
während der Prinz ihn scherzend aufs Glatteis zu führen
suchte, um ihn dazu zu bewegen, daß er sich zur Autorschaft
der Waverley-Romane bekenne. Scott wich gewandt aus, und
begann, um den Fragen zu entgehen, eine wahre Geschichte
von seinem alten Bekannten, dem Oberrichter Braxfield, der
auf seinen juristischen Geschäftsreisen bei einem reichen Gutsbesitzer zu übernachten pflegte, welcher, wie der Richter, ein
leidenschaftlicher Schachspieler war, und oft die Partie unent-
schieden von einem Jahr zum andern hinstehen ließ. Der
Gutsbesitzer verübte ein schweres Verbrechen, und Braxfield
fiel die schmerzliche Pflicht zu, das Todesurteil über seinen
Freund und Mitspieler zu sprechen. Er setzte die schwarze
Mütze auf und verlas das Todesurteil, welches mit den
Worten schloß: „Daß Du am Halse gehenkt werden sollst,
bis Du tot bist." Er sprach diese traurigen Worte mit
allem erdenklichen Pathos, dann nahm er die schicksals-

schwangere Mütze ab, und fügte, indem er seinem Spiel=
kameraden mit einem pfiffigen Lächeln zunickte, hinzu: „Und
jetzt, Donald, mein Junge, hab' ich Dich wohl für immer
schachmatt gemacht!" In demselben Augenblick rief der Prinz=
regent: „Hoch, und nochmals hoch, und zum dritten Mal hoch
lebe der Verfasser des Waverley! Und noch ein Glas für
den Verfasser des Marmion! Und mit einem Blick auf das
verlegene Gesicht und die abwehrenden Gebärden Scott's fügte
er hinzu: „Und jetzt, Walter, mein Junge, hab' ich Dich
hoffentlich für immer schachmatt gemacht." —

„Das Gefängnis von Edinburgh," eine der Perlen unter
Scott's Werken, erschien 1818, und hob den Dichter auf den
Gipfel seines Ruhmes. Dann folgte im Dezember 1819
„Ivanhoe" und wurde mit einem ungeheuren Beifallssturm
aufgenommen. Aus wie wenigen und unbedeutenden Wirk=
lichkeitselementen Scott seine poetische Welt zu gestalten ver=
mochte, sieht man am besten an diesem meisterhaften Romane.
Ein Herr Skene, der von einer Reise durch Deutschland heim=
gekehrt war, erzählte Scott Vielerlei über den dortigen Zu=
stand der Juden, ihre besonderen Trachten und Sitten, und
die Härte, mit der sie behandelt würden. Das genügte Scott,
um auf dieser Grundlage seine herrliche Schilderung von
Isaak und Rebekka aufzuführen. War er in seinem Privat=
leben äußerst beschränkt in Betreff der Frage nach den poli=
tischen Rechten der von der Kirche abweichenden Konfessionen,
so macht es ihm als Dichter desto größere Ehre, daß er so
vorurteilslos eine Jüdin zur Heldin seines Romans wählen
und sie mit einer so unerreichten idealen und doch naturwahren
Schönheit ausstatten konnte.

Das Jahr 1823 brachte „Quentin Durward," in welchem
Scott zum ersten Mal fremden Boden betrat, und welcher
seinem englischen und amerikanischen Rufe einen eben so
großen in Frankreich, Deutschland und Italien hinzufügte.
Die Tagebücher des Herrn Skene über seine Reise durch
Frankreich genügten Scott, um seiner Dichtung ihre bewunder=
ungswürdige Farbe zu geben.

Sein Name war jetzt in aller Munde und selbst den
ungebildetsten seiner Landsleute bekannt. Während des fürchter=

lichen Gedränges, das in London bei der Krönungsfeier ent=
stand, war das Leben des Dichters besonders wegen seiner
Lahmheit nicht unbedenklich gefährdet. Mitten auf einem
Platze war ein Spalier von schottischen Gardedragonern ge=
zogen, und Scott redete einen der Unteroffiziere an und bat
ihn, auf den leeren Raum hinter dem Piquet treten zu dürfen.
Der Mann entgegnete kurz, er habe die strengste Ordre, und
könne ihm das unmöglich gestatten. Im selben Augenblick
rief einer der Begleiter des Dichters, als ein neuer Menschen=
schwarm heranwogte: „Sir Walter Scott, sehen Sie sich vor!"
Kaum hörte der Dragoner diesen Namen, als er rief: „Wie!
Sir Walter Scott? Der passiert überall!" und sich zu seinen
Kameraden wendend, sagte er: „Macht Platz, Leute, für Sir
Walter Scott, unseren großen Landsmann!" Die Soldaten
antworteten: „Sir Walter Scott! Gott segne ihn!" — So
empfing das französische Heer in Afrika Horace Vernet mit
Trommelwirbel, Fanfaren und denselben militärischen Ehren=
bezeugungen, die einem Obergeneral erwiesen werden. Ich
wüßte mir keinen größeren Triumph für einen Künstler zu
denken, als diese Huldigung von Seiten des gemeinen Mannes.
1826 trat die Krise im Leben des Dichters ein. Die
Buchhändlerfirma Ballantyne, deren Teilhaber er war, machte
Bankerott, und es zeigte sich zum Erstaunen des ökonomischen
und in seinen Privatangelegenheiten äußerst gewissenhaften
Walter Scott, daß die Schuld sich auf die ungeheure Summe
von 117,000 Pfund Sterling belief. Er trug seinen Ruin
wie ein Mann. Die königliche Bank schickte eine Deputation
an ihn ab, um ihm zu sagen, daß sie sich ihm in jeder Hin=
sicht zur Verfügung stelle. Er nahm ihr Anerbieten nicht an.
Anonym wurde ihm ein Geschenk von 30,000 Pfund ange=
boten, er lehnte alles ab. Er beschloß heldenmütig, den ver=
zweifelten Versuch zu machen, mit dem Ertrag seiner Feder
die ungeheure Schuld zu bezahlen und sich nicht Ruhe noch
Rast zu gönnen, bis er die Verpflichtungen erfüllt habe,
welche der Leichtsinn und die Unordnung anderer seinen
Schultern aufgebürdet hatten. Es kann aber auch Niemanden
wundern, daß der Wert seiner Produktionen von jetzt ab
immer mehr sinkt. Der arme Schriftsteller schloß Kontrakte

über Bücher ab — so und so viele Romane per Jahr zu liefern, — deren Inhalt, ja deren Titel er noch nicht kannte.

Gerade in dieser unglücklichen Zeit, wenige Monate nach dem Fallissement, verlor er seine zärtlich geliebte Gattin; seine Geschäfte verstatteten ihm nicht einmal, an ihrem Sterbebette zu sitzen. Er schrieb und schrieb, einen halben Band des Romanes „Woodstok" in vier Tagen, während die Kreditoren auf ihn einstürmten. Er, der sein Haus vom Morgen bis Abend voller Gäste gesehen hatte, führte jetzt das Leben eines Eremiten. Kapitän Basil Hall schildert den nieder= schlagenden Eindruck, den es auf ihn machte, als er zu Scott kam, und den Mann, der sonst seiner Gattin gegenüber und von Verwandten und Fremden umringt bei Tafel gesessen hatte, sich zu Tische setzen und den Diener ein einziges Kou= vert legen sah.

Er unternahm noch einige Reisen, u. A. eine nach Paris, um Archivstudien zu machen, wo eine Deputation der „dames de la halle", ihm ein Riesenbouquet überreichte. Er gab eine Gesamtausgabe seiner Werke heraus — der Absatz der ersten neun Bände betrug 35,000 Exemplare im Monat — er bezahlte einen Teil seiner Schuld; er sah mit Trauer England den Weg der Reform beschreiten — 1830 rief er aus: „England ist kein Aufenthaltsort für ehrliche Menschen mehr, seit diese neuen Reformen Spielraum gewinnen"; er unternahm krank, geschwächt und von einer teilweisen Gesichts= lähmung befallen, seine letzte Reise ins Ausland, auf welcher er noch in Neapel alle altitalienischen Balladen und Lieder, deren er habhaft werden konnte, sammelte; er trat noch kränker die Heimreise an, um in seinem Vaterlande zu sterben, und verschied im September 1832, ein halbes Jahr nach Goethe's Tode. Er hatte sich sein ganzes Lebenlang auf= richtig zu einem mild rationalistischen Glauben bekannt, und war von der prüfenden und kühnen Wissenschaft seines Jahr= hunderts völlig unberührt geblieben. 1825 sagte er eines Tages: „Ich hoffe, es giebt wenige Menschen, welche das Dasein Gottes leugnen; ja, ich glaube, daß nie Jemand eine so abscheuliche Ansicht gehegt hat." Dabei räumte er ein,

das Höllenfeuer und die Musik der Sphären möchten vielleicht
bildliche Ausdrücke sein, wie er ja auch mit Vergnügen und
ohne Unwillen die Zueignung von Byron's „Kain" entgegen=
nahm. Er war in religiöser wie in politischer und poetischer
Hinsicht noch nicht zur Befreiung der Persönlichkeit von den
zufälligen Traditionen gelangt, in denen man sie von Geburt
an gefesselt hielt. Auch in dieser Beziehung überließ er dem
jüngeren Dichtergeschlecht eine ungelöste, aber durch den Gang
der Geschichte deutlich vorgezeichnete Aufgabe.

Sehen wir von der Höhe unserer Zeit auf den zweiten
Zeitraum seiner Dichtung, die Prosa=Periode, und die ganze
lange Reihenfolge von Romanen zurück, so ist es uns nicht
möglich, sie in demselben Lichte zu betrachten, in welchem sie
seinen Zeitgenossen erschienen. Wir begreifen, daß sie Diese
befriedigen mußten, da sie niemals Anstoß erregten, und nicht
bloß als dichterisch, sondern auch als moralisch, immer mit
Freuden begrüßt werden konnten. Allein gerade dies ist der
Grund, daß sie für uns weniger Interesse haben. Man kann
in den modernen Litteraturen ohne Uebertreibung das Gesetz
aufstellen, daß ein Schriftsteller für unmoralisch gelten und
wenigstens bei einer Generation seiner Zeitgenossen Anstoß er=
regen muß, wenn er nicht schon der nächstfolgenden Gene=
ration als trivial und borniert erscheinen soll. Die Mängel
der Scott'schen Romane fallen uns jetzt in die Augen. Sie
ergötzen den Leser durch die Tüchtigkeit der Charakterzeichnung
und die Lebendigkeit des Dialogs; aber sie befriedigen nicht
den Verstand, sie setzen das Gefühl nicht in hohem Grad in
Bewegung, sie spannen nicht einmal die Neugierde. Sie sind
seelenvoll, aber ideenlos.

Man fühlt, es galt für Scott als patriotischen Dichter,
nachdem Macpherson und Burns die Aufmerksamkeit auf
Schottland hingelenkt hatten, dies Interesse wach zu erhalten.
Deshalb schreibt er so, daß er niemals irgend einen Leser,
selbst den beschränktesten, verscheuchen kann. Er, dem die
Sinne eines Künstlers versagt waren, berührt das Geschlechts=
verhältnis auf eine so behutsame Weise, daß erotische Schilder=
ungen fast ausgeschlossen sind. Und er, dem die Moral wich=
tiger als die Liebe zur Kunst war, stellte die alten Zeiten

nur mit einer so starken Abschwächung ihrer brutalen Elemente
dar, daß die geschichtliche Wahrheit in hohem Grade darunter
leidet. Das Kunstgenre, welches er einführte, und welches
einen so bedeutenden Fortschritt über den älteren Roman hin=
aus bezeichnete, ist in unseren Tagen seinerseits schon ver=
altert, man hat rings in Europa eingesehen, daß der historische
Roman mit all seinen Vorzügen eine Bastardart war, bald
so belastet mit geschichtlichem Material, daß die poetische Ent=
wicklung stille steht, bald so frei in seiner Umdichtung der
Geschichte, daß die reellen und hinzugedichteten Elemente in
ihrem Verein ein höchst unharmonisches Konzert hervorbringen.
Wie anstoßerregend ist z. B. die Art und Weise, wie im
zehnten Kapitel des dritten Teiles des „Gefängnisses von
Edinburgh" historische und erdichtete Repliken des Herzogs
von Argyle zusammengekittet sind. Dazu kommt, daß es uns
immer klarer geworden ist, wie sehr das hier gebotene Total=
bild von dem wirklichen Charakter der entlegenen Zeit ab=
weicht, die häufig gar nicht verständlich sein oder doch gar
keine Sympathie erwecken würde, wenn man sie in unge=
schminkter Wahrheit darstellen wollte. „Der Talisman" und
„Die Kreuzfahrer" Scott's sind Leihbibliotheksromane aus den
abenteuerlichen Ländern und abenteuerlichen Begebenheiten der
Kreuzzüge, fast eben so unwirklich wie Tasso's „befreites Je=
rusalem," aber mit weit geringerem poetischen Talente und
ohne Tasso's künstlerische Gewissenhaftigkeit in Ausführung
und Stil verfaßt.

Wie konnte es anders bei einem Dichter sein, der wie
Scott schrieb, ohne jemals das Geschriebene zu durchlesen oder
zu berichtigen, ohne den Trieb, es zusammenzudrängen, und
ohne daß er sich jemals irgend eine ernsthafte Anforderung in
Betreff der Kürze und Anlage gestellt hätte. Noch geringere
Ansprüche erhebt er an seinen Leser in Betreff der Aufmerk=
samkeit und der Feinheit der Auffassung. Er wiederholt sich
und läßt seine Person sich wiederholen, spricht mitten in die
Erzählung hinein, deutet mit dem Finger erklärend auf dies
und das, und begnügt sich nicht damit, der auftretenden Persön=
lichkeit ein bestimmtes Gepräge zu erteilen, sondern läßt sie
nötigenfalls selbst Rechenschaft über ihr Wesen geben durch

Ausrufe wie: „Ich spreche jetzt mit Ruhe, obschon es meinem Charakter widerstreitet," oder durch Repliken, in welchen der Redende selbst die Moral aus seinen schlechten Handlungen zieht, aus Furcht, daß der Leser sie übersehen und verführt werden könnte. (Man lese z. B. die ganze Beichte George Stauntons an Jeanie Deans, ein Muster schlechten Stils und falscher Psychologie.) Bei so großen Mängeln im Detail hilft es wenig, daß die Grundzüge der Komposition in den besten Romanen vortrefflich sind und sich meist zu einer oder mehreren großen dramatischen Katastrophen zusammenschließen. Ein Werk, das seinen Ruf ein Jahrhundert lang bewahren soll, muß nicht nur poetisch angelegt, sondern in jedem einzelnen Punkte künstlerisch durchgeführt sein, wozu Scott von dem Augenblick an, da er Prosa zu schreiben begann, sich niemals Zeit ließ. Selbst die dramatischste Szene, welche Scott jemals geschrieben hat, die herrliche und ergreifende Gerichtsszene in dem „Gefängnis von Edinburgh", wo Jeanie blutenden Herzens, aber mit edler Wahrheitsliebe, gegen ihre eigene Schwester zeugt, verliert die Hälfte ihrer Wirkung durch die Breite und Nachlässigkeit, womit sie erzählt wird. Aus Thomas Moores Memoiren ersieht man, daß der Hauptinhalt des Buches das junge Mädchen, welches sich weigert, vor Gericht für ihre Schwester zu zeugen, und dann die lange Reise unternimmt, um ihre Begnadigung zu erflehen, eine thatsächliche Begebenheit ist, die Scott in einem anonymen Briefe mitgeteilt ward. Er hatte den schärfsten Blick für die sittliche Schönheit dieser Begebenheit, aber einen sehr schwachen für ihren dramatischen Charakter. Hätte Scott nur halb so viel Talent, aber doppelt so viel Bildung und Selbstkritik besessen, so würde er zwar kein so geräuschvolles Aufsehen erweckt, aber Werke von höherem und dauerndem Werte erschaffen haben*). Er fühlt selbst, daß die Lücken seiner Bildung ihn verhinderten, das Höchste auf dem Gebiete der Dichtkunst zu erreichen. Man findet an

---

*) Von bildender Kunst scheint er keinen Begriff gehabt zu haben. Um ein Bild von dem alten Puritaner im „Gefängnis von Edinburgh" zu geben, bringt er folgende Ungereimtheit vor: „Es war ein Gemälde, in welchem Rembrandt die hellen Partien, aber Michel Angelo's lebensvoller, kräftiger Pinsel die scharfe Kontour ausgeführt zu haben schien."

einer Stelle seines Tagebuchs ein kleines merkwürdiges Resumé
seines Lebens: „Wie seltsam hat sich mein Leben gestaltet!
Meine Bildung ist halb, meine wissenschaftliche Er=
ziehung wurde vernachläsfigt oder mir selbst überlassen.
So pfropfte ich meinen Kopf mit einer Masse dummen Zeugs
voll und wurde eine Zeitlang von meinen Altersgenossen ver=
kannt. Doch kam ich vorwärts und galt für einen klugen und
tüchtigen Burschen, zur Beschämung derer, die mich für einen
Träumer gehalten hatten... Und nun muß ich mich mit zer=
schossenem Flügel von der Höhe meines Stolzes herabstürzen,
nur weil es der Londoner Börse einfällt, toll zu werden, und
ich armer honetter Löwe werde jetzt darum hart von Bären
und Ochsen bedrängt." Es rächt sich in diesem Jahrhundert
an einem Dichter, von dem Entwickelungsgange der ganzen
modernen Wissenschaft unberührt geblieben zu sein. Vermag
er nicht, wie Byron, durch eine Intuition alles zu ahnen,
was die Wissenschaft sucht und feststellt, so entgleiten seine
Werke den Händen der Gebildeten, um von denen ergriffen zu
werden, die nur Unterhaltungslektüre verlangen, oder sie werden
von den Gebildeten aufbewahrt und eingebunden, — um von
ihnen als Geburtstags= und Konfirmationsgeschenke ihren Söhnen
und Töchtern, Neffen und Nichten verehrt zu werden. Dies
ist das Los, welches Scott zu Teil geworden ist. Der Dichter,
welcher im zweiten und dritten Jahrzehnt unseres Jahrhunderts
den litterarischen Markt beherrschte, dessen Einfluß sich auf alle
Länder Europas erstreckte, und der in Frankreich Nachahmer
wie Mérimée, Hugo und Dumas den Aelteren (Les Mous-
quetaires), in Italien einen Jünger wie Manzoni, in Deutsch=
land Geistesverwandte wie Fouqué und Alexis, in Dänemark
Bewunderer und Schüler wie Paul Möller, Ingemann und
Hauch hatte, ist in unseren Tagen durch die stumme aber lehr=
reiche Kritik der Zeit der Lieblingsdichter der Knaben und
Mädchen von vierzehn Jahren geworden, ein Dichter, den
jeder Erwachsene gelesen h a t , aber den kein Erwachsener
mehr liest.

11.

Universeller Sensualismus. — Keats.

In dem bewunderungswürdigen Fragmente „Hyperion" von Keats kommt eine Szene vor, wo das Göttergeschlecht überwältigt in einer tiefen Felshöhle unter der Erde liegt. Man hält eine Beratung, und der Gott der Titanen, der alte Saturn, schließt seine mutlose Rede:

> Ihr seid hier,
> Besiegt, verhöhnt, geschlagen, seid ihr hier!
> Titanen, sag' ich euch: „Steht auf!" — ihr stöhnt.
> Sag' ich: „Demütigt euch!" ihr stöhnt. Was denn?
> O Himmel! nie gesehner Vater! Was
> Vermag ich? All ihr Brudergötter, sagt:
> Wie können kämpfen wir, wie unserm Grimm
> Genüge thun? . .

Da erhebt sich zuerst Ozeanus, der grübelnde, gedanken= volle Gott des Meeres, und schüttelt seine jetzt trockenen Locken, und beginnt mit kindischem Gemurmel, das seine Zunge dem schaumgepeitschten Sande nachlallt, und rät den von Leiden= schaft erregten Genossen, Trost in dem Gedanken zu suchen, daß sie durch das Gesetz der Natur, nicht durch die Kraft des Donners oder Jupiters fallen:

> Großer Saturnus, du
> Hast das Atomen-Weltall wohl durchschaut.
> Doch aus dem Grunde, weil du König bist
> Und blind aus purer Oberherrlichkeit,
> Blieb deinem Aug' ein Weg in Nacht gehüllt,
> Auf welchem ich zu ew'ger Wahrheit schritt.
> Wie du die erste nicht der Mächte warst,
> Bist du die letzte nicht, und kannst's nicht sein.
> Du bist der Anfang nicht, das Ende nicht.
> Dem Chaos und der Finsternis entsprang
> Das Licht, die erste Frucht des innern Kampfs,
> Der trüben Gährung, die zu hehrem Ziel
> Herangereift. Der Reife Stunde kam,
> Mit ihr das Licht, das zeugend wieder auf
> Den eignen Schöpfer wirkte, und den Stoff,
> Den ganzen, riesigen, ins Leben rief.
> Zu jener Frist ward unser Elternpaar,
> Der Himmel und die Erde, offenbar:
> Dann herrschten du, der Erstgeborne, und

Wir, das Geschlecht der Riesen, ob der Welt.
Jetzt kommt der Wahrheit Schmerz, wem Schmerz sie ist;
O Thorheit! denn der Hoheit Gipfel ist's,
Die nackte Wahrheit und verhängtes Loos
Mit Fassung zu ertragen. Merket wohl!
Wie Erd' und Himmel schöner, hehrer sind,
Als Finsternis und Chaos, die dereinst
Geherrscht, und wie wir hinter ihnen Erd'
Und Himmel, fest und herrlich an Gestalt,
In Willen, Handlung frei, Geselligkeit
Und tausend Zeichen reinren Lebens schaun:
So tritt jetzt eine neue, bessere
Und schönre Macht in unsre Spur, von uns
Gezeugt, die uns besiegen soll, wie wir
Glorreich die alte Finsternis besiegt;
Auch unterliegen wir darum nicht mehr,
Als uns des Chaos Ungestalt erlag.
Wie! zürnt der unbeholfne Boden wohl
Dem stolzen Wald, den er genährt, und noch
Ernährt, der anmutreicher als er selbst?
Gönnt er die Herrschaft nicht dem grünen Hain?
Und soll der Baum die Taube neiden wohl,
Dieweil sie girrt und weiße Schwingen hat,
Auf denen froh sie überallhin schweift?
Wir gleichen solchen Bäumen tief im Wald,
Und unsre kräft'gen Zweige hegten nicht
Einsame, bleiche Tauben, sondern gold-
Gefiederte Adler, die hoch über uns
In ihrer Schönheit schweben, und deshalb
Regieren müssen: denn ein ewiges
Gesetz gebeut, daß, wer der Erste ist
An Schönheit, auch an Macht der Erste sei;
Ja, dies Gesetz mag fügen, daß vielleicht
Ein Anderes Geschlecht einst unsre
Besieger trauern läßt, wie sie jetzt uns.
Habt ihr den jungen Meeresgott gesehn,
Der mich entthronte? Saht ihr sein Gesicht?
Saht seinen Wagen ihr, den ein Gespann
Von edlen Flügelrossen, die er selbst
Erschaffen durch den Schaum hinfliegen heißt?
Ich sah ihn gleiten durch die ebne Flut
Mit solcher Schönheitsglut in seinem Blick,
Daß ich mit einem trüben Lebewohl
Von meinem ganzen Reiche Abschied nahm . . .

So spricht Ozeanus. Und als die gestürzten Götter,
sei es aus verlegener Ueberzeugtheit oder aus Groll, schweigen, unterbricht die Göttin Clymene, deren niemand achtete,

die Stille, und ergreift ſchüchtern, mit hektiſchen Lippen und
ſanft blickenden Augen, das Wort unter der zornig erregten Schar:

O Vater! ich bin die Geringſte hier,
Und weiß nur Dies, daß alle Luſt dahin,
Und daß ein Weh in unſre Herzen ſchlich,
Das, fürcht ich, dort für immer bleiben wird.
Ich möchte Unheil nicht verkünden . . . Doch
Laßt meine Sorge mich erzählen, laßt
Mich ſagen, was ich hörte, und was mir
In heißen Thränen das Bewußtſein gab,
Daß jede Hoffnung uns erloſchen iſt.
Ich ſtand an einem ſchönen Ufer jüngſt,
Wohin ein ſtilles Land voll Blütenduft
Des Friedens wunderſüßen Hauch ergoß.
Voll ſanfter Freude war's, wie ich voll Gram;
Zu voll an Freude, Reiz und Lieblichkeit,
So daß die Regung in das Herz mir ſtieg,
Die Einſamkeit zu ſchelten und zu ſchmähn
Durch Klageweiſen, Lieder unſres Leids.
Ich ſetzte mich, hob eine Muſchel auf,
Und haucht' in ſie die trübe Melodie, —
Ach, Melodie nicht mehr! denn als ich ſang,
Und kunſtlos in die Luft den Wiederhall
Der dumpfen Muſchel ſtrömen ließ, da kam
Jenſeits von einer wald'gen Inſel her
Im Wechſelſpiel des Winds ein Zauberklang,
Der mir das Ohr betäubt' und ſüß ergriff.
Ich warf die Muſchel nieder auf den Sand,
Und eine Welle füllte ſie, wie mir
Den Sinn die neue, goldne Melodie.
In jedem Laute war lebend'ger Tod,
In jedem Strom entzückter Töne, die
Hinklangen nach einander und zugleich,
Wie Perlen, plötzlich ihrer Schnur entrollt;
Dann noch ein Lied, und wiederum ein Lied,
Gleich Tauben, von des Oelbaums Aſt entſchwebt,
Statt ſtummer Federn mit Muſik beſchwingt,
Die mich umſchwirrten, und mich krank vor Luſt
Und Trauer machten. Trauer herrſchte vor,
Ich hielt mir die berauſchten Ohren zu;
Da, durch der zitternden Hände eitle Wehr
Klang eine Stimme, ſüßer, ſüßer noch,
Als alle Melodien und rief: „Apollo!"
Der morgenhelle, junge Gott Apollo!
Ich floh, es folgte mir und rief: „Apollo!"

Keats hat nirgendwo ſonſt ſo etwas Herrliches wie dieſe

Stelle geschrieben. Und sie ist ebenso gedankentief wie schön.
Ich stelle sie an die Spitze dessen, was ich über ihn zu sagen
habe, nicht allein als Probe der Größe und Kraft seiner Poesie,
sondern als Einleitung zu seinem/ sowohl wie zu dem Auftreten
des ganzen jüngeren Dichtergeschlechts, nachdem die Seeschule
und Scott das poetische Szepter erobert hatten. Im Namen
der herrschenden Götter sieht sich der Menschengeist immer zur
Unbeweglichkeit und zum Stillstande verurteilt. Der Fort=
schritt bedarf eines Thronwechsels. Wordsworth und Scott
glichen mächtigen Titanengöttern, deren Glanz vor dem des
jungen Geschlechts erblich, und Keats selber war der strahlende
Vogel, der sich von Wordsworths alter großblättriger Stein=
eiche hoch in die Lüfte schwang. War nicht Byron der neue
Gott des Meeres, der die Gewässer der Leidenschaft mit einer
Schönheit in seinem Auge durchfuhr, welche den größten dichte=
rischen Genius der Zeit veranlaßte, sein Reich zu verlassen,
sicher, nicht im Wettkampfe bestehen zu können? Und klingen
nicht Shelleys Melodien so süß berauschend, und unerhört
kühn durch die Lüfte, daß sie noch heute überallhin dringen,
obschon man sich, wie Clymene, die Ohren zuhält und so lange
wie möglich sich weigert, den neuen Tönen willig Gehör zu
schenken? Es hilft nichts, denn von allen Seiten hören wir
jetzt den Ruf: „Apollo! Der morgenhelle junge Gott Apollo!"

Die alten Götter nahmen, wie in dem Gedichte, eine ver=
schiedenartige Haltung ein. Scott, der edelste von allen, strich,
wie wir gesehen haben, die Flagge vor Byron, mit einem Adel
und einer Milde, welche seinen vielen anderen Kränzen noch
einen weiteren hinzugefügt haben; Wordsworth zog sich grollend
an seine Seen zurück, mit einer Plagiatsbeschuldigung auf den
Lippen; Southey spie Gift und Galle — und währenddessen
nahmen die neuen, jungen Götter ihre Throne ein und schlangen
die Sonnenstrahlen als Glorien um ihre Scheitel.

Keats war der Jüngste von ihnen allen, und mit eigen=
tümlichen Attributen und einem eigenen Reiche ausgestattet,
in das keiner von den anderen einen Eingriff versuchte. Er
ist eins der vielen Beispiele davon, wie die feinsten und
seltensten Organismen in groben äußeren Verhältnissen auf=
tauchen und sich fast ohne Gunst der Umstände entfalten können.

Dieser Jüngling, welcher, obschon er in seinem 26. Jahre starb, Meisterwerke hinterlassen hat, die keiner, der sie gelesen, vergessen kann, und dessen Name Shelley in seinem „Adonais" unter seine Sterne schrieb, war der Sohn eines Londoner Mietskutschers und als Apothekerlehrling erzogen. Den meisten des älteren Geschlechts war er unbekannt. Wordsworth, der einzige ältere Dichter, auf den sein Blick beständig und mit einer größeren Ehrfurcht gerichtet war, als irgend ein anderer der jüngeren sie für denselben empfand, — selbst Wordsworth zeigte sich kalt gegen ihn. Als Keats eines Abends bei dem Maler Heydon, wo der Veteran von Rydal Mount zugegen war, aufgefordert ward, die schöne Hymne an Pan aus dem ersten Gesange seines „Endymion" vorzutragen, hörte der grauhaarige Dichter sie ohne Unterbrechung bis zu Ende an und bemerkte dann nur, daß es „ein schönes Stück Heidentum" sei. Das war es, und Ehre sei Keats dafür! Aber Wordsworth wollte schwerlich etwas Schmeichelhaftes damit sagen. So lautete die gewichtigste Stimme der alten Dichterschule. Eine andere gaben die kritischen Altmeister ab. Sie klang heiser und schrill. Sowohl die Quarterly wie die Blackwood Review verhöhnten den „Endymion" auf die roheste Weise. Man sagte dem Verfasser, daß „er besser thäte zu seinen Apothekerkruken zurück zu kehren", und man erinnerte ihn daran, daß „ein hungriger Apotheker doch besser als ein hungriger Dichter sei". Der Stachel verwundete und schmerzte gewiß tief, wie ruhig sich auch der junge Dichter in seinen Briefen über die schmähliche Mißhandlung äußerte, die ihm widerfahren war. Es ist höchst unwahrscheinlich, daß die Tradition, die sich über die zerstörende Wirkung dieses Artikels auf seinen Gesundheitszustand gleich unter Keats' Bekannten bildete, wie sie jetzt behauptet zu werden pflegt, alles Grundes entbehren sollte. Durch einen Artikel getötet, wie es in Byrons „Don Juan" heißt, wurde Keats freilich nicht, und seine Aeußerungen beweisen in jedem Fall zur Genüge, eine wie tiefe Verachtung er für die erwähnten Spottergüsse gegen seine Kunst und Person hegte; aber sein Ehrgeiz war stark, sein Gemüt für Eindrücke empfänglich, und sein Körper trug

den Keim des Todes in sich — kein Wunder also, wenn gehässige Angriffe von außen einen Organismus erschütterten,.
den zehrende Leidenschaft und zehrende Krankheit von innen
bestürmten.

Keats war im Oktober 1795 geboren; er verlor mit
neun Jahren seinen Vater, wurde von seiner Mutter in eine
gute Schule gesandt, und verlor zu seiner unbeschreiblichen
Trauer auch sie noch als Knabe. Sein Aeußeres entsprach
dem Eindruck, den man jetzt aus seiner Poesie erhält. Während
der ätherische und weibliche Shelley eine schlanke, feine und
schmalschultrige Gestalt und eine helle Stimme besaß, hatte
der echt irdische und schwerfüßige Keats bei einem ziemlich
kleinen Unterkörper eine breite, kräftige Brust mit starken
Schultern, und eine tiefe, ernsthafte Stimme. Sein kleiner
Kopf war von dichten braunen Locken umgeben, die Augen
groß, feurig, dunkelblau und bei starker Gemütserregung blitzartig leuchtend, der Mund schön geformt, aber die Unterlippe
so vorspringend, daß sie dem Gesicht einen herausfordernden
und streitbaren Charakter verlieh. Der Grundzug bei ihm.
als Knabe war daher auch die Hartnäckigkeit und Entschlossenheit eines kleinen englischen Dachshundes, ein Zug, welcher
darauf schließen ließ, daß er sich eher in der kriegerischen als
in der litterarischen Laufbahn auszeichnen würde. Er bewies
zugleich einen großen persönlichen Mut und war Meister in
allen Leibesübungen; kurz ehe ihn die Schwindsucht befiel,
prügelte er einen ungezogenen Schlächtergesellen in einer regel-
mäßigen Boxerei durch.

Mit fünfzehn Jahren verließ er die Schule, und von
seinem fünfzehnten bis zu seinem zwanzigsten Jahre erhielt er
durch Vermittelung seiner Verwandten eine Stelle in einer
Apotheke zu Edmonton als Gehülfe eines recht tüchtigen
Chirurgen, welcher nach der Sitte der Zeit das Geschäft eines
Arztes mit dem eines Apothekers verband. 1816 begann er
als Student die Spitäler zu London zu besuchen, gab aber
bald die Medizin um der Litteratur willen auf. Nach einem.
mehrjährigen Zusammenleben mit einigen der jungen Männer
damaliger Zeit, deren Interessen sich um Kunst und Poesie.

gruppierten, und auf denen die litterarische Zukunft des
Landes ruhte, ward er von der Krankheit befallen, die schon
seine Mutter und seinen jüngeren Bruder hingerafft hatte.
Sie entwickelte sich unter der Besorgnis, wie er sich seinen
Lebensunterhalt verschaffen sollte, und unter dem beständig
drückenderen Gefühl der Not. Sie wurde durch eine tiefe und
erwiderte, aber wegen Keats Armut hoffnungslose Leidenschaft
für eine junge englisch = ostindische Dame beschleunigt. Sie
machte seine Trennung von ihr nötig, da er nach dem Süden
reisen mußte, und sie tötete ihn in Rom.

Ich finde, wenn ich den Blick auf den nicht litterarischen
Teil von Keats Leben wende, nur drei biographische Haupt=
fakta: die Aussichtslosigkeit in betreff seiner Subsistenzmittel,
die tiefe und hoffnungslose Leidenschaft für sie, ohne welche
das Leben ihm nichts war, und endlich die schleichende
Krankheit.

Miß Fanny (eigentlich Frances) Brawne war fünf Jahre
jünger als Keats, also achtzehn Jahre alt, als er sie 1818
kennen lernte. Er lebte damals in Wentworth Place bei
Hampstead, einem Besitz, der nur aus zwei Häusern mit Vor=
und Hintergärten bestand, von denen eins die Familie Brawne,
Mutter und Tochter, bewohnte, während Keats und sein Freund
Brown in dem anderen ihren Aufenthalt genommen hatten.
Hier verbrachte Keats das erste halbe Jahr seines Liebes=
lebens in wirklichem Glücke. Im Dezember 1818 hatte er
„Hyperion" begonnen. Im Januar schrieb er „Isabella". Im
Februar 1819, dem fruchtbarsten Monate seines Lebens,
dichtete er die Ode an Psyche, St. Agnes Abend und viel von
„Hyperion". Bei Beginn des Frühlings schrieb er, unter einem
Pflaumenbaum im Brawneschen Garten sitzend, die Ode an die
Nachtigall. Mit anderen Worten: das schönste, was er geschrieben
hat, entstammt diesem ersten halben Jahre, in dem er mit Fanny
weite Spaziergänge unternahm und noch gesund war. Da er
die Geliebte täglich und ohne Beschränkung sehen konnte, so
existiert leider kein einziger Liebesbrief aus dieser kurzen Zeit
seines Glückes. Im Monat Juli schreibt er ihr jedoch zum ersten
Mal, und alle Briefe, die er ihr in diesem und dem folgenden

Jahre bis zu seinem Tode geschrieben hat, wurden 1878 ver
öffentlicht.

Die ersten sind noch etwas schwermütig. In einem der
frühesten heißt es: „Ich bedarf eines lichteren Wortes als
licht, eines schöneren Wortes als schön," und auf eine Ein=
wendung ihrerseits antwortet er: „Weshalb soll ich nicht von
Deiner Schönheit sprechen, da ich Dich ohne dieselbe nie würde
geliebt haben können? Es giebt vielleicht eine andere Art
Liebe, vor welcher ich den größten Respekt habe, und die ich
bei anderen bewundere; aber sie hat weder jenen Reichtum,
jene Blüte, jene volle Form, noch jenen Zauber, welchen Liebe
nach meinem eigenen Gefühle besitzt."

Aber sehr bald schimmert in diesen Briefen jene Eifer=
sucht durch, welche dann so verzehrend auf Keats wirken sollte.
Immer wieder fordert er ihr Gelübde ewiger Neigung ab.
Ohne noch krank zu sein, hat er ein unbestimmtes Vorgefühl,
daß seine Todesstunde nicht fern sei. Es gäbe, sagt er, vor=
züglich zwei Gegenstände, über die er auf einsamen Spazier=
gängen brüte: ihre Lieblichkeit und seinen eigenen Tod: „Könnte
ich beide doch in einer Minute empfinden!"

Ihre Briefe wirkten im Grunde nur verstimmend auf
ihn. Er las sie so oft, daß jeder Satz eine unnatürliche
Bedeutung erhielt, und sie schienen ihm dann entweder zu
kalt oder voll von Vorwürfen. Er quälte sich und in Folge
dessen auch sie mit seiner argwöhnischen Reizbarkeit, fuhr z. B.
ohne Grund an ihrer Thür in Hampstead vorbei, obschon er
sich nach ihr sehnte, und sie durch sein Ausbleiben täuschte.
Vom Oktober 1819 giebt es ein paar glückliche und ganz
zärtliche Briefe. Aber im Februar 1820 tritt in seinem
Seelenleben ein Zustand höchster Erregung auf. Er beginnt
Blut zu speien und „liest in dessen Farbe sein Todesurteil."
Die Briefe, welche jetzt folgen, sind kurz, einige noch hoff=
nungsvoll und scherzend, andere mißtrauisch und heftig in
ihrem Eifersuchtsausdruck.

Man lese folgendes Bruchstück: „Du kennst unsere Lage
— welche Hoffnung ist wohl vorhanden, selbst wenn ich mich
noch so schnell erholen sollte — mein Gesundheitszustand wird

mir nicht die geringste Anstrengung gestatten. Es ist mir verboten worden, nicht einmal Gedichte zu lesen, geschweige denn zu schreiben. Wenn ich nur ein wenig Hoffnung hätte! Ich kann nicht sagen vergiß mich — aber ich will doch bemerken, daß es in dieser Welt Unmöglichkeiten giebt. Nichts mehr hierüber. Ich bin nicht stark genug zum Entsagen — doch antworte nichts hierauf in Deinem Gutenacht-Brief."

Stets bittet er sie während seiner scheinbaren Rekonvaleszens, nur eine halbe Minute an das Fenster zu kommen, durch welches er sie sehen könne, oder ein paar Schritte im Garten zu gehen. Kurz darauf bittet er sie, nicht jeden Tag zu ihm zu kommen, da er ihren Anblick nicht immer ertragen könne. Kommt sie dann aber nicht, so wird er eifersüchtig und unruhig.

Die Briefe werden immer trauriger und peinlicher zu lesen, je mehr sich der unentrinnbare Ausgang nähert. Die letzten Briefe sind herzzerreißend. In seiner Leidenschaftlichkeit ist er hilflos und rasend verzweifelt wie ein Kind, das sich vergessen glaubt. Es ist der seelische Todeskampf vor dem körperlichen.

Seine Geliebte erwies ihm bis zuletzt eine unveränderte Zärtlichkeit. Selbstverständlich hatte dies reine, junge, etwas kokette Mädchen, wie es sich zeigt, keine Ahnung von den wirklichen Fähigkeiten und Kräften, welche in der Seele des armen brustkranken Jünglings wohnten, der sie anbetete und quälte, aber sie liebte ihn seiner selbst willen und als ihr der letzte Brief verriet, wie schlimm es um ihn stand, da wollte sie und ihre Mutter ihn nicht mehr länger der Sorgfalt eines Freundes überlassen, sondern brachten ihn in ihr eigenes Haus in Wentworth Place, wo er den letzten Monat vor seiner Abreise nach Italien wohnte. Eine Reise dorthin wollten die Aerzte noch versuchen.

Er, der unter anderen Umständen es als das höchste Glück empfunden hätte, das Land zu sehen, nach dessen Natur er sich immer gesehnt und dessen Gottheiten er von den Toten erweckt hatte, schreibt jetzt: „Die Reise nach Italien weckt mich jeden Morgen bei Tagesanbruch. Ich soll versuchen, sie zu

unternehmen, obschon ich das Gefühl dabei habe, als sollte
ich gegen eine Batterie marschieren." An Bord des Schiffes
schreibt er in betreff seiner Liebe: „Wenn mein Körper sich
von selbst erholen könnte, würde es dieser Umstand verhindern;
selbst das, wofür ich am meisten zu leben wünschte, wird ein
Hauptanlaß meines Todes werden . . . Ich wünsche mir
immer den Tod bei Tag und bei Nacht, um von diesem Leiden
erlöst zu werden, und verwünsche dann wieder den Tod, da
der Tod diese Leiden selber vernichten würde, die besser als
das Nichts sind. Land und Meer, Schwäche und Auszehrung
sind große Trenner, aber der Tod ist der große Trenner für
ewig . . . Ich denke selten an meinen Bruder und meine
Schwester in Amerika, aber der Gedanke, Miß Brawne verlassen zu sollen, ist schrecklich vor allem andern; ein Gefühl
des Dunkels überkommt mich dabei; ich sehe unablässig ihr
verschwindendes Antlitz." Und in einem anderen Briefe heißt
es: „Die Ueberzeugung, daß ich sie nicht mehr wiedersehen
soll, wird mich töten. Mein lieber Brown, ich hätte sie haben
sollen, als ich gesund war, und ich wäre nicht krank geworden.
Ich kann es nicht ertragen, zu sterben, — ich kann es nicht
ertragen, sie zu verlassen. O Gott, Gott, Gott! Alles, was
ich in meinen Koffern habe, was mich an sie erinnert, durch=
bohrt wie ein Speer mein Herz. Das seidene Futter, das sie
mir in die Reisemütze genäht, brennt auf meinem Kopfe, meine
Phantasie ist schauerlich lebendig in betreff ihrer — ich sehe
sie — ich höre sie überall. Es giebt nichts in der Welt, was
hinlänglich Interesse für mich hätte, um mich auch nur einen
Augenblick von dem Gedanken an sie abzuziehen . . . Ich
vermag kein Wort über Neapel zu sagen: ich fühle mich nicht
im Geringsten von den tausend neuen Dingen um mich her
berührt. Ich ängstige mich ihr zu schreiben, aber es wäre mir
lieb, wenn sie wüßte, daß ich sie nicht vergessen habe. O
Brown, ich trage glühende Kohlen in meiner Brust. Es über=
rascht mich, daß das menschliche Herz im stande ist, so viel
Elend auszuhalten und zu ertragen. Ward ich geboren, um
so zu enden?"

Am letzten Tage des Novembermonats 1820 schrieb er

feinen letzten Brief. Ein geschickter Arzt, ein intimer Jugend=
freund von Keats, Dr. Clark, erhielt sein Leben noch den
Winter hindurch. In Neapel hatte er einen herzlichen Brief
von Shelley empfangen, der ihn einlud, nach Pisa zu kommen,
wo ihm jegliche Pflege und Hilfe zu Teil werden sollte. Er
nahm das Anerbieten nicht an. Nach mehrwöchentlichen
qualvollen Leiden trat ein Zustand resignierter Ruhe und er=
quickenden Schlafes ein. Er wünschte, daß man einen Brief
seiner Geliebten, den er nicht zu lesen wagte, nebst einer Börse
und einem Brief von seiner Schwester, in seinen Sarg lege,
und verfügte, daß auf seinen Grabstein die Worte gesetzt
werden sollten: „Hier ruht einer, dessen Name in Wasser ge=
schrieben ward." Die Berührung durch Shelleys Zauberstab
machte das Wasser zu Eis gerinnen und erhielt den Namen,
wie in Kristall geritzt, für alle künftigen Zeiten*).

Keats' Poesie ist die am stärksten duftende Blume des
englischen Naturalismus. Dieser hatte sich ja, als der Dichter
auftrat, schon eines langen und kräftigen Wachstums erfreut.
Seine Losung war, wie wir gesehen haben, zuerst von Words=
worth formuliert und von ihm so in System gebracht worden,
daß er seine Gedichte in Gruppen einteilt, welche den ver=
schiedenen Lebensaltern und den verschiedenen Seelenvermögen
entsprechen. Er empfing bei Coleridge einen Rückhalt in einer
halb Schelling'schen Naturphilosophie, er trat bei Scott sieg=
reich als ein von der Vaterlandsliebe getragenes Menschen=
und Landschaftsstudium, als historische Begeisterung und als
ein genialer Entdeckerblick für die eingreifende Bedeutung der
Rassen auf. Er zeigt sich endlich sowohl bei Moore wie bei
Keats als ein reicher und prächtiger Sensualismus, von Or=
ganismen getragen, deren Sinne eine Empfänglichkeit für die
Schönheitseindrücke der Außenwelt besitzen, gegen welche die
gewöhnliche Eindrucksfähigkeit der Menschen blöde und stumpf
erscheint. Aber bei Moore ist die Sinnlichkeit, welche sich

---

*) — Der monatslose Strom der Zeit
Ward ein Kristallstreif, der den Namen strahlt
Von Adonais.
Shelley: Fragment XXVII. Auf Keats.

künstlerisch in einem warmen und glänzenden Kolorit offen=
bart, einseitig auf das Erotische gerichtet, und von einer leichten
und spielenden Natur. Bei Keats ist sie umfangreich, ge=
diegen und schwer, durchaus nicht vorwiegend erotisch, sondern
allseitig und in dieser ihrer Allseitigkeit ein bewunderungs=
würdiges Extrem des englischen Naturalismus. Derselbe führte
bei Wordsworth zu einem schon geschilderten Extrem; bei Keats
ist er zu einem ganz anderen und poetisch viel wertvolleren
gelangt.

Unter allen Dichtergeistern Englands war Keats am
meisten Artist. Er war der am wenigsten Dogmatische von
ihnen allen. Seine Poesie hat keine Stütze in der Vaterlands=
liebe, wie bei Scott und Moore, sie predigt kein Freiheits=
evangelium, wie bei Shelley und Byron, sie ist reine Kunst,
und wird nur von der Phantasie getragen. Es war einer
seiner Lieblingssätze, daß der wahre Dichter keine Lehre oder
Ansicht, keine Moral, ja kein Selbst haben könne. Und
weshalb? Weil der Dichter sich gleichmäßig am Licht wie am
Schatten freut, und eben so viel Vergnügen daran findet, einen
Jago wie einen Imogen zu erschaffen. Von allen Dichtern,
die sich selber über den Gegenständen ihrer Phantasie vergessen
haben, gilt es, daß sie in den Stunden der Produktion ihre
Privateigentümlichkeit und Privatliebe möglichst beiseite gesetzt
haben; aber von Keats gilt dies im höchsten Grade. Räumten
die Andern ihr Arbeitsgemach teilweise von ihren persönlichen
Hoffnungen, Schwärmereien und Grundsätzen, so thaten sie es
doch nicht so vollständig wie er. Sein Arbeitszimmer glich,
wie einer seiner Bewunderer gesagt hat, „dem Atelier eines
Malers, worin sich wenig anderes Gerät als die Staffelei
befindet."

Aber jener poetische Indifferentismus, den Keats An=
sichten und Prinzipien gegenüber bewies, war selbst eine Lebens=
anschauung und Prinzip, nämlich die des poetischen Pantheis=
mus. Dem konsequenten poetischen Pantheisten sind alle For=
men, alle Gestalten, alle Lebensäußerungen auf Erden, in
welche die Phantasie sich vertieft, lieb und gleich lieb. Keats
erkennt für den Dichter keine Wahrheit von der Art an, welche

reformiert und ausschließt; aber er hegt einen fast religiösen
Glauben an die Einbildungskraft selber als Wahrheitsquell.
Es heißt in einem seiner Briefe: „Ich bin keiner Sache ge=
wiß, außer daß die Gefühle des Herzens heilig sind, und daß
die Einbildungskraft wahr ist. Was sie als Schönheit ergreift,
muß Wahrheit sein, mag es früher so existiert haben oder
nicht — denn ich habe dieselbe Ansicht von all unsern Leiden=
schaften, wie von der Liebe: sie sind alle auf ihrem Höhepunkte
Schöpfer wesenhafter Schönheit. Die Einbildungskraft kann
mit dem Traume Adams verglichen werden: er erwachte und
fand, daß derselbe Wahrheit sei." Er entwickelte weiter den
Unterschied zwischen dieser Art von Wahrheit und derjenigen,
zu welcher man auf dem Wege des Nachgrübelns gelangt, und
bricht dann in die Worte aus, welche den Schlüssel zu seiner
ganzen Poesie enthalten: „Doch wie sich auch alles verhalte,
o wie viel lieber ein Leben in Sinneseindrücken, als ein Leben
in Gedanken!" (O for a life of sensations rather than
of thougts!)

Er lebte einen großen Teil seines Lebens in passiven
Sinneseindrücken, in Vergnügen und Schmerz durch die Sinne.
„Man nehme", sagt Masson, „eine Physiologie und gehe die
sogenannten Klassen von Sinnesempfindungen eine nach der
andern durch — die Sinnesempfindungen, welche mit den
bloßen Muskelzuständen verknüpft sind, diejenigen, welche mit
solchen Lebensprozessen wie Blutumlauf, Ernährung, Atem=
holen, und elektrischer Berührung mit umgebenden Körpern in
Verbindung stehen, die Geschmacks=, Geruchs=, Gefühls=, Ge=
hörs=, Gesichtsempfindungen — und man wird finden, daß
Keats mit ihnen allen in gewöhnlichem Maße begabt war."

Er war z. B. außerordentlich empfänglich für die Genuß=
eindrücke des Gaumens. Einer seiner Freunde erzählt, daß er
Keats eines Tages seine Zunge mit Kayennepfeffer habe be=
decken sehen, um, wie er sagte, den angenehmen Geschmack
eines Schluckes kalten Rotweins hinterher besser zu genießen.
„Da wir von Lustempfindungen reden," sagt er selbst in einem
Briefe, „so schreibe ich in diesem Augenblick mit der einen
Hand und halte mit der andern einen Pfirsichkern an meinen

Mund." Es kann also nicht Wunder nehmen, daß aus dieser
Sphäre hergeholte Bilder bei ihm häufig sind. In seiner mit
Recht berühmten „Ode an die Melancholie" heißt es von dieser
Gottheit, daß sie ihren Tempel der Freude selber habe, „ob=
schon nur von dem gesehen, dessen kräftige Zunge die Traube
der Freude an seinem feinen Gaumen zerdrücken kann," und
in einem seiner letzten Sonette schildert er das Herannahen
des Todes mit den bezeichnenden Worten, daß „der Gaumen
seiner Seele seinen Geschmack verliere."

Es versteht sich, daß der Gehörs= und Gesichtssinn ihm
eine noch viel reichere Mannigfaltigkeit von Ausdrücken zu=
führten, als die untergeordneten und minder edlen Sinne. Er
hatte die Liebe eines Musikers für Musik und den Blick eines
Malers für Licht= und Farbennuancen. So begreift man, daß
er für alle verschiedenen Arten von Klang und Duft und Ge=
schmack über einen Wortvorrat verfügte, nach welchem man
bei den größten Dichtern suchen muß, und so erkennt man,
daß er in seiner angeborenen Organisation ein System von
Anlagen besaß, die nur gesichtet und geformt zu werden brauch=
ten, um sich zur höchsten Fähigkeit zu entwickeln, jegliche Schön=
heit der Natur aufzunehmen und wiederzugeben.

Sie wiedergeben zu können, war von Anfang an sein
Traum, und er, der sich selbst das Zeugnis ausstellte, daß er
gar keine „Ansichten" habe, ausgenommen in Betreff der Kunst,
schloß sich leidenschaftlich der Revolution an, welche Words=
worth und Coleridge in der Beurteilung der Dichter des vori=
gen Jahrhunderts zuwege gebracht hatten. Spenser war sein
Abgott, die klassische Kunstdichtung sein Abscheu, und in dem
Gedichte „Schlaf und Poesie" hat er ein ästhetisches Glaubens=
bekenntnis abgelegt, das sich nicht in gewaltsameren Ausdrücken
vorbringen ließ. Nachdem er die alten poetischen Triumphe
Englands geschildert hat, ruft er aus:

Vergaß man alles dies? Ja, ein Verfall,
Genährt durch Barbarei und Thorheitsschwall,
Hat schamrot um sein Land Apoll gemacht.
Männer die blind für seine Götterpracht,
Hielt man für weise; kindisch und bethört
Wiegten sie sich auf einem Schaukelpferd,

Und nannten's Pegasus. O Schwächlingsbrut!
Der Wind des Himmels blies, es schwoll die Flut
Des Meers — ihr fühltet's nicht. Das ew'ge Blau
Enthüllte strahlend sich, es fiel der Thau
Des Sommers und umwob des Morgens Pracht
Mit Perlenzier: die Schönheit war erwacht!
Warum doch schließet ihr? — — — — —
— — Dahin stumpfsinnig schrittet ihr,
Und schwangt ein elend jämmerlich Panier,
Bestickt mit nicht'gen Mottos, mitten drauf
Der eine Name: Boileau!

So lange bevor der Sturm in Frankreich sich wider diesen alten Unglücksnamen erhebt, stößt Keats gegen ihn in die Kriegstrompete; Théophile Gautier hat ihn nicht mit größerer Entrüstung genannt, als er. Diese Stelle, deren energischer Stil Einen an das Bild Kaulbachs in München erinnert, wo der Künstler der Zopfzeit mit der Gliederpuppe im Arm schlummert, muß es wohl sein, welche Byrons beständige Aus= fälle gegen Keats als Angreifer Popes veranlaßt hat. Aber Keats hat nie eine Zeile gegen Pope veröffentlicht, und wenn die Gräfin Guiccioli in ihrem naiven Buche über Byron auf diese Angriffe zurück kommt, die ihren Geliebten erzürnt haben sollen, so ist das nur liebenswürdige weibliche Nachbeterei. Dagegen hat Keats wahrscheinlich genug Pope unter die Oben= bezeichneten mit einbegriffen, deren Ohr für die Musik des Meeres und der Winde verschlossen war, und die stumpfsinnig schliefen, als der Morgen seine Schönheit enfaltete.

Keats gehörte nicht zu diesen. Analysieren wir seine Eigen= tümlichkeit, so finden wir, wie schon erwähnt, als Grundlage derselben die allseitige Sinnlichkeit. Man lese in der „Ode an eine Nachtigall" die Strophe:

O, hätt' ich einen Rebentrunk, der lang
Geruht tief in der Erde kühler Brust,
Nach Blumen schmeckend, nach dem grünen Hang,
Tanz, provençal'schem Lied und sonn'ger Lust!
Hätt' einen Becher ich, auf dessen Grund
Des Südens echte Hippokrene quellt,
Von Perlenbläschen lockend angelacht,
Purpurgefärbt den Mund, —
Daß ich ihn tränke, und vergäß' der Welt,
Und mit dir schwände in des Waldes Nacht!

und vergleiche damit die Zeilen in „Endymion":

> Von diesen saft'gen Birnen loste d::
> Die mir Vertumnus sandte — — —
> ·· — Hier ist Rahm,
> Der nie so schneeig zu Gesicht dir kam,
> Süßer als Amalthea ihn gesandt
> Dem jungen Zeus; und hier, vom Druck der Hand
> Noch ungeschwärzt ein Büschel duft'ger Pflaumen,
> Zerschmelzend schier auf eines Kindes Gaumen.

Dem verfeinerten und reichen Geschmackssinne entspricht
die ideale Feinheit des Geruchs= und Gefühlssinnes. In „Isa=
bella", einem Gedichte, welches dasselbe Sujet nach Boccaccio
wie H. C. Andersens Märchen „Der Rosenelf" behandelt,
heißt es an der Stelle, wo das junge Mädchen den abgeschla=
genen Kopf ihres Geliebten mit nach Hause genommen hat
(Strophe 52):

> Die Seidenschärpe — süß vom Dustergnü
> Thaufrischer Blumen aus Arabiens Flur
> Und hehrem Naß, das mit balsam'schen Fluß
> Sickernd dem kalten Schlangenrohr entfuhr —
> Umhüllte dann das Haupt.

In „Lamia" heißt es bei Ankunft der Gäste zur Vermählungs=
feier des jungen Paares:

> Als jeder Gast im Vorsaal mit Genuß
> Den kalten vollen Schwamm auf Hand und Fuß,
> Mit dienender Sklaven Hilfe ausgeschwenkt,
> Und man sein Haar mit duft'gem Oel getränkt,
> Schritten sie all' in weißem Festgewand
> Zur Halle hin, und nahmen ihren Stand
> Rings um die seidnen Polster.

Und in einer der „Episteln" findet man folgende, in ihrem
sinnlichen Bilderreichtum unglaublich konzise Zeile, die an
einen Schwan gerichtet ist: „Du küßtest dir dein täglich Futter
aus den Perlenhänden der Najaden zu" (Kissing thy daily
food from Najads' pearly hands.)

Es ist überflüssig, den Leser auf die einzelnen Feinheiten
dieser herausgegriffenen Stellen aufmerksam zu machen, ein
wie großer Teil ihrer Schönheit auch in der Uebersetzung ver=

loren geht. Aber indem ich mich jetzt zu dem Gebiet des Gesichtssinnes wende, komme ich erst zu Keats eigentlichem Felde, obschon seine Poesie niemals auf den Gesichtssinn allein wirkt. Sollte ich seine Naturmalerei mit derjenigen Wordsworths vergleichen, so würde ich sagen: Dieser führt uns in die wirkliche Flora hinaus, aber bei Keats treten wir in ein Treibhaus: eine milde, feuchte Wärme strömt uns entgegen, bunte Blumen und safttriefende Früchte begegnen unserm Auge, und schlanke Palmen, durch deren Zweige kein unsanfter Wind zu sausen vermag, bewegen leise nickend ihre langen, breiten Wedel. Er hat ein Lied an den Herbst ge= dichtet, das typisch für seine Naturschilderung ist. Er be= schreibt, wie derselbe sich mit der reifenden Sonne verschwört, um die Weinranken, die an den Dachrinnen entlang laufen, mit Trauben zu segnen, um die moosbewachsenen Garten= bäume sich unter der Last der Aepfel beugen zu lassen, um alle Früchte mit Saft bis ins Innerste zu füllen, um den Kürbis zu schwellen und in der Haselnuß den süßen Kern zu entwickeln, und dann schildert er mit Meisterhand den Herbst als Person:

Wer sah nicht oft dich unter deinen Schätzen?
Manchmal sieht dich, wer draußen nach dir späht,
Auf einer Tenne Flur sich sorglos setzen,
Vom worfelnden Winde leis dein Haar durchweht:
Oder an halbgemähter Furche ruhn,
Von Mohnduft eingeschläfert, während noch
Den nächsten Schwaden deine Sichel schont.

Es ist Keats unmöglich, den Namen eines Begriffs oder einen Gedanken zu erwähnen, ohne daß er ihn sofort in körperlicher oder plastischer Form darstellt. Seine zahlreichen Allegorien haben ein Leben und ein Feuer, als wären sie von den besten italienischen Künstlerhänden des sechzehnten Jahrhunderts in Stein ausgeführt. Von der Melancholie sagt er:

Sie weilt bei Schönheit, die dem Tod geweiht,
Und Freude, die beständig ihre Hand
Zur Lippe führt, Abschied zu winken.

Von der Poesie sagt er

> Ein unerschöpflich Meer von Licht
> Ist sie: sie ist die höchste Kraft, ist Macht,
> Im Halbschlaf ruh'nd auf ihrem rechten Arm.

So sehen wir Keats dichterisches Wesen mehr und mehr an Umfang wachsen. Sein Ausgangspunkt und der Aus= gangspunkt in den schönsten seiner kleineren Gedichte (wie in der Ode an eine Nachtigall) ist die Schilderung eines rein körperlichen Zustandes, wie Mattigkeit, Nervosität, Opiums= schläfrigkeit, Durst, Verschmachten; auf diesem Hintergrunde der Sensibilität erheben sich dann die Sinnenbilder, deutlich und rund, wie die Reliefs eines Schildes. Ich weiß nicht, weshalb, aber das Wort „zusammengeschweißt,“ ist mir bei dem Gedanken an Keats Bilder mehrmals auf die Lippe ge= kommen. Sie haben etwas Volllötiges und Fertiges an sich, als wären sie auf eine Fläche geschweißt. Man beachte sorgfältig, wie die Gestalten in den Versen, die ich jetzt zitieren will, sich langsam hervor heben. Es sind die erste und dritte Strophe der schönen „Ode an die Indolenz":

> Jüngst sah ich drei Gestalten im Profil,
> Gesenkten Hauptes, schreitend Hand in Hand;
> Sie folgten sich einander leis und still,
> Auf weichen Sohlen, schimmernd ihr Gewand.
> Sie schwanden, Bildern einer Urne gleich,
> Die man gedreht, zu schaun der Rückwand Bild:
> Und dann, wie bei der Urne Weiterdrehn,
> Kehrten sie wieder aus dem Schattenreich;
> Sie däuchten fremd mir, wie ein Vasenschild,
> Ein seltnes, das der Forscher nie gesehn . . .

> Sie schritten mir vorbei zum dritten Mal,
> Und ließen kurz auf mir die Blicke ruhn.
> Dann schwanden sie — ich brannt' in Sehnsuchtsqual,
> Den drei'n zu folgen, die ich kannte nun:
> Liebe, so hieß die Erste, schön und hehr;
> Ehrgeiz die Zweite, wach zu jeder Zeit,
> Bleichwangig, müden Augs, doch rastend nie;
> Die Letzte, um so teurer mir, je mehr
> Man sie geschmäht, die ernste, stolze Maid,
> Sie war, wußt ich, mein Dämon Poesie.

Allein erst in den wenigen fertig gewordenen Gesängen
des „Hyperion" gelang es Keats, seine Kunstmittel völlig zu
beherrschen und das Ideal plastisch = sinnlicher Bestimmtheit,
welches ihm vorschwebte, zu verwirklichen. Hier ist das Re=
lief verschwunden, um der Statue Platz zu machen, und
Statuen von einem Stile, als habe der Meißel Michel An=
gelos bei ihrer Hervorbringung mitgewirkt. Mag man das
Studium Miltons heraussühlen, ich bekenne, daß für mich
Milton hier übertroffen ist. Schon die Natur des Stoffes
trieb die Bilder ins Kolossale. Man lese die Worte über die
Göttin Thea:

> Die hohe Amazone neben ihr
> Wär von Pygmäenwuchs erschienen: sie
> Hätt Achilleus wohl am Haar gepackt
> Und ihm gebeugt den Nacken: ja, das Rad
> Irions mit des Fingers Druck gehemmt.

Oder man lese die Beschreibung der Höhle, in welcher sich
die Titanen nach ihrem Sturze versammelt haben:

> 'S war eine Höhle, wo kein schmerzlich Licht
> Auf ihre Thränen fiel; wo ihr Gestöhn
> Sie fühlten, doch nicht hörten vorm Gebrüll
> Der heisern Ströme und der Sturzflut Schwall,
> Der donnernd rings durchs Dunkel niederschoß.
> Es streckten Klipp' an Klipp', und Felsen, die
> Just schienen aus dem Schlaf erwacht zu sein,
> Die mächt'gen Hörner Stirn an Stirn hervor,
> Und formten so, phantastisch riesenhaft,
> Ein paßlich Dach ob diesem Nest der Qual.
> Anstatt auf Thronen, saßen sie auf Flint-
> Gestein und hartem Fels und Schieferbruch),
> Durchstarrt von Erz. Nicht Alle waren dort:
> Gefesselt waren Ein'ge, Andre fern.
> Cöus und Gyges, sowie Briareus,
> Typhon und Dolor und Porphyrion,
> Nebst manchen noch der Trotzigsten beim Sturm,
> Waren in Regionen eingesperrt,
> Wo ihnen kaum zu atmen möglich war,
> Die Zähne knirschend in der Finsternis,
> Und, den metallnen Adern gleich im Berg,

Die Glieder all' gekrümmt und festgespannt,
Ganz regungslos, — nur daß in Qualen sich
Die schweren Herzen hoben, und sich wild
Mit kochend, fieberhaftem, heißem Puls
Zusammen krampften.

Byron, der früher so strenge gegen Keats gewesen war,
sagte nicht zu Viel, als er den Ausspruch that, daß das Ge=
dicht „Hyperion" „wirklich von den Titanen inspiriert erscheine
und erhaben wie Aeschylos sei." Man hat jetzt auch hin=
längliche Proben von der Phantasiekraft des Dichterjünglings;
wie lieblich seine Melodien immer sind*), ist doch sie es, welche
ihn als englischen Dichter kennzeichnet. Er bildet mit dem
rein künstlerischen Charakter seiner Poesie den Uebergang von
den konservativen zu den fortschrittsliebenden Dichtern, aber
doch mit einem deutlichen Hang zum Fortschritt, — ein
Hang, von welchem seine schwärmerische Freundschaft für den
radikalen Redakteur des „Examiner", Leigh Hunt, ein sprechendes
Symptom ist. Er fühlte, was er schrieb, wenn er in der Er=
bitterung über das Liverpool=Castlereagh'sche Regiment in
seinem Gedicht „An die Hoffnung" ausrief:

O laßt mich seine Seele unser Land
Bewahren sehn: den Stolz, die Freiheit; nicht
Der Freiheit Schatten! —

und die Namen Wilhelm Tell, William Wallace, und vor
Allem Kosciusko, werden in seinen Versen aber= und abermals
mit höchster Bewunderung genannt. Wozu er sich entwickelt
haben würde, wenn er das Mannesalter erreicht hätte, läßt
sich nicht sagen. Als er seine letzten und schönsten Lieder
schrieb, war er ja noch ein weltfremdes Kind.

Man darf nicht vergessen, daß er sie unter großen

---

*) Man beachte z. B. den Wohllaut seines Elfenliedes:

Shed no tear! o shed no tear!
The flower will bloom another year.
Weep no more! weep no more!
Young buds sleep in the roots' white core etc.

Schmerzen und ohne alle Muße zur Arbeit schrieb. Vielleicht sind sie eben deshalb so schön. Mag der Schriftsteller sein Privatleben noch so sehr von seiner Produktion getrennt halten, mag er, wie Keats, seine tiefste Leidenschaft kaum in seinen Werken erwähnen: es ist doch sicher, daß kein Werk so viel Leben und Farbe, so viel göttliches Feuer an seiner Stirne trägt, wie dasjenige, während dessen Ausführung sein Verfasser nicht nur schrieb, sondern lebte und litt. Weder die Sorge um das tägliche Brod, noch die Brustkrankheit, noch die Leidenschaft für das ostindische Mädchen haben den Arbeiten Keats direkt ihren Stempel aufgeprägt; aber aus all diesem Gifte für ihn hat er Nahrung für sie gesogen.

So sank er in sein frühes Grab, und kaum begraben, erstand er von den Toten in dem Trauerliede, das Shelley an seiner Gruft ertönen ließ. Er hörte auf, als Keats zu existieren, er verwandelte sich in einen Mythus, in Adonais, den schönen Liebling aller Musen und Elemente, und zum Mythus geworden, führte er seitdem im Bewußtsein der Nachwelt eine doppelte Existenz.

Er lebt, er wacht — der Tod ist tot, nicht er.
Klagt nicht um Adonais! . . .
Er ist jetzt Eins mit der Natur: sein Hall
Ertönt in ihren Klängen vom Gedröhn
Des Donners bis zum Lied der Nachtigall . . .

Er ist ein Teil der Lieblichkeit, die er
Einst lieblicher gemacht: er lebt und webt
Im Schöpferhauch des Geistes um ihn her,
Der durch des Weltalls dumpfe Masse schwebt,
Und neue Formenreihn zum Licht erhebt . . .

Sie, die zu früh für ihren Ruhm entflohn,
Verließen ihre Throne, fern von Zeit
Und Raum im Unsichtbaren. Chatterton
Erhob sich bleich, noch abgehärmt vom Leid
Des Todeskampfs. Sidney, wie er im Streit
Gefallen, wie gelebt er und geliebt,
Erhaben mild, ein Geist, noch unentweiht,
Stand auf . . .

Und viele mehr, auf Erden kaum bekannt ...
Sie riefen: „Du bist unser nun! für dich
Hat jener königslose Ball so lang'
In unbeherrschter Pracht geschwungen sich,
Alleinzig stumm, im Himmel voll Gesang. —
Nimm deinen Thron jetzt ein, du Abendstern voll Klang!" *)

Es giebt in der Geschichte der Poesie kaum ein Seiten=
stück zu dieser Elegie. Sie ist die unmittelbare Verklärung
der Gestalt nach dem Tode, und eine poetische Verklärung rein
naturalistischer und rein humanistischer Art. Für Shelley lag
Keats wahre Apotheose in den Worten; „Er ist jetzt Eins
mit der Natur" (He is made one with Nature).

12.
Der irische Aufstand und die Oppositions-
dichtung. — Moore.

Im November 1825 schreibt Walter Scott in sein Tage=
buch: „Thomas Moore ist hier ... In seinem Wesen liegt
männliche Offenheit, mit vollkommenem Anstande und guter
Erziehung gepaart — Keine Spur vom Poeten oder Pedanten
... Sein Gesicht ist nicht ungewöhnlich, aber seine Züge
sind so lebendig, besonders wenn er spricht oder singt, daß
sie viel interessanter sind, als regelmäßige Schönheit sie machen
könnte. Ich erinnerte mich, daß Byron sowohl mündlich wie
in seinem Tagebuche Moore und mich so oft in demselben
Atemzuge und mit derselben Art von Achtung genannt hat,
daß ich neugierig war, zu sehen, was wir mit einander gemein
haben könnten, da Moore stets in der eleganten Welt gelebt
hat, ich auf dem Lande und mit Geschäftsleuten, oft auch
mit Staatsmännern, da Moore ein Gelehrter ist, ich nicht,
er ist ein großer Musiker, während ich keine Note kenne, und
da er ein Demokrat ist, ich ein Aristokrat, nicht davon zu
reden, daß er ein Irländer ist, ich ein Schotte. Eins haben
wir jedoch mit einander gemein, und das ist ein wichtiger

---

*) Shelley, Adonais, Vers 41—43.

Aehnlichkeitspunkt: wir sind Beide zwei gutmütige Kerle, die lieber den Augenblick genießen, als sich anstrengen, ihre Löwenwürde aufrecht zu erhalten, und wir kennen Beide hinlänglich die Welt, um von Herzen solche hochnasige Personen zu verachten, die in ihrer litterarischen Wichtigthuerei an den Mann erinnern, welchen Johnson in einem Wirtshause traf, und welcher sich selbst als den großen Twalmy, den Erfinder des schleusenförmigen Pläteisens, vorstellte . . . Es würde ein erfreulicher Zuwachs meines Glückes sein, wenn Thomas Moore einen Landsitz zwei Meilen von mir entfernt hätte. — Wir gingen mit einander ins Theater, und da sich glücklicherweise ein gutes Publikum im Hause befand, empfing dasselbe Thomas Moore mit Entzücken. Ich hätte die Leute umarmen mögen, denn sie bezahlten meine Schuld für den schönen Empfang, den ich in Irland fand."

Mit diesen herzlichen und humoristischen Worten hat der große Dichter Schottlands die Parallele zwischen sich und dem nationalen Dichter Irlands gezogen. Die Aehnlichkeit ihrer Stellung, als anerkannte und bewunderte Organe der beiden mit England verbundenen abhängigen Reiche läßt den Unterschied zwischen ihnen um so schärfer hervortreten. Derselbe beruht zuförderst auf dem Unterschiede zwischen der Lage Schottlands und Irlands dem herrschenden Stamme gegenüber. Die Stellung Schottlands war untergeordnet; aber sie war gesetzlich geregelt, und die Schotten hatten Sitz und Stimme im englischen Parlamente. Die Irländer dagegen, welche einerseits durch einen viel tieferen Rassenunterschied, andererseits in ihrer Mehrzahl durch eine viel erheblichere religiöse Ungleichartigkeit sich von ihren englischen Herren unterschieden, waren sechshundert Jahre hindurch von einer Regierung beherrscht worden, über welche sie nicht mehr Kontrolle hatten, als die Hindus und Singalesen über die ihrige. Das protestantische Parlament des Landes residierte in dem katholischen Irland, wie eine feindliche Besatzung in einem eroberten Lande. Es war eine Bande von Diktatoren, die im Namen einer fremden Macht, mit der vollen Freiheit zu unterdrücken, regierten, aber die selbst sofort durch Bestechung gewonnen oder durch Gewalt-

maßregeln unterdrückt wurden, wenn sie den entferntesten Ver=
such zu einer Opposition machten. Der irische Protestant war
in Wirklichkeit nicht besser gestellt, als sein katholischer Lands=
mann, er konnte die Gunst seiner Herren nur durch die Auf
opferung seines Landes erkaufen, und genoß nur das traurige
Privilegium, zugleich Sklave und Tyrann zu sein.

Die englische Rasse hat das Glück gehabt, daß sowohl
ihre Tugenden, wie ihre Fehler, ihr die Ueberlegenheit im
Kampfe für politische Selbständigkeit und Macht gesichert haben:
ihr Egoismus und ihr Hochmut sind ihr fast eben so sehr zu
statten gekommen, wie ihre nüchterne Klugheit und Thatkraft.
Der irische Stamm dagegen scheint ungefähr in derselben Art,
wie der polnische, sowohl durch seine Tugenden wie durch seine
Laster zu politischer Abhängigkeit verurteilt zu sein. Ohne zu
vergessen, daß der Charakter der überwundenen Rasse immer
in den Schilderungen der Sieger verleumdet wird, darf man
behaupten, daß die Leichtblütigkeit, Lebhaftigkeit, Anmut und
das Feuer der Irländer, ihr unruhiger Heroismus, ihre unstäte
Ritterlichkeit, der freiheitsliebende und in gewissen Fällen auf=
rührerische Instinkt, der sich bei ihnen mit einer Vorliebe für
die Pracht und den Pomp der Königsmacht vereint, eine
schlechte Grundlage für ein ruhiges und unabhängiges Staats=
leben sind. Es fehlt ihnen an den bürgerlichen Tugenden der
modernen Zeit, und die, welche sie besitzen, gehören der Ver=
gangenheit an: ihre Religiosität streift an den blindesten Aber=
glauben, ihre Treue besteht, wie bei ihren Brüdern in der
Bretagne, in einer rein feudalen Treue gegen die alte Aristo=
kratie des Landes, und ihr glänzender Mut ist von undiszipli=
nierter und aufbrausender Natur. Endlich hat die lange Unter=
drückung den Seelen der Irländer ihren Stempel aufgeprägt.
Es gebricht ihnen an Selbstvertrauen, sie verfallen leicht der
Verstellung, und nicht weniger leicht der Indolenz: sie sind
allzu vorsichtig vor der Gefahr, und allzu leicht eingeschüchtert
in dem Augenblick, wo dieselbe erscheint; sie verstehen nicht
die Freiheit zu gebrauchen, wenn dieselbe ihnen in kurzer Frist
gewährt wird, weil man sie nur durch lange Praxis mit Festig=
keit benutzen lernt.

Es giebt unerfahrene Völkerstämme, wie unerfahrene Individuen. Die Irländer sind von einer Seite mit den Franzosen verwandt; für welche sie immer eine lebhafte Sympathie gehegt haben, von einer andern erinnern sie an die Polen, von einer dritten könnten sie orientalisch erscheinen. Unter den letzten von Moores „Irischen Melodien" findet sich ein Gedicht „Die Parallele", das auf eine Schrift gegen die Irländer, welche beweisen wollte, daß sie ursprünglich Juden seien, damit antwortet, einen Vergleich zwischen dem Schicksale der Irländer und demjenigen des jüdischen Volkes zu ziehen:

> Unser Volk liegt, gleich dir, nun besiegt und gebrochen,
> Vom Haupt fiel' die Kron' ihm, sein Schimmer erlag:
> Rings hat ihm Verwüstung das Urteil gesprochen,
> „Seine Sonne ging unter, derweil es noch Tag"

Und die Rasse selbst hat ein morgenländisches Gepräge. „Die Irländer", sagt Byron irgendwo unter Bezugnahme auf Moore, rühmen sich ihrer orientalischen Herkunft und wirklich sprechen die Wildheit, Zartheit und die lebhaften Farben ihrer Phantasie, das feurige und exaltierte Temperament ihrer Männer, die Schönheit und asiatische Lieblichkeit ihrer jungen Mädchen zu Gunsten dieser Ansicht." Es begreift sich leicht, welche Beute ein Volksstamm mit diesen Grundzügen für die zähe und grausame englische Tyrannei abgeben mußte, und ein rascher Blick auf Irlands Geschichte während der Jugendzeit Thomas Moores ist unerläßlich, um zu verstehen, daß dieser mild angelegte und weiche Dichtergeist der erste wird, welcher die auf der Naturbetrachtung ruhende Dichtung Englands in das Lager der Freiheit hinüber führt und das Signal zur politischen Poesie giebt.

Er wurde im Mai 1779 geboren, und in seinen ersten Jünglingsjahren erlebte er die Schrecknisse, welche bald eintreten sollten. Von dem Zeitpunkte an, da die englische Regierung durch Ernennung des Lord Camden zum Vicekönig von Irland (1795) das Aufgeben ihrer humaneren Politik von 1782 andeutete, nahm die über das ganze Land verbreitete patriotische Gesellschaft der „Vereinigten Irländer" (United Irishmen), welche bisher die gesetzliche Emanzipation Ir-

lands durch gesetzliche Mittel erstrebt hatte, einen neuen Cha=
rakter an: man setzte sich die Losreißung Irlands von Eng=
land als Ziel und träumte von der Errichtung einer irischen
Republik. Die irische Bevölkerung selbst war indes in einander
feindselige Rassen zersplittert, und ein glühender Haß stellte
in den unteren Klassen Protestanten und Katholiken einander
gegenüber. Um den Unruhen und Krawallen ein Ende zu
machen, welche durch diese innere Feindschaft veranlaßt wur=
den, bildete die Regierung ein protestantisches Gendarmerie=
korps von 37000 Mann, denen es unter dem Vorwande,
nach versteckten Waffen zu suchen, gestattet war, Jeden, der
von irgend einem Schurken oder Feinde denunziert oder ver=
dächtigt ward, einzukerkern, zu foltern und zu töten. Hunderte
von Unschuldigen, deren ganzes Verbrechen darin bestand, daß
sie sich zum Glauben ihrer Väter bekannten, wurden gepeitscht,
bis sie jedes Gefühl verloren, wurden gezwungen, auf einem
Beine auf einem spitzen Pfahl zu stehen, wurden „halb ge=
hängt" (d. h. kurz nach dem Hängen herabgenommen) oder
durch den Sprung aus der Pechkappe skalpiert. Dazu kamen
über das ganze Land ausgedehnte Dragonaden mit völliger
Freiheit zu Raub, Plünderung, Notzucht, und im Widerstands=
falle Mord. Offiziere von Rang prahlten damit, |daß es in
weitausgedehnten Gegenden kein Haus gebe, in welchem die
Weiber nicht geschändet worden, und auf den Einwand, daß
die Irländerinnen dann nicht allzu sittenstrenge gewesen sein
müßten, lautete die Antwort, daß „das Bajonett alles Spröde=
thun entferne" *).

Man wird sich nicht darüber wundern, daß die Verzweif=
lung manche der ruhigsten und besonnensten Irländer in die
Arme der heimlichen Gesellschaft trieb, als deren Sendbote
Lord Edward Fitzgerald (dessen Leben Moore mit so warmer
Begeisterung geschrieben hat) nach Frankreich ging, um mit
General Hoche über eine Landung der Franzosen gleichzeitig

---

*) Vgl. Massey: History of England. Vol. IV, pag. 302.
Meine ganze Darstellung beruht auf der Schilderung englischer Patrioten.

mit dem Ausbruche des allgemeinen irischen Aufstandes zu unterhandeln. Der alte kaltblütige Führer des Volkes, Grattan, welcher nichts mit den Fremden zu thun haben wollte, zog sich zurück, eben so verzweifelt über die letzten Pläne der Herrschenden wie der Unterdrückten. Es bildete sich jetzt in Irland heimlich ein förmliches Direktorium nach dem Muster des französischen, welches mit Frankreich in Unterhandlung über Geldanleihen und Truppenunterstützung stand, als alle Pläne plötzlich an der Verräterei eines einzelnen katholischen Irländers scheiterten. Er hieß Reynolds, und sein Name verdient aufbewahrt zu werden; es steht für mich außer Zweifel, daß er es war, der Thomas Moore an der Stelle von „Lalla Rookh" vorschwebte, wo er den niedrigen Verrat schildert, der in den „Feueranbetern" den Empörerhäuptling in die Gewalt der Mohamedaner bringt.

Edward Fitzgerald lag im Bette, als die Truppen, um ihn zu verhaften, in das Haus drangen, wo er sich versteckt hielt. Es war ein Preis von 1000 Pfund auf seinen Kopf gesetzt. Obschon in liegender Stellung und nur mit einem Dolch bewaffnet, verteidigte er sich gegen drei vollbewaffnete englische Offiziere, versetzte dem Einen zwei oder drei, dem Andern vierzehn Wunden, bis der Dritte ihn durch einen Pistolenschuß entwaffnete, und er ins Gefängnis geschleppt wurde. Er war mit den besten Männern der französischen Revolution bekannt, ein Freund Thomas Paynes und mit einer schönen Tochter Philippe Egalités vermählt. Er stand in fortwährendem Briefwechsel mit Frankreich, und nur durch seinen Tod im Gefängnisse entging er der Hinrichtung. Moore hat, obschon er in Kreisen lebte, wo Fitzgerald als ein hochverräterischer Tollkopf betrachtet ward, Mut und Selbständigkeit genug besessen, seinem Heroismus alle Ehre widerfahren zu lassen. —

Durch den Schlag, welchen die Regierung gegen das Haupt des Aufstandes geführt hatte, war die Aussicht auf eine Ueberrumpelung vernichtet, aber gegen die rings im Lande zerstreuten Rebellen erhielt sie Gelegenheit sich in all' ihrer Grausamkeit und Wut zu zeigen. Der Belagerungszustand

mit Kriegsgerichten wurde eingeführt, und die Mitglieder der
letzteren werden von englischen Historikern als eine Bande
„unwissender und blutdürstiger Schurken" bezeichnet, „welche
durch Tortur und Begnadigungsversprechen erst katholische
Zeugen dazu zwangen, falsches Zeugnis wider die Angeklagten
abzulegen, um dann jede Schandthat an ihnen zu verüben".
Der erste vornehme Mann, welcher diesem Verfahren zum
Opfer fiel, war ein friedlicher Anhänger der gesetzlichen Re=
formpartei Irlands, Sir Edward Crosbie, welcher gehängt und
dann verstümmelt ward. Es war nicht der Religionsunter=
schied, welcher die Grausamkeit dieser Henker entflammte; denn
alle die besten Führer der „Vereinigten Irländer" (Fitzgerald,
O'Connor, Harvey, Thomas Emmet) waren Protestanten, die
sich mit edler Uneigennützigkeit der gerechten Sache ihrer ka=
tholischen Landsleute annahmen, — nein es war der alte
Rassenhaß der Sachsen gegen den keltischen Stamm.

Zu ihrem Hauptwerkzeug wählte die Regierung einen
Mann, der als ein unwissender und hitziger Parteimann be=
kannt war, daß sich jeder Grad von Gewaltthätigkeit von ihm
erwarten ließ, und ernannte ihn 1799 zum high sheriff. Es
war ein kleiner Grundbesitzer, Namens Thomas Judkin Fitz=
gerald. Sein Plan war von Anfang an, sich bei seinen Vor=
gesetzten dadurch beliebt zu machen, daß er Jeden, den er der
Teilnahme an Aufruhrsplänen verdächtig hielt, aufgriff, um
ihm durch Peitschenhiebe und die Androhung sofortigen Er=
henkens Geständnisse und Anschuldigungen gegen Andere zu
entlocken. So großes Entsetzen begleitete ihn bei seiner An=
kunft in Irland, daß die armen Bauern, welche sich seinem
Belieben überantwortet wußten, unterwegs vor ihm auf die
Kniee fielen. Hier ein paar Beispiele seines Verfahrens, unter
den vielen herausgegriffen, die bei dem Prozesse gegen ihn
wegen Ueberschreitung seiner Amtsgewalt, in welchem er na=
türlich mit Glanz freigesprochen ward, an den Tag kamen.
Er empfing einen armen Sprachlehrer, Namens Wright, der
auf die Nachricht, daß er „verdächtig" sei, sich bei ihm ein=
stellte, mit den Worten, er solle „niederknien, um sein Urteil
zu vernehmen". „Du bist ein Rebell," sagte er ihm, „Du

sollst fünfhundert Peitschenhiebe empfangen und dann erschossen werden." Da der unglückliche Mann so unvorsichtig
war, um Aufschub zu bitten und das Wort „Verhör" zu
stammeln, ward er augenblicklich seinen Henkern überliefert.
Bevor ihn jedoch diese ergreifen konnte, stürzte sein Richter sich
auf ihn, packte ihn an den Haaren, schlug ihn und stach ihn
mit seinem Degen. Als er fünfzig Peitschenhiebe empfangen
hatte, erschien ein englischer Major und frug, was Wright
verbrochen habe. Zur Antwort überreichte man ihm ein fran-
zösisches Billet, das man bei dem Verbrecher gefunden hatte,
und das man nicht verstand. Es stellte sich als eine Entschuldigung heraus, nicht zu rechter Zeit in eine Lehrstunde
kommen zu können. Der Major versicherte dem Richter, daß
es ein durchaus unschuldiger Zettel sei; nichtsdestoweniger wurde
die Auspeitschung fortgesetzt, bis die Eingeweide des Opfers
durch das zersetzte Fleisch sichtbar wurden. Dann erhielt der
Büttel Befehl, seine Hiebe auf diejenigen Teile des Körpers
zu richten, welche die Peitsche noch nicht getroffen habe.

Dieser Fall war einer von denjenigen, welche in dem
Prozesse gegen den irischen Oberrichter am meisten Aufsehen
erregten, — ein Prozeß, sagt Massey, der nicht vollständig
gewesen sein würde, wenn nicht ein protestantischer Prediger
als Zeuge für den Angeklagten einen Eid darauf abgelegt
hätte, daß dieser allbekannte Bluthund, der in ganz Irland
„Peitschen-Fitzgerald" hieß, ein milder und humaner Mann sei.
Man hatte von Anfang an ihm zu Gefallen verfassungswidrig
die Tortur durch ein Gesetz eingeführt. Er hatte also leichtes
Spiel, alle Anklagen aus dem Felde zu schlagen. Mit unerhörter Roheit prahlte er als Angeklagter damit, daß er in
einer Menge von Fällen viel gewaltsamere Peitschenstrafen
angewandt habe, als in denen, von welchen man jetzt so viel
Wesens mache, und erzählte selbst von einem Manne der sich
den Hals abgeschnitten habe, um den Schrecknissen der Tortur
und der Schande, welche damit verknüpft sei, zu entgehen.
Es verdient bemerkt zu werden, daß er zum Lohn für seine
Verdienste eine besondere Pension erhielt, und nachdem Castlereagh
die Union mit Irland durchgesetzt hatte, zum „Baron des vereinigten Königreichs" ernannt wurde.

Ich führe nur noch ein Beispiel des Verfahrens bei der Unterdrückung des Aufstandes an, damit dem Leser die Eindrücke recht lebendig vor Augen treten, unter denen der junge Thomas Moore, welcher damals achtzehn Jahre alt war, zum Manne heranreifte. An einem Herbstabend 1798 gingen Gendarmen, von einem gewissen Whollaghan geführt, in ein Haus des Dorfes Delbary, das einem Arbeitsmanne Dogherty gehörte, gegen welchen man Verdacht hegte, und frugen, ob sich welche von den blutigen Rebellen dort befänden. Es war niemand im Hause, als Doghertys Frau und ein kranker Knabe, ihr Sohn. Whollaghan frug, ob der Junge Doghertys Sohn sei, und auf die Antwort „Ja" schrie er: „Dann sollst du sterben, du Hund!" Der Knabe flehte um sein Leben. Unter einem Strome von Schimpfwörtern versuchte der Unteroffizier zweimal zu schießen, aber das Gewehr versagte. Ein Kamerad reichte ihm ein anderes Gewehr, die Mutter stürzte auf das Knie, um ihr Kind mit ihrem Leibe zu decken, aber die Kugel zermalmte den Arm des Knaben. Als er zu Boden fiel, verließen die Mörder die Hütte. Aber Whollaghan kehrte zurück, und als er die Mutter über den Sohn gebeugt sah, schrie er: „Was! Ist der Hund noch nicht tot?" — „Ach Gott, Herr," sagte die arme Frau, „er ist tot genug." — „Ich fürchte, das ist er nicht," antwortete Whollaghan; „mag er noch dies nehmen!" Damit schoß er zum vierten Mal, und der Knabe sank tot in die Arme seiner Mutter. — Als Whollaghan der Amtsüberschreitung angeklagt und die Sache verhandelt ward, stützte die Verteidigung sich darauf, daß der Angeklagte und seine Begleiter „mit der allgemeinen Ordre, zu erschießen, wen sie wollten, ausgesandt worden seien". Der Gerichtshof war nicht der Ansicht, daß eine solche Ordre etwas Ungewöhnliches oder Vernunftwidriges enthalte. Er befand, „daß der Angeklagte den Thomas Dogherty, einen Rebellen, erschossen und getötet habe", sprach ihn aber frei davon, einen gehässigen oder absichtlichen Mord haben begehen zu wollen".

Durch solche Mittel wurde die Ruhe in Irland wieder hergestellt und das Volk für den Gewaltakt reif gemacht, in welchem Castlereagh mit kaltem diplomatischem Scharfblick den

einzigen Ausweg aus dem irischen Sumpfe sah: die vollstän=
dige Aufhebung des Dubliner Parlaments und dessen Ver=
schmelzung mit dem Londoner Parlamente. Den Widerstand,
den es einzig zu überwinden galt, war der des irischen Par=
laments selber; als aber dieses, so gründlich korrumpiert es
war, sich nicht hinlänglich gefügig zeigte, verfiel Castlereagh,
welcher Chief secretary für Irland war und in seiner Eigen=
schaft als Irländer und Protestant keine hohe Meinung von
den Protestanten unter seinen Landsleuten gehegt zu haben
scheint, auf das einfache Mittel, die erforderliche Anzahl von
Mitgliedern der Opposition einzeln zu erkaufen. In jeder De=
pesche, die er seit Anfang des Jahres 1799 an die Regierung
sandte, bis die Union 1800 angenommen ward, wiederholte
er unermüdlich seinen Vorschlag, und erhielt als Antwort
darauf nach und nach anderthalb Millionen Pfund Sterling,
die auf die wirksamste Weise verwandt wurden. In ihrer
Verzweiflung versuchten die wenigen irischen Patrioten im
Parlamente das einzige Mittel, das irgend einen Nutzen ge=
währen zu können schien: das plötzliche Wiederauftauchen des
von der Nation immer noch vergötterten, aber so lange ver=
stummten und jetzt gefährlich erkrankten Grattan im Parla=
mente in dem Augenblick, wo der Unionsantrag zur Verhand=
lung kam. Mit echt irischem Hange zu dramatischem Effekt
wurde die Sache in Szene gesetzt. Da ein Sitz im Parla=
mente seit wenigen Tagen erledigt war, wurde Grattan in
aller Stille gewählt; der Patron des betreffenden Wahlfleckens,
ein Mr. Tighe, ritt in gestrecktem Galopp nach Dublin, um
das Resultat zu verkünden. Er traf Morgens um fünf Uhr
ein, der von Krankheit abgezehrte Grattan ward aus dem
Bette gehoben, in eine Bettdecke gehüllt und auf einem Sessel
ins Parlament getragen. Die Verhandlungen hatten ununter=
brochen fünfzehn Stunden und die ganze Nacht durch gedauert,
als das Haus um sieben Uhr Morgens durch den Anblick der
gespenstischen Erscheinung Grattans auf der Schwelle aus sei=
nem Halbschlummer empor fuhr. Es war der Mann von
1782, der Mann, welcher die Irländer zu einem Volke ge=
macht hatte, und welcher jetzt wie das sterbende Gewissen seines

Volkes aus dem Grabe stieg, um den letzten Protest zu Gunsten der Unabhängigkeit desselben zu erheben. Er schloß seine Rede mit den Worten: Wenn er auch sterbend am Boden läge, wolle er doch seinen letzten Odemzug zum Einspruche gegen einen Antrag wie den vorliegenden verwenden, und als der Schatzkanzler Corry auf diese Worte mit einer Hochverrats= anschuldigung zu antworten wagte, erwiderte ihm Grattan mit einer Herausforderung, auf die einige Tage nachher ein Pistolen= duell folgte, in welchem Corry zu seinem Glück am Arme verwundet ward: hätte er gesiegt, so wäre er sicher von der Bevölkerung in Stücke gerissen worden. Aber selbst Grattan vermochte nichts gegen die Waffen, welche die Regierung an= gewandt hatte. Jene Beredsamkeit, welche Moore mit dem Glanz und der Festigkeit des Edelsteines verglichen, und welcher Byron nicht nur alle Vorzüge, die Demosthenes besaß, son= dern auch die ihm fehlenden beigelegt hat,*) fand kein Echo. An dem Tage als die Union angenommen ward, waren Ga= lerien und Tribünen von einer angstvoll gespannten Volks= menge erfüllt. Aber Castlereagh, welcher des Ausfalls der Abstimmung sicher war, erwartete das Resultat reglos und mit einem Lächeln auf den Lippen. Als der Sprecher mit lang= samer Stimme sagte: „Wollen die, welche für die Union sind, die Hände erheben!" und Hand auf Hand sich langsam und verschämt emporstrecken sah, blieb er erst einen Augenblick starr wie eine Bildsäule stehen, dann rief er: „Die Union ist an= genommen", und sank mit einem Ausdrucke des Ekels und der Entrüstung auf seinen Stuhl zurück. Allein bei diesen stür= mischen Debatten, in denen Irlands beste Männer verkündeten,

---

*) An eloquence rich, wheresoever its wave
Wander'd free and triumphant, with thoughts, that shone trough,
As clear as the brooks stone of lustre, and gave
With the flash ot the gem its solidity too,
　　　　　Moore: Shall the harp then be silent.
Ever glorious Grattan! the best of the good!
So simple in heart, so sublime in the rest!
With all which Demosthenes wanted endued,
And his rival and victor in all he possess'd!
　　　　　Byron: The irish avatar.

daß Widerstand und Empörung jetzt Pflicht seien, ohne daß
Jemand daran dachte, zu handeln, wie er sprach, saß auf der
Tribüne ein Jüngling mit bleichem Gesicht und strahlenden
Augen, in welchem die leeren Worte der Andern lebendiges
Leben waren, und der in seinem Herzen schwor, der Befreier
seines Vaterlandes werden zu wollen. Dieser junge Mann
war der edelste und herrlichste Sohn Irlands, Robert Emmet,
dem nach meiner Ueberzeugung die Welt Alles verdankt, was
sich an Kraft und Glut in Thomas Moores hinreißenden
„Irischen Melodien" findet.

Der seltene irländische Dichter, welcher in demselben Jahre
wie Oehlenschläger das Licht der Welt erblickte, war der Sohn
eines kleinen Weinhändlers in Dublin, hatte einen wackeren
Vater, eine liebevolle und tüchtige Mutter (eine eifrige Katho-
likin), und verbrachte eine glückliche Jugend im Schooße seiner
Familie. Er war von der frühesten Kindheit an ein ungewöhnlich begabter und besonders talentvoller Knabe. Er dekla-
mierte, spielte Komödie, schrieb Verse und sang mit einer ausgezeichnet schönen Stimme, die er sein ganzes Leben hindurch
behielt. Liest man seine eigene Schilderung seiner Knaben-
jahre, so fühlt man überall, wie früh sein eigentümliches
Dichternaturell, welches das des Improvisators und des
eigentlichen, des singenden Lyrikers ist, zum Durchbruche
kommt. Er besaß dieselbe Gabe, welche Bellmanns Größe
ausmacht, die Gabe, in seiner Produktion Lied und Musik
zu einem Ganzen zu verschmelzen, und im Verein damit das
Vermögen des Schauspielers und des Sängers, durch den
Vortrag zu ergreifen. Er war klein, beträchtlich unter Mittel-
größe, mit braunen Locken um das Haupt, und als Kind
glich er einem kleinen Cupido. Seine Stirn war groß und
glänzend, so interessant, daß sie einen Phrenologen in Entzücken versetzen mußte. Seine Augen waren dunkel und
schön, von der Art, sagt Leigh Hunt, wie man sie gern unter
einem Kranze von Weinlaub erblickt, sein Mund fein und
mit lächelnden Grübchen, seine Nase ein wenig aufwärtsge-
bogen, sinnlich, und mit einem eigentümlichen Gepräge, wie
wenn sie den Duft eines Festmahls oder eines Obstgartens

einatme. Aber der ganze kleine Mann machte einen Total=
eindruck von Leben und Aktivität, als eigne er sich wohl dazu,
wie die alten Iren, an einem flinken Reiterscharmützel teilzu=
nehmen — er war immer sehr ehrliebend und in seiner
Jugend ein heißblütiger Gesell, welcher Jeffrey wegen der
ersten Kritik, die ihm widerfuhr, und später Byron wegen
seines Spottes (in „Englische Barden 2c.") über das unblutige
Duell forderte, zu welchem jene erste Herausforderung Anlaß
gab.

Trotz dieses kriegerischen Elementes in seinem Blute, ist
es höchst wahrscheinlich, daß Moore unter weniger ernsten
und erschütternden Umgebungen, und wenn er nicht Unter=
drückung und Tyrannei aus nächster Nähe kennen gelernt
hätte, sich als Dichter niemals zu einer größeren Höhe, als
der eines liebenswürdigen Anakreontikers, erhoben haben
würde. Sein Temperament zog ihn nach dieser Richtung.
Aber es ward ihm vergönnt, mehr für sein Vaterland zu
thun, als irgend ein anderer für dasselbe gethan, mehr noch,
als Burns für Schottland geleistet hatte, — es ward ihm
vergönnt, den Namen, die Erinnerungen, die Leiden seines
Vaterlandes, das blutige Unrecht, welches demselben zugefügt
worden war, und die schönsten Eigenschaften seiner Söhne
und Töchter zu unsterblicher Dichtung und Musik zu ver=
binden.

Nur fünfzehn Jahre alt, bezog er die Dubliner Univer=
sität, und der politische Gährungsstoff, welcher ganz Irland
zu durchsäuern begann, offenbarte sich zu jener Zeit auch
innerhalb der Universitätsmauern, indem ein Jüngling, dem
ein großes und trübes Schicksal vorbehalten war, bald die
Aufmerksamkeit sowohl seiner Studiengenossen wie der Pro=
fessoren in höchstem Grade auf sich hinlenkte, — der vorhin er=
wähnte Robert Emmet, dem glänzende Studien auf mathe=
matischem und physikalischem Felde, im Verein mit einer po=
litischen Beredsamkeit höchsten Ranges, und der seltensten
Reinheit schon im Alter von sechzehn Jahren einen Ruf ver=
schafft hatten. Ich habe seiner Reden im Diskussionsklub
der „Historischen Gesellschaft" und des tiefen Eindrucks ge=

dacht, den sie auf den gleichaltrigen, aber so viel weicheren und minder entwickelten Moore übten. Obschon er davor gewarnt war, sich unvorsichtig auf öffentlicher Straße mit Emmet blicken zu lassen, fühlte er sich bald durch eine innige Bewunderung und herzliche Freundschaft zu ihm hingezogen. Kein Wunder! Es war Irlands junger Nationalheld, dem Irlands junger Dichter in den ersten Jünglingsjahren auf seinem Wege begegnete. Keiner von ihnen ahnte damals die künftige Größe des andern, aber der Instinkt, welcher Geister, die zu einander stimmen, verknüpft, führte sie zusammen, noch lange bevor der Sänger die Weihe von dem Helden empfangen konnte. „Wenn man mich früge, sagt Moore (in seinen Memoirs of Lord Edward Fitzgerald"), „wer von allen Menschen, die ich gekannt habe, mir die größten Fähigkeiten mit der größten sittlichen Hoheit zu vereinigen schien, so würde ich mich nicht besinnen, Robert Emmet zu nennen."

Robert Emmet war 1780 geboren; sein älterer Bruder Thomas war einer der Hauptführer bei der Revolution von 1798 und wurde, als diese scheiterte, erst ins Gefängnis geworfen, dann des Landes verwiesen. Roberts früheste Gefühle waren Haß gegen die englische Tyrannei und Liebe für Irlands Märtyrer. Er legte schon als Knabe eine Charakterstärke an den Tag, die ein Vorzeichen der Seelengröße war, welche er als Jüngling entfalten sollte. Bereits im Alter von zwölf Jahre studierte er mit Leidenschaft Mathematik und Chemie.*) Eines Tages machte er sich daran, unmittelbar nachdem er ein chemisches Experiment vorgenommen hatte, ein mathematisches Problem von der größten Schwierigkeit zu lösen, und da er in seiner Zerstreutheit die Hand zum Munde führte, vergiftete er sich mit einem Quecksilbersublimat, das er wenige Augenblicke vorher benutzt hatte. Die heftigen Schmerzen, welche er sofort empfand, belehrten ihn von der Gefahr, in der er schwebte. Aus Furcht jedoch, daß man ihm so gefährliche Experimente für die Zukunft untersagen werde, machte er keinen Lärm, sondern ging in die Bibliothek seines Vaters.

---

*) M a d d e n: United Irishmen, their lives and times.

hinab, schlug in einer Encyklopädie den Artikel „Gift" nach,
fand aufgelöste Kreide als Gegengift in Fällen wie der seinige,
empfohlen, erinnerte sich, daß er ein Stück Kreide in der
Wagenremise habe liegen sehen, erbrach die verschlossene Thür,
holte die Kreide, trank die Auflösung derselben, und kehrte
dann ruhig zu dem Problem seiner mathematischen Aufgabe
zurück. Als ihn sein Lehrer am nächsten Morgen beim Früh=
stück mit so verändertem Gesichte sah, daß er kaum wieder
zu erkennen war, gestand Emmet, daß er die Nacht in ent=
setzlichen Schmerzen verbracht habe, fügte aber hinzu, daß
seine Schlaflosigkeit ihm wenigstens in so fern von Nutzen
gewesen sei, daß er seine Aufgabe glücklich gelöst habe. —
Ein Knabe, welcher so viel Mut und Fassung besitzt, ist dazu
bestimmt, als Mann ein Vorbild für Viele zu werden.

Er ward das, zuerst und vor allem für Thomas Moore.
Die Schlichtheit und ruhige Gleichmäßigkeit, welche über sein
Wesen verbreitet und mit der zartfühlendsten Rücksichtsnahme
verbunden war, wich sofort, wenn die Saite, die seine Ge=
fühle in Bewegung setzte, berührt ward, dem Gepräge einer
Geistesüberlegenheit, die einen werdenden Dichter fesseln mußte.
„Zwei Menschen," sagt Moore, „können nicht verschiedener
von einander sein, als dieser junge Mann es war, bevor und
nachdem er sich erhoben hatte, um zu reden. Der Blick,
welcher vor wenig Augenblicken müde und fast leblos erschien,
strahlte plötzlich von der ganzen Kraft seiner Gaben. Sein
Antlitz, seine Gesten und seine ganze Haltung nahmen den
Charakter der Inspiration an. Ueber seine Beredsamkeit kann
ich nur nach meinen Jugenderinnerungen urteilen, aber ich
habe niemals später etwas gehört, was mir ein erhabeneres
und reineres Gepräge zu tragen schien." Moore bemerkt
auch, daß Emmet seine Umgebungen eben so sehr durch die
untadelhafte Reinheit seines Lebens und die Milde und An=
mut seines Wesens wie durch seine Kenntnisse und seine Be=
redsamkeit beherrschte.

Als im Jahre 1797 das Journal „The Press" von den
irischen Führern O'Connor, den Brüdern Emmet und andern
gegründet ward, war Moore nicht wenig begierig, das eine

oder andere Produkt seiner Muse in den patriotischen und vielge=
lesenen Spalten dieses Blattes abgedruckt zu sehen. Aber die
fortwährende und in jenen Zeiten durchaus nicht grundlose
Angst seiner Mutter um ihn machte ihn auf der andern Seite
besorgt, Schritte zu thun, welche sie sich zu Herzen nehmen
würde, und er beschloß, anonym zu debutieren. Er sandte
eine Nachahmung Ossians ein, welche ungehindert durch=
schlüpfte, ohne irgend ein Aufsehen zu erregen. Dann steckte
er mit zitternder Hand einen Brief „An die Studenten vom
Trinity College" in den Postschalter, reich gepfeffert, wie er
selbst bemerkt, mit „Hochverrat" eine witzige Satire auf
Castlereagh, der, so lange er lebte, niemals aufhörte, die
Zielscheibe für Moores Witz zu sein. „Ich erwartete kaum,"
sagt Moore, „daß der Brief gedruckt werden würde! aber
siehe da, am nächsten Abend, als ich, wie gewöhnlich, in
meiner Ofenecke saß und die Zeitung entfaltete, um sie meinen
Eltern vorzulesen, stand ganz vorn im Blatte mein eigener
Brief und starrte mich an und war natürlich mit das Erste,
was meine Zuhörer zu hören wünschten." Nachdem er seiner
Gemütserregung Herr geworden, las er den Brief vor, und
hatte die Genugthuung, ihn von seinen Eltern höchlich loben
zu hören, obschon beide ihn „sehr verwegen" fanden, als am
nächsten Tage Edward Hudson, der einzige von Moores
Freunden, welcher in das Geheimnis eingeweiht war, bei
einem Morgenbesuche Moore mit einem vielbedeutenden Blick
die Frage hinwarf: „Nun, hast Du schon gesehen . . .? —
„Der Brief war von Dir, Tom" rief die Mutter, und man
begreift, daß neue Vorsichtsermahnungen dem Geständnisse
folgten.

„Ein paar Tage nachher," erzählt Moore, „kam bei
einem der langen Spaziergänge aufs Land, die Emmet und
ich miteinander zu unternehmen pflegten, unser Gespräch auf
den Brief und ich enthüllte mich als den Verfasser. Da ge=
stand er mir mit der fast weiblichen Sanftmut seines Wesens,
die man so häufig bei derartigen entschlossenen Geistern trifft,
daß er bei Lesung des Briefes, wie sehr er dessen Inhalt
gebilligt, nicht umhin gekonnt habe, zu bedauern, daß die

öffentliche Aufmerksamkeit solchermaßen auf die Politik der Universität hingelenkt worden sei, was ja, wenn die Behörden wachsam würden, der Verbreitung dessen, was wir Beide für „den guten Geist" hielten, der sich jetzt in aller Stille Bahn breche, nur hinderlich sein könne. So knabenhaft ich auch damals noch war, wurde ich doch unwillkürlich von der männlichen Anschauung betroffen, welche er, wie ich bemerkte, von dem hatte, was Männer unter solchen Umständen und zu solchen Zeiten thun müssen, nämlich nicht von ihren Ab= sichten reden oder schreiben, sondern handeln. Er hatte, so= weit ich mich entsinne, früher niemals in den Gesprächen mit mir auf die Existenz der heimlichen Gesellschaft der „United Irishmen" hingedeutet, auch machte er mir weder jetzt, noch irgend jemals später den Vorschlag, in dieselbe einzutreten, eine Rücksichtsnahme, die ich zum großen Teil seiner Kenntnis der vorsorglichen Aengstlichkeit beimesse, mit welcher man da= heim über mich wachte . . . Er war ein durch und durch edles Geschöpf, und eben so reich an Einbildungskraft und Zärtlichkeit des Herzens, wie an männlicher Kühnheit."

Ganz unverkennbar hat Robert Emmet bei all' seinem herzlichen Wohlwollen gegen Moore wohl gefühlt, daß dieser nicht von dem Metall sei, aus welchem ein Mann geschmiedet sein muß, der seine Zukunft und sein Leben in einer Revo= lution aufs Spiel setzen soll. Aber er hielt viel von dem jungen Dichter und besuchte ihn oft, er hat sicher gemerkt, einen wie seltenen Resonanzboden seine Ideen und Träume in der Harfe fanden, die Thomas Moore in seiner Seele trug. Er pflegte neben Moores Pianoforte zu sitzen, während dieser die Melodien aus Buntings irischer Sammlung spielte, und Moore bewahrte noch als Greis die Erinnerung, wie Robert Emmet eines Tages, als er die Melodie „Let Erin remember the day" spielte, mit Leidenschaft ausrief: O stünde ich an der Spitze von zwanzigtausend Mann, die nach dieser Melodie marschierten!"

Das war im Jahre 1797 kurz vor Entdeckung der großen irischen Verschwörung. Dann kam die Rache mit all ihren Schrecknissen. Eine ihrer ersten Folgen war eine vollständige

Inquisition innerhalb der Mauern der Universität. Die Stu=
denten wurden einzeln beim Namen aufgerufen und verhört.
Die meisten wußten wenig oder nichts von den Absichten der
Führer; nur das plötzliche Verschwinden einiger — unter
ihnen Robert Emmet, belehrte ihre Kameraden, wie tief sie
in die verratenen Pläne eingeweiht gewesen. Die Totenstille,
welche täglich der Aufrufung ihrer Namen folgte, machte
einen erschütternden Eindruck auf Moore. Er selbst bewies
sich bei seinem Verhör als ein braver Student, er erklärte
dem gefürchteten Lord Fitzgibbon ins Gesicht, den ihm ab=
geforderten Eid nur unter dem Vorbehalten leisten zu wollen,
daß er keine Kameraden dadurch ins Unglück stürzen könne,
und ertrug mit männlicher Fassung die Zornesausbrüche,
welche dieser Erklärung folgten. Da er kein Mitglied der
„United Irishmen" gewesen war und in der That keine
Kenntnis von der Gesellschaft hatte, wurde er bald wieder
entlassen.

In die nächstfolgenden Jahre fällt Moores erstes Auf=
treten als Dichter. Die Greuel, welche die Unterdrückung des
Aufstandes begleiteten, gaben ihm keinen Stoff für die Dich=
tung; dazu stand er ihnen allzu nahe. Emmet war fortge=
reist, die Einwirkung desselben auf ihn hatte für eine Zeitlang
aufgehört, politische Dichtung war überhaupt in Irland un=
möglich. Der junge Dichter, welcher von Natur die Anlage
zur Erschaffung heiterer und leichter Poesien besaß, folgte also
dem Wege, der seinen Talenten und Jahren offen lag: er be=
arbeitete zuerst die anakreontischen Lieder, veröffentlichte die=
selben, noch nicht zwanzig Jahre alt, mit einer Widmung an
den Prinzregenten, welcher damals die Hoffnung der Liberalen
war, und trat 1801 mit einem Bande „Poems of Thomas
Little" auf, meist erotische Gedichte, jugendlich=sinnlich und
von etwas frivoler Art. Die irische Frivolität erinnert sehr
an diejenige, welche man so häufig in den erotischen Gedichten
der Schweden trifft, und hat denselben Charakter, eine Natio=
naleigentümlichkeit zu sein.

Nachdem Moore einige Jahre in den besten Londoner
Kreisen umher geflattert war, beliebt und gesucht wegen seiner

gesellschaftlichen Talente und seiner ganzen irländischen Soziabilität, nötigte ihn seine Vermögenslosigkeit 1803 nach Bermuda zu reisen, und dort das Amt eines Admiralitäts-Registrators anzutreten. Er eignete sich, wie begreiflich ist, gar nicht für dies Amt, ließ dasselbe auch nach kurzer Zeit durch einen Stellvertreter verwalten, und ward, als dieser sich in Schwindeleien einließ und den Staat um eine namhafte Summe betrog, ohne eigene Schuld in ein ähnliches Unglück wie Scott gestürzt, erhielt ebenfalls hilfreiche Anerbietungen von vielen Seiten, wies dieselben eben so ehrliebend wie Scott zurück, und tilgte seine Schulden durch mehrjährige Sparsamkeit und gewissenhaften Fleiß. Seine amerikanische Reise dauerte vom Oktober 1803 bis zum November 1804. Er brachte von dort die im zweiten Band seiner Werke gesammelten amerikanischen Briefe und Gedichte heim, deren Naturschilderungen eben so hervorragend durch Farbenglut wie durch Porträtähnlichkeit sind. Als echt englischer Naturalist hegt Moore größeren Ehrgeiz in betreff der Aehnlichkeit als in betreff des Kolorits, und er ist nicht wenig stolz auf die vielen Zeugnisse für die graphische und geographische Naturtreue dieser Schilderungen, welche er von Eingeborenen und Reisenden erhalten hat. Der bekannte englische Reisende, Kapitän Basil Hall (derselbe, welcher Scott auf Abbotsford besuchte und, als er in Venedig krank lag, von Byron gepflegt wurde) behauptet, daß Moores Oden und Episteln die trefflichste und genaueste (most exact) Schilderung von Bermuda geben, welche existiere, und weist nach, wie das schönste Lied darunter, das „Canadische Schifferlied", sowohl in betreff des Textes wie der Melodie auf den Liedern beruhe, die wirklich dort auf den Schiffen gesungen werden, solchergestalt jedoch, daß Moore alles fortgelassen hat, was in diesen Liedern nicht schön und charakteristisch war. Und Moore erzählt selber, wie genau seine Schilderung sogar der Landschaften und Bäume sich an die Wirklichkeit hielt. In Anlaß der Zeilen:

'Twas there, in the shade of the Calabash tree,
With a few, who could feel and remember like me —

erhielt er etwa fünfundzwanzig Jahre nachher aus Bermuda einen Becher, der aus einer der Fruchtschalen des in Rede stehenden Kalabassenbaumes, auf dem man seinen Namen eingeritzt gefunden, angefertigt worden war. Die exotische Natur jener Gegenden wirkte befruchtend auf einen Dichtergeist, der gerade dazu angelegt war, üppige und festliche Natureindrücke in sich aufzunehmen; die demokratischen und republikanischen Einrichtungen, deren Zeuge er ward, fanden dagegen weit geringere Empfänglichkeit und Sympathie bei dem zartsinnigen Poeten, auf den die beginnende Weltreaktion gegen das achtzehnte Jahrhundert schon ihre Wirkung zu üben begann. Seine Episteln über die amerikanischen Gesellschaftszustände zeigen nur ein Auge für die Schattenseiten der Republik. Er hatte eine Audienz bei dem Präsidenten; aber Jeffersons nachlässiger Anzug — blaue Strümpfe und Hauspantoffeln an den Füßen — verunzierte, wie man merkt, in seinen Augen das Bild des Mannes, der die Unabhängigkeitserklärung entworfen hatte. Vor allem erschrak er darüber, die französische Philosophie, die für ihn, als echten Sohn seiner Zeit, lauter Gift und Sünde war, in der jungen Republik so stark verbreitet zu sehen*). „Es war," schreibt Moore viele Jahre nachher, „die einzige Periode meines Lebens, in welcher ich mich selbst skeptisch gefühlt habe betreffs der Gesundheit des freisinnigen politischen Glaubens, als dessen Bekenner und Anwalt ich, so zu sagen, fast buchstäblich mein Leben begonnen habe und dasselbe aller Wahrscheinlichkeit nach enden werde." Es hatte für einen Augenblick den Anschein, als wären die Kindheits- und Jugendeindrücke der mißhandelten Geburtsinsel unter anakreontischen Stimmungen, Reiseerinnerungen und dem lustigen fashionablen Leben in den höchsten, leichtlebigen Kreisen Londons begraben.

---

*) Already has the child of Gallia's school,
The foul Philosophy, who sins by roule,
With all her train of reasoning damning arts,
Begot by brilliant heads on worthless hearts . . .
Already has she pour'd her poison here
O'er every charm that makes existence dear.
Epistle to Lord Viscount Forbes.

Da erschien im Jahre 1807 der erste Band von Moores „Jrischen Melodien", — sein Anwartschaftsbrief auf die Un= sterblichkeit. Alles, was sein unglückliches Heimatland in den langen Jahren der Schmach gelitten, seine Schmerzen und Seufzer, sein begeisterter Aufschwung, seine kriegerische Kühn= heit und sein Lächeln unter Thränen, alles blickte bald hier, bald da zwischen Liedern hervor, die in sprudelndem, halb wehmütigem Leichtsinn und erotischer Schwärmerei geschrieben sind. Es war ein Kranz, von Wehmut, Begeisterung und Zärtlichkeit geflochten, ein duftender Trauerkranz, der wie zur Ehre eines Toten, hier um die Stirn seines Vaterlandes ge= wunden ward. Nicht daß Irlands Name häufig oder mit Vorliebe genannt würde; in diesen Gedichten kommen über= haupt so wenige Namen wie möglich vor — es war bedenklich, irische Eigennamen zu nennen. Aber bald verherrlichte der Sänger seine Geliebte in solchen Ausdrücken, daß man die Züge Erins unter den ihrigen ahnte; bald sprach das liebende Weib mit einer Hoheit, daß man fühlte, kein irdisches Weib könne gemeint sein, und die Mystik des Ausdrucks erhöhte, wie in den alten christlich=allegorischen Lobgesängen die poetische Wirkung. — Was war in der Zwischenzeit zwischen dem Er= scheinen von Moores leichtfertigen Gedichten und der Empfäng= nis dieser bewunderungswürdigen Poesien geschehen? Es ist eine lange und traurige Geschichte. Schon das vierte Gedicht der Sammlung beginnt:

> Haucht nicht seinen Namen, laßt schlummern ihn nun
> Und im Grab ohne Ehren den Schläfer jetzt ruhn:
> Trüb, dunkel und stumm sei die Thräne, die fließt,
> Wie der Thau, der sich nachts auf den Hügel ergießt.

Es handelt sich also um einen, dessen Name nicht genannt werden durfte, dessen Gebeine entehrt im Grabe lagen, und den schwere, stille Thränen nur im Dunkel der Nacht beweinen durften.

In dem darauf folgenden Gedichte heißt es wieder ohne Nennung eines Namens:

Wenn ihm, der dich liebt, nur der Name allein
Geblieben von Schuld und von Leid.
Sag, weinest du, wenn zu beflecken sie dräun
Ein Leben, dir einzig geweiht?
Ja, weine! Wie bitter die Feinde mich schmähn,
Deine Thräne soll reinigen mich;
Denn muß ich mich schuldig vor ihnen gestehn,
Ich war nur zu treu gegen dich!

Daß die von dem Helden Angebetete Irland ist, sieht man auf
den ersten Blick; aber es liegt gleichsam wieder ein Trauer=
flor über Ihm, dessen Ruf von seinen Feinden verdunkelt ward,
und der, obwohl sie ihn schuldig fanden, seiner Geliebten nur
allzu treu war.

Man blättere noch etwas weiter in der Sammlung, und
man stößt auf ein Gedicht, das mit den beiden vorhin er=
wähnten in genauer Verbindung steht, und das mit sanften
Farben die hinterlassene Braut des Ungenannten malt:

Sie ist fern von des Heldenjünglings Grab,
Und Freier sie schmachtend umgeben,
Doch sie schweiget und weinet und wendet sich ab,
Denn im Grab liegt ihr Herz und ihr Leben.

Sie singt aus der Heimat manch wilden Gesang,
Jede Weise, die hold ihm geklungen;
Ach, wenig bedenkt, wer da lauschet dem Klang,
Daß der Sängerin Herze gesprungen.

Er lebte der Liebsten, er starb für sein Land,
Sie waren ihm Sterne des Lebens; —
Kein Auge im Land ohne Thränen stand,
Und nicht harrt er der Liebsten vergebens.

Wo den Hügel am letzten der Sonnenstrahl küßt,
Da sollt ihr zur Erde sie betten,
Daß ein Lächeln aus West ihr den Schlummer versüßt,
Wie ein Gruß von den heimischen Stätten.

Der Leser hat schon geahnt, daß der junge Held, um den
so rührende Klagetöne erschallen, kein anderer war, als Moores
ehemaliger Universitätsfreund, Robert Emmet. Es ist mir

unzweifelhaft, daß sein Schicksal Moore die Inspiration gab,
welche die herrlichsten Freiheitsgedichte unter den „Irischen
Melodien" hervorrief. Während in Folge der Revolution von
1798 der ältere Emmet auf dem Fort St. Georges gefangen
gehalten und dann aus dem Lande verwiesen ward, gelang es
Robert, der Verhaftung zu entrinnen, aber er benutzte seine
Freiheit sofort und ausschließlich im Dienste der Sache, die
seinen Bruder ins Unglück gestürzt, und der er selber sein
Leben gewidmet hatte. Er reiste im Jahre 1802 nach Paris
und hatte eine Besprechung mit dem ersten Konsul, der
übrigens den Eindruck auf ihn machte, „daß er sich nicht mehr
um Irland als um die Republik und die Freiheit bekümmere",
und mehrere Zusammenkünfte mit Talleyrand, dessen Wesen
ihm nicht besser gefiel, um durch Verabredungen mit ihnen
die Errichtung einer unabhängigen irischen Republik, gestützt
auf die Allianz mit der französischen, vorzubereiten. Es war
in dem Augenblick, als das durch den Frieden von Amiens
auf kurze Zeit wieder hergestellte gute Verhältnis zwischen
Frankreich und England nahe daran war, zu zerbrechen.
Bonaparte scheint eine kurze Zeit ernstlich an eine Landung
in Irland gedacht zu haben — noch auf St. Helena bedauerte
er, daß er nicht nach Irland, statt nach Egypten, gegangen
sei — und Robert Emmet kehrte im November 1802 mit
dem bestimmten Versprechen nach seiner Geburtsinsel zurück,
daß die Landung der französischen Armee im August 1803
stattfinden solle. Mit rastloser Kühnheit brachte er abermals
eine Verschwörung ringsum in Irland zu stande. Nach seiner
Ueberzeugung war die Revolution von 1798 gescheitert, weil
es ihr an einer Operationsbasis in der Hauptstadt gefehlt habe.
Es galt ihm vor allem sich Dublins, insbesondere des Schlosses,
zu bemächtigen, dessen Thore bis zum Abend offen standen.
Tag und Nacht überwachte er die Vorbereitungen zum Aufstande; eine Menge von Häusern war in den verschiedenen
Stadtvierteln Dublins gemietet, wo man ununterbrochen Waffen,
Kugeln und Pulver fabrizierte: er selbst hatte stets einen
kleinen Stab von fünfzehn Personen um sich, fast sämtlich
Männer aus dem Volke, die unter seiner Aufsicht arbeiteten.

und er genoß die kurze Ruhe, die er sich gönnte, in einem der Pulvermagazine, auf eine Matratze hingestreckt. Obschon mehr als 1000 Personen in die Verschwörung eingeweiht waren, fand sich unter ihnen doch kein Verräter, und die blutdürstige Obrigkeit hatte nicht die entferntefte Ahnung von dem, was sich vorbereitete. Emmets Vermögen wurde gänzlich durch die Einkäufe erschöpft, aber die Arbeiter, welche ihm dienten, nahmen für ihre Leistungen keine Bezahlung an; „sie arbeiteten," sagt einer von ihnen, den der Verfasser des Buches „United Irishmen" als Greis traf, „nicht für Geld, sondern um der Sache willen; sie hatten großes Vertrauen zu Robert Emmet, sie hätten ihr Leben für ihn lassen mögen." Da ereignete sich im Julimonat einer jener unberechenbaren Zufälle, denen keine menschliche Voraussicht vorbeugen kann: eins der Pulver= magazine sprang in die Luft und tötete zwei Männer, von denen der eine in Robert Emmets Armen starb. Am nächsten Tage benachrichtigte ein protestantisches Blatt die Regierung, daß sie auf einer Mine schlafe. Man mußte, unfertig wie man war, und ohne die Ankunft der Franzosen abzuwarten, losschlagen, wenn man sich nicht der Vernichtung ohne Kampf aussetzen wollte. Am 23. Juli stand eine edle und männliche Proklamation an die Bevölkerung Irlands, von Robert Emmet selbst verfaßt, an den Straßenecken Dublins angeschlagen: als aber der Abend erschien, und er an der Spitze einer kleinen Schar die Ueberrumpelung des Schloffes versuchte, sollte er mit Bitterkeit empfinden, wie unzuverlässig seine Landsleute in einem gefahrvollen und entscheidenden Augenblick waren. Schon als man sich dem Schlosse näherte, verringerte sich die ihn begleitende Schar immer mehr; als man vor dem Thore stand war kaum noch eine Handvoll Treuer zurückge= blieben und jede Hoffnung eines glücklichen Ausgangs dem jetzt wachsamen und wohlbewaffneten Feinde gegenüber er= loschen. In der ersten Verwirrung gelang es den Führern in die Gebirgsschluchten von Wicklow zu entkommen, und hier versammelten sie sich schon am nächsten Tage in einem einsam gelegenen Thale, um Rat zu halten. Die meisten waren der Ueberzeugung, daß noch nichts verloren sei: ein

Signal — und Irland würde sich wie ein Mann erheben ꝛc.: nur Robert Emmet hatte sich jeder Illusion entschlagen und bewies seinen Freunden aufs klarste, daß ein fortgesetzter Kampf in diesem Augenblick und mit Kämpfern, wie die undisziplinierten Empörer sie abgäben, einzig neues Blutvergießen für die schon so hart geprüfte Bevölkerung zur Folge haben würde. In dem Augenblick, als man sich trennte, wurde Robert Emmet von allen Seiten aufgefordert, zu entfliehen: die einzige Gelegenheit dazu bot sich in ein paar Fischerböten, welche den Insurgenten gehörten. Da erklärte Robert Emmet mit einer gewissen Verlegenheit, er müsse durchaus noch einmal nach Dublin, um Abschied von einer Person zu nehmen, die ihm so teuer sei, daß er Irland nicht für lange Zeit verlassen könne, ohne sie wiedergesehen zu haben. „Er müsse sie sehen und sollte er tausendmal darum sterben."

Die Soldaten suchten ihn überall, seine treue Haushälterin, ein junges mutiges Mädchen, ward vergebens mit Bajonetten am ganzen Leibe zerstochen und „halb gehängt", sie wollte seinen Aufenthaltsort nicht verraten. Endlich fand man ihn, lähmte jeden Fluchtversuch durch einen Pistolenschuß in die Schulter, und verhaftete ihn. Als der Major, welcher ihn abführte, den Schuß entschuldigen wollte, antwortete er kurz, im Kriege ist alles erlaubt (all is fair in war).

Ein paar Tage nach seiner Gefangennahme schrieb Robert Emmet einen Brief an das junge Mädchen, um dessentwillen er sein Leben aufs Spiel gesetzt hatte. Es war Miß Sarah Curran, eine Tochter des berühmten Advokaten, dessen Name so häufig in Byrons Gedichten vorkommt, des unverdrossenen, begeisterten und beredten Verteidigers der irischen Angeklagten von 1798, eines der angesehensten und geachtetsten Männer des Landes. In seinem Hause hatte Robert Emmet als ganz junger Mensch viel verkehrt; als aber Curran sein und der Tochter warmes Interesse für einander entdeckte und befürchtete, daß Emmets politische Richtung seine Zukunft zerstören werde, hatte er die beiden jungen Leute getrennt, und gegen fein Wiffen hatten fie beftändig den Briefwechfel mit einander unterhalten. Der Gefängniswärter, welcher fich eine große Summe zahlen ließ, um Emmets Brief an die Adreffatin zu beforgen, überbrachte ihn fofort dem Staatsanwalt. In feiner Angft, die Geliebte kompromittiert zu haben, fchrieb Emmet augenblicklich an feinen Richter, und da er wußte, wie große Furcht man vor feiner Beredtfamkeit hegte, erbot er fich, vor dem Gerichtshofe fich felbft als fchuldig zu bekennen und kein einziges Wort zu feiner Verteidigung zu fagen, wenn man dafür unterlaffen wolle, feine Briefe an Miß Curran in den Prozeß hinein zu ziehen. Vergebens! fchon folgenden Tags unterrichtete eine Hausfuchung den erzürnten Curran über das intime Verhältnis, welches zwifchen Emmet und feiner Tochter beftand. An dem Ausfall des Prozeffes felbft war kein Zweifel; der Angeklagte kannte fein Schickfal. Als der Ge= fängniswärter ihn beim Flechten einer Haarlocke überrafchte, die Miß Curran ihm gefchenkt hatte, blickte er auf und fagte: „Ich flechte fie, um fie auf dem Schafott bei mir haben zu können!" Auf feinem Tifche fand man eine äußerft forg= fältig ausgeführte Federzeichnung: fein eigenes Porträt, fprechend ähnlich, das Haupt vom Rumpfe getrennt, den Körper ausgeftreckt.

Der Prozeß begann um 10 Uhr morgens. Nachdem der Staatsanwalt in feiner Rede verfichert hatte, daß diefe Ver= fchwörung keine andere Wirkung gehabt habe, als die Liebe Irlands zu feinem Könige deutlicher zum Ausdruck gelangen zu laffen, bat Robert Emmet zur Erwiderung nur darum, folgenden Paragraphen aus dem von ihm redigierten Manifefte der proviforifchen Regierung verlefen zu laffen: „Von jetzt an ift jede Anwendung der Peitfchenftrafe und der Tortur auf irländifchem Boden unterfagt und darf unter keinem Vorwande wieder eingeführt werden." Darauf folgt die Rede eines widerwärtigen irifchen Renegaten, des ehemaligen Mitgliedes der Aufftandspartei, Lord Plunket, der als öffentlicher Ankläger Emmet mit Hohnworten überhäufte. Dann erhob fich diefer und hielt, den nahen Tod vor Augen, eine Verteidigungsrede, die heute noch jeder Irländer kennt. Er fagte: wenn er,

nachdem er für schuldig erklärt worden sei, nur den Tod er=
leiden sollte, so würde er nicht die Aufmerksamkeit der An=
wesenden ermüdet haben; aber das Urteil, welches seinen Körper
dem Henkerbeil überliefere, werde zugleich seinen Namen dem
Tadel der öffentlichen Meinung überliefern, und deshalb wolle
er reden. Auf die tobende Unterbrechung des Richters ent=
gegnete er mit vollkommener Ruhe: „Ich habe sagen hören,
Mylord, daß Richter es zuweilen für Pflicht halten, mit Ge=
duld zuzuhören, und mit Humanität zu sprechen," und setzte
seine Rede mit so lauter Stimme fort, daß man sie deutlich
an den Außenthüren des Gerichtssaales vernahm, ohne daß
jedoch in seinem Vortrag das geringste Uebertriebene oder
Deklamatorische gewesen wäre; seine Stimme war im Gegenteil,
wie Madden, der ihn hörte, berichtet, mit größter Feinheit
moduliert, er schritt mit gewissen Bewegungen, die ihm eigen=
tümlich waren, und die eine besondere Anmut hatten, gegen
die Barrière vor und zurück. Dreißig Jahre nachher sprachen
Zeugen dieser ergreifenden Beredtsamkeit noch nicht ohne Ge=
mütserregung von der Grazie und Hoheit, mit denen er seinen
Richtern trotzte. Ein Korrespondent der „Times", welcher den
Aufstand selbst absolut verdammt, sagt in seinem Bericht über
Emmet: „Aber das muß ich bekennen: er war groß inmitten
seiner Verirrungen: als er am Tage des Prozesses, in dem
Augenblick, wo das Grab sich öffnete, ihn zu empfangen, selbst
die Mauern des Gerichts durch die Energie und den Glanz
seiner Beredtsamkeit erschütterte, sah ich jene Schlange, die sein
Vater an seinem Busen genährt hatte (Lord Plunket), unter
seinem Blick erzittern und jenen Auswurf der Menschheit, der
ihn verurteilte (Lord Norbury), auf seinem Sessel erbleichen
und beben."

Emmet schloß mit den Worten: „Mylords! Sie erwarten
ungeduldig ihr Opfer. Alle Schrecken, mit denen Sie mich
umringten, haben das Blut in meinen Adern, nach welchem
Sie so gierig sind, nicht erstarren gemacht, und in wenigen
Stunden wird es um Rache gen Himmel schreien; aber noch
kurze Geduld! Ich habe nur wenige Worte zu sagen; ich gehe
in mein kaltes und stummes Grab; die Leuchte meines Lebens

ist fast schon ausgelöscht. Ich habe mich um meines Landes willen von allem getrennt, was mir in diesem Leben teuer war, von dem Idol meiner Seele, dem Gegenstand meiner Gefühle. Meine Bahn ist beschlossen; das Grab thut sich auf, mich zu empfangen, und ich sinke in seine Arme. Ich habe nur ein Begehren bei meinem Abschiede von dieser Welt zu stellen: daß sie mir die milde Gunst ihres Schweigens gewähre. Möge niemand meine Grabschrift schreiben; denn da niemand, der meine Beweggründe kennt, sie jetzt zu verteidigen wagt, soll nicht Vorurteil oder Unwissenheit sie anschwärzen. Laßt sie in Dunkel und Frieden ruhen! Möge mein Andenken in Vergessenheit sinken und mein Grab ohne Inschrift bleiben, bis andere Zeiten und andere Männer meinem Charakter Gerechtigkeit erweisen können. Wenn mein Volk seinen Platz unter den Nationen der Erde einnimmt, dann und nicht eher werde meine Grabschrift geschrieben. Ich habe gesprochen."

Das Urteil wurde gefällt und lautete dahin, daß Robert Emmet noch in derselben Nacht um 1 Uhr erst gehängt, dann enthauptet werden solle. Es war gegen 11 Uhr Abends, als er in sein Gefängnis zurückgeführt ward. Er blieb unterwegs einen Augenblick vor einem Zellengitter stehen, hinter welchem einer seiner Freunde saß, und sagte ihm: „Ich soll morgen gehängt werden." -- Man gönnte ihm während der letzten Stunden keine Ruhe. Man fuhr ihn zehn englische Meilen aufs Land hinaus, aus Furcht, daß er mit Gewalt seinem Kerker entrissen werden möchte. Erst jetzt befreite ihn ein menschenfreundlicher Gefangenwärter von den Fesseln, die man ihm mit solcher Brutalität angelegt hatte, daß das Blut aus seinen verstümmelten Gliedern sprang, und derselbe Mann gab ihm etwas zu essen, denn seit 10 Uhr morgens, wo der Prozeß begann, hatte er keine Nahrung erhalten. Dann sank er in einen kurzen, tiefen Schlaf, erwachte und benutzte die wenigen Augenblicke, die ihm übrig blieben, um Briefe zu schreiben, einen an seinen Bruder in Amerika, einen an Miß Currans Bruder, und einen an sie selbst, als ihn ein Freund unterbrach, der ihn zum letzten Mal zu sehen wünschte. Roberts erstes Wort an ihn war die Frage, wie es seiner

Mutter gehe, und der Freund mußte ihm tiefgebeugt die Nachricht geben, daß sie vor zwei Tagen aus Kummer gestorben sei. Mit Ruhe hatte sie den einen ihrer Söhne um Irlands willen verbannt gesehen, mit Festigkeit hatte sie Robert stets auf seinem Wege ermuntert; als sie aber den Sohn, welcher der Stolz ihres Lebens war, noch nicht dreiundzwanzig Jahre alt, einem so schrecklichen Tode geweiht sah, brach ihr Herz. Robert nahm die Nachricht mit Fassung auf und sagte: „Es ist besser so." In dem Briefe an Miß Curran schrieb er: „Ich habe nie um meiner selbst willen Aemter oder Ehren gewünscht; mir wäre an dem Lob Niemandes gelegen gewesen, aber ich hätte in Sarahs strahlendem Antlitz lesen mögen, daß ihr Mann geachtet sei." Seine Handschrift in diesem Briefe ist so fest und regelmäßig wie immer. Um 1 Uhr ward er zum Schafotte geholt. So groß war die Herrschaft, welche die Milde und Anmut seines Wesens über alle rohen Naturen ausübte, daß einer der Gefangenwärter, als der Verurteilte von den Sheriffs geführt und vom Henker gefolgt, aus dem Gefängnisse schritt, ihm mit strömenden Thränen Lebewohl sagte; Emmet, dessen Arme gebunden waren, beugte sich zu ihm hin und küßte ihn auf die Wange, und dieser Mann, welcher zwanzig Jahre lang abgehärtet und an Kerkerszenen gewöhnt war, sank bewußtlos vor ihm nieder. Am Fuße des Schafotts gab Robert Emmet einem seiner Freunde den Brief, den er an Miß Currans Bruder geschrieben hatte; aber der Freund wurde verhaftet und der Brief gelangte niemals an seine Adresse. Er löste selbst sein Halstuch und half den Strick um seinen Hals legen. Der Henker zeigte das abgeschlagene Haupt dem Volke und rief mit lauter Stimme: „Dies ist der Kopf Robert Emmets, eines Hochverräters." — Kein Laut kam als Antwort zurück.

Am folgenden Tage las man im Regierungsblatte, dem „London Chronicle": „Er blieb bis zum letzten Augenblick derselbe, als der er sich gestern bei der Gerichtsverhandlung gezeigt hatte, er legte dieselbe Mischung von Nonchalance und Frechheit an den Tag, und schien der fürchterlichen Umstände

zu spotten, unter denen er sich befand. Nichts konnte der
Ruhe des wahren Christen unähnlicher sein. Gott bewahre
uns vor Leuten mit solchen Grundsätzen! Nichtsdestoweniger
haben wir nie einen Menschen sterben sehen, wie er gestorben
ist ... Er war ein entschiedener Ungläubiger, und zu dem
Priester, der ihn begleitete, sagte er: „Ich danke ihnen für
die Mühe, die Sie sich geben, aber sie ist unnütz; meine An=
sichten über diesen Punkt sind schon lange sehr bestimmt ge=
wesen, und dies ist kein Augenblick, wo ich sie verändern
kann." — So sprach die offizielle Presse; das unterdrückte
Irland schwieg an dem Schafotte seines dreiundzwanzigjäh=
rigen Lieblings, und, treu seinem Gebote, setzte es keine In=
schrift auf sein Grab.

Als aber Moores „Irische Melodien" erschienen, hörte
man plötzlich in diesen Liedern den Schmerz und die Ent=
rüstung eines ganzen Volkes schwellen und sinken, flüstern
und grollen, klagen und murmeln wie die Wogen des Meeres
und mit der unwiderstehlichen Gewalt eines Naturelements.
Es gab bald und es giebt heute noch keinen Bauer in Ir=
land, dem nicht das Lied: „When he who adores thee"
bekannt wäre. In Amerika wird Robert Emmets letzte Rede
noch heutigen Tags in allen Schulen gelesen. Sie ist das
Evangelium der Rebellion gegen England. Aber, seltsam ge=
nug: nicht Robert Emmets heldenmütige That machte ihn
bei seinen Landsleuten so berühmt, wie seine rührende Liebes=
geschichte. Seine Braut galt dem irischen Volke als die
Witwe des Helden, und war der Gegenstand einer stillen
Ehrfurcht. Ihr Unglück wurde noch dadurch erhöht, daß sie
in einem englisch gesinnten Kreise lebte, der wohl Robert
Emmet bedauerte, aber der Ansicht war, daß er sein Schicksal
verdient habe. „Ihr Aussehen," sagt Admiral Napier, der
sie in Italien sah, „war das einer wandelnden Statue." Sie
starb wenige Jahre nachher auf Sicilien, „fern von des
Heldenjünglings Grab." Washington Irving hat sie in seiner
schönen Skizze „Das gebrochene Herz" im „Skizzenbuche" ge=

schildert. Aber ihr herrlichstes Denkmal ist das Lied: „She
is far from the land where her young hero sleeps."*)
Doch das Unglück des Einzelnen ist in den „Irischen
Melodien" nur ein Symbol des Unglücks eines ganzen
Volkes und eine Personifikation des allgemeinen Schmerzes.
Wir stoßen auf Lieder, in denen alle Söhne und Töchter Irlands über den traurigen Ausgang der großen französischen
Revolution und der Hoffnungen zu jammern scheinen, welche
alle Völker, aber dies Volk mehr als alle andern, auf den
Bestand und Sieg der Republik gesetzt hatten. Ein solches
Lied ist das rührende „'Tis gone and for ever the light
we saw breaking" mit der wilden Klage darüber, daß
jener erste Freiheitsstrahl, den die Menschheit gesegnet hat,
wieder verschwunden ist und bei seinem Verschwinden gleichsam
die Nacht der Knechtschaft und Trauer noch tiefer und dunkler,
als zuvor, gemacht hat, am tiefsten und dunkelsten aber für
Erin. Moore erhebt sich zum höchsten und edelsten Flug in
einer Strophe, wie folgende:

Hoch schwang sich dein Hoffen, als rings durch die Lande
Aufblitzten die Strahlen aus Wolken, so schwer;
Als zornig die Wahrheit zerriß ihre Bande
Und ihr Banner, wie Sonnenblick, flammte daher.
O hehrer Moment, nie wieder errungen!
Wenn damals ein Hymnus der Freiheit die Zungen
Der Völker vereinte, wie süß wär' erklungen
Sein jubelndster Laut, o mein Erin, von dir!

Und das Gedicht schließt mit Verwünschungen über die
Unterdrücker, welche am „rauchenden Altare des Todes, wie
Furien die junge Hoffnung der Freiheit liebkosten und sie in
Blut tauften." Andere Gedichte sind drohender, obwohl die
Drohung überall poetisch und versteckt ist. Man lese z. B.
das Lied „Lay his sword by his side":

Nun legt ihm zur Seite das tapfere Schwert,
Zu ruhn bei des Schlummernden Pfühl!
Getreu bis zuletzt nach dem Feinde gekehrt
Blieb's, eh' seiner Hand es entfiel.

---

*) Madden: United Irishmen. — Robert Emmet (Anonym aber
von Madame d'Haussonville verfaßt).

Die im Leben Genossen, im Ruhmeskranz
Laßt ruhn sie, den Freund zu dem Freunde gesellt. —
Dies Schwert, in der Scheide noch schneidig und ganz,
Und frei noch im Grabe der Held!

Doch horch! Was tönet so leise empor,
Als wollt' es dem Grabe entfliehn,
Wie ein Echo der Stimme, die Knechten ins Ohr
Den Kriegsruf „Freiheit!" geschrien?
Es ruft aus der dumpfen Tiefe uns zu:
„Ob hernieder ins Grab der Führer auch stieg,
O bettet sein Schwert nicht in schimpfliche Ruh,
Noch verheißt es ja Leben und Sieg!

Will je dich berühren verächtliche Hand.
Dann hafte, du tapfere Wehr,
Wie ein Talisman fest in die Scheide gebannt,
Und zum freien Gebieter komm her!
Doch faßt eine Hand dich, die heldenbewährt
Dein Leuchten gesehen im Schlachtengraus,
Dann, wenn Freiheit dich ruft, o du tapferes Schwert,
Flieg, ein Blitz, aus der Scheide heraus!"

Das direkt wider den Prinzregenten gerichtete Gedicht
ist das schärfste und gesinnungstüchtigste von allen. Er wird
freilich nicht darin genannt, aber man versteht erst das Ge=
dicht, wenn man weiß, daß er gemeint ist. Es ist das Lied
„When first I met thee, warm and young." Erin spricht
hier als Weib, sie schildert ihren guten Glauben an den
jungen Königssohn, ihr Vertrauen auf die Versprechungen,
die er ihr als warmfühlender Jüngling gegeben, ihr Fest=
halten an ihrem Glauben, sogar als er sich veränderte; sie
wollte, selbst als sie von seinen Thorheiten und Fehlern ver=
nahm, in ihnen einen Schimmer künftigen Ruhmes sehen. —
Aber jetzt, wo die Zeit der Jugend entschwunden ist und keine
Vorzüge des reiferen Alters an deren Stelle getreten sind;
jetzt, wo die, welche ihn einst geliebt, ihn fliehen und selbst
die Schmeichler ihn verachten, jetzt möchte Erin nicht eine ihrer
makellosen Thränen für all seine schuldbeladene Pracht geben.
Und es wird eine Zeit kommen, wo selbst die letzten Freunde

ihn verlassen, und wo er seine Arme vergebens nach ihr, die
er für immer verloren, ausstrecken wird.   Dann wird sie sagen:

> Geh! Schmähn wär' Schwäche hier,
> Zu fluchen dir, veracht' ich:
> Haß wünscht nichts Schlimmres dir,
> Als Schuld und Schmach gemacht dich.*)

Wordsworth schrieb Liebeserklärungen an England, als
dasselbe siegreich und groß war, Scott besang Schottland zu
einer Zeit, wo dies Land seinen Platz neben dem Schwester-
reiche einzunehmen, in glücklichem Aufblühen begonnen hatte,
aber Moore sandte seine glühenden Lieder einem Lande zu,
das gedemütigt und blutend zu Füßen seiner Henker lag. Er
sagt in dem Gedichte: „Remember thee":

> Dein denken! Ja, wie du verloren auch bist,
> Dies Herz doch dich nimmer und nimmer vergißt.
> Mehr gilt mir dein Trauern, dein finsteres Leid,
> Als die übrige Welt in der sonnigsten Zeit.

> Und stündest du blühend und mächtig und hehr,
> Die Blume der Länder, die Perle vom Meer,
> Mit stolzerem Herzen wohl pries' ich dich hoch,
> Doch könnt ich dich lieben herzinniger noch?

> Deine klirrenden Ketten, dein strömendes Blut
> Macht schmerzlicher lieb deinen Söhnen ihr Gut —
> Wie des Pelikans Brut trinkt Liebe ihr Herz
> Aus dem Born deines Lebens, aus zuckendem Schmerz.

Bei all seinen Produktionen trägt daher Moore auch
Irland im Herzen.   Sein großes orientalisches Gedicht „Lalla

---

*) Go — go — 'tis vain to curse,
'Tis weakness to upbraid thee;
Hate cannot wish thee worse
Than guilt and shame have made thee.

Für die Verdeutschung der Moore'schen Gedichte ist meistens die
kürzlich (Hamburg, bei Hoffmann und Campe) erschienene, recht wackere
Uebertragung der „Irischen Melodien" von Alfons Kißner benutzt worden.

Rookh", das 1817 erschien, ist nach den gewissenhaftesten
Studien ausgeführt: man findet nicht ein Bild, nicht eine
Schilderung, nicht einen Namen, einen Zug aus der Geschichte
oder eine Anspielung auf ein Lied, die innerhalb des Hori-
zontes von Europa lägen, und die nicht die Vertrautheit des
Dichters mit dem Leben und der Natur des Ostens bewiesen.
Aber nichtsdestoweniger begann das Sujet erst Interesse für
Moore zu erlangen, als er eine Möglichkeit sah, den Kampf
zwischen den Feueranbetern und den Muhammedanern als
einen Vorwand zu benutzen, um Toleranz in Uebereinstimmung
mit der Lehre zu predigen, die er seinen Landsleuten in dem
Gedichte, „Come, send round the wine" in den „Irischen
Melodien" gegeben hatte. Auch das Interesse des Lesers erwacht erst in dem Augenblicke, wo er Irland und Irländer
hinter diesem Ghebern mit ihrem fremdländischen Kostüm ahnt.
Die „Feueranbeter" sind daher die einzige wohlgelungene Partie
der Dichtung. Selbst die Namen Iran und Erin fließen allmählich für das Ohr des Lesers ineinander. Moore sagt
selbst, daß der Geist, der sich in den „Irischen Melodien"
ausgesprochen hatte, sich erst heimisch im Osten fühlte, als er
zu den „Feueranbetern" kam, und wirklich scheint dies schöne
Gedicht, dessen Held ein edler und unglücklicher Rebell ist,
und dessen Heldin in einem Kreise lebt, wo sie stets mit Abscheu von ihm reden hört, geradezu durch das Andenken an
Robert Emmet und Sarah Curran inspiriert zu sein. Die
Aehnlichkeit erstreckt sich bis auf manche Einzelheiten hinab:
Hafed ist kurz zuvor, ehe er die Ghebern zum Aufstande ruft,
landesflüchtig in der Fremde umher geschweift; Hinda muß
in ihrer Herzensangst um Hafed täglich von dem Blutbade
hören, das unter den Rebellen angerichtet wird. Und als
Hinda sich, aus Trauer über den Tod ihres Geliebten auf
dem Scheiterhaufen, selbst den Tod giebt, stimmt der Dichter
ein Klagelied an ihrer Leiche an, von welchem ganze Strophen,
wenn man nur den Namen Iran in Erin verändert, dem
Liede „She is far from the land" eingefügt werden
könnten, ohne daß man ein fremdes Element verspüren würde.
Es heißt z. B.:

13*

Nor shall Iran, belov'd of her Hero, forget thee —
Though tyrants watch over her tears as they start,
Close, close by the side of that Hero she'll set thee,
Embalm'd in the innermost shrine of her heart.

Ja, so weit geht die Analogie der Stimmung in den „Irischen
Melodien" und derjenigen, welche in der asiatischen Epopöe
herrscht, daß einige Zeilen dieser Dichtung *) unverändert als
Motto für die Sammlung aller auf den irischen Aufstand be=
züglichen Dokumente benutzt werden konnten, die vor zirka
vierzig Jahren unter dem Titel „Rebellion book and black
history" erschien.

Es war Moore's polemische Stellung als Irländer,
die es ihm unmöglich machte, die große Politik in demselben
Lichte zu betrachten, in welchem sie der Seeschule und Walter
Scott erschien. Er ließ einen Hagel von Witzpfeilen auf die
heilige Allianz herabregnen. In den Lord Byron dedizierten
Fabeln, die er dem frommen Fürstenbunde gewidmet hat,
macht er sich mit liebenswürdiger Kühnheit lustig über die ganze
europäische Reaktion. Ihm träumt z. B. daß Zar Alexander
einen prächtigen Ball in einem Eispalaste giebt, den er (wie
es einst die Kaiserin Anna gethan) auf der Newa hat auf=
führen lassen, und daß all' die „heiligen Herrschaften", die auf
den großen Kongressen eine so zärtliche Liebe für das Wohl
Europas bewiesen, dorthin eingeladen sind, um zu untersuchen,
wie der Strom des menschlichen Bewußtseins auf dieselbe Weise
wie der Fluß gehemmt und starr gemacht werden könne, bis
er im Stande sei, „die schwersten Könige zu tragen, die je=
mals in Oden und Sonetten gepriesen worden." Frau von

*) Sie lauten:

Rebellion! foul dishonouring word,
Whose wrongful blight so oft has stain'd
The holiest cause that tongue or sword
Of mortal ever lost or gain'd.
How many a spirit, born to bless,
Hath sunk beneath that with'ring name
Whom but a day's, an hour's succes
Had wafted to eternal fame!

Krüdener hat ihr Prophetenwort darauf gegeben, daß keine Gefahr dabei sei, und daß der Frost ewig dauern werde. Da beginnt plötzlich von allen Decken und Wänden ein unheil= verkündendes Tröpfeln. Der Zar tanzt freilich noch seine Po= lonaise, aber er hat Mühe, sich auf den Beinen zu erhalten; Preußen, wiewohl der schlüpfrigen Wege gewohnt, ist nahe daran zu stolpern; aber kaum hat der spanische Fandango be= gonnen, als ein glutroter Sonnenaufgang seine Flammen= strahlen durch den Palast sendet. Man rettet sich unter einem allgemeinen „sauve qui peut!" Aber alle Eisdekorationen, die doppelköpfigen Adler, die königlichen Wappen, Szepter und Kronen, deutsche Raubvögel, französische Lilien, Alles zer= schmilzt, und löst sich in Wasser auf! „Weshalb", frägt Moore, „weshalb wollen auch die Monarchen so ihr Possenspiel in Palästen ohne Fundament treiben?" — Man sieht, er hat sanguinische Hoffnungen auf die damals eben ausgebrochene spanische Revolution gesetzt.

In einer anderen Fabel erzählt er von einem Lande, in welchem ein lächerliches Verbot der Einführung von Spiegel= glas existierte. Aus welchem Grunde? Weil die Königsfamilie dort kraft ihrer außerordentlichen Schönheit regierte, gerade wie das Volk gehorchte, weil es ein Dogma war, daß dasselbe grundhäßlich sei. Die Nase der Majestät nicht schön zu fin= den, war Hochverrat; seinen Nachbar schöner als Leute in ge= wissen hohen Stellungen zu finden, war ein schweres Ver= brechen, und da man keine Spiegel hatte, „kannte man sich selber nicht." Da bewirken ein paar schändliche Radikale (some wicked Radicals), daß ein mit Spiegeln beladenes Schiff dort an der Küste strandet, — und man begreift die Folgen. — In einer dritten Fabel kehrt er zu seinem alten Symbol, „den Feueranbetern" zurück; aber weniger tolerant, als in „Lalla Rookh", läßt er diese, als man ein Korps von Lichtauslöschern angestellt hat, um sie an der friedlichen Aus= übung ihres Kultus zu verhindern, zur Abwechselung kurzen Prozeß mit den Auslöschern machen und sie kopfüber in das Feuer werfen, das sie nicht ruhig brennen lassen wollen.

Moores satyrisches und humoristisches Hauptwerk, „The

Fudge family in Paris", das von Witzen über das neu er-
richtete lendenlahme bourbonische Regiment sprudelt, wendet
sich zugleich mit kühnem Pathos gegen England. Es heißt
dort: „Während tapfere Herzen und edle Geister überall der
schlechten Minderzahl zum Opfer fallen, ist England überall
der allgemeine Feind der Wahrheit und Freiheit, wo sie auch
leuchten mögen, und ist überall zuerst bei der Hand, den Tyrannen, wenn sie einen Schlag führen, zu helfen," und England wird daran erinnert, daß von allen Seiten Verwünschungen über seine Herrschsucht und seinen selbstsüchtigen Hochmut erschallen, der nur sein eigenes Interesse sucht und jedes
fremde Recht verachtet. Man lese vor Allem den vierten und
den siebenten Brief mit ihren Spöttereien über die feiste Trägheit des Prinzregenten, und mit ihren fürchterlichen Invektiven
gegen Castlereagh, der „jene Inkarnation aller Fäulnis und
Ansteckung" genannt wird, „die Irland England zum Geschenk
machte, wie die erschlagenen Leichen ihrem Mörder die Pest
senden." Hier findet man auch die rücksichtsloseften Ausfälle
gegen die alliierten Könige, „diese Bande von Vampyren, die
dem schlummernden Europa das Blut aussaugen."

Das klingt sehr arg und gefährlich, der Abstand von dem
ältern Dichtergeschlechte ist deutlich genug, der Sprung hievon
zu Byron und Shelley scheint gering. In Wirklichkeit aber
ist er sehr groß, und all' diese Ausfälle sind nicht so ernstlich
gemeint, wie es den Anschein hat. Es war kein irischer Home-
Ruler, der hier Irlands Sache vertrat: denn Moore wollte
keineswegs seine Geburtsinsel von England losgerissen, er
wollte sie nur besser und gerechter regiert sehen. Es war kein
Republikaner, der sich hier so derb gegen die Könige aussprach,
sondern ein aufrichtiger Monarchist, welcher schlechte Könige
durch gute ersetzt wünschte. Es war endlich kein Freidenker,
der all' diese heftigen Ausfälle wider die Heuchelei der heiligen
Allianz machte, sondern ein, wenn auch aufgeklärter, doch aufrichtig gläubiger Katholik, welcher gleichzeitig seine Kinder zu
Protestanten erziehen ließ und selber ein dickes Buch „Travels
of an Irish Gentleman in search of a Religion" zur Verteidigung der Hauptdogmen der katholischen Lehre schrieb.

Bei all seiner anscheinenden Ungebundenheit hielt Moore sich innerhalb der Schranken und beobachtete die Rücksichten, welche der Kreis, in dem er lebte, ihm auferlegte. Die Führer der Whigs hatten ihn gleich, als er nach London kam, mit offenen Armen aufgenommen, und Moore war und blieb der erklärte Whigdichter, der in einer langen Reihe satirischer und humoristischer Briefe — gereimte Feuilletons könnte man sie nennen — die Tagesfragen und die parlamentarischen Ereignisse mit glänzendem Witz und prächtiger Salonlaune im Geiste der Whigpartei behandelte.

13.
Erotische Lyrik. — Thomas Moore.

Moore war von der Natur zu Heiterkeit und Glück, nicht zu einsamem Kampfe angelegt. Er war dazu geschaffen, wie die alten irischen Barden, hochgeehrt an der Tafel hoher Herren zu sitzen und ihnen die Zeit mit Gesang zu verkürzen. Er trägt in solchem Grade das Gepräge eines Lieblings des Glücks, daß er oftmals, wenn er am ernsthaftesten ist, doch halb zu scherzen scheint, ganz im Gegensatz zu Byron, der selbst wenn er scherzt, ernsthaft, ja finster ist. Moore spielt mit seinem Thema und liebkost es, Byron zergliedert es und wendet sich mit Ekel davon ab. Beide Freunde leben im Anblick und in der Darstellung der äußeren Natur: aber wenn Byron dieselbe betrachtet, scheint selbst die Sonne sich zu verfinstern, während Moore mit seiner Vorliebe für Rosenrot und Hell in Hell und glänzenden Schimmer gleichsam „eine Morgensonne, die um Mittag aufgeht", erschafft.

Daher bekommt man auch ein einseitiges Bild von Moore, wenn man ihn, wie der Plan unseres Werkes bedingte, vorzugsweise als politischen Dichter studiert. Er ist zugleich ein Erotiker, und einer der größten, gewiß der musikalischste, der jemals gelebt hat. Nur sein unglaublich feines Ohr für Musik kann annähernd den Zauber erklären, der in seiner Sprachbehandlung liegt. Eine verlockende, lodernde Sinnlichkeit und eine glühende Zärtlichkeit hat in seinen erotischen Poesien einen Ausdruck gefunden, dessen einschmeichelnder Wohllaut uns wie Töne aus dem Elfenhügel umstrickt. Mögen englische Bewun=derer Shelleys, an feinere und dem Profanen minder leicht verständliche Harmonien gewöhnt, immerhin, wie ich einmal sagen hörte, diese Lieder allzu süß (oversweet) nennen: ero=tische Lyrik kann nicht allzu erotisch sein, „dans l'amour trop n'est pas assez". Moore ist kein Mozart, aber klingt es nicht fast wie eine Mozart'sche Melodie, wie eine Arie des Helden oder Zerlinens in „Don Juan", wenn er singt:

O sieh den Maimond glühen, Lieb,
Des Leuchtwurms Flämmchen sprühen, Lieb!
Wie süß im Hain
Schweift sich's zu Zwei'n,
Wenn die Welt verträumt ihr Mühen, Lieb!

Mich dünkt, daß Lieder von Mozart oder Moore ihren Wert behalten, wenn auch die Welt nach ihnen einen Schu=bert und einen Shelley gehabt hat. Nirgends spiegelt die Eigentümlichkeit der großen englischen Dichter in diesem Zeit=raume sich schärfer ab, als in ihrer Erotik, während gleich=zeitig der Naturalismus der ganzen Periode auf diesem Ge=biete in seinem schärfsten Gegensatze zu den Ueberschwänglich=keiten der Liebesschilderungen in der deutschen und französischen Reaktionsperiode hervortritt.*) Was Byron von seiner schön=sten Frauengestalt sagt (Don Juan", Gesang II, Strophe 202):

Sie war Braut der Natur und Kind der Leidenschaft —

und was er von Don Juans und Haidées Liebe bemerkt (Ebendaselbst, Gesang IV, Str. 19):

Bei Andern ist's ein Opiumtaumel nur,
Frucht der Lektüre oder Jugendwahn;
Bei ihnen war es Schicksal und Natur —

Das gilt von den erotischen Schilderungen in diesem ganzen Zeitraume. Aber nur in „Don Juan" hat Byron eine glück=

---

*) Vgl. Romantische Schule in Deutschland. Kap. 12. Reaktion in Frankreich. Kap. 7.

liche Liebe gemalt. Seine erotischen Gedichte sind lauter Weh
und Klage. Das wunderbarste von allen: „When we two
parted" schluchzt selbst in seinem Rhythmus und spricht den
ganzen Schmerz der Trennung schon in der Weise aus, wie
der Rhythmus in der letzten Strophe modifiziert wird. Es
liegt noch eine gewisse Ruhe der Leidenschaft in den ersten
Zeilen:

When we two parted	Als wir einst schieden,
In silence and tears,	Weinend und stumm,
Half broken-hearted,	Für Jahre gemieden —
To sever for years,	Wer sagt uns, warum? —
Pale grew thy cheek and cold,	Bleich war die Wang' und kalt,
Colder thy kiss;	Kälter dein Kuß:
Truly that hour foretold	Wahrlich, mein Ahnen galt
Sorrow to this.	Bitterem Schluß.

Allein aller Jammer der Liebe spricht aus dem kurzen und
stoßweisen Tonfall der Schlußzeilen:

In secret we met —	Geheim war die Lust —
In silence I grieve,	Geheim ist der Schmerz,
That thy heart could forget,	Daß falsch deine Brust,
Thy spirit deceive.	Und daß treulos dein Herz.
If I should meet thee	Nach langem Büßen,
After long years,	Wenn Jahre herum,
How should I greet thee? —	Wie soll ich dich grüßen? —
With silence and tears.	Weinend und Stumm.

Das eigentümlichste Gebiet der Byron'schen Erotik ist die
Qual der Liebe.

Thomas Campbell hat nicht viele rein erotische Gedichte
geschrieben, aber einige von ihnen sind soschmerzlich im Tone
wie diejenigen Moores oder Keats. Und wunderbar genug,
er wird mit den Jahren wärmer und zärtlicher, freier in
seiner Ausdrucksweise. In seinem Alter dichtet er seine ver-
liebteste Lyrik. Er widerspricht dem Einwande, daß jetzt die
Zeit für ihn zu nichtsinnlicher Liebe gekommen sei; er antwortet mit einer Aufforderung an Plato, bittet ihn, seiner
Geliebten ins Auge zu schauen und dann zu versuchen, pla-
tonisch zu fühlen.

Er singt von der Liebe flüchtigem Wesen, von den Leiden,
welche die Abwesenheit der Geliebten verursacht. Er verdollmetscht
die Qual junger Mädchen, welche darauf hoffen und warten,
daß sich der Geliebte zur Werbung entschließen wird. Aber
am eigentümlichsten ist er als erotischer Dichter, wo er mit
einem halb wehmütigen Lächeln zugesteht, daß sein Herz jünger
als seine Jahre sei. Z. B. in folgenden Versen:

> The God left my heart, at its surly reflections,
> But came back on pretext of some sweet recollections
> And he made me forget what J ought to remember,
> That the rose-bud of June cannot bloom in November.
> Ah! Tom, 'tis all o'er with thy gay days —
> Write psalms, and not songs for the ladies.
> But time's been so far from my wisdom enriching,
> That the longer I live, beauty seems more bewitching,
> And the only new lore my experience traces,
> Is to find fresh enchantment in magical faces.
> How weary is wisdom, how weary!
> When one sits by a smiling young dearie.

Bei Keats ist die Erotik, wie zu erwarten stand, schweratmig,
heiß, sensuell und in Düften und Tönen schwebend. Man
lese diese herrliche unübersetzbare Strophe:

> Lift the latch! ah gently! ah tenderly — sweet!
> We are dead if that latchet give one little clink!
> Well done — now those lips, and a flowery, seat —
> The old man may sleep, and the planets may wink;
> The shut rose shall dream of our loves and awake
> Full-blown, and such warmth for the morning take,
> The stock-dove shall hatch his soft twin-eggs and coo.
> While I kiss to the melody, aching all through.

Shelleys Erotik ist übergeistig und übersinnlich zugleich.
Sie erinnert an diejenige Correggios. Bei Shelley, wie bei
Correggio, verschmilzt der Ausdruck der höchsten Hingebung
mit dem Ausdruck des stürmischsten sinnlichen Rausches: was
er schildert, ist der erotische Todeskampf. Man lese z. B. das
indische Ständchen:

O hebe mich empor!
Ich sterb', ich verschmachte hier!
Auf Lippen und Augen laß
Deine Küsse regnen mir:
Meine Wang' ist bleich und kalt,
Wildstürmisch pocht die Brust:
O, schließe fest mein Herz an deins,
Wo es brechen wird vor Lust;

und man vergleiche damit den völlig ekstatischen Schluß des
„Epipsychidion":

In eins soll unser warmer Odem schwellen,
Vereint sich heben unsres Busens Wellen;
Und vor der Lippen vielberedtem Schweigen
Soll sich verfinstert fast die Seele zeigen,
Die zwischen ihnen glüht; und jene Bronnen,
Die unsres Wesens tiefstem Schacht entronnen,
Die Quellen unsres Lebens, sollen kraus
Erblinken in der Leidenschaft Gebraus,
Wie Bergesquellen in dem Morgenschein,
Dann werden wir ein Geist, ein Odem sein
In zweien Körpern — — — — —
Ein Hoffen in zwei Willen, und ein Wille,
Bedeckt von zweier Seelen Schattenhülle,
Ein Leben, ein Tod, eine Himmelsfreud',
Ein Höllenleid, eine Unsterblichkeit,
Eine Vernichtung! — Weh' der Worte Schwingen,
Auf denen meine Seele wollte dringen
Zur höchsten Höh' der Liebeswelt hinauf,
Sie hemmen angstvoll ihren Feuerlauf,
Gelähmt, versengt in Flammendunst und Rauche —
Ich keuche, stöhne, zittre und verhauche!

Ist Byrons Territorium die Qual des unglücklich oder
einsam Liebenden, so ist dasjenige Shelleys, wie man sieht,
der Schmerz der glücklichen Liebe, die Selbstvernichtung in der
Ekstase des Liebesglücks. Aber gerade weil das erotische Gebiet
beider großer Dichter so eng abgegrenzt ist, hat keiner von
ihnen zahlreiche Liebesgedichte geschrieben oder ein Zentrum
für seine Produktion auf diesem Felde gehabt.
Moore dagegen ist ein geborener Erotiker, wie Christian

Winther. Er hat die erotische Phantasie, wie die anderen Dichter die erotische Passion, und in der Poesie ist die Ein= bildungskraft, nicht die Leidenschaft, die schöpferische Macht. Er liebt alles, was schön, fein, auserwählt, sanft und hell ist, um seiner selbst willen, ohne daß er einer Folie oder eines Gegensatzes dazu bedürfte. Er giebt niemals eine ereignisvolle Erzählung, stellt niemals einen starken Kontrast auf, unter= gräbt niemals das Gefühl durch eine tiefe Reflexion. Er liebt die Blüte des Baumes, nicht seine Wurzeln. Die Gegenstände, welche ihn fesseln, fesseln durch den ernsten Eindruck, sie sind schön und blendend, sie leuchten vor den Sinnen, sie entzücken das Auge und das Ohr mehr als das Herz, sie werden mit anderen von denselben Eigenschaften vertauscht, es ist ein ewiges Flimmern und Schwirren. Aber alle zentral=erotischen Dichter haben solche Schmetterlingsnatur. Es giebt in diesem Punkte keinen schlagenderen Kontrast, als den zwischen Wordsworth und Moore. Der erstere wählt geflissentlich Stoffe, die gering und abstoßend, ja an sich häßlich sind, um sie mit einer moralischen und geistigen Schönheit auszustatten; der andere verabscheut die schmutzigen Einzelheiten des Menschenlebens, mag von all dessen schroffen Kalamitäten nichts wissen, und umgeht die Moral mit einem Wielandschen Lächeln und Knix. Muß er durchaus das Unschöne mit in den Kauf nehmen, so wirft er gern erst einen weichen und glänzenden Schleier darüber. Man hat seinem Stil die Ueberladung mit prunk= vollen Eigenschaftswörtern, den Hang, jedes Gefühl sich in ein Bild verlieren zu lassen, das ganze unruhige Flimmern und Flirren vorgeworfen — man hat ihn künstlich im Vergleich mit dem Stile Wordsworths genannt. „Künstlich!" ruft einer seiner irischen Bewunderer aus, „künstlich, wenn jeder Mensch Moores Gedichte genießen kann, während man sich einen neuen Geschmack anschaffen muß, um Wordsworths Poesie zu genießen!" Bedarf es, muß man wohl fragen, Studium und fortschreitenden Geschmack, um das Natürliche zu genießen, und nur gewöhnliches Gefühl, um sich an der künstlichen Schönheit zu erfreuen? Wordsworth und Coleridge waren Dichter für Dichter, Moore war Dichter für ein Volk. Was man gegen ihn einwenden kann, folgt nur aus seiner natürlichen Schranke, daß er Musiker und Kolorist, nicht Zeichner ist; er ist außer Stande, einen ganzen Gegenstand zu zeichnen oder zu be= schreiben, er malt nur abstrakte Eigenschaften schöner Gegen= stände. Er verherrlicht ein Erröten, ein Lächeln, den Wohllaut einer Stimme ganze Strophen hindurch, er giebt eher einen Katalog von Schönheiten, als eine schöne Kontour, und nimmt man Voltaires alte feine Definition der Liebe: „Stoff der Natur, den die Einbildungskraft mit Stickerei verziert hat," so findet man in Moores erotischen Poesien oft die Stickerei so prachtvoll und verschwenderisch, daß sie kaum den Stoff hindurchschimmern läßt. Aber deshalb ist und bleibt er doch Stoff der Natur.

Und es ist nicht mehr als billig hinzuzufügen, daß in Moores besten und bewundernswertesten Gedichten jener Bilderluxus völlig verschwunden ist. Wo die echte irische Wehmut seine Seele beherrschte, hat sie allen Flitter fortge= blasen, und einen unvergänglichen Ausdruck erreicht. „Take back the virgin page" und vor allem „Die letzte Rose des Sommers" sind eben so einfach im Stil wie vollendet im Versmaß. Diese Gedichte enthalten gar keine Bilder. Und kein einziges Bild findet sich ebenfalls in dem kleinen anmutigen Liede, das, trotz seiner Kürze, für Irland die Bedeutung einer Nationalepopöe gewonnen hat. Ich meine die schlichte Romanze (Rich and rare were the gems she wore), von dem jungen Mädchen, das, mit seltnen Edelsteinen geschmückt und noch strahlender durch ihre Schönheit, sicher durch ganz Irland ging, fest davon überzeugt, daß Erins Söhne Tugend und Ehre mehr lieben, als Geld und schöne Weiber. Von dem, welcher ein solches Lied gedichtet, durfte Byron mit Wahrheit die ehrenden Worte sagen: „Moores ‚Irische Melodien' werden mit ihrer Musik auf die Nachwelt kommen, und beide werden so lange fortleben, wie Irland, oder wie Musik und Poesie."

Moores Leben war glücklich. Er verheiratete sich, 31 Jahre alt, mit einem schönen und liebenswürdigen Mäd= chen, Miß Dyke, und lebte in einer durchaus harmonischen

Ehe mit seiner treuen „Bessy". Seine Vermögensumstände
waren zwar nicht immer günstig, aber von der Zeit an, wo
sein Ruf allgemein anerkannt war, zog er reichlichen Gewinn
aus seinen Schriften. Er, welcher in seiner Humoreske
„Grand dinner of Type & Co." die reichen Buchhändler —
gleich den Kriegern der Vorzeit, die Meth aus den Schädeln
ihrer Feinde tranken — ihren Wein aus den Hirnschalen
armer Schriftsteller trinken läßt, hatte persönlich keinen Grund,
über seinen Verleger zu klagen. Dieser bot ihm z. B. 3000
Pfund für „Lalla Rookh", ehe er eine Zeile des Gedichts
gesehen hatte, und zahlte ihm 4200 Pfund für seine treffliche
Biographie Byrons. Moore wurde gleich sehr von Irländern
und von Engländern gefeiert. Man gab ihm 1818 ein Festessen in Dublin, wo ihm alles huldigte, was sich in
Litteratur und Politik auszeichnete, und als er 1822 nach
Paris kam, gab ihm dort der britische Adel ein Bankett.
Erst das Alter brachte ihm allerlei Mißgeschick, eine geschwächte Gesundheit und Kummer durch seine Kinder. Er
starb 1852.

<hr />

14.

Britischer Freisinn. — Thomas Campbell.

Ein Dichter, der in Schottland geboren und gleich Walter
Scott als eifriger schottischer Patriot lebhafte Teilnahme für
Irland fühlte und irische Erinnerungen sowie irische Volks-
trauer wie Thomas Moore besungen hat, der ferner die Liebe
zu den beiden untergeordneten Königreichen mit einem feurigen
und kriegerischen, britischen Nationalgefühl verschmolz, ist der
von einer alten Hochlandfamilie abstammende Thomas Campbell.

Er war nicht nur ein Nationaldichter in der Hinsicht,
wie Wordsworth es war, sondern von seiner Jugend bis zu
seinem Tode ein glühender Freiheitsverehrer. Seine epischen
Dichtungen und seine Balladen erheben sich nicht sonderlich

über entsprechende Erzeugnisse von Wordsworth, aber er besaß ein echt lyrisches Genie; er ist der Tyrtäus oder Petöfi der naturalistischen Gruppe. Für ihn war die Sache des Vater= landes und der Freiheit ein und dasselbe, und durch seine besten Rhythmen geht eine Frische, ein Marschtakt, ein Schwung und ein Feuer, die ihn hinsichtlich einer Hand= voll ausgewählter Lieder in die Reihe der großen Dichter stellen.

Sein Gedicht über die Schlacht auf der Rhede macht naturgemäß auf Dänen einen geringen Eindruck. Der Stolz über den Sieg, den Nelson über einen soviel schwächeren Feind errungen, dessen Macht hier als derjenigen Englands ebenbürtig aufgebauscht ist, ist ein Ausdruck der reinen Vaterlandsver= götterei. Aber dicht daneben steht das gleichzeitig geschriebene Gedicht „Ye Mariners of England", welches ein Meisterwerk ist und durch dessen Verse man die frische Meeresbrise gegen die britischen Segel schlagen zu hören glaubt. Hier, und fast hier allein in der zeitgenössischen Poesie, erreichte ein Dichter die Höhen des Nationalliedes. Hier ist es der echte Sohn der Königin des Meeres, welcher das Lob der Mutter im Lobe der britischen Seeleute singt.

Man beachte die sausende, brausende Macht und den Jubel, die in den sieben Zeilen des folgenden Verses zusammen= gedrängt sind:

Ye Mariners of England!
That guard our native seas;
Whose Flag has braved, a thousand years,
The battle and the breeze!
Your glorious standard launch again
To match another foe!
And sweep through the deep,
While the stormy winds do blow;
While the battle rages loud and long,
And the stormy tempests blow.

und man höre den Stolz über England als Weltmacht zur See durch diesen:

Britannia needs no bulwark,
No towers along the steep;
Her march is o'er the mountain-waves,
Her home is on the deep.
With thunders from her native oak
She quells the floods below —
As they roar on the shore,
When the stormy tempests blow ujw.

Campbells Leben verlief regelmäßig und ruhig. Er erhielt in Glasgow eine vortreffliche Erziehung, studierte in
Edinburgh, veröffentlichte mit 21 Jahren seine Dichtung „The
pleasures of Hope", welche, jetzt veraltet, damals Aufsehen
erweckte und unternahm für das Honorar eine Reise nach
Deutschland, während welcher er, durch die Aussicht eines
Krieges mit Dänemark inspiriert, einige Gedichte schrieb,
darunter das vorstehend angeführte. 1803 verheiratete er sich
in London mit seiner Kousine und lebte dort als Litterat,
Referent und seit 1820 als Redakteur einer Zeitschrift. Seit
1830 war seine Gesundheit und Lebenskraft gebrochen. Er
lebte als ein Schatten seiner selbst bis zum Jahre 1844.

Die Grundlage seiner poetischen Begabung war, wie bei
allen anderen Dichtern dieser Gruppe, die Frische seiner Natur-
auffassung. Er hat ein Gedicht an den Regenbogen geschrieben,
welches trotz einer etwas prosaischen und räsonnierenden Einleitung ein kleines Meisterwerk an Einfachheit und Phantasie
ist. Er versetzt sich in die Stimmung der primitiven Menschheit dem Regenbogen gegenüber zurück. Sobald dieser sich zeigte,
hielt jede Mutter ihr Kind in die Höhe, um Gottes Bogen
zu segnen. Ihn haben die ersten Hymnen begrüßt, die ersten
Dichter besungen. Und noch heutigen Tags wecke er dieselben
Gefühle.

Von einem ebenso ungeschwächten Natursinn wie dieses
Gedicht aus Campbells jungen Tagen, zeugt eins der letzten,
das in Oran in Afrika geschriebene, „Der tote Adler." Hier
gelangt die Freude über Stärke und Macht eines Naturwesens
zum Ausdruck, welche besonders englisch ist. Zwar kann der
Luftschiffer, sagt er, so hoch wie der Adler steigen, aber sein

Schiff besitzt kein Steuer, ist eine Beute von Wind und Wetter; seine Fahrt geschieht willenlos. Anders dieser stolze Vogel, welcher den Sturm durchdringt, seinen Flug so leicht anhält, wie der Araber sein Pferd, und sich, wenn es ihm gefällt, unbeweglich am Zenithe des Himmels hält, wie eine Lampe, welche von der dunkelblauen Wölbung herniederhängt. Unter ihm erscheinen die Berge wie Maulwurfshügel und die Flüsse wie leuchtende Bänder. Dann schießt er hernieder, schneller als ein fallender Stern, bis seine Gestalt einen Schatten auf die Erde wirft, und Schrecken sich in der Wildnis beim Rau= schen seines Flügelschlages verbreitet. Dann steigt er von neuem auf. Es liegt ein Ausdruck von Geringschätzung in all seinen Bewegungen, ob er seinen kammgeschmückten Kopf dreht, um rückwärts zu blicken, oder ihn wagerecht hält und seiner gebogenen Schwingen weiße Innenfläche in anmutigen Kreisen entfaltet. — Und Campbell sieht ihn vor sich, wie er in der Luft über der tobenden Seeschlacht zwischen Mauren und Christen geschwebt, gleichmütig, wem der Sieg zufalle, voller Geringschätzung für die Menschen, welche gezwungen sind, die Tiefe zu durchfurchen, während ihn seine Schwingen mit Leichtigkeit nach Algier oder zu den Korallenhainen, die unter Bonas grünen Wogen leuchten und in einer Stunde weiter vorwärts trügen, als das stolzeste Schiff in einem Tage erreichen könne. Er hat unberührt von allem Menschlichen und Irdischen gelebt, selbst das Erdbeben, das (1790) Oran vernichtete und dort unter dem Jammergeschrei Tausender Kir= chen, Forts und Paläste in Trümmer verwandelte, störte seine Ruhe nicht.

Man findet hier nicht nur Reichtum in der Beobachtung, sondern auch Phantasie im Bilde.

Am größten ist Campbell jedoch in seiner Freiheits= dichtung, in Poesien wie „Men of England", „Stanzas on the Battle of Navarino", „Lines of Poland", „The Power of Russia", und in so edlen und tiefsinnigen Aeußerungen geistigen Freisinns wie „Hallowed Ground". In derartigen Gedichten zeigt sich erst Campbells geistige Ueberlegenheit über die Dichter der Seeschule, die es gleichfalls vortrefflich verstanden, die Unabhängigkeitskämpfe der Völker zu verherrlichen; aber, wohl zu beachten, nur diejenigen gegen Napoleon, den Feind Englands. Campbell nimmt jedoch keine derartige Rücksicht, ja er ermutigt England oft genug (und schilt es zuweilen) im Namen der Freiheit, während England für jene Dichter einfach eine Stätte der Freiheit war.

Man beachte in „Men of England" die Wärme, mit der er betont, daß Denkmäler für kriegerische Tapferkeit in keinem Vergleiche zum Freisinn in der Brust der Männer stehen. Der Ruhm der Freiheitsmärtyrer wiege hundert gewonnene Schlachten auf:

Yours are Hampdens, Russels glory,
Sydneys matchless shade is yours,
Martyrs in heroic story,
Worth a hundred Azincourts!

Campbells Freude über Griechenlands Befreiung ist so echt, wie seine Trauer über Polens Fall. Aber das Gedicht über Polen ist in seinem Zorn und seiner Hoffnung, in seiner Trauer darüber, daß England den Handschuh nicht zu werfen wagt, brennender; das Gedicht über Rußlands Macht ist hinsichtlich der Gefahr, welche der Zivilisation von Rußland droht, so einsichtsvoll, so tief in seiner Auffassung der Bedeutung von Polens Fall, als sei hier ein Staatsmann Dichter geworden. Es liegt Wucht in den Worten: „Wäre dies ein gewöhnlicher Streit zwischen Staaten, so könnte Britannia mit ruhigem Blick auf den Sieger, wie auf den Besiegten sehen und seinen Oelblattkranz mit Ehren tragen; aber dies ist die Finsternis, welche gegen das Licht kämpft, die entgegengesetzten Prinzipien der Erde, welche um die Herrschaft ringen. Und Wucht liegt auch in dieser Zeile:

The Polish eagle's fall is big with fate to man.

Das Gedicht „Geweihte Erde" ist in seiner derben Einfachheit geradezu ein Protest gegen all und jeden Aberglauben, und ein mannhaftes Bekennen eines Freiheitsevangeliums, wie es dieses Jahrhundert gebildet hat. Was ist geweihte Erde? fragt Campbell. Trägt die Erde einen Fleck, wo der Mensch nach Gottes Meinung nicht frank und frei stehen sollte, sondern die Kniee unter der Geißel des Aberglaubens beugen? Nein, geweihte Erde ist dort, wo die Lippen ihre Ruhe gefunden, die unsere Liebe geküßt hat, — doch nicht auf dem Kirchhofe ist sie, sondern dort, wo das Bild des Toten unberührt ruht, in uns selbst. Ein Kuß heiligt die Stätte, wo zwei Herzen einander in Liebe fanden. Auch der Helden Kampf und Tod für Freiheit lebt in den Herzen, selbst wenn ihre Asche den Winden preisgegeben ward, als geweihte Erde lebt sie in den Herzen, bis schließlich alle Erdenreiche — geweihte Erde werden. Hier der erste und letzte Vers:

> What's hallowed ground? Has earth a clod
> Jts Maker meant not should be trod
> By man, the image of his God
> Erect and free,
> Unscourged by Superstitions rod
> To bow the knee?

> What's hallowed ground? 'Tis what gives birth
> To sacred thoughts in souls of worth!—
> Peace! Independence! Truth! go forth
> Earth's compass round!
> And your high priesthood shall make earth
> All hallowed ground.

Zu den größten Dichtern der naturalistischen Schule gehört Campbell nicht; aber es klingt in seinem einfachen, starken Pathos eine Saite von so volltönender Lyrik, daß sie an die alten griechischen Elegiker gemahnt. Obschon Schotte von Geburt, schlug sein Herz auch für Irland und sein Geist fühlte britisch. Obschon leidenschaftlich national, wie die Dichter der Seeschule, liebte und verfocht er unbedingt Freiheit, und zwar die Freiheit als Gottheit, nicht als Götzen. Er bildet den Uebergang von Schottlands und Irlands Nationaldichtern zu den drei großen Emigranten der zeitgenössischen englischen Poesie.

15.

Republikanischer Humanismus. — Walter Savage Landor.

Zu der Zeit als England nach außen die Geschäfte der heiligen Allianz betrieb, nach innen die Katholiken unterdrückte und die unteren Klassen durch Begünstigung des Landadels in Not stürzte, verließen mehr und mehr Engländer ihr Vaterland, um als irrende Ritter der Freiheit gleichsam Europa daran zu erinnern, daß England zu allen Zeiten als geborener Beschützer der Volksfreiheit gegolten hatte. Solche Engländer waren General Wilson, der unter Bolivar Südamerika befreien half, und Admiral Cochrane, der seinen Namen zuerst in dem brasilianischen und später in dem griechischen Freiheitskriege berühmt machte. Zu dieser Klasse von Männern gehört Walter Savage Landor, der seltsamste und stolzeste Geist in der poetischen Litteratur des Zeitalters.

Landor wurde am 30. Januar 1775 in Warwick geboren, als Kind einer hochadeligen Familie und als Erbe fürstlicher Reichtümer. Er studierte in Oxford, hielt sich 1802 in Paris auf, kehrte heim und verkaufte den größten Teil seiner Familienbesitzungen, um Güter in einer anderen Grafschaft zu erstehen, wo er nach Gutdünken alle möglichen Verbesserungen und Verschönerungen einführte und sich bemühte, seinen zahlreichen Pächtern eine weit bessere Existenz zu sichern, als sie der unteren Klasse in England sonst jemals geboten worden war. Er verwandte 70,000 Pfund auf diese Reformversuche, die er mit weniger Menschenkenntnis, als Begeisterung für das Wohl der Menschen, ins Werk setzte. Sein philanthropischer Eifer wurde von seinen Untergebenen auf eine schmähliche Weise mißbraucht; man machte sich seine Großmut und Uneigennützigkeit zu Nutze, um ihn im großartigsten Stile zu betrügen. Empört über den Undank und das schlechte Benehmen seiner Pächter, beschloß er, all sein Grundeigentum, selbst die Güter, die 700 Jahre lang im Besitz seiner Familie gewesen waren, zu verkaufen, um als freier

Weltbürger zu leben. Er brachte diesen Entschluß 1806 zur Ausführung.

Der spanische Aufstand gegen Napoleons Tyrannei brach aus. Landor reiste nach Spanien, rüstete aus eigenen Mitteln ein kleines Truppenkorps aus, und kämpfte in den Reihen der Insurgenten. Er erhielt aus diesem Anlasse ein öffentliches Dankschreiben von der obersten Junta und den Titel als Oberst im spanischen Heere. Bei der Restauration des Königs Ferdinand sandte er dem Könige sein Diplom mit einem Schreiben zurück, in welchem er erklärte, daß er, obschon der Sache Spaniens für immer ergeben, mit einem „Meineidigen und Verräter," wie dem Könige, nichts zu schaffen haben könne. Man hat in diesem einen Zuge das Temperament des Mannes — polternd und rücksichtslos, aber stolz und groß. Das Herz eines Soldaten schlug in der Brust dieses Dichters.

1815 ließ Landor sich in Italien nieder, und blieb dort länger als dreißig Jahre. Erst 1857 nahm er seinen Aufenthalt dauernd in England, in der Stadt Bath. Er blieb sein ganzes Leben hindurch ein Todfeind der Tyrannei in all ihren Formen und Gestalten und ein leidenschaftlicher Kämpfer und Fürsprecher der Freiheit auf jedem Gebiete. Bis an seinen Tod war er der treue Unterstützer politischer Flüchtlinge und Verfolgter. Er starb erst 1864 in seinem neunzigsten Jahre.

Sein langes ehrenvolles Leben umfaßt eine ausgedehnte litterarische Produktion; er hat doppelt so viel wie Byron geschrieben, und manches Werk, dem man sich nicht ohne Respekt nähert. Aber seine Poesie blieb in der ganzen Periode, die wir durchwandern, unverstanden und ungewürdigt; Landor schrieb ohne irgend ein Verhältnis zu einem Publikum, ohne von der Kritik eine andere Aufmunterung zu empfangen, als die, steif und kalt genannt und daran erinnert zu werden, daß sein Englisch Uebersetzungen aus einer fremden Sprache gliche; er erreichte niemals einen Schatten von Popularität und genoß keinen einzigen schriftstellerischen Triumph. Zehn

Jahre vor seinem Tode begann er bewundert zu werden, und
jetzt allmählich beginnt er zu wirken.

Kommt man von Moore zu Landor, so ist es, als käme
man von schaukelnden Wellen aus Land auf festen Grund.
Landors Haupteigenschaft ist eine männliche Festigkeit; er
ragt unter seinen Zeitgenossen als Dichter hoch empor, aber
ist noch größer als Mann. Er ist so wenig gelesen, daß
man leider fast nichts von ihm als bekannt voraussetzen und
in der Erinnerung oder Phantasie des Lesers keinen Anhalts-
punkt für Aeußerungen über ihn finden kann, und es ist nicht
leicht, ihn zu schildern. Seine Festigkeit fand ihren auf-
fallendsten Ausdruck in einem für Viele abschreckenden Selbstgefühl. Man trifft bei ihm*) Sätze wie diesen: „Was ich
schreibe, ist nicht auf Schiefer geschrieben; und kein Finger,
nicht einmal der Finger der Zeit selbst, den sie in die Wolken
der Jahre taucht, kann es wieder auslöschen," oder Antworten
wie diese auf die Rezensionen über seine „Imaginary Conversations": „Ich habe jetzt mehr als hundert dieser Gespräche verfaßt; möge der Tüchtigste in der Bande meiner
Rezensenten die zehn schlechtesten davon nehmen, und wenn
er in zehn Jahren etwas so Gutes zu Stande bringen kann,
so will ich ihm eine warme Semmel und einen halben Krug
Porterbier zum Frühstück geben." Einen unbedeutenderen
Mann hätte eine solche Arroganz lächerlich gemacht, Landor
entehrt sie nicht; hie und da steht sie ihm sogar an. Sie erinnert Einen zuweilen an Schopenhauers an sich nicht unbe-
rechtiges, aber unbändiges und anspruchsvolles Gefühl seines
Wertes; nur daß Landor in seinem Wesen der vornehme,
feingebildete Gentleman von abliger Geburt war und blieb,
während Schopenhauer mit seiner völligen Hintansetzung der
Höflichkeitsgebote ein großer Plebejer war und blieb. Defter
jedoch erinnert sein seltsames Temperament mit dessen Gewalt-
samkeiten in großem und dessen Produktionen in noch größerem
Stile an einen Mann, dessen Name so groß ist, als daß

---

*) Imaginary Conversations. — English Visitor and Florentine
Visitor.

man ihn leichtfertig erwähnen sollte, aber der, obschon Landor
an Geist unendlich überlegen, sicherlich einen Geistesverwandten
in ihm erkannt haben würde. Den einsamen und rauhen
Michel Angelo meine ich.

Es lag etwas Herbes in Landors Natur, die herbe
Strenge, welche unerschütterliche Festigkeit und vollkommene
Wahrhaftigkeit gegen sich selbst und Andere mit sich bringt.
Liest man ihn nach Moore, so empfindet man diese Herbig-
keit nach dem Weichen als eine Art wohlthuender Härte.
Das Gedicht „Hyperbion" in den „Hellenics" ist ein gutes,
echt Landor'sches Beispiel davon:

„Hyperbion war einer der wenigen Auserwählten Apol-
los, und die Menschen ehrten ihn eine Zeit lang, und in
ihm den Gott. Allein Andere sangen eben so laut; und die
Buben schrieen ihnen ein eben so lautes Hurrah zu. Hyperbion, welcher zorniger ward, als ein Sänger werden sollte,
redete zu Apollo und sprach: O Phöbus, hörst du das rohe
Geschrei des Pöbels, der darauf schwört, daß er dich gekannt
habe, seit du die weißen Rinder des Admet hütetest? — Ich
höre es, sagte der Gott, ergreife Du den ersten von ihnen
und ziehe ihn über die Häupter der Menschen empor, und du
wirst sie dir zu Ehren vor Lust jauchzen hören. Hartnäckig
und stolz war Hyperbion, der Lorbeerkranz um seine Stirn
hatte dieselbe schlecht gekühlt. Als er sie daher an seiner
Thür singen hörte und einige die Namen seiner Nebenbuhler
auf die Mauerwand ritzen sah, fuhr er hinaus und ergriff
den nichtsnutzigen Sänger, welcher der Häuptling des Schwar-
mes war. Derselbe stieß und schlug um sich, aber vergebens;
Hyperbion umschlang ihn mit kräftigem Arme und entrollte
mit der Linken einen Haufstrick, in welchem sich schon eine
Schlinge befand; derselbe diente dazu, das Kalb Morgens
und Abends zu halten, während das Euter seiner Mutter ge-
melkt ward, und sowohl Kuh wie Kalb waren jetzt auf dem
Felde. Mit all seiner Kraft schleppte er den Burschen fort,
und zog ihn auf einen Pinienbaum hinauf, wo er starb. Aber
in einer Nacht, nicht lange nachher, sah er den nichtsnutzigen
Sänger im Traume; da bat er Apollo, ihn zu belehren, ob

vielleicht das, was er gethan, nicht ganz richtig gewesen sei.
Du hast recht gehandelt, Hyperbion!" sagte der Gott, ganz
wie ich an Marsyas handelte, einige Jahre bevor du geboren
wardst; besser wäre es freilich gewesen, wenn du meine Worte
richtig verstanden hättest; denn jetzt werden die Andern unter
dem Vorwande über dich herfallen, daß du das Gesetz über-
treten hättest. Meine Meinung war, daß du ihn zu den
hohen Stellen in deiner Seele empor heben und dich um so
größer dadurch zeigen solltest, daß du ihn ertrügest. Nieder-
geschlagen stand der Sänger da; aber Phöbus sagte: Sei
guten Mutes, Hyperbion! Wenn der Strick nicht so zer-
schlissen ist, daß er das Kalb nicht mehr halten kann, so ist
der größte Schade der, daß du ihn, als du den Burschen
empor zogst, sehr, sehr heftig an dem alten Pinienbaume
gescheuert hast, und die Rinde von Pinienbäumen heilt nie
wieder zu,"

Selten hat ein Apollo sich weniger zimperlich über die
Mittelmäßigkeit in der Kunst ausgesprochen. Landors Verachtung derselben hatte ihren Grund in seinen ernsthaften
künstlerischen Anforderungen an sich selbst. Er ist der strengste
Stilist der englischen Prosa; nicht Stilist in dem Sinne, daß
er eine seltene Sprachvirtuosität besessen hätte — kein englischer Dichter ist weniger geschmeidig als er, sondern so verstanden, daß er all seine Gestalten, die alltäglichsten und die
ehrwürdigsten, aus der Vergangenheit wie aus der Gegenwart, in demselben einfachen attischen Stile ausführte. Mit
überwiegender Vorliebe für das Heroische und Erhabene verlieh er seinen Dialogen — der Kunstform, welche er besonders
pflegte — eine durchgehende Hoheit und Ruhe und gab unwillkürlich ihrer Grunddiktion ein Gepräge, das griechisch ist
durch seine nüchterne Schönheit, und römisch=englisch durch
seinen Stolz und seine Bestimmtheit. Sein Stil ist rein,
korrekt, konzis, und mit seinem attischen Stempel eignet er
besonders zur Darstellung von Gestalten aus dem alten
Hellas und dem alten Rom. Die Agora Athens, der Senat
und das Forum von Rom leben in seinen Dialogen mit dem
Leben ihrer eigenen Zeit. Die moderne Konversation dagegen

lag seiner Feder lange nicht so bequem: die Gespräche aus
der neueren Geschichte gelingen ihm ganz nur da, wo die
Situation von der Art ist, daß Landors geheime Entrüstung
der Rede Feuer und Leben verleiht. Will man Landor in
seiner Frische und seinem Glanze sehen, so lese man seinen
Roman in Briefform „Perikles und Aspasia," ein Werk von
derselben Art wie Wielands „Aristipp," aber in ganz anderem
Geist und Stil verfaßt. Wo Wieland üppig und kokett ist,
entfaltet Landor einen männlichen Reiz; wo Wieland weich=
lich ist, ist Landor edel und stolz. Dieser Briefwechsel ist
mehr gemeißelt, als geschrieben; er verherrlicht Perikles als
den republikanischen Typus edler Menschlichkeit und politischer
Weisheit, er schildert in Aspasia nicht die Hetäre, sondern
eine Inkarnation hellenischer Schönheit und Feinfühligkeit,
heidnischer Weiblichkeit und geistesfreier antiker Denkweise und
Bildung. Ich brauche nicht zu versichern, daß sich hier keine
Spur von koketter Tändelei findet; alles Kleinliche und Un=
würdige scheint außerhalb des Horizontes dieser Romandichtung
und ihres Verfassers zu liegen. Aber das Werk ermüdet
durch seine altväterliche und breitspurige Briefform und ich
verweise den ungeduldigeren Leser von diesem Buche auf Lan=
dors Meisterwerk, den Dialog zwischen Epikur, Leontion und
Ternissa (Works. Vol. 1., pag. 497 sqq.)

Dasselbe steht sicherlich nur durch seinen minder schwerwiegen=
den Gedankeninhalt, aber gewiß nicht in Rücksicht auf Anmut,
Charakteristik oder Natürlichkeit des Gesprächs hinter einem
Dialoge Platons zurück. Der liebenswürdige Philosoph, in
mittleren Jahren, spaziert in seinem lieblichen Garten im Ge=
spräch mit zwei jungen griechischen Mädchen über die oberfläch=
lichen Tagesereignisse und die ernsten Vorkommnisse des Lebens
auf und ab, und es liegt ein Duft von Attizismus, eine edle
und feinbeherrschte Sinnlichkeit, eine keusche und entzückende
Grazie über der ganzen Szene, vor Allem in den zahlreichen
kleinen Zügen, welche die jungen Mädchen, zumal die Sechs=
zehnjährige mit ihrer Mischung von Schamhaftigkeit und
liebenswürdiger Offenherzigkeit schildern. Ich trage keinen An=
stand, zu behaupten, daß Landor hier· das weibliche Seiten=

stück zu Platons jungem Manne geschaffen, daß er das junge
griechische Mädchen entdeckt hat, welches Platon unbeachtet
ließ, *) welches die Tragödie nur in pathetischen und heroisch=
tragischen Situationen darstellte, und von welchem nur einzelne
der schönsten Reliefs uns die äußere Kontour aufbewahrt haben.
Es lohnt der Mühe, den Windungen dieses Gespächs zu folgen.
Dasselbe beginnt mit einer feinen Naturschilderung und mit
einer Verherrlichung der Einsamkeit, die für Denjenigen er=
forderlich ist, welcher geistig leben und schaffen will, und schon
hier erblickt man in der Gestalt Epikurs die Umrisse Landors,
welcher die gleiche Vorliebe für ein zurückgezogenes und gegen
allen Lärm und alles Geräusch der Außenwelt gesichertes
Leben hatte (Vgl. die Einleitung zu dem Dialoge zwischen
Southey und Landor. Works Vol. I, pag. 57).

Dann folgt die von Epikur mit dem feinsten Humor ge=
führte Diskussion mit Ternissa, dem jüngeren Mädchen, über
die Frage, in wie fern der Mythus von Boreas, Zethes und
Kalais buchstäblich zu verstehen sei, oder nicht, während die
etwas ältere Leontion schelmisch Ternissa wegen ihrer Leicht=
gläubigkeit neckt. Dann mündet das Gespräch, während es
sich spielend um das junge Weinlaub und die kürzlich hieher
gebrachten Olivenbäume bewegt, allmählich in die rührende
und tiefe Unterhaltung über die Furcht vor dem Tode, wobei
Epikurs männliche Würde und Ruhe die jungen Mädchen zu
den heftigsten Ausbrüchen gegen Diejenigen begeistert, welche
ihn als Atheisten verfolgen und herabwürdigen. Es zeigt sich
sogar, daß Leontion zu seiner Verteidigung und zur Wider=
legung der Angriffe Theophrasts ein ganzes Heft voll ge=
schrieben hat. Epikur beweist ihr mit sanfter Hoheit, wie un=
nütz Verteidigungen wider solche Angriffe sind, und erklärt ihr,
weshalb er nie mit Jemandem kämpfen oder rivalisieren will:
„Ich möchte nicht wetteifern, selbst mit Männern, die mit mir
zu wetteifern vermöchten . . . Mit wem sollte ich wetteifern?
Mit den Geringeren? Das wäre unrühmlich. Mit den Grö=
ßeren? Das wäre vergeblich." Hier blickt wieder Landors
eigenes Gesicht hervor. Denn das war genau der Gedanken=

*) Vgl. die interessante Schrift: H. Hößli, Iros. Die Männerliebe
der Griechen. Forschungen über platonische Liebe re. 2. Aufl. 3 M. A. d. H.

gang des Mannes, der wenige Jahre vor seinem Tode seinem
letzten Buche diese Strophe als Motto gab:

> Ich rang mit Keinem — Keiner war es wert;
> Ich liebte die Natur, nach ihr die Kunst;
> Ich wärmte treu mich an des Lebens Herd;
> Die Glut erlischt — lebt wohl denn, Haß und Gunst!*)

„Die erste Zeile enthält zugleich das Bekenntnis und die Recht=
fertigung jeder äußeren Arroganz, welche kleine Seelen so
schwer verziehen oder mit Nachsicht ertrugen. Die zweite Zeile
erklärt, was der erste Gegenstand seines tiefen Studiums, und
was der zweite war, welcher den ersten ergänzte. Die dritte
Zeile spricht die edle Philosophie aus, welche seinen Geist unter
so viel Verkennung und Mißgeschick aufrecht erhielt und nährte,
die letzte endlich zeigt ihn mit der ruhigen Würde, welche so
sehr zu dem Charakter des Mannes stimmte, bereit, wenn die
Stunde kommt, sich in sein Gewand zu hüllen und von hin=
nen zu gehen."**) Die Aehnlichkeit dieser Zeilen mit den
Aeußerungen Epikurs fällt in die Augen. Leontion setzt das
Gespräch fort. „Die Alten", sagt sie, „sind alle gegen dich;
denn selbst der Name Glücksphilosophie ist eine Herausforde=
rung an sie. Sie kennen keine andere Art von Vergnügen,
als das, welches sowohl Blüte wie Samen trug, und dessen
verwelkter Stengel sicherlich ein trauriges Aussehen hat. Was
wir trocken nennen, heißt ihnen gesund, nichts darf irgendwie
Saft in sich behalten; ihr Vergnügen besteht darin, Hartes zu
kauen, nicht das Saftige und Wohlschmeckende zu kosten."
Landor, der selbst von Byron (man sehe die Vorrede zur
„Vision des Gerichts") wegen der Frivolität seiner Gedichte
getadelt ward, leitet deutlich genug, wie Stuart Mill es etwas

---

*) I strove with none, for none was worth my strife;
   Nature I loved, and after Nature, Art;
   I warmed both hands before the fire of life;
   It sinks, and I am ready to depart.

**) So bemerkt der talentvolle junge Dichter und Kritiker Edmund
W. Gosse in seinem Aufsatze „The centenary of Landor's birth" im
„Examiner" vom 30. Januar 1875.

später gethan hat, seine eigene heidnische Glücksphilosophie von
derjenigen Epikurs her.

Inzwischen schweift das Gespräch nach rechts und nach
links, verweilt bald bei Ternissas Erröten über die Erinnerung an die Statuen von Satyrn und Faunen im Bade-
zimmer, bald bei Leontions weiblichen Einwendungen gegen
Aristoteles und Theophrast, bis es echt griechisch, erotisch und
epikuräisch mit Epikurs und Ternissas Aufführung der Szene
zwischen Peleus und Thetis und mit dem zwischen ihnen aus-
getauschten Kusse endet.

In diesem Dialog steht Landor auf der Höhe seiner Kunst
und seines ruhigen Humanismus. Wenden wir uns aber jetzt
zu den modernen Dialogen, so lernen wir den Soldaten, den
immer gerüsteten, immer kampfbereiten Schriftsteller in ihm
kennen, der unter tausend verschiedenen Verkleidungen jede
Form der Lüge und Unterdrückung blosstellt und bekämpft,
die ihn in seiner Eigenschaft als Heide, Republikaner und
Philanthrop zum Angriffe reizt. Seine 125 „Erdichteten Gespräche" erstrecken sich, mit erstaunlicher Gelehrsamkeit über
den ganzen Erdkreis, von London bis China, von Paris bis
zu den Südseeinseln, und durch den ganzen Raum der Geschichte
von Cicero bis Bossuet, von Cromwell bis Petrarca, von
Tasso bis Talleyrand, um in jedem Lande und in jedem Zeitalter einen energischen Protest gegen die Tyrannei zu erheben
und ein schwertscharfes Wort für die Freiheit zu reden. Wir
belauschen die Kaiserin Katharina mit ihrer vertrautesten Hof-
dame in dem Augenblick, wo der Mord an ihrem Gemahle
verübt wird — der Dialog steht nicht sehr hinter dem Vitets
in seinen unvergleichlichen historischen Szenen, dem Ideal
derartiger Darstellung, zurück. Wir hören Ludwig XVIII.
mit dem feinen, überlegenen Talleyrand über Politik schwatzen,
und wir bemerken, wie die unbezwingliche Gier nach recht
vielen Fasanen und Fasaneneiern sich als roter Faden durch
die politischen Projekte Sr. bourbonischen Majestät schlingt.
Wir sehen General Kleber inmitten seines Stabes mit seinen
Offizieren in Aegypten und hören Bonapartes Freiheitshaß
wie ein gedämpftes Murren durch ihr Gespräch bringen. Wir

wohnen der Ermordung Kozebues bei und vernehmen von
Sands Lippen seine Selbstfreisprechung, während er Kozebue
zum Verlassen der eingeschlagenen Bahn zu bewegen sucht. *)
Es war ein Satz in Landors politischem Katechismus,
der Unterdrücker müsse durch das Schwert fallen. Er hat sein
Leben lang den Tyrannenmord gepredigt und scheute sich sogar
nicht, mit Heftigkeit geradezu und öffentlich den Wunsch der
Ermordung Napoleons III. auszusprechen. Er war ein Freund
und Geistesverwandter der großen europäischen Revolutions=
männer, die mit Mazzini an der Spitze den Unterdrückern
der Völker einen rücksichtslosen Haß geschworen hatten. Aber
nicht blos als Politiker schießt er über das Ziel hinaus; die
Mehrzahl seiner geschichtlichen Dialoge leidet ästhetisch unter
der zu deutlich ausgesprochenen Tendenz; man sieht jeden Augen=
blick den Dichter selbst seinen Kopf hervorstrecken. Schildert
er z. B. Katharina von Rußland in jenem fürchterlichen
Augenblick, so kann er nicht umhin, die Gelegenheit zu benutzen,
um uns durch den Mund der Gräfin Daschkoff die Gottlosig=
keit von Voltaires Charakter und die Immoralität seiner „Pucelle" zu zeigen, um solchergestalt dem Leser den schlechten
Einfluß des französischen Geistes in Rußland bemerklich zu
machen. Denn bei all seiner Geistesfreiheit ist er viel zu sehr
Engländer der damaligen Zeit, um nicht alles Schlechte zwi=
schen Himmel und Erde von Frankreich herzuleiten, und je=
mals einen Franzosen anders als in einem lächerlichen und
verächtlichen Bilde zu schildern. Bringt er die Gespräche Lud=
wigs XVIII. mit Talleyrand zu Papier, so kann er sich nicht
erwehren, die Satire so schneidend, Ludwigs Albernheiten so
plump, Talleyrands Haltung seinem Herrscher gegenüber so
ironisch zu machen, daß Niemand an die historische Wahrheit
glaubt. Landor muß die Engländer und Wellington rühmen
hören, er muß Ludwigs Jämmerlichkeit deutlich aus Licht
stellen, und seine Feder ist zügellos genug, sowohl das Lob
Englands wi den Spott über Ludwig dem seinen französischen
Hofmanne in den Mund zu legen.

---

*) Landor: Works. Vol I, pag. 515. Vol. II, pag. 189.
Vol. I, pag. 43. Vol. II. pag. 4.

Er hätte, was den Gebrauch des satirischen Degens be=
trifft, ein gut Teil von seinen verhaßten Franzosen lernen
können. Aber er verachtete in eben so hohem Grade ihre
Poesie, wie ihre Politik, und schätzte Voltaire als Schriftsteller
eben so gering, wie als Charakter. Sein eigenes Gespräch
mit dem Abbé Delille (Works Vol. I. pag. 90) zeigt ihn
uns als Kritiker der französischen Tragödie, eine noch härtere
Sprache als Lessing redend und, wie Lessing, ohne Blick für
die große stilistische Begabung des französischen Geistes. Es
macht einen wunderlichen Eindruck, einen Mann mit größtmög=
licher Grobheit einem andern vorwerfen zu hören, daß er allzu
geschliffen sei. Man begreift leicht, daß er bei diesem Urteil
über die klassisch=französische Poesie ein großer Verächter Popes,
ein leidenschaftlicher Bewunderer Miltons und ein erklärter
Anhänger der Wordsworth'schen Reform auf dem Felde der
englischen Dichtung war. Fast all' die vielen litteraturgeschicht=
lichen und kritischen Gespräche, die unter den Dialogen vor=
kommen, laufen darauf hinaus, Wordsworth und Southey als
Dichter zu verherrlichen und der Leserwelt ihren Mangel an
Verständnis einer so seltenen Poesie gegenüber vorzuwerfen.*)
    Auch Keats und Shelley preist er in warmen Ausdrücken
und beklagt, daß er keinen derselben persönlich kennen lernte,
insbesondere, daß eine unwahre Geschichte über Shelleys Ver=
hältnis zu seiner ersten Frau ihn davon abhielt, Shelley in
Pisa zu besuchen. Er sagt von Shelley, daß er das Feuer
des Dichters mit der Geduld und Duldsamkeit des Philosophen
vereint habe, und meint, daß er an Edelmut und Wohlthätig=
keit alle lebenden Menschen übertroffen habe (Vol. I, pag. 341).
Aber so bald die Rede auf Byron kommt, äußert er sich ganz
wie ein Dichter der Seeschule. Der Mann, welcher glaubte,
daß er „mit der Feder in seiner Hand mehr Macht in seinen
zwei Fingern habe, als beide Häuser des Parlaments" **),

---

*) Man sehe z. B. den Dialog zwischen Southey und Porson,
Works. Vol. I, pag. 16 und 68, und vergleiche Vol. I, pag. 340, und
den Ueberblick über die englischen Dichter in Miscellaneous CXVI.
    **) Siehe den Schluß des Dialogs zwischen Landor und Marchese
Pallavicini.

konnte Byron niemals seine Spottglossen über „Gebir" vergessen. Eben so wenig konnte er, der trotz aller politischen
und religiösen Divergenzen eine so eigentümliche Freundschaft
für Southey hegte, die Stöße verschmerzen, welche Byron
seinem bewunderten Bewunderer versetzt hatte. Gewiß war
die egoistische und ruhelose Seite von Byrons Wesen ihm zuwider, aber es war doch zumeist das Verhältnis zu Southey,
was ihn beeinflußte und ihn für manche von Byrons besten
Eigenschaften blind machte. Ueberhaupt verunstaltet Southey
das Leben Landors, und Forsters lange, unlesbare Biographie
desselben ***) ist doppelt unlesbar, weil die Briefe von und
an eine so uninteressante Persönlichkeit wie Southey einen un-
verhältnismäßigen Raum darin einnehmen. Allein Southey
hatte in Landors Augen die große und jedenfalls seltene Tugend, eine der beiden Personen zu sein, welche sein Gedicht
„Gebir", als es erschien, gekauft und gelesen hatten. De
Quincey, welcher die andere war, erzählt, daß man in seiner
Jugend auf den Straßen von Oxford mit Fingern auf ihn
als auf den einzigen Leser dieses Gedichtes in Oxford wies.
Man begreift also, daß Southey, welcher dasselbe nicht allein
kaufte und las, sondern es lobte, und später in der Quarterly
Review Landors nicht amüsanten „Graf Julian" ehrenvoll
besprach, dem der Bescheidenheit wenig zugethanen Dichter als
ein Mann von höchst ungewöhnlichen Gaben erscheinen mußte.

Nichtsdestoweniger war „Gebir" mit all' seinem leidenschaftlichen Republikanismus ein steifes und schlechtes Gedicht,
das noch deutliche Spuren davon trägt, nach einer höchst
charakteristischen Grille seines seltsamen und wunderlichen Verfassers zuerst in lateinischen Versen geschrieben zu sein. Landors Verse behielten sein ganzes Leben hindurch einen etwas
lateinischen Anstrich. Selbst Gosse, der sie bewundert, räumt
doch ein, daß der Charakter von Landors Versen, wie der
Geschmack der Olive, ungewöhnlich genug ist, als daß es
ein Zeichen von Affektation zu sein braucht, wenn sie einem

***) John Forster: Life of W. S. Landor. 2 Vols.

nicht gefallen. Nur in seiner Prosa hat man seine Stärke
zu suchen.

Aber ein Dichter, dessen Versen es an der Grazie des
Ausdrucks und an lyrischem Schwung gebricht, dessen Dramen
weder gespielt noch gelesen wurden, und der sein rechtes Feld
erst in dem breiten, aber nie zu einem Schauspiel verbundenen
oder in ein Schauspiel eingerahmten Prosadialoge von allen
Gegenden der Welt und der Geschichte fand, war, bei allem
Adel seiner Ansichten und aller Schärfe seines Radikalismus,
nicht der Mann, welcher einen freisinnigen Umschlag in der
öffentlichen Meinung Europas bewirken konnte. Er stieß durch
Wunderlichkeiten und Grillen ab, wie z. B. die, den Brand
Roms unter Nero als hygienische Maßregel in Schutz zu
nehmen (Works. Vol. I, pag. 41), oder die, Pitt als eine
Mittelmäßigkeit und Fox als einen Charlatan zu bezeichnen,
oder die allerärgste, den Griechen anzuraten, bei ihrem Kampfe
mit den Türken auf den Gebrauch der Feuerwaffen zu verzichten und zu ihrer alten Waffe, dem Bogen, zurückzukehren;
er war zu sehr Sonderling und Einsiedler, um Bewunderer
und Nachahmer zu finden; er war zu unpopulär angelegt, um
bei der großen Menge durchzudringen, unpopulär durch seine
Tugenden wie durch seine Fehler, durch seine wilde Mann-
haftigkeit wie durch seine ungezügelte Arroganz. Und konnte
er auch niemals, wie Moore, sich auf eine Akkommodation
einlassen, niemals Whigdichter werden, so vermochte er hin-
wiederum nicht, seinen Radikalismus solchermaßen poetisch zu
gestalten, daß derselbe eine Leserwelt mit sich fortreißen konnte.
Durch sein tiefes Verständnis der großen religiösen, politischen
und sozialen Bewegung der modernen Zeit bildet er eine
Gruppe mit zwei jüngeren und größeren Männern: Shelley
und Byron, und er diente der Idee als ein tapferer und stolzer
republikanischer Soldat. Allein er war nicht zum Feldherrn
berufen, und er vermochte niemals, eine Heerschar von Geistern
sich zu unterwerfen und zu elektrisieren.*)

---

*) Eine satirische Broschüre die er 1836 herausgab, „Lettres of
a Conservative, in which are shown the only means of saving what
is left of the English church," machte keinen Eindruck.

Er, welcher der ältefte der drei ganz freifinnigen Dichter
war, überlebte fie beide und lebte fo lange, daß er ein Zeit=
genoffe des jüngften Gefchlechtes englifcher Schriftfteller ward:
Browning wurde fein Freund, Swinburnes innige Bewunderung
verfüßte dem Greife die letzten Jahre feines Dafeins, und ihm
wurde Swinburnes „Atalanta" mit herzlichen Worten ge=
widmet. So fcheint fein großer Schatten, deffen eine Hand
in derjenigen Wordsworths, deffen andere in der Swinburnes
ruht, Englands ganze poetifche Entwickelung während der letzten
achtzig Jahre zu umfpannen.

16.

Radikaler Naturalismus. Shelley.

Hätte man im Jahre 1820 einen biederen wohlbelefenen
Engländer gefragt: „Wer ift Shelley?" fo würde derfelbe,
falls er eine Antwort hätte geben können, zweifelsohne geant=
wortet haben: „Es foll ein miferabler Poet mit abfcheulichen
Anfichten und von einem mehr als zweifelhaften Charakter
fein. Die Quarterly Review, welche fich nicht mit Klatfchereien
trägt, fagt von ihm, daß fein Leben „aus niedrigem Hochmut,
kaltem Egoismus und unmännlicher Graufamkeit zufammen=
gefetzt," und daß das vorherrfchende Kennzeichen feiner Dichtung
ihr vollftändiger Mangel an Sinn fei. Er hat unlängft ein
Drama „Prometheus" veröffentlicht, deffen Verfe die Revue
als eine melancholifch verhunzte Profa bezeichnet, welche rappelig
geworden fei, und die Preffe ift einftimmig in ihrem Urteil,
denn in der Literary Gazette heißt es von dem Buche:
„Wäre man nicht von dem Gegenteil unterrichtet, fo würde
man es für ausgemacht halten, daß der Verfaffer eben fo toll
fei, wie feine Grundfätze lächerlich fchlecht find; denn feine
Poefie ift ein Mifchmafch von Unfinn, Geckenhaftigkeit, Armut
und Pedanterie." Hier fteht es: „Diefes einfältige Gewäfch
eines Deliriumsträumers," — und mit flüfternder Stimme hätte
der Mann vielleicht hinzugefügt: „Es find gar böfe Gerüchte

über ihn im Umlauf gewesen; die Literary Gazette, welche
immer mit den Feinden der Religion streng ins Gericht ging,
deutet so etwas wie Blutschande an: „Für einen solchen Mann
würde es durchaus nichts besonderes sein, einen vertrauens=
vollen Vater seiner Töchter zu berauben, und mit allen Mit=
gliedern einer Familie, deren Sittlichkeit durch die nichts=
würdige Sophisterei des Verführers zerrüttet worden, in
Blutschande zu leben." Selbst wenn diese Ausdrücke reichlich
stark sind, ist es doch kaum denkbar, daß sie unverdient seien;
denn das Blackwood Magazine, die einzige Zeitschrift, welche
diesen Dichter einigermaßen gnädig behandelt hat, sagt von
seinem „Prometheus": daß „es unmöglich ein pestilentialischeres
Gemisch von Gotteslästerung, Empörungsgeist und Sinnlichkeit
geben könne," — und Sie haben wohl den köstlichsten Witz
Campbells über das Buch gehört: „Prometheus unbound —
das glaub' ich, wer möchte ihn binden lassen!"'

Und hätte man zwei Jahre später, als dieser so ungünstig
beurteilte Dichter gestorben war, sich an seinen Verleger ge=
wandt, um zu erfahren, ob seine so stark angegriffenen Poesien
nicht wenigstens Käufer gefunden, so würde der Verleger
sicherlich über das schlechte Geschäft geklagt und den Fragenden
belehrt haben, daß in Shelleys ganzer Lebenszeit keine hundert
Exemplare eines einzigen seiner Gedichte („Die Königin Mab"
und „Die Cenci" ausgenommen) abgesetzt, ja daß von „Adonais"
und dem „Epipsychidion" nicht einmal zehn Exemplare ver=
kauft worden seien.

Wie anders würde die Antwort jetzt ausfallen, wenn
heutigen Tages jemand früge, wer Shelley sei — aber heutigen
Tages giebt es keinen in England mehr, der so fragt.

Am 4. August 1792 ward Englands größter Lyriker
geboren. An demselben Tage, als zu Paris die Führer der
Revolution, Santerre, Camille Desmoulins u. a., sich in
einem Hause auf dem Boulevard versammelten, um Verab=
redungen zu treffen, welche einige Tage nachher die Monarchie
in Frankreich stürzen sollten, wurde in Field Place in Sussex
in England ein hübscher kleiner Junge mit dunkelblauen
Augen geboren, dessen Leben von größerer und nachhaltigerer

Bedeutung für die Befreiung des Menschengeistes werden sollte, als alles, was in Frankreich im Augustmonat 1792 geschah. Sein Name ward — keine vollen dreißig Jahre nachher — auf den Grabstein des protestantischen Kirchhofes zu Rom, unter welchem seine Asche ruht, eingemeißelt: „Percy Bysshe Shelley," und darunter die Worte hinzugefügt: „Cor cordium.".

Cor cordium, das Herz der Herzen, das waren die schlichten und tiefen Worte, in denen Shelleys junge Gattin den Inbegriff seines Wesens aussprach, — die wahrsten und tiefsten, welche sich über ihn sagen ließen.

Er stammte aus einer altadeligen und angesehenen Familie. Sein Vater war Baronet und Besitzer eines bedeutende Vermögens, ein beschränkter Mann, Anhänger alles Bei stehenden, nur weil es bestand. Nichtsdestoweniger war Un regelmäßigkeit eben so traditionell in dem Shelley'schen Ge= schlecht, wie Wildheit und Gewaltthätigkeit in demjenigen Byrons. Der Großvater, ein unruhiger und exzentrischer Mann, hatte drei Frauen entführt, und zwei seiner Töchter wurden wiederum entführt — Züge, an die man durch Vor= fälle im Leben des Enkels auf dieselbe Art erinnert wird, wie so manche Handlung Byrons uns daran mahnt, daß ein Fond ungezügelter und rücksichtsloser Leidenschaftlichkeit sein unbestreitbares Erbteil von väterlicher und mütterlicher Seite war. Die Unregelmäßigkeit war jedoch nur die äußerliche und wenig bedeutende Seite von Shelleys Natur und Existenz. Sie war nur ein Symptom der tiefen Empfänglichkeit und Sensibilität, welche dem Betrachter seines Lebens frühzeitig entgegen tritt. Auf der Schule wird er, selbst mißhandelt, über die Mißhandlungen empört, denen die schwächeren und jüngeren Zöglinge, nach englischer Sitte, von Seiten der größeren und der Lehrer ausgesetzt waren. Keiner scheint so, wie er, zum Opfer derartiger Rohheit, wie aller anderen Ro= heiten, die ihm später widerfuhren, auserkoren gewesen zu sein; denn alles, was gemein, albern und schmutzig war, hatte eine natürliche Antipathie gegen ihn, und er verstand sich

niemals zu einem Akkord mit irgend etwas oder irgend einem
von solcher Art.

Man gewinnt eine deutliche Vorstellung von dem Ein=
druck, den er bei seinem ersten Hinaustreten ins Leben em=
pfing, wenn man ein versifiziertes Fragment liest, das nach
seinem Tode auf einem Papierschnitzel gefunden ward:

> Ach, Dies ist nicht, was mir das Leben schien!
> Wohl glaubt' ich an Verbrechen, Bosheit, Haß,
> Auch hofft' ich nicht den Leiden zu entfliehn;
> Doch in des eignen Herzens Spiegelglas
> Sah ich die Herzen Andrer —

Er wappnete, sagt er, sein Herz mit einem dreifachen
Panzer ruhiger Standhaftigkeit. Aber der passiven Wider=
standskraft ging bei ihm die leidenschaftliche Entrüstung vor=
aus. Dieses Herz, das er mit Ausdauer wappnete, war zu
schwärmerisch und glühend, um nicht Angriffspläne hinter
seiner Ringmauer zu hegen. In den Widmungsstrophen der
„Empörung des Islam" erinnert er sich der Stunde, wo sein
Geist zuerst aus seinem Schlummer erweckt wurde:

> Ein Morgen wars im Mai, die jungen Saaten
> Glänzten von Thau — da brachen Thränen vor:
> Nicht wußt' ich Anfangs, welchem Schmerz sie galten,
> Da nahten aus der Schule meinem Ohr
> Die Stimmen einer Welt voll Leid — sie hallten
> Mir zu dem grimmen Streit tyrannischer Gewalten.

> Ich rang die Händ' und blickte um mich, doch
> War Niemand da, zu spotten meiner Thränen,
> Die gierig der besonnte Boden sog —
> Da sprach ich: „Darf die Macht ich in mir wähnen,
> Gerecht zu sein, und weis' und mild, und frei,
> So will ich's werden, denn zu schaun verdrossen
> Bin ich, wie Stärk' und Selbstsucht sonder Scheu
> Bedrücken stets" Nicht mehr die Thränen flossen,
> Mein Herz ward ruhig, und zum Kampf war ich entschlossen.

Das Geschlecht, welches gleichzeitig mit der ersten fran=
zösischen Republik und unter denselben Sternen geboren ward,

reifte früh zur Kritik der ganzen bestehenden Ueberlieferung heran. Shelley, der schon in der Schule Unterdrückungslust und heuchlerische Religiosität mit einander gepaart sah, und dem sehr frühzeitig die Schriften der französischen Enzyklopädisten und Humes, Godwins, so wie anderer englischer Freidenker in die Hand fielen, räsonnierte schon als halber Knabe über die Geschichte, die Aufgaben und Verirrungen des Menschengeschlechts jugendlich, aber frei, im Geiste des achtzehnten Jahrhunderts.

Was seinen Kameraden später von ihm in der Erinnerung blieb, war die Verletzung der schuldigen Pietät und Loyalität, daß er „schlecht von seinem Vater und dem Könige sprach." Die Knaben nannten ihn „den tollen Shelley" oder „den Atheisten Shelley," und so ward zum ersten Mal dies gehässige Wort an seinen Namen geknüpft, das sein ganzes Leben lang mit demselben verkettet bleiben sollte, damit jeder Hohn und Unglimpf sich daran hefte.

Ich will nicht bei den Thatsachen seines Lebens verweilen, die Jedem, der seinen Namen gehört hat, mindestens oberflächlich bekannt sind: wie er als achtzehnjähriger Student die seltsame Gewohnheit hatte, seine politischen und sozialen Zweifel in Briefform auszusprechen, und diese Briefe an verschiedene, mehr oder minder bekannte, ihm aber unbekannte Personen zu senden, welche er bat, dieselben und die Argumente zu widerlegen, gegen die er seinerseits keine Beweisgründe zu finden vermochte, und wie aus diesen Briefen, welche zum größten Teil Excerpte aus den Werken Humes und der französischen Materialisten waren, eine kleine anonyme Broschüre, „Die Notwendigkeit des Atheismus," hervorging, die mit einem (Q. E. D.) schloß, und die Shelley, in der naiven Hoffnung, reformierend auf das Bewußtsein seiner Zeit einzuwirken, dem hohen Rat der Bischöfe einsandte.*) Was daraus erfolgte, ist ebenso bekannt. Er wurde als Verfasser denunziert, von der Universität verwiesen, aus dem Vaterhause verbannt. Wir glauben heutzutage nicht mehr, daß

---

*) Dieselbe findet sich in Formans Gesamtausgabe von Shelleys Werken abgedruckt. A. d. Herausg.

irgend eine ernste wissenschaftliche Ueberzeugung, wie sie auch lauten, Dem, welcher sich zu ihr bekennt, eine beschämende Strafe zuziehen darf; aber doppelt ungereimt wird die Strafe, welche Shelley traf, dadurch, daß er in Wirklichkeit in jener Broschüre, deren Hauptinhalt jetzt die Anmerkungen zur „Königin Mab" bilden, nicht mehr Atheist ist, als z. B. Oerstedt in seinem berühmten Buche „Der Geist in der Natur." Er hat zu jener Zeit noch keine konsequente und zusammenhängende Lebensanschauung, nur über den einen Hauptpunkt ist er sich klar, daß er weder ein Anhänger irgend einer positiven Religion ist, noch jemals ein solcher werden kann. Im Uebrigen aber vereinigen sich materialistische Eindrücke seiner Lektüre bei ihm mit einem schwärmerischen Pantheismus, den er niemals aufgab. Als Trelawney in Shelleys Todesjahr denselben frug: „Weshalb haben Sie sich selbst einen Atheisten genannt?" antwortete er daher: „Ich gebrauchte das Wort, um meinen Abscheu vor dem Aberglauben auszudrücken; ich nahm es auf, wie ein Ritter in alten Tagen einen Handschuh aufnahm, um dem Unrecht zu trotzen."

Shelley war schlank und schmächtig emporgeschossen, schmal in den Schultern, mit unregelmäßigen Zügen, aber der Mund ungewöhnlich schön, anziehend und klug, das Auge weiblich und fast seraphisch in seinem Blick, der Ausdruck unsäglich wechselnd und wandelbar, bald als wäre er neunzehn, bald als wäre er vierzig Jahre alt. In den zehn Jahren, die ihm noch zu leben vergönnt waren, ward sein Aussehen männlicher, doch machte dasselbe zuweilen einen halb knabenhaften, halb weiblichen Eindruck. Vielleicht erinnert man sich der Verwunderung Trelawneys bei seiner ersten, oft zitierten Begegnung mit Shelley. War es möglich? Konnte dieser sanft blickende, bartlose Jüngling das Ungeheuer sein, das mit der Welt in Fehde lag, und das von seinen Rivalen als Begründer einer teuflischen Schule in der Litteratur denunziert wurde? Zu jener Zeit wechselte sein Ausdruck, dessen vorherrschender Charakter Raschheit und Bestimmtheit war, zwischen Ernst und Heiterkeit, rührender Trauer und gleichgültiger

Müdigkeit. Derselbe stimmte häufig mit den Worten seines Gedichtes an Edward Williams überein:

Des Hasses bin ich stolz, des Hohns zufrieden;
Gleichgültigkeit, die einstens mich verletzt,
Ist mir sogar gleichgültig worden jetzt.

Uebrigens sah er, um mich des Ausdrucks eines seiner Jugend= freunde zu bedienen, übernatürlich intelligent aus, und Mul= ready, ein damals berühmter Porträtmaler, erklärte es für unmöglich, Shelley zu malen, weil er „gar zu schön" sei.

Als einen Jüngling von solcher Natur, exaltiert wie ein Dichter, mutig wie ein Held, sanft wie eine Frau, schüchtern und errötend wie ein junges Mädchen, leicht und flink wie Ariel bei Shakespeare müssen wir uns also Shelley bei seinen Freunden aus= und eingehend denken. Mrs. Williams sagte von ihm: „Er kommt und geht wie ein Geist, niemand weiß wann und wohin."

Seine Gesundheit war sein ganzes Leben hindurch uner= träglich schwach und würde wahrscheinlich gar nicht ausgereicht haben, wenn er nicht die allereinfachste Diät beobachtet hätte.[*] Er hatte Anlage zur Schwindsucht, er litt beständig an nervösen und Krampf=Anfällen so heftiger Art, daß er sich vor Schmerz auf der Erde wälzen konnte, und häufig Opium nahm, um die Schmerzen zu lindern; in Perioden, wo er mehr als sonst litt, kam die Opiumflasche nicht aus seiner Hand. Als er 1816 die Spitäler in London besuchte und Medizin studierte, um die Armen pflegen zu können, wurde er selbst ernstlich krank, und ein hervorragender Arzt prophezeite ihm den Tod an der Auszehrung. Trotzdem kräftigte sich seine Brust einige Jahre nachher. In Folge seiner Besuche bei den Armen in ihren von ansteckenden Seuchen ergriffenen Dörfern zog er sich eine gefährliche Augenentzündung zu; dieselbe kehrte 1817 und abermals 1821 wieder, so daß er während ihrer Dauer nicht lesen konnte.

---

[*] Vergl. die Brochüre: Shelleys Vegetarianism by W. E. A. Axon.   A. d. Herausg.

So teuer büßte er für seine exaltierte Menschenliebe, für jene Philanthropie, die ihm eine Religion war. Diese Philanthropie begleitete ihn überall. Als er zu Marlow in England wohnte, verwandelte er mit seinen spärlichen Einkünften alle Armen der Umgegend in seine Pensionäre, sie kamen wöchentlich zu ihm und empfingen ihre Löhnung; er saß an ihren Betten, wenn sie krankheitshalber sich nicht einfinden konnten. Einmal kam er barfuß zu einem seiner Nachbarn auf dem Lande: er hatte einer armen Frau seine Schuhe geschenkt. Aus eigenem Antrieb verzichtete er fast auf sein ganzes Erbteil zu Gunsten seiner Schwestern, und zwar gleich nach seiner Wegjagung von Oxford; und als sein Einkommen sich später auf etwa 1000 Pfund jährlich belief, wanderte der bei weitem größte Teil desselben immer direkt in die Taschen anderer, besonders armer Schriftsteller, deren Schulden er bezahlte, und deren Unterhalt er mit einem Wohlthätigkeitssinn und Edelmut sicherte, die seine Kräfte weit überstiegen.

Man kennt die Geschichte seiner ersten Ehe. Aus mißverstandener und übertriebener Ritterlichkeit entführte er mit neunzehn Jahren ein kleines sechzehnjähriges Schulmädchen, das leidenschaftlich in ihn verliebt war, und das sich über die Mißhandlungen ihres Vaters beklagte. Dieser wollte sie zum Schulbesuch zwingen (!) und widersetzte sich ihrer Liebe zu Shelley. Nach einigen Rendezvous entlief Shelley mit Harriet Westbrook nach Schottland und verheiratete sich mit ihr in Edinburgh. Den zahlreichen und harten Angriffen gegenüber, welche der Dichter wegen dieser Handlung erfahren hat, dürfte die Bemerkung am Platze sein: daß nicht eben viele christliche junge reiche Barone sich mit der Tochter eines früheren Gastwirts, die sich selbst bereit erklärte, ihnen als ihre Geliebte zu folgen, vermählt haben würden. Diese Ehe war aus zu unreifen Beweggründen geschlossen, um glücklich ausfallen zu können. Sie wurde bekanntlich aufgelöst, als Shelley 1814 die siebzehnjährige Mary Wollstonecraft Godwin kennen lernte, und von der unwiderstehlichsten und plötzlichsten Leidenschaft für sie ergriffen ward. Sie, welche eine Tochter der ersten berühmten Vorkämpferin der Frauenemanzipation und des

radikalen Verfassers der Schriften war, die in Shelleys frühester
Jugend einen so tiefen Einfluß auf ihn geübt hatten, schenkte
ihm frei und warm ihre Liebe, und befand sich, indem sie ihm
ihr Jawort gab, in Uebereinstimmung mit ihrem eigenen
Moralgesetz. Beider Ansicht von der Ehe war zu ideal, als
daß sie nicht dem Pöbel für frivol und pöbelhaft hätte gelten
sollen *). Aber sie war in der Alltagswirklichkeit nicht durch-
führbar und unpraktisch. Obschon gegenseitige Liebe, und keine
religiöse oder gesellschaftliche Formalität ihnen Beiden das
wahrhaft heilige und starke eheliche Band war, beschlossen sie
doch ein Jahr darauf, aus praktischen Gründen und um ihrer
Kinder willen, sich trauen zu lassen. Sie verließen England
mit einander und machten zuerst eine kürzere Reise durch
Frankreich, die fast ganz zu Fuß zurückgelegt ward, dann jene
größeren Reisen, auf denen Shelleys Name sich mit demjenigen
Byrons verknüpfte, während die Wut der englischen Presse
gleichmäßig über beide herfiel, ja so weit ging, daß das Gerücht
ihrem schönen und männlichen Freundschaftsverhältnisse eine
verruchte Auslegung andichtete.

Den Anlaß zu einer wahren Explosion gab dem Hofpoeten
Southey der geringfügige und harmlose Umstand, daß Shelley
in dem kleinen Berghäuschen zu Montanvert am Chamouni-
Thale, das von vielen Reisenden besucht wird, unter eine lange
Reihe süßlich frömmelnder Ergüsse über die Natur und den
Gott der Natur die kurze, sehr unorthographische Hexameterzeile
gesetzt hatte:

Εἰμι φιλάνθρωπος δημοκρατικός τ᾽ ἄϑεός τε.
Percy B. Shelley.

Zu deutsch: „Ich bin ein Philanthrop, Demokrat und Atheist.“
Southeys vorhin erwähntes Manifest wider Byron nahm hier-
von seinen Ausgangspunkt. Dies ist in der Kürze die Ouvertüre
zu Shelleys Leben und Dichtung.

Cor cordium wurde er mit Recht genannt. Das heißt:
was er verstand und fühlte, war der Mittelpunkt und Kern

---

*) Vgl. Band II, Die romantische Schule in Deutschland, Kap. 8.

der Dinge, ihr Geist und ihre Seele, und die Gefühle, denen er Ausdruck verlieh, waren jene allerinnigsten, für welche das Wort zu derb erscheint, und welche sich in Musik oder, wie bei ihm, in Versen Luft machen, die eben so musikalisch wie reich harmonisierte Melodien sind. Die verhaltene Wehmut in Shelleys Lyrik erinnert an die Lyrik Shakespeares, das kleine Lied der Spinnerin in den „Cenci" z. B. an die Lieder des Narren in „Was ihr wollt" oder an Desdemonas und Ophelias Weisen.

Doch wo er am meisten er selbst ist, läßt er an Feinheit Shakespeare hinter sich und läßt sich überhaupt mit keinem anderen Dichter vergleichen; denn Höheres hat keiner erreicht. Die kleinen Lieder von 1821 und 1822 dürften die besten sein, welche in englischer Sprache geschrieben wurden.

Ebenso wundervoll durch seine Melodie wie durch die Zartheit des Ausdrucks ist ein Vers, wie der folgende:

One word is too often profaned
For me to profane it:
One feeling too falseley disdained
For thee to disdain it;
One hope is too like despair
For prudence to smother;
And pity from thee more dear
Than that from another.

Die Worte sind nicht bedeutend und die Versbehandlung nicht allzu eigenartig, aber keine Zeile könnte hier von anderer Hand als von Shelleys stammen.

In diesen kleinen Liedern tritt jene Melancholie bei ihm hervor, welche in den größeren Dichtungen verschleiert oder von dem lichten Zukunftsglauben und den strahlenden Hoffnungen im Namen der Menschheit erdrückt wird. Tiefinnerst in seinem persönlichen Wesen war er im Bewußtsein von der Veränderlichkeit des Weltalls, sowie durch die oft gemachten Erfahrungen, wie das Gefühl irreleite, die Liebe täusche und das Leben betrüge, von Wehmut erfüllt. Unsterblichen Ausdruck hat er diesem Bewußtsein in dem Gedichte „Mutability":

The flower that smiles to-day
To-morrow dies:
All that we wish to stay
Tempts and then flies.
What is this world's delight?
Lightning that mocks the night,
Brief even as bright.

Virtue how frail it is!
Friendship too rare
Love how it sells poor bliss
For proud despair!
But we, though soon they fall,
Survive their joy and all
Which ours we call.

Whilst skies are blue and bright
Whilst flowers are gay,
Whilst eyes that change are night
Make glad the day,
Whilst yet the calme hours creep,
Dream thou — and from thy sleep
Then wake to weep.

Der erste Vers zeigt die Vergänglichkeit aller irdischen
Schönheit und Freude: ‚Alles, wovon wir wünschen,‘ daß es
uns bleiben möge, entschwindet. Der zweite erwähnt den
Schmerz, der sich in dieser Freude birgt: wie zerbrechlich ist
die Tugend, wie selten die Freundschaft! welch armselige Wonne
und heftige Verzweiflung verursacht nicht die Liebe! und sie
erinnert an die größte aller Qualen: wie kurz die
Wonne auch währt, wir überleben sie und alles, was wir
unser nannten. Der letzte Vers endlich besagt: Träume denn,
so lange der Himmel klar und das Leben hell erscheint, und
erwache dann zu Thränen!

Eine verwandte Stimmung ist in dem unvergleichlichen,
herrlichen Gedicht „Lines“ ausgedrückt; es beginnt: „When
the lamp is shattered.“ Shelley hätte dasselbe nicht schreiben
können, wenn sich nicht in seinem Leben eine Schwärmerei
nach der andern in Dunst aufgelöst hätte, wenn nicht nach=
einander die Leidenschaft für Harriet, Mary und Emilia Viviani.

von schmerzlichem Erwachen gefolgt gewesen wären. Dennoch
aber trägt das Gedicht nicht das Gepräge irgendwelchen per=
sönlichen Bekenntnisses. Es ist durchweg eine bewegte Ver=
kündigung des allgemeinen Lebensgesetzes: in dem man niemals
Ruhe findet. Der erste Vers lautet:

> When the lamp is shattered,
> The light in the dust lies dead;
> When the cloud is scattered,
> The rainbows' glory is shed;
> When the lute is broken,
> Sweet notes are remembered not;
> When the lips have spoken,
> Loved accents are soon forgot.

Im dritten Verse kommen folgende Zeilen vor, welche bündig
sind wie die Rhetorik Popes und melodisch wie Beethovensche
Takte:

> O, Love, who bewailest
> The frailty of all things here,
> Why chose you the frailest
> For your cradle, your home, and your bier?

Und das Gedicht schließt mit folgender Prophezeiung, in welcher
man die Leidenschaften stürmen und plündern hört:

> Its passions will rook thee,
> As the storms rock the ravens on high;
> Bright reason will mock thee,
> Like the sun from a wintry sky.
> From thy nest every rafter
> Will rot, and thine eagle home
> Leave thee naked to laughter
> When leaves fall and cold winds come.

Im stärksten Widerspruche mit dieser außerordentlichen
Innerlichkeit scheint jedoch eine Eigentümlichkeit Shelleys zu
stehen, die wahrscheinlich jeder, der ihn nur aus Anthologien
kennt, betonen wird, die nämlich, daß seine berühmten lyrischen
Dichtungen ein Thema haben, das außerhalb des Gefühls=
lebens, ja außerhalb der Menschenwelt liegt, daß sie von Wind

und Wolken, vom bewegten Leben der äußeren Elemente, von
der unermeßlichen Freiheit und stürmenden Gewalt der Wasser
und Winde handeln. Es sind meteorologische und kosmische
Dichtungen. Aber es liegt kein Widerspruch darin, daß der
innerlichste Lyriker anscheinend zugleich der äußerlichste ist.
Wir finden die Ursache in einer kleinen Abhandlung Shelleys
ausgesprochen, welche den Titel „Ueber die Liebe" führt. Er
schildert das Wesen der Liebe als einen unwiderstehlichen
Drang nach Sympathie: „Wenn wir denken, wollen wir verstanden sein; wenn unsere Phantasie gestaltet, wollen wir, daß
die luftigen Kinder unsres Gehirns in den Gehirnen anderer
wieder geboren werden sollen; wenn wir fühlen, wollen wir
nicht, daß Lippen von unbeweglichem Eise Lippen antworten
sollen, die von dem besten Blute des Herzens zittern und
glühen. Dies ist Liebe. Einen Geist zu entdecken, welcher den
unsrigen zu schätzen vermag, eine Phantasie, welche auf die
feinen und scharfen Eigentümlichkeiten eingehen wird, die in
der Stille zu pflegen und zu entfalten uns Freude gemacht
hat, das ist der unsichtbare und unerreichbare Punkt, nach
welchem alle Liebe trachtet. Daher kommt es, daß wir in dem
verlassenen Zustande, wo wir von Menschen umringt sind, und
diese doch nicht mit uns sympathisieren, Blumen, frisches Grün,
das Wasser, den Himmel, die Beredsamkeit des Windes und
die Melodie der Wogen mit einem Entzücken gleich demjenigen
lieben, mit dem wir der Stimme einer Geliebten lauschen,
deren Gesang für uns allein ertönt."

In einer Anmerkung zur „Fee des Atlas" sagt Mrs.
Shelley ebenfalls: daß die Gewißheit, weder Sympathie noch
Beifall bei seinen Landsleuten zu finden, nebst einer Scheu,
durch Vertiefung in die Leidenschaften wieder die Wunden
seines eigenen Herzens aufzureißen, ihn dazu trieb, in den
luftigen Flügen der Phantasie Vergessenheit zu suchen.

Allein jener tiefe Drang nach einer Sympathie, welche
die ihn umgebende Menschenwelt ihm versagte, war es auch),
der seine Auffassung der Natur zu einem nie zuvor erlebten
feurigen Sehnen nach der Natur machte und derselben ihre tiefe
Originalität verlieh. Unerhört war dergleichen in der englischen

Poesie. Popes steife Kunstschule war unlängst von der
Seeschule abgelöst worden. Pope hatte die Luft mit Affek=
tation parfümiert, die Seeschule hatte die Fenster für die frische
Atmosphäre der Berge und Seeen weit aufgemacht. Aber
Wordsworths Naturliebe war leidenschaftslos, was er auch
anderslautendes in „Tintern Abbey" gesagt hatte. Die Natur
war ihm eine Erfrischung und ein Stoff für protestantische
Reflexionen. Jenes unscheinbare Blümchen, das ihm Gedanken
eingab, die oft zu tief für Thränen lagen,*) steckte er sich ins
Knopfloch und schmückte sich damit, und betrachtete es ab und
an mit stiller Würde, über einen Vergleich nachsinnend. Shelley
stürzt sich in die Natur, als sich die Menschenwelt ihm ver=
schließt. Darum empfindet er sie nicht, wie andere, außer sich
als kalt oder gleichgültig oder fühllos oder grausam. Ihre
steinerne Ruhe dem Wohl und Wehe des Menschen gegenüber,
ihre göttliche Fühllosigkeit gegenüber unserm Leben und unserm
Tode, unsern kurzen Triumphen und langen Qualen, ist Milde
für ihn im Vergleich mit der Dummheit und Roheit der
Menschenwelt. Er verhöhnt in „Peter Bell III." Wordsworth,
weil dieser die Natur wie eine Art moralischer Eunuch liebe,
der niemals gewagt habe, ihr den Gürtel zu lösen; er selbst
liebt sie, wie man eine Geliebte liebt, er verfolgt wie ihr
Schatten ihre heimlichsten Schritte, sein Puls pocht in ge=
heimnisvoller Sympathie mit dem Pulse der Natur, er
gleicht selbst, wie sein Alastor, dem Geist der Winde und der
Luft mit strahlenden Augen, frischen Odemzügen und leichten
Sohlen.

Er nannte Tier und Pflanzen seine geliebten Brüder und
Schwestern, und mit seiner tiefen Empfänglichkeit und leicht
erzitternden Sensibilität vergleicht er sich unter den Tieren
mit dem Chamäleon, unter den Pflanzen mit der Mimose.
In einem seiner Gedichte spricht er von den Chamäleons, die
von Licht und Luft leben, wie die Dichter von Lieb' und Ruhm,
und die zwanzigmal des Tages nach jedem Sonnenstrahl die

---

*) To me the meanest flower that blows can give
Thoughts that do often lie to deep for tears.

Farbe wechseln, und vergleicht das Leben der Dichter auf dieser kalten Erde mit dem Leben, das die Chamäleons führen würden, wenn sie von ihrer Geburt an in einer Höhle unter dem Meere eingesperrt säßen. In einem anderen weltberühmten Gedichte erzählt er, wie die Mimose im Garten wächst und der Wind sie mit Silberthau nährt, und wie sie sich schließt unter den Küssen der Nacht.

Und jegliches Blümchen rings umfloß
Das Licht und der Duft, die sein Nachbar ergoß,
Wie die liebe Jugend beim zärtlichen Kuß
Den Atem teilet im Wonnegenuß.

Die Mimose nur, die wenig verstand,
Zu künden der Liebe verzehrenden Brand,
Empfing mehr als alle, und liebte mehr,
Als ihr geben konnte der Liebe Gewähr,

Denn ach, sie besitzt nicht duft'ge Blüten,
Die herrlich in schimmernden Farben erglühten;
Sie liebt wie die Liebe, Ihr Herz ist voll,
Sie ersehnt, was ihr fehlet: der Schönheit Zoll!

Noch eigentümlicher, noch persönlicher tritt Shelleys innerstes Wesen, das Herz seines Herzens, wie die schwersten Schicksale es formten und prägten, in der schönen Elegie auf Keats hervor, die er in glühender Entrüstung über den rohen und gehässigen Angriff in der Quarterly Review verfaßte. Er schildert, wie alle Dichter der Zeit sich einfinden zu dem Klagelied um den Toten:

Adonais, Str. 31—34.

Mit der Geringren Zahl kam ein Phantom,
Ein schwaches Menschenbild: gefährtenlos
Wie des verbrausten Sturmes letzter Strom,
Deß' Donner ihn verwehl: er, wie ich schloß,
Erblickte der Natur Geheimnis bloß
Wie einst Aktäon, und nun flieht er hin
Mit schwachem Schritt im wilden Weltgetos,
Und die den schroffen Pfad nun mit ihm ziehn,
Der gierigen Meute gleich, Gedanken folgen ihm.

Ein Geist, dem Panther gleich, so flink und hehr —
Ein Liebeshort in Leib gehüllt; — die Kraft,
Von Schwäche rings umgeben; — trägt kaum mehr
Der Stunden Last in seiner schweren Haft;
Ein matter Regen, Lämpchen ohne Saft,
Der Woge Brechen; — wie der Wund noch spricht,
Ward sie gebrochen nicht? Auf wellem Schaft
Der Blume lacht die Sonne: warum nicht
Auf Wangen Lebensglut, indes das Herze bricht?

Verblühte Blumen rankten um sein Haupt,
Verwelkte Veilchen, bunt und blau und weiß;
Ein leichter Speer, zypressenkranzbelaubt,
Um dessen Schaft des Ephens dunkles Reis,
Auf dem des Waldes Tauglanz schimmert leis,
Erzitterte, so oft des Herzens Schlag
Die schwache Hand bewegt: in seinem Kreis
Nam er zuletzt, zur Seit' und einsam nach:
Ein einsam endend Wild, deß' Herz die Kugel brach.

Sie standen alle fern, ob seinem Lied
In Thränen lächelnd: wußte doch die Schar,
Wer nun beweint, was Gott ihm selbst beschied;
Da er in Weisen, fremd und wunderbar,
Sang neues Leid; Urania nahm ihn wahr,
Die trauernde, und lispelt: „Wer bist Du?"
Er sagte nichts: doch bot er plötzlich dar
Die Stirn, gebrandmarkt, blutbefleckt dazu,
Wie Kain oder Christ! — Warum fiel ihm dies zu!*)

Shelley vergleicht sich hier mit Aktäon, den der Anblick
der nakten Schönheit der Natur zerrissen hat; unverkennbar
genug war seine feste Willenskraft dazu erforderlich, mit einem
so zarten und gebrechlichen Körper nicht den Visionen und

---

*) Nach der Uebersetzung von Dr. Richard Ackermann. Die übrigen
poetischen Stellen dieses Bandes habe ich mit geringen Ausnahmen
selbst zu verdeutschen gesucht. Es hat freilich immer sein Mißliches, so
seine Blüten der Poesie in das Erdreich einer fremden Sprache zu ver-
pflanzen. Shelley selbst vergleicht diese undankbare Aufgabe mit dem
Unterfangen, ein Veilchen in einen Schmelztiegel zu werfen, um solchermaßen seiner Farbe und seines Duftes habhaft zu werden.

Anm. des Uebersetzers.

und Hallucinationen, die ihn heimsuchten, zu erliegen. Manch=
mal war ihm zu Mute, als ob die Gesichte, die seiner Phan=
tasie sich aufdrängten, sein Hirn zu zersprengen drohten, und
wenn er dann in fremden Landen, im Exil, Trost in der
Einsamkeit suchte, erlebte er Natureindrück, wie er sie in den
entzückenden „Stanzen, in einer trüben Stunden bei Neapel
geschrieben,“ festgehalten hat — Strophen, die als ein Mikro=
kosmos von Shelleys ganzer Poesie gelten können. Er schil=
dert nicht die Landschaft, er schildert überhaupt niemals. Er
beschreibt nicht die äußeren Formen und Farben der Dinge,
aber er empfindet mit der äußeren Empfänglichkeit, was ich
den Geist und die Seele der Dinge genannt habe.

Mit wenigen Strichen zeichnet er das Bild des Golfes:

> Die Sonn' ist warm und still die See,
> Mit Lächeln blickt der Himmel drein,
> Der Insel Blau, der Berge Schnee
> Umkränzt der goldne Abendschein.
>
> . . . .
>
> Wie Sternenflut, der Wellen Blau
> Hinplätschert leis zum Uferrand . . .
> Der Flut entblitzt wie leuchtend Erz
> Ein Funkeln, und im Abendbrand
> Entsteigt ein Klingen uferwärts —

Ach, ruft er aus,

> Wie süß, erbebte nur wie meins ein einzig Herz.
>
> Weh mir! ich hab' nicht Glück noch Ruh',
> Noch Frieden in des Herzens Nacht,
> Noch fiel mir jener Reichtum zu,
> Den Weisheit bringen und Bedacht,
> Gekrönt mit innrer Glorie Pracht.
> Nicht Ruhm, noch Macht, nicht Lieb und Heil —
> Ach, Andern hat Das all' gelacht;
> Sie sagten jedem Tag: „Verweil!“
>
> Mir ward des Lebens Kelch nach anderm Maß zu Teil.

> Doch hier ist selbst Verzweiflung lind
> Wie Abendrauschen, Meer und Fluß;
> Fortweinen wie ein müdes Kind
> Möcht' ich dies Leben voll Verdruß,
> Das ich ertrug und tragen muß,
> Bis mir der Tod den Schlummer bringt,
> Bis in der Lüfte warmem Guß
> Mein Geist ins weite All verklingt,
> Und meinem Ohr das Meer sein letztes Murmeln singt.

Diese Worte sollten eine Prophezeiung werden. Aber noch prophetischer sind folgende:

> Wohl hör' ich zürnen, ich sei kalt,
> Daß ich gestört in dunklem Sinn
> Mit einem Herzen, trüb und alt,
> Auch dieser Stunde Hochgewinn.
> Zürnt immer! Denn von Menschen bin
> Ich nicht geliebt und doch beklagt,
> Ungleich dem Tag, der, wenn dahin
> Sein Glanz, der prächtig uns getagt,
> Voll Licht und Freude ganz noch im Gedächtnis ragt.

Selbst in der Uebersetzung scheint mir die unendliche Schlichtheit und Herzlichkeit des Ausdrucks bewahrt zu sein. Der Dichter, über dessen sterbendes Hirn grausame Wogen so bald zusammenschlagen sollten, fühlt mit der sanftesten Weh=mut sein Wesen sich auflösen in die wohlthuenden Elemente der Natur, und vergleicht seinen Hingang mit dem Erlöschen des schönen südländischen Sommertages. Er liebt die Natur nicht allein in ihren aufgeregten Zuständen, wie Byron, sondern einfachen Herzens, wie er war, liebte er ihre edle Einfachheit, ihre heilige Einfalt.

Allein dieser Zug ist nicht der bezeichnendste. Dazu ge=sellt sich ein anderer: selbst titanisch und gigantisch angelegt, liebt er die titanische und gigantische Schönheit der Natur, und wieder auf ganz andere Weise, als Byron es thut. Nicht die handgreifliche und leicht zugängliche Poesie der Blumen oder des Waldes besingt er, nein, seine großartige

Seele berauscht sich namentlich an dem Großen und Fernen, an den hohen und erhabenen Gegenständen der Natur, an den weiten Bewegungen des Raumes und dem Tanze der Welt= körper durch den Himmelsraum. In dieser Vertrautheit mit den großen Gestalten und großen Bewegungen der Natur gleicht Shelley Byron, aber er gleicht ihm, wie ein blonder Genius dem entsprechenden, braunen, wie Ariel dem flammen= bringenden Engel des Morgensterns gleicht.

Für Byron conzentrierte die Poesie des Meeres sich in der Poesie des Schiffbruchs, im Kampf und Rasen des Un= wetters und der Wirbelwinde; im Brüllen der See nach mehr und immer mehr Beute. Für Byron conzentrierte die Poesie des Himmels sich in der Vorstellung vom Heulen des Sturmes, vom Rollen des Donners und Zischen des Blitzes. Er lebt mit und in der zerstörenden Natur. Der berühmte Passus im vierten Gesange des „Childe Harold": „Roll' an, tief= blauer Ocean, roll' an!" jauchzt darüber, wie das Meer die Flotten von seiner Oberfläche hinwegfegt, und Kaiserreiche in seine Tiefe hinunter spült, und eine Schaumblase als einziges Zeugnis an der Stelle emporsteigen läßt, wo ein Mensch ver= sank. Dieser Passus ist gleichsam ein Präludium zu der gigantischen und prachtvollen Sündflutsvision, welche „Himmel und Erde" heißt, und ein Dithyrambus der Vernichtung ist.*)

Man lese hierauf Shelley's berühmtes Gedicht „Die Wolke." Alle elementaren Kräfte der Natur spielen und scherzen darin mit entfesselter Fröhlichkeit, mit titanischer Lust, mit riesenhafter Wohlthätigkeit und Freigebigkeit gegen die Erde. Welch stürmische Frische in dem Gesang der Wolke, wie sie den dürstenden Blumen frische Regenschauer von den Seen und Strömen bringt, wie sie leichte Schatten über die Blätter wirft, die in Mittagsträumen liegen. Mutwillig ist sie, wenn sie ihren Flegel peitschenden Hagels schwingt, oder

---

*) Swinburne, der in seinem kleinen meisterhaften Essay über Byron auf das Naturgebiet, das derselbe mit Shelley gemein hat, hindeutet, läßt den Gegensatz, welcher trotz der Aehnlichkeit vorhanden ist, unbe= sprochen.

wenn sie Schnee auf die Berge drunten spreitet, um die ganze
Nacht auf ihrem weißen Kissen in den Armen des Sturmes
schlafen zu können, oder wenn sie die Wirbelwinde ihr Banner
entfalten läßt, daß die Vulkane verdunkelt werden und die
Sterne erzittern; übermütig, wenn sie mit Donnergelächter
vorüberfliegt; stolz, wenn der blutige Sonnenaufgang mit
seinen Meteor=Augen auf den Rücken ihres segelnden Dunstes
springt; und still wird sie, in ihrem lustigen Neste zusammen=
geschmiegt, wenn der scharlachrote Mantel des Abends vom
Himmelsgewölbe herabfällt und das helle Meer drunten sein
brennendes Sehnen nach Ruhe und Liebe ausatmet. Sie
fühlt ihre Macht, wenn sie, wie eine ungeheuere Brücke,
sonnendicht und finster von Vorgebirg zu Vorgebirg hängt;
sie erfreut sich ihres Sieges, wenn der Triumphbogen, durch
den sie mit Orkan, Feuer und Schnee fliegt, der aus Millionen
Farben gewobene Regenbogen ist. Aber beständig spielt sie
wie ein Kind: scheuchen die Sonnenstrahlen sie vom Himmels=
gewölbe fort, so lacht sie nur darüber, und mit Lachen steigt
sie wieder aus ihrem Nichts und reißt die blaue Kuppel der
Luft wieder herab.

Es ist nicht allein der Gegensatz zu Byrons finsterer
Leidenschaft, der uns in dieser großartigen Kindlichkeit und
Freigebigkeit und Allliebe der Wolke frappiert, es ist daneben
ein Zug, den ich hier nur betone, um später darauf zurück=
zukommen, der primäre und primitive Charakter dieser Poesie,
welcher an die ältesten arischen Hymnen, an die Veden und
Homer erinnert, Byron ist im Vergleich hiermit durchaus
modern. Wenn die Wolke von jener in weiße Flammen ge=
kleideten Jungfrau spricht, welche die Sterblichen den Mond
nennen, die über ihren flockigen Teppich blinkend dahin gleitet,
und deren unsichtbare Füße mit leichten Tritten, die nur die
Engel vernehmen, das Gewebe ihres dünnen Zeltdachs durch=
bricht, oder wenn sie von dem blutigen Sonnenaufgange mit
den Meteor=Augen singt, so hat der Dichter, vermöge der Ur=
frische seiner Phantasie, den Leser in die Zeit zurückversetzt,
wo die Naturerscheinungen sich in voller Neuheit zu Mytho=
logien gestalteten.

Aber für Shelley waren diese Naturerscheinungen auch
ewig neu. Er lebte unter ihnen auf eine andere Weise, als
irgend ein Dichter vorher oder nachher es gethan hat. Sein
kurzes Leben von 29 Jahren verbrachte er fast ganz unter
offenem Himmel, das Meer war seine Leidenschaft, er segelte
beständig umher, und in seinem Boote liegend, hat er seine
schönsten Gedichte verfaßt, während die Sonne sein seelenvolles
Antlitz und seine feinen Hände bräunte. Die Leidenschaft für
das Meer war sein Leben und wurde sein Tod. Alles, was
sich auf Böte und Segeln bezog, hatte einen Reiz für ihn.
Er wurde ganz Kind dabei. Es machte ihm unendlichen
Spaß, kleine Böte aus Papier zu formen und sie fortschwimmen
zu sehen; einmal, als er kein Papier mehr bei sich hatte,
nahm er eine Fünfzigpfundnote und ließ sie als Boot auf
einem Gartenkanal treiben.

Schwimmen konnte er nicht. Als er bei seinen unaufhörlichen Segelpartien mit Byron auf dem Genfer See einmal dem Kentern nahe war, lehnte er alle Hilfe ab und erwartete vollkommen ruhig den Tod. „Mein Gefühl," schreibt
er, „würde minder peinlich gewesen sein, wenn ich allein gewesen wäre; aber ich wußte, daß mein Begleiter versucht haben
würde, mich zu retten, und ich fühlte mich tief gedemütigt
durch den Gedanken, daß sein Leben gefährdet werden könnte,
um das meinige zu erhalten." Allein einige Jahre nachher,
dachte er nicht einmal mit peinlichen Empfindungen an einen
solchen Tod. Als er wenige Monate vor seinem Ende eines
Tages fast ertrunken wäre, aber von Trelawney gerettet ward,
sagte er nur: „Es war eine große Versuchung; wenn alte
Weiber Recht haben, hätte ich in dieser Minute auf einem
anderen Planeten sein können."

In Italien lebte er beständig in freier Luft, bald auf
den langen Reittouren mit Byron in Ravenna und Pisa, bald
im Ruderboot auf dem Arno und Serchio, oder im Segel-
boot auf dem toskanischen Meere. Es verdient auch Be-
achtung, wie das Boot ein Lieblingsgleichnis bei ihm ist.
Und dichtete er nicht auf dem Wasser, so doch jedenfalls in

freier Luft. Den „Prometheus" schrieb er zum größten Teil*)
in Rom, auf den bergartigen Ruinen der Bäder des Cara-
calla liegend, und auf diesen schwindelnd hohen, mit Blumen-
geflecht überwachsenen Bogen fand er die Inspiration zu
seinem Gedicht in Rom's klarem Himmel und dem kräftigen,
fast betäubenden Erwachen des Frühlings in diesem herrlichen Klima. Den „Triumph des Lebens" dichtete er teils
auf dem Dache seines Wohnhauses in Lerici, teils in einem
Boote während der erstickendsten Hitze und Dürre. Aber
Shelley war eine Salamander-Natur, er lebte erst recht unter
einer glühenden Sonne.

In einem Hain am Arno-Flusse bei Florenz liegend,
schrieb er sein Meisterwerk, die „Ode an den Westwind."

Die ersten Strophen rufen uns das Herbstwehen des
Windes in Erinnerung, das die welken Blätter, gelb, schwarz,
bleich, hektisch-rot, wie pestergriffen, vor sich hintreibt, und
seinen Frühlingshauch, welcher Thal und Höhen mit lebendigen Farben und Duft erfüllt — ein Sausen, das sein Echo
in dem tiefen Refrain der sonettartigen Abschnitte findet:
„Hör, o höre mich)!" Und gemahnt es nicht wieder an die
alten Mythologien, wenn er von losgerissenen Regenwolken
singt, welche von dem verzweigten Geäst des Himmels und
des Meeres auf die Stromfläche des Windes herabgeschüttelt
werden — von den Locken des Sturmes, welche über das
luftige Azurfeld flattern, wie das lichte Haar, das sich auf
dem Haupt einer zornigen Mänade sträubt! Aber die ganze
Seele des Westwindes und Shelley's atmet in den Schluß-
worten:

O nimm mich auf als Blatt, als Welle bloß!
Ich fall' auf Schwerter, ich verblute hier!
Zu Tode wund' sinkt in des Unmuts Schoß
Ein Geist wie du, stolz, wild und fessellos.

Laß, gleich dem Wald, mich deine Harfe sein,
Ob auch, wie seins, mein Blatt zur Erde fällt!

----

*) Der 1. Akt entstand in der Villa Cappuccini in Este, der 2.
und 3. in Rom, der 4. in Florenz.		A. d. Herausg.

Der Hauch von deinen mächt'gen Melodein
Macht, daß ein Herbstton beiden tief entschwellt.
Süß, ob in Trauer. Sei du stolzer Geist,
Mein Geist! Sei ich, du stürmevoller Held!
Gleich welkem Laub, das neuen Lenz verheißt,
Weh' meine Grabgedanken durch das All,
Und bei dem Liebe, das mich aufwärts reißt,
Streu, wie vom Herde glühnder Funkenfall
Und Asche stiebt, mein Wort ins Land hinein!
Dem Erdkreis sei durch meiner Stimme Schall
Der Prophezeiung Horn! O Wind, stimm ein:
Wenn Winter naht, kann fern der Frühling sein?

Man vergleiche diese Ode mit der schönen Stelle im
dritten Gesang des „Childe Harold," wo Byron ausruft:

Könnt' ich verkörpern Alles doch, was mich
So ganz erfüllt, und könnt ich Ausdruck leihn
All' den Gedanken, bis ergossen sich
Herz, Seele, Leidenschaft und Lust und Pein,
Was ich gesucht und such', und all mein Sein
Und Dulden in ein einzig Wort, und wär'
Ein Blitz dies Wort!

oder mit der Stelle, wo er am Genfer See während des
tobenden Unwetters der Nacht zuruft:

O laß mich teilen deine wilde Lust,
Ein Teil des Sturmes und ein Teil von dir!

und man hat in einem prägnanten Beispiele den Gegensatz
zwischen der Naturschwärmerei eines allumfassenden und eines
alles herausfordernden Dichtergeistes. Shelley will der Natur
nicht, wie Byron, ihren Donnerkeil entwinden. Er liebt sie
nicht als seine Waffe, sondern als sein Instrument, sein
Plektron; er liebt sie ungeschreckt von ihren ungeheuren Pro=
portionen, vertraut mit ihrer riesenhaften Größe, das Weltall
als seine Heimat empfindend. Am liebsten tummelt sich seine
Phantasie unter den Weltkörpern, er wird von ihrer Schön=
heit und ihrem Leben angelockt, wie andere von der Schön=
heit des Vergißmeinnicht und der Rose.

Welche gewaltige, weltbeherrschende Phantasie liegt z. B.
in dem Gedichte, das er bei der Nachricht von dem Tode
Napoleons schreibt:

> Wie! Erde, so kühn und voll Lebenslust?
> Bist du nicht allzu kühn?
> Was kleidest du noch die alternde Brust,
> Wie einst, in schimmerndes Grün?
> Du letztes Glied in der Sternenschar,
> Rollst du noch weiter von Jahr zu Jahr?
> Ist starr der Leib nicht, wenn der Geist entflohn?
> Du regst dich noch, da tot Napoleon?
>
> Wie! ist dein pochendes Herz nicht kalt?
> Welcher Funken blieb deinem Herde?
> Ist nicht fein in Totenlied erschallt?
> Und du lebst noch, Mutter Erde?
> Du wärmtest dir doch die welke Hand
> An der Asche Gluten, die ausgebrannt,
> Des feurigsten der Geister, als er floh —
> Was, da er tot ist, lachst du jetzt so froh? . . .
>
> Die Erde jubelt: „Noch lebenswach
> Ist, und kühner als je, meine Brust.
> Mich erfüllen die Toten zehntausendfach
> Mit Schnelle, mit Schimmer und Lust.
> Ich war wollig, verdrossen und kalt
> Wie ein starres Chaos, aus Eis geballt,
> Bis mir die Flammenglut, die ihn verzehrt,
> Das Herz gewärmt. Ich nähre, was mich nährt.

Mit seinem geistigen Auge sah Shelley die Weltkugeln
beseelt am Himmelsraume kreisen, glühend nach innen, in die
Nacht leuchtend nach außen; sein Blick ermaß die tiefen Ab-
gründe, wo grüne Welten an einander vorüber schwebten,
Wandelsterne mit schimmernden Locken, kalte und klare Eis-
monde. Er vergleicht sie mit den Taukugeln, die Morgens
die Blumenkelche füllen, er sieht sie, Welt auf Welt, von der
Entstehung bis zum Untergange dahinrollen, wie Schaumblasen auf einem Flusse, knisternd, berstend und doch unsterb-
lich, beständig neue Wesen, neue Gesetze, neue Götter webend,
helle oder dunkle, wie Gewänder, die sie über die nackten

Rippen des Todes werfen. Er sieht sie, wie Rafael sie zu Rom in Santa Maria del Popolo malte, jede von ihrem Engel beherrscht und gelenkt, und kraft der poetischen Machtvollkommenheit seiner Phantasie weist er dem armen verstorbenen Keats solch einen erledigten Thron, eine herrenlose Sonne an. Seine Fee des Atlasgebirges hat ihre Heimstätte im Aether. Wie Arion auf dem Rücken des Delphins, reitet sie auf der Wolke singend durch die Luft, und lacht, wenn sie das brüllende Sausen der Feuerkugeln hinter sich hört. Hier spielt Shelley mit den Himmelskörpern, wie ein Jongleur mit seinen Kugeln; im „Prometheus" öffnet er sie, wie der Botaniker eine Blume öffnet. Im vierten Akt schildert er die Erde durchsichtig wie Krystall, und all ihre Schichten über einander, ihre Feuerwogen, ihre ungeheuren Quellen, aus denen das Meer getränkt wird, ihre Versteinerungen, begrabenen Trophäen, Ruinen und Städte, und Shelley's Genius umschwebt sie, atmet den starken Duft der Wälder ein, und sieht das smaragdgrüne Licht, das die Blätter zurückwerfen, und hört die wilde Musik der Sphären. Aber die Erde ist ihm kein Aggregat; sie ist ein lebendiger Geist, in dessen unbekanntem Innern eine ewig unvernommene Stimme schlummert, deren Schweigen unterbrochen wird, wenn die Bande des Prometheus sich lösen.

Als Jupiter in den Abgrund gestürzt ist, stimmen Erde und Mond einen jauchzenden Wechselgesang an, einen Hymnus ohne Gleichen. Die Erde jubelt über ihre Befreiung von der Göttertyrannei, der Mond singt der Erde seine glühende und ekstatische Liebeserklärung zu, er schildert, wie still und stumm er wird, wenn der Schatten der Erde auf ihn fällt und ihn bedeckt, und wie er dann voll Liebe zu der schönen Erde ist. Seine Unfruchtbarkeit hört auf, lebendige Blumen entsprießen auf seiner Oberfläche, er hört Musik in Meer und Luft, während ihn beschwingte Wolken umschweben, schwer von dem Regen, von dem seine jungen Knospen träumen, und er jubelt: „Das ist Liebe, Alles ist Liebe!"

Die Phantasie Shelley's löst das ganze Naturleben auf,

und freut sich mit der Naivetät eines Kindes über jedes ein=
zelne Element. Die Fee freut sich z. B. über das Feuer:

Der Mensch des Feuers Schönheit selten sieht:
Jedwede Flamme, wie ein Edelstein,
In immer flackernd Licht gelöst, erglüht,
Und jeden Einzelnen erquickt ihr Schein.

Und die Fee liebt die Schönheit des Schlafes:

Wie schön die Sterblichen ihr Blick gefunden,
Im wilden Zauberbann des Schlafs erscheinend!
Hier zwei Geschwister, Kinder, eng verbunden:
Dort ein einsamer Knab', im Traume weinend;
Hier unschuldvoll zwei Liebende, umwunden
Von den gelösten Locken, sie vereinend
Wie dunkler Epheu, Einem Stamm entsprossen;
Und dort ein Greis, vom Silberhaar umflossen.

Shelley empfindet mit den Flüssen, die von den Seen
geliebt werden und in ihrem Bette verschwinden, er singt vom
Tod und Leichenbegängnis der Natur im Herbst und Winter,
er gedenkt der Blumen, die über Adonis hingestreut werden,
er schildert die Göttin des Sommers und der Schönheit,
die wie ein weiblicher Balder die Blumen der Gärten in
Ordnung hält, und malt die wilde Fahrt der Horen über
den Himmel. (Vergl. die Gedichte „Arethusa,“ „Apollo,“
„Pan,“ „Der Herbst,“ „Die Sinnpflanze,“ und die Horen
im „Entfesselten Prometheus.“*)

Jedes Lebenselement hat er mit einem poetischen Worte
gestempelt: die weiten und einsamen Gegenden, wo uns der
freudige Wahn berückt, das, was wir sehen, sei grenzenlos,
wie wir es in Betreff unsrer Seele wünschen („Julian und
Maddalo“), — die Zeit, die unermeßliche See, deren Wogen
Jahre sind, und den Brackwassergeschmack vom Salze mensch=
licher Thränen haben — den Schnee und alle Gestalten des
strahlenden Frostes.

---

*) Shelley, der entfesselte Prometheus. Uebers. v. Graf von Widen=
burg, Leipzig, H. Barsdorf (3 M.). Ermäßigter Preis 1 M.

Man lese das Gedicht, in welchem die letzten Worte vorkommen. Es resumiert elegisch seine Liebe zur Natur und ist
an den Geist der Freude gerichtet. Er klagt, daß derselbe
ihn verlassen habe und nur Diejenigen liebe, die sein nicht
bedürfen, daß einer von seinem Schlage ihn nie zurückgewinnen
vermöge, daß er von der Sorge verscheucht werde und vor
dem Kummer entfliehe, dessen Seufzer ihm vorzuwerfen
scheinen, daß er abwesend sei, und Vorwürfe möge er nicht
hören. Das Lied schließt:

> Was du liebst, o Geist der Freude,
> Liebte ich auch immer!
> Erd' im grünen Frühlingskleide,
> Nacht im Sternenschimmer;
> Herbstesabend und des jungen
> Morgens goldne Dämmerungen.
>
> Schnee lieb' ich und die Gestalten,
> Die im Eise schossen;
> Wellen, Winde, Sturmeswallen,
> Alles, was entsprossen
> Der Natur, und nicht beirrt
> Von des Menschen Elend wird.
>
> Ich lieb' ruhevolle Oede,
> Freundeskreis voll Frieden
> Und voll sanfter Weisheitsrede; —
> Sind wir denn verschieden,
> Du und ich? . . . Ach, einmal noch
> Zu mir wieder kehre doch!

Aber aus diesen elegischen Stimmungen schwingt sich
Shelley's Geist kraft seiner herrlichen Freiheitsbegeisterung
wie die Lerche hoch empor. Seine „Ode an die Lerche," welche
den Uebergang zu seinen Freiheitsliedern bezeichnet, ist in
einem Rausche befreiter und jauchzender Stimmung geschrieben.
Kaum übertraf in der älteren englischen Litteratur ein ähnliches Lied das beste von Wordworths Liedern an die
Lerche, welches so typisch für den Geist und die Poesie der
Seeschule ist:

Der Nachtigall laß ihren schatt'gen Wald:
Ein Reich von strahlendhellem Licht ist dein,

und worin die für jenen konservativen Dichter so bezeichnen=
den Worte vorkommen:

Du Bild des Weisen, der sich aufwärts schwingt,
Doch nimmerdar entflieht in fernes Land,
Dem Heim und Himmel treu, die sich verwandt!

Wende man sich nun zu Shelleys Lerche, die singend
immer steigt und steigend immer singt. Hier ist es, als ob
alle Winde von Melodien erklängen, als ob wir in ein Meer
ewiger, morgenfrischer Töne hinein schwebten und hinab ge=
wirbelt würden. Es ist des reinen Freiheitsgefühls jüngster,
hellster Triumphgesang von Freude und Glück. Derselbe
bildet den Uebergang zu der langen Reihe von Freiheits=
liedern, zu der großen Gruppe, in welcher Shelleys Genius
der stürmische Herold der herankommenden Revolution ist.
Sein Freiheitslied ist ein einziger langer Kriegsruf, in wech=
selnde Melodien gekleidet. Als Oden an die Freiheit und
ihre Vertheidiger — Gedichte, so schön und groß wie die
Marseillaise — als politische Satiren auf Personen und Zu=
stände, als aristophanische Komödie über das Unwesen und
die Lächerlichkeiten daheim, als mythische oder historische Tra=
gödie, überall ist seine Dichtung ein und derselbe gewaltige
Anruf an alle diejenigen seiner Zeitgenossen, welche noch
einen Funken von Entrüstung in ihrer Brust hatten.

Schon gleich nach seiner ersten Ehe war er als poli=
tischer Agitator aufgetreten. Er reiste nach Dublin, um die
Emanzipation der Katholiken zu fördern, entwarf ein jugend=
liches Sendschreiben an das irische Volk, worin er dasselbe
beschwor, die Gewaltthätigkeiten, welche die französische Re=
volution befleckt hatten, zu vermeiden, und war so naiv, dieses
Schriftstück von dem Balkon seines Gasthauses denjenigen
Vorübergehenden, welche ihm so auszusehen schienen, als seien
sie in der Stimmung, durch Aufrufe auf sich wirken zu
lassen, vor die Füße zu werfen. Wie kindlich er und seine

Frau die Sache auffaßten, sieht man daraus, daß er eines Tages, als er mit Harriet spazieren ging, sich nicht den Spaß versagen konnte, das Sendschreiben in die Mantelkapuze einer Dame zu stecken, worüber die kleine Harriet, nach ihrer eigenen Erzählung, vor Lachen beinahe geplatzt wäre. Er wohnte mehreren Versammlungen bei und redete einmal eine Stunde in Gegenwart O'Connells und anderer Celebritäten. Die Zeugnisse seiner Zeitgenossen lauten so enthusiastisch, daß er, wenn man danach urteilen darf, noch größer als Redner, denn als Dichter, gewesen sein muß.

Als Shelley das nächste Mal mit der herrschenden Partei in Kollision geriet, hatte der Zusammenstoß einen ganz anderen, tragischen Charakter. Harriet war tot, und auf Verlangen ihres Vaters wurde von dem Kanzleigericht eine Untersuchung darüber eingeleitet, wer die besten intellektuellen und moralischen Bedingungen für die Erziehung von Shelleys Kindern besitze, der ehemalige Gastwirt Westbrook oder der Verfasser der „Königin Mab" und des „Alastor," welcher, als Atheist denunciert, im Verdachte steht, seine Kinder zu Atheisten erziehen zu wollen.

Lord Eldons Spruch fiel dahin aus, daß Shelleys ganzes bisheriges Betragen im höchsten Grade unmoralisch gewesen sei; daß er, weit entfernt, sich desselben zu schämen, sich vielmehr der verderblichsten Grundsätze rühme, und dieselben anderen empfehle; daß die Kinder ihm daher für immer entzogen werden sollten, unter der Verpflichtung jedoch, daß er mit einem Fünftel seines Einkommens für ihren Unterhalt zu sorgen habe. Die Kinder wurden einem Priester der Hochkirche übergeben. Shelleys Schmerz war so furchtbar, daß selbst seine intimsten Freunde fortan niemals der Kinder gegen ihn zu erwähnen wagten.

In dem Gedicht an Lord Eldon ruft er aus:

Fluch dir bei des gekränkten Vaters Liebe,
Bei teuren Hoffnungen, die jäh geknickt,
Bei jeglichem, dir fremden edlen Triebe,
Beim Schmerz, der nie dein kaltes Herz durchzückt; . . .

Beim Heucheln, das an ihrem Unschuldsmunde,
Wie Gift an einer Blüte, hangen muß,
Beim finstern Glauben, der zu jeder Stunde
Sie nun umschattet bis zum Lebensschluß: . . .

Bei der Verzweiflung, die mich zwingt zu klagen:
Ach, meine Kinder sind nicht länger mein!
Es mag mein Blut in ihren Pulsen schlagen,
Tyrann, doch ihr beflecktes Herz ist dein!

Und in den Strophen an William Shelley, seinen kleinen
Sohn aus der Ehe mit Mary, heißt es:

Sie raubten dir Bruder und Schwesterlein.
Und ihr Herz entfremden sie dir;
Ihres Lächelns Reiz, ihrer Thränen Schein
Der heil'gen, verlöschten sie mir.
Ein mörderischer Glaube, ein Schmachgesetz
Warf über ihr jugendlich Haupt sein Netz,
Und fluchen werden sie mir und dir,
Weil freie Menschen und furchtlos wir. . . .

Doch nicht ewig herrscht der Tyrannen Wort
Und der Priester schändlich Gebot.
Sie stehn an des wütenden Stromes Bord
Und besudeln sein Wasser mit Tod.
Aus tausend Schluchten ihm Zufluß quillt,
Rings um sie schäumt er und tobt und schwillt,
Und ihr Schwert und Szepter entfluten weit,
Zerknickt, auf den Wogen der Ewigkeit.

Von der Angst gequält, auch dieses letzten Kindes beraubt zu
werden, verließ Shelley sein Vaterland, um nie mehr dorthin
zurückzukehren. Allein zu derselben Zeit, da der Lordkanzler
ihn als einen Mann brandmarkte, der zur Wahrnehmung der
elementarsten gesellschaftlichen Pflichten und Rechte weniger
geeignet sei, als irgend ein Mann in England, schickte er
sich selbst an, zu beweisen, daß er einer der wenigen damals
lebenden Männer sei, welche für die Unsterblichkeit erkoren
waren.

Zum Verbrecher gestempelt, verließ er England, und
überall, wo er im Auslande Engländern begegnete, ward er

von ihnen gefürchtet und gehaßt, wie Einer, der jedes Ver=
brechens fähig sei. Als er einige Jahre nachher auf dem
Postbüreau zu Pisa nach einem Poste=Restante=Brief fragte
und seinen Namen nannte, schrie ein englischer Offizier, der
in portugiesischen Diensten stand: „Wie! Ist das der ver=
fluchte Atheist Shelley? und streckte ihn mit einem Faust=
schlage zu Boden. Er forschte später nach diesem Offizier,
um ihn zu fordern, aber es gelang ihm nie, ihn aufzufinden.

Shelley hatte frühzeitig eine Broschüre über die Parla=
mentsreform verfaßt, welche 1817 erschien, so trefflichen und
gesunden Inhalts, daß die Reform, welche die Tories 1867
durchführten, in allem Wesentlichen mit dem fünfzig Jahre
alten Plane des „Atheisten und Republikaners" übereinstimmt.
Er wollte weder das allgemeine Stimmrecht auf einmal ein=
geführt, noch die Monarchie und Aristokratie abgeschafft wissen.
Er spricht sich oft genug gegen allzu übereilte Veränderungen
aus. Sein Radikalismus bestand nur darin, daß er seiner
Zeit um fünfzig Jahre voraus war. Allen Verfolgungen
der Borniertheit ausgesetzt, schleuderte er jetzt seine Freiheits=
gedichte gegen England. Seine politischen Dichtungen sind
mit seinem Herzblute geschrieben. Er war berechtigt, Cast=
lereagh und Sidmouth „zwei blutlose Wölfe, die aus trockenen
Kehlen heulen, zwei zusammengeschlungene Vipern" zu nennen.
Man darf nicht vergessen, daß Castlereagh, Sidmouth, Eldon
für ihn nicht Personen, sondern ein Prinzip waren, das
große, unheilschwangere Prinzip der Reaktion, welchem sein
Leben und sein Glück geopfert worden waren. Er sagt:

Ich sah den Mord am Wege stehn,
Wie Castlereagh war er anzusehn; . . .
Wie Sidmouth, kam die Heuchelei
Auf einem Krokodil herbei. . . .

Eine Irre da vorüber rannte,
Hoffnung sie ihren Namen nannte;
Doch mehr wie Verzweiflung sah sie aus,
Laut schrie sie in die Luft hinaus:

„Mein Vater, die Zeit, ward alt und schwach
Vom Harren auf einen bessern Tag;
Verloren hat er den Verstand,
Er tastet umher mit gelähmter Hand.

Geboren ward ihm Kind auf Kind,
Doch ihren Staub verwehte der Wind,
Nur ich alleine bin noch hier —
Wehe mir, ach, wehe mir!"

Aber nicht allein in lyrischen Fehdegedichten offenbarte
Shelley in diesen Jahren seine politischen und sozialen Ideen
und Leidenschaften. Er schrieb im Jahre 1818 zwei sehr
eigentümliche erzählende Dichtungen, „Julian und Maddalo"
und „Rosalinde und Helena." Das erste Gedicht enthält eine
lebendige Schilderung seines Zusammenlebens mit Byron in
Venedig, und ist eins der vielen Zeugnisse seiner edlen und
glühenden Begeisterung für Byrons Poesie. Es schildert den
Besuch der beiden Freunde in einem Irrenhause bei Venedig
und die Stimmungen, welche derselbe bei Shelley erregte. Er,

In dessen Herz des Fremden Thräne schnitt,
Dem Tropfen gleich, der auf den Sandstein glitt;
Der seufzen konnte, selbst bei solchem Leid,
Das Andre nicht gewahren, —

mußte naturgemäß ein tiefes Mitleid mit den Unglücklichen
empfinden, die man zu jener Zeit noch in Ketten legte und
mit Peitschenhieben strafte. Einen wie geringen Begriff man
damals von dem Wesen der Gemütskrankheiten hatte, und mit
welcher Barbarei die Patienten behandelt wurden, sieht man
am besten, wenn man liest, welcher Behandlung ein Geistes=
kranker von der hohen gesellschaftlichen Stellung Georgs III.
noch 1788 ausgesetzt war. Die Krankheit des Königs äußerte
sich besonders in einer ununterbrochenen Schwatzsucht, war
aber von keinerlei Hang zu Gewaltthätigkeiten begleitet. Nichts=
destoweniger wurde er gleich von Anfang an und während der
ganzen Zeit beständig in die Zwangsjacke geschnürt, einge=
sperrt, des Gebrauches von Messer und Gabel beraubt und

der Laune seiner Pagen überlassen, die ihn wie eine tote
Sache behandelten, ihn knufften und stießen und mit groben
Worten anfuhren. Nach seiner Herstellung erinnerte sich der
König deutlich an alles, was ihm während seiner Geistes-
trübung begegnet war, und so ist es bekannt geworden. Es
charakterisiert Shelleys sanften und menschenfreundlichen Charakter, daß er, welcher nicht wußte, wie man in Frankreich
während der Revolution begonnen hatte, die Irren human
zu behandeln, für eine liebevolle Behandlung der Unglücklichen plaidiert:

> Mich dünkt, es gäbe Heilung doch
> Für sie, wenn man sie sanft und gütig pflegt,
> Da die Musik so lief ihr Herz bewegt.

Das zweite Gedicht, „Rosalinde und Helena," welches ein
großes Gesamtbild all des Elends giebt, das Vorurteil und
Unduldsamkeit über das Menschengeschlecht gebracht haben,
scheint mir lange nicht nach Gebühr verstanden und gewürdigt
zu sein. Es sucht einen wahren Mikrokosmos der Leiden der
Guten und Freisinnigen auf Erden darzustellen, wie sie durch veraltete Institutionen und menschliche Bosheit im Verein hervorgerufen werden. Hier wird ein Familienvater geschildert, Feigling
den Starken, Tyrann den Schwachen gegenüber, hart, selbstsüchtig,
falsch, verlogen und habgierig, der Henker seiner Frau, der
Plagegeist seiner Kinder, — wenn die Kinder seine Schritte
heran nahen hören verstummt jedes Gespräch, und sie erbleichen.
Er stirbt und Rosalinde, die Mutter jammert darüber, daß
sie die Kinder unbewußt sich über den Tod des Vaters freuen
sehen und diesen selbst als Linderung empfinden muß. Der
Verstorbene war sehr orthodox. Wie sich herausstellt, hat er
verordnet, daß die Kinder, wenn sie ferner mit ihrer Mutter
zusammen leben, nichts erben sollen, da sie insgeheim die christliche Lehre für falsch hält und er seine Kinder vor der ewigen
Höllenglut retten will. So muß nun die Mutter ihre Kinder
verlassen; denn, sagt sie,

> Du weißt, was Armut für ein Los
> Den Opfern einer bösen Zeit:
> Verbrechen ist's und Furcht und Schmach,

> Der Mangel ist es, ohne Dach
> Auf eisigen Wegen, nackt und bloß,
> Und tiefes, grauenvolles Leid;
> Und jene Selbstverachtung, die
> Der Jugend Glanz in Hohn ersäuft —
> Du weißt, daß eine Mutter nie
> Solch Weh auf ihre Kinder häuft.

Rosalindens Schicksal dient vor allem dazu, den Jammer einer unglücklichen Ehe und die Abhängigkeit der Frau von einem schlechten und tyrannischen Manne zu schildern, und man fühlt Shelley's Trauer über den Verlust seiner Kinder durch. Helena's Schicksal spielt direkt auf die Verfolgungen an, denen der Dichter als Philosoph ausgesetzt war. Die ganze Darstellung von Lionel's Leben und Ansichten ist reine Selbstschilderung. Könnte irgend ein Ausspruch besser, wie dieser, Shelley's Menschenliebe charakterisieren:

> Zwillinge waren Lieb' und Leben
> Bei ihm, erzeugt zu gleicher Zeit.
> Bei jedem andern erst beginnt
> Das Leben sich empor zu heben,
> Und dann die Liebe, ob sie beid'
> Auch Kinder einer Mutter sind.

Jung, reich und von vornehmer Geburt, tritt er mit Begeisterung in die Reihen Derer, welche während der Revolution die Menschheit von der Herrschaft der Dogmen befreien wollen. Seie Umgebung zerbricht sich vergebens den Kopf darüber, welche Absicht er dabei haben kann:

> Sucht Ruhm er? Ruhm hat nie gelohnt
> Den Kämpfer für zertretnes Recht.
> Erstrebt er Macht? Die Macht, sie thront
> Bei Unrecht nur und altem Recht,
> Den Wölfen, die Tag aus, Tag ein
> Voll Gier nach Lob und Beute schrein,
> Und nur um sie dir Macht verleihn.

Die Reaktion tritt ein:

> Ergraute Macht
> Saß wieder sicher auf dem Thron
> Der Väter, und es reckte schon
> Der Drache Glaube durch die Nacht
> Sein giftig Haupt . . . Es weinten Viele
> Nicht Thränen, sondern Galle.

Bald schleppen ihn seine Feinde in den Kerker, weil er ihre
Götter geläftert habe, und er verbringt eine lange Zeit allein,
von seinen Lieben getrennt. Dann kommt er wieder mit seiner
Geliebten zusammen, und unter dem Sternenhimmel feiern sie
ihre Vermählung.

„Rosalinde und Helena", das vollständig autobiographischen
Charakter besitzt, ist ein Gedicht, das in tiefer Verzweiflung
geschrieben zu sein scheint; nirgends ist Shelley auch in seinem
Kampfe gegen alles Herkömmliche so weit gegangen. Ich habe
früher*) gezeigt, wie es bei der jungen revolutionären Schule
ein beliebtes Thema war, daß der Abscheu vor der Blutschande nur auf ein Vorurteil beruhe. Sowohl in Rosalinde
und Helena" wie in der „Empörung des Islam", dessen
Held und Heldin nur auf die dringliche Vorstellung des Verlegers aufhörten, Bruder und Schwester zu sein, verschwendete
Shelley viel Beredsamkeit an dies unheimliche, auch Byron
so stark beschäftigende Paradoxon, das einen so albernen und
empörenden Angriff auf das Andenken des Letzteren verur-
sachen sollte.

Im Jahre 1820 kam der schon erwähnte große Ehe-
scheidungsskandal zum Ausbruch. Am 5. April 1798 hatte
sich der Prinzregent, pour faire une fin, sich mit der acht-
undzwanzigjährigen Karoline von Braunschweig vermählt. Er
nahm indes die Sache so wenig feierlich, daß er schon bei
der ersten Begegnung im St. Jamespalast, als die Prinzessin vor ihm niederkniete dem Gesandten Lord Malmesbury
zurief: „Harris, schaffen Sie mir ein Glas Branntwein,
mir ist nicht wohl;" und, als dieser frug, ob nicht ein Glas
Wasser in solchem Fall vorzuziehen sei, fluchend aus dem
Zimmer rannte, ohne seiner Braut ein Wort zu sagen. Bei
der Hochzeit war er betrunken, und stieß während der Trauung
beständig rülpsend auf. Er erwies der Prinzessin von Anfang an
nicht bloß Gleichgültigkeit, Vernachlässigung und eine Untreue ohne
Grenzen, sondern auch die rücksichtsloseste Roheit, ließ sie
einsperren, umgab, sie mit Spionen und beraubte sie auf eine

*) Vergl. : Emigrantenlitteratur. 5. Aufl. 1897, S. 72.

17*

falsche Anklage hin ihrer Tochter, was zu fortwährenden
Szenen bei Hofe Veranlassung gab. Untadelhaft scheint das
Betragen der Prinzessin nicht lange gewesen zu sein. Sie
war zuerst nur unvorsichtig, aber in reiferen Jahren suchte
sie sich zu trösten, und nicht immer auf würdige Art; so
finden wir sie als fünfzigjährige Dame Europa mit ihrem
Kourier und Kammerherrn, weiland Kammerdiener, Bergami,
durchreisen, einem italienischen Ruy Blas, den sie zu allem
Möglichen ernennt, den sie mit Orden bedeckt und zärtlich liebt.
Als sie bei der Thronbesteigung des Prinzregenten nach
England zurückkam, um ohne Weiteres den Platz der Königin
einzunehmen, beschloß der elende und verächtliche Fürst, sich
Dessen, was er durch bezahlte Spione über seine Gemahlin
wußte, zu bedienen, um ihrer quitt zu werden. Sie ward
vor dem Oberhause der Untreue angeklagt. Und nun wurden
ganze Schiffsladungen fremder Gasthofskellner und Kammer=
mädchen unter dem erbitterten Halloh der Bevölkerung in
England gelandet, um Zeugniß wider die Königin abzulegen.
Ich will bei dem Inhalt dieser Verhöre, bei den Alkoven=
Mysterien, die sie enthüllten, nicht verweilen. Ich meine nie
etwas so Schamloses gelesen zu haben, wie die Akten dieses
Prozesses*). Untersuchungen über die Lage von Schlafzimmern,

---

*) The trial at large of her Majesty Caroline Amelia Elizabeth,
Queen of Great Britain, in the house of lords on charges of adul-
terous intercourse. Lond. 1821. 2 Vols. „At Carlsruhe her Majesty was
one day found in Bergamis room; she was sitting upon his bed, and
he was in bed with his arms around the neck of her majesty. She
was surprised in this extraordinary situation by one of the
femmes de chambre, who was going into the room by chance . . .
In that bed was found a cloak, which her majesty was afterwards
seen wearing; and in that bed, also, certain marks were observed
by one, of the servants. These marks, without his saying any
thing farther at present, would lead their lordships perhaps to infer
that which he wished them so unterstand (vol. I. 145, cfr. II. 487.)
What was the state of Bergamis dress at the time you saw
him in the passage going towards the bed room of her royal
highness?
Hes was not dressed.
When you say he was not dressed, what do you mean; what
had he on?

über die Stellung der Betten und den Zustand der Laken am
Morgen, über eine Königin und ihren Kammerherrn, die man im
allertiefsten Negligé betroffen habe, füllten Tag für Tag die Spalten
aller englischen Blätter, bis die Anklage plötzlich zurückgezogen ward,
teils wegen vermeintlicher Unzulänglichkeit der Beweise teils
wegen der grenzenlosen Verachtung, in welche der König als
Urheber des Skandals gesunken war. In Veranlassung dieses
Prozesses schrieb Shelley seine köstliche Satire „Oedipus
Tyrannus" oder „Dickfuß der Tyrann", eine aristophanische
Komödie von eben so glücklichem Wurfe wie Prutz' „Politische
Wochenstube".*) Die Handlung geht in Böotien vor. Die
englischen Bulls treten hier als Schweine auf. Geist, Wesen
und Regierungsmacht in England werden somit als „Schweinerei"
bezeichnet, und der Ton ist aus folgendem Satze ersichtlich:

> Die Steuern,
> Die wahren Quellen aller Schweinerei, —
> (Und giebt es einen passenderen Ausdruck
> Wohl, um Moral, Religion und Frieden
> Und Wohlstand, Alles, was Böotien
> Zu einem Volke macht, das andern Völkern
> Als Vorbild und als Muster dienen kann,
> Mit einem Worte zu bezeichen?) — wachsen
> In gleichem Maße mit der Schweinerei.

Die Heuchelei des gekrönten Eheherrn, das freche Pochen der
Königin auf ihre Reinheit, die verlogene Haltung Castlereagh's
und Sidmouth's — Alles ist mit der sicherster Kraft der
Satire getroffen.

He was not dressed at all. (vol. I. 484 cfr. vol. II. 435).
On the 12th of that month she arrived at Salona .. A large bed
was provided in the inner room for her majesty; the outer room
assigned for Bergami had no bed. There was no access to the bed
in the inner room except through Bergami's. It would be proved
in evidence, that, in the morning after her majesty had slept here,
her bed had the appearance of having been slept in by tow persons.
There was only one passage to her majesty's bed-room; that passage
led from Bergamis room, and in his room there was no bed. (vol.
I. 136).

*) Vgl. Bd. 6. Das junge Deutschland. Seite 364 ff.

Aber Shelley's Genius war nicht dazu geschaffen, lange bei dem Spott über die Karikaturen der Zeit zu verweilen. Sein freier und himmlischer Geist war, wie kein anderer, geeignet, das gigantische Freiheitsideal der modernen Zeit dem Bewußtsein derselben in voller Glorie vorzuführen. Von seinen Knabenjahren an war all sein Streben im Grunde hierauf gerichtet gewesen. Er hatte zuerst große, höchst musikalische und höchst formlose Gedichte geschrieben, die lange Proteste wider Könige und Priester sind, wider die Religion, „welche die Erde mit Teufeln, die Hölle mit Männern und den Himmel mit Sklaven bevölkert", wider die Ungerechtigkeit und Servilität der Regierungen und Gerichte, wider das Empörende der Zwangsehen und der Ausschließung des Weibes vom Rechte auf freien Erwerb, wider die Grausamkeit des Schlachtens der Tiere, Proteste wider alle Formen der Unterdrückung und Intoleranz, und deren Zweck kein geringerer war, als die Menschheit zu reformieren, und sie die Mittel kennen zu lehren, durch welche sie die Ursachen ihres Elends entfernen und einen Zustand erreichen könne, der, im Vergleich mit dem jetzigen, ein wahrhaft goldenes Zeitalter zu nennen sei.

Er besaß, wie er sich selbst kindlich ausdrückt, „eine Leidenschaft, die Welt zu reformieren." Trotz seines Abscheus vor didaktischer Poesie war es, wie er in der Vorrede zur „Empörung des Islam" bemerkt, seine Absicht, dem Leser einen edlen Impuls zu geben, einen brennenden Durst nach Vollkommenheit in ihm zu erwecken. „Der panische Schrecken", sagt Shelley, „der wie eine ansteckende Seuche alle Klassen der Gesellschaft während der Ausschreitungen der französischen Revolution ergriff, macht allmählich einem gesünderen Zustande Platz. Man hat aufgehört zu glauben, ganze Generationen des Menschengeschlechts müßten sich auf ein hoffnungsloses Erbteil von Unwissenheit und Elend beschränken, weil ein Volk, das Jahrhunderte lang betrogen und geknechtet worden war, sich nicht mit der Weisheit und Ruhe freier Männer zu benehmen vermochte, als seine Fesseln teilweise gesprengt wurden. . . . . Wäre die Revolution in jeder Hinsicht erfolgreich gewesen, so würden Tyrannei und Aberglaube mit Recht fragen, warum wir sie so verabscheuten, da die Gefangenen ihre Fesseln ja mit der leisesten Handbewegung abstreifen könnten, statt daß ihr giftiger Rost sich jetzt in die Seele frißt".

Shelley beschloß also, die Absichten der Revolution in verklärter Gestalt weiterzuführen. Sein Gedicht war eine Predigt; seine Phantasie offenbarte nicht seine Beobachtungen, sondern seine Wünsche.

Die Phantasie war indessen auch, nach seinem System das in Wahrheit reformatorische Vermögen. Er, den krasse Unwissenheit einen Materialisten gescholten hat, war nicht umsonst in Humes und Berkeleys Schule gegangen und hatte dort den extremsten Immaterialismus eingesogen. Für ihn war Alles nur Gedanke, die Dinge Schichten von Gedanken, das Universum eine ungeheure Koagulation alter zusammengeflossener und geronnener Gedanken, Bilder und Vorstellungen. Daraus ergiebt sich, daß der Dichter, dessen Beruf und Aufgabe es ist, neue Bilder von der Art zu erschaffen, welche den stärksten Eindruck auf andere machen, beständig die Welt reformiert. Die Phantasie, sagt Shelley, ist das Vermögen, von welchem jeder, selbst der geringste Fortschritt abhängt. Entweder, um mit sanfter Milde die geronnenen Gedanken wieder in Fluß zu bringen, oder um mit konvulsivischer Kraft die Gewohnheitsrinde der herkömmlichen Ansichten zu sprengen, tritt der Dichter als der wahre Reformator auf.

Philosophisch und unhistorisch angelegt, wie sich Shelley in seinen Jünglingsjahren erweist, sucht er in der einzigen Periode seines Lebens, die er ganz bis zu Ende durchlebte — in der Periode, ehe er „Die Cenci" schrieb — keine Grundlage in der Zeit und dem Raume für seine reformatorischen Gesichte; denn als Wünsche haben sie keine geschichtliche Realität. Aber indem seine Figuren dieser Realität ermangeln, gebricht es ihnen an gewissen wesentlichen Eigenschaften, welche nur die historischen und lokalen Verhältnisse zu geben vermögen, und die Eigenschaften, welche sie besitzen sind vornehmlich die primitiven Züge der Menschennatur. Auch in der Charakterbildung geht Shelley zur Urgeschichte der Menschheit zurück.

Die Personen werden halb mythologische Persönlichkeiten, gigantisch und unbestimmt in ihren Kontouren, geisterhaft in ihrer Gestalt, und kein allgemein menschliches Interesse vermag sich an sie zu knüpfen, weil die „Geschichte", das in vulgärem Sinn Interessante an der Dichtung von Shelley gänzlich verachtet und übersprungen wird. Daher seine völlige Unpopularität. Während ein Walter Scott zu allen Zeiten unter allen, welche lesen können, sich Leser zu gewinnen vermag, wird Shelley jederzeit darauf beschränkt bleiben, für „the happy few" geschrieben zu haben.

Es kam jedoch nur darauf an, daß Shelley auf Stoffe traf, welchen gerade diese Gaben entsprachen, um das Höchste in der Poesie zu leisten. Diese Seite seiner Begabung war vollkommen griechisch, wie Shelley überhaupt durch die Art seiner Religiosität, durch seine ganze poetische und philosophische Bildung durch und durch griechisch war. „Wir sind alle Griechen", sagt er irgendwo. Dies galt jedenfalls von ihm.

Heroisch, mythologisch und primitiv jedoch, wie seine Poesie, war die griechische nur in ihrem Ursprung. Shelley kann und darf daher auch nur mit der ältesten griechischen Poesie verglichen werden. Wie seine Lyrik an die homerischen Hymnen erinnert, und wie seine politische Komödie sowohl durch ihre rücksichtslose Satire als durch den lyrischen Schwung der Chorgesänge dem Aristophanes ähnlich und des Aristophanes würdig ist, so ward er jetzt im ernsthaften Drama ein berechtigter Nebenbuhler des Aeschylos. Sein „Entfesselter Prometheus", ist das moderne Gegenstück zu Aeschylos' „Gefesselten Prometheus", sein „Hellas", seine Weissagung der Befreiung Griechenlands, das moderne Seitenstück zu Aeschylos' „Persern".

Ich will nur bei „Prometheus" verweilen. Diese großartige Dichtung krönt Shelleys ganze Freiheitspoesie. Hier versucht er zum ersten Male mit Erfolg, den herrschenden Typus seiner Poesie und seines Zeitalters zu erschaffen. Viele Typen zogen durch sein Hirn: Hiob, Tasso, derselbe Stoff, welcher gleichzeitig Byron und Goethe ergriff. Seine Wahl fiel auf Prometheus. Ueber die Seen und Ebenen der gleichzeitigen englischen Dichtung erheben sich Byrons Alpen mit

seinem „Manfred" und Shelleys Kaukasus mit seinem „Prometheus". Seit die Befreiung des Menschengeistes ernstlich
begonnen ward, beschäftigte dieser Typus alle großen Dichter.
Er feiert gegen den Anfang unseres Jahrhunderts seine Auf=
erstehung in Goethes, Byrons und Shelleys Gehirnen. Goethes
schönes Gedicht schildert den vom Götterglauben losgerissenen
Menschengeist in seiner Arbeit und seinem künstlerischen Schaffen,
stolz auf seine Hütte, die der Gott nicht gebaut, und Menschen
formend nach seinem Bilde. Goethes Prometheus ist der
schaffende und freie. Byrons harter kurzer, glutvoller Vers
schildert den Märtyrer, der mit zusammengebissenen Zähnen
schweigend duldet, dem keine Folter das Geständnis entringen
kann und der seine höchste Ehre darein setzt, seine Qualen
nicht ahnen zu lassen; dieser Titane würde sich niemals, wie
der antike, von den Töchtern des Ozeans haben trösten lassen
oder vor ihnen geklagt haben — Byrons Prometheus ist der
trotzende und gefesselte.

Aber Shelleys Prometheus gleicht keinem von ihnen.
Er ist der wohlthätige Menschengeist, der wider das böse
Prinzip kämpft, der eine unendlich lange Zeit hindurch von
demselben unterdrückt wird, und nicht von diesem allein, son=
dern von allen anderen Wesen, auch von den Guten, welche
bethört sind, das Böse für notwendig und heilsam zu halten:
er ist der Geist, der nur eine Zeitlang — wenn auch noch so
lange — gefesselt und geknebelt werden kann, der aber eines
Tages zum Entzücken des Weltalls befreit wird, der siegreiche
der erlöste, der vom einstimmigen Jubelgesang aller Himmels=
körper begrüßte Prometheus.

Er ist selbst in seinen Qualen vollkommen ruhig, denn
er weiß, daß Jupiters Herrschaft Nichts anderes und nicht
mehr ist, als eine Periode im Leben der Welt. Darum
möchte er den schwarzen Abgrund, in welchem er verschmach=
tet, nicht gegen die wollüstige Freude am Hofe Jupiters ver
tauschen. Als die Furien ihm in die ewig schlaflosen Augen
lachen, antwortet er:

Ich will nicht wägen, was ihr Böses thut,
Nur was ihr leidet, da ihr böse seid.

Wie ganz anders würde ein Byron'scher Prometheus geant=
wortet haben. Dieser ist ganz Liebe zu seinen Feinden, zu den
Menschen. Und der Trotz hat nicht das Herz des Titanen
der sanften Liebesneigung verschlossen. Er gedenkt in seinen
Qualen seiner Braut, ihrer,

> Die, wenn sein Dasein überströmte, glich
> Dem goldnen Kelch für einen edlen Wein.

Asia ist die den Titanen liebende Natur. Sie ist das Kind
des Lichts, eine lebendige Liebesglutgestalt, deren Lippen, wie
Panthea singt, mit ihrer Liebe den Geist zwischen ihnen ent=
zünden, und deren Lächeln die kalte Luft zu Feuer macht.
Als daher die Zeit der Qualen und der Ungerechtigkeit um
ist, sinkt Jupiter feig und verachtet, kläglich den Prometheus
um Gnade anflehend, in den Abgrund hinab. Das prometheische
Zeitalter beginnt, und die Luft verwandelt sich in einen Ozean
ewiger und herrlicher Liebesmelodien. Der schwere, dumpfe
Jubel der Erde wechselt ab mit dem trunkenen Seligkeitsliede
des Mondes, bis das All in einen Freudenhymnus zusammen=
klingt, den der Hymnus Beethoven's am Schlusse der neunten
Symphonie nicht überbietet.

Ich kann nur kurz andeuten, wie Shelley jetzt, nachdem
er mit Aeschylos gewetteifert hatte, mit Shakespeare rivalisierte
und mit einem plötzlichen Sprung in die historische Wirklich=
keit, selbst nach Byron's Zeugnisse, England die beste Tragödie
gab, welche demselben seit Shakespeare's Tagen zu Teil geworden
war. „Die Cenci" erinnern zumeist an solche Stücke Shake=
speare's wie „Maß für Maß", obwohl Shakespeare nicht den
glühenden Haß wider die Tyrannei besaß, welcher dem Drama
Shelley's seinen Geist eingehaucht hat.

Beatrice Cenci's Name ist noch heutigen Tags für die
Römer das große Freiheitssymbol. Das junge Mädchen,
welches ihre Ehre dem furchtbaren Vater gegenüber verteidigte,
dessen Gewaltthat indirekt durch die Verderbtheit des Papstes
und aller Behörden unterstützt wurde, gilt den Römern immer
noch für eine Heldin und Märtyrerin. So oft unter dem
Drucke der päpstlichen Herrschaft im Laufe der Zeit nur ein
bischen Morgenlicht am Horizont aufdämmerte, sind ihr Name

und ihr Bild überall in Rom aufgetaucht. Shelley versenkte
sich hier ganz in die Geschichte und vergaß all' seine Theorien.
Dennoch bin ich überzeugt, daß Das, was ihn eigentlich an
diesem tragischen Konflikte ergriff, der tiefe Bruch mit aller
Tradition war, den das Verbrechen des Vaters hier zur Not=
wendigkeit und Pflicht gemacht hatte, so wie der Anlaß, welcher
sich bot, die landläufigen theologischen Begriffe von der Vater
güte der Weltregierung in eine grelle Beleuchtung zu stellen.
Beatrice sagt:

> Du großer Gott,
> Deß Bild sonst auf Erden ein Vater ist,
> Verlässest du mich wirklich?

und als sie gefragt wird:

> Bist du nicht schuld an deins Vaters Tod?

autet die Antwort;

> Willst du nicht lieber Gott, den höchsten Richter,
> Verklagen, daß er solche That erlaubt,
> Wie ich sie litt und wie er sie geschaut:
> Daß er unnennbar sie gemacht und mir
> Nicht andre Zuflucht, Rach' und Sühne ließ,
> Als Das, was meines Vaters Tod du nanntest?

Angesichts der Folterbank sagt sie:

> Mein Herz weint Thränen bittrer Galle, da's
> In dieser argen Welt, wo Niemand wahr ist,
> Mein eigen Blut sich selber treulos sieht.
> O, denk' ich an dies jammervolle Leben,
> Das Ich gelebt, und das gräßlich endet;
> Und an die dürftige Gerechtigkeit,
> Die mir und all' den Meinen Erd' und Himmel
> Erwiesen; und welch ein Tyrann du bist;
> Und wie zu Sklaven Diese sich erniedrigt;
> Und was für eine Welt der Unterdrücker
> Und die Bedrückten mit einander bilden —
> Dies ist das Weh, das mir am Herzen frißt.

Unverkennbar hat der Verein von Energie und Herzens=
reinheit in Beatricens Gestalt Shelley besonders angezogen.
Im Augenblick des Todes, als die grausenhafte Angst sie er=
faßt, ihren Vater nach dem Tode, unter der Erde, im Jenseits
wiederzufinden, ruft sie aus:

Ha! wäre Alles meines Vaters Geist
Sein Auge, seine Stimme, seine Hand
Rings um mich her, und nimmer mich verlassend,
Die Luft, der Atem meines toten Lebens! . . .
Und schlöß' er mich in seine Höllenarme,
Und heftete auf mich den glühnden Blick,
Und risse mich hinab hinab, hinab!
Denn war er nicht allein allgegenwärtig
Auf Erden und allmächtig? Lebt sein Geist,
Selbst da er tot ist, nicht in Allem fort,
Was atmet, und mir und den Meinen noch
Verderben, Schmach, Verzweiflung, Qual erschafft?

Von diesem reifsten und bestkombinierten Werke Shelley's
sagte die „Literary Gazette": „Die Cenci sind das abscheu=
lichste Produkt der Zeit und scheinen das Erzeugnis eines
Teufels zu sein." Der Rezensent hofft nie wieder ein Buch
zu erblicken, das „ein solches Gepräge von Befleckung, Gott=
losigkeit und Infamie trägt."

Dieser Widerstand brach Shelley's Kraft. Er glaubte
diesmal sein Bestes geleistet zu haben. Nicht daß er einge=
schüchtert ward, aber er verlor die Lust zum Produzieren.
Seine zwei letzten Lebensjahre sind arm an größeren Arbeiten.
Er schreibt im November 1820: „Gewiß kann die Aufnahme,
welche mir das Publikum bereitet, den Enthusiasmus jedes
Menschen dämpfen". Seine letzten Briefe wimmeln von Aus=
lassungen über die Kritik: — April 1819: „Was die Rezen=
sionen betrifft, so nehme ich an, daß es Nichts anders als
Schmähungen sind, und die sind weder ernstgemeint, noch
aufrichtig genug, um mich zu ergötzen". — März 1820: „Wenn
irgend einer der Rezensenten mich schmäht, so schneide es
heraus und sende es mir. Wenn sie mich loben, brauchst du
dir keine Mühe zu geben. Ich schäme mich des Gedankens,
daß ich Letzteres von ihnen verdienen könnte. Ich schmeichle
mir damit, daß Ersteres nur ein schuldiger Tribut ist."

1821 schreibt er das Gedicht auf Keats mit dem furcht=
baren Ausfall wider den Rezensenten, der dessen Tod ver=
schuldet haben sollte:

Dir brenne heiße Scham die Stirne wund,
Und zittern sollst du stets wie ein geschlagner Hund!

Juni 1821: „Ich höre, wie die Schmähungen wider mich alles Maß überschreiten. Ich bitte dich, wenn du diesen oder jenen besonders verletzenden Artikel findest, mir denselben zu schicken. Bis jetzt hab' ich darüber gelacht. Aber wehe den Buben, wenn sie mich einmal aus meinem Gleichgewicht brächten! Ich habe entdeckt, daß mein Verleumder in der „Quarterly Review" der wohlehrwürdige Mr. Milman ist. Pfaffen haben ihr Privilegium." — August 1821: „Ich schreibe Nichts und werde vermutlich Nichts mehr schreiben."

Wenn Byron solchermaßen von der Presse gereizt wurde, hielt er einen Augenblick in seiner Arbeit inne und wies seinen Gegnern die Löwentatze. Um Shelley stand es anders. Was man in seinem „Peter Bell III." an Ausfällen wider die Rezensenten findet, ist ein mutwilliger Spaß im Vergleich mit Byron's blutigem Hohn wider Southey und die Anderen. So oft er auftrat, wimmelte das litterarische Gezücht und Ge= ziefer unter seinen Füßen. Sie stachen ihn in die Ferse. Er vermochte ihr Haupt nicht zu zermalmen. Denn solche Krea= turen haben, wie Swinburne bemerkt, so wenig Kopf, als daß man ihn wahrnehmen und zertreten könnte. Byron hat sich außerdem durch seine Dichtungen in Europa Freunde und Be= wunderer zu Tausenden erworben; er teilte den Parnaß mit Goethe, er hat begonnen, dem Kontinente den Stempel seines Geistes aufzudrücken. Shelley war seiner Zeit allzu weit voraus. Ein Führer, welcher zwanzig Schritte voran geht, zieht noch den Schwarm nach sich; ist er den Andern aber um tausend Schritte voraus, so sehen sie ihn und folgen sie ihm nicht mehr, und der erste, beste litterarische Strauchschütz kann ihn ungestraft aus dem Hinterhalte durchbohren.

Moore war ein Talent und wirkte als ein solches. Shelley war kein Talent, weder ein kleines noch ein großes, sondern ein Genie, der Genius des Gesanges selbst, mit aller Kraft des Genius, aber zugleich mit dem ganzen Mangel des Genies an Sinn für die Wirklichkeit; er war dazu ausersehen, noch fünfzig Jahre nach seinem Tode das jüngere Dichter= geschlecht Englands zu beherrschen, aber er erlangte nicht den zwanzigsten Teil des Einflusses auf seine Zeitgenossen, welchen

der nur talentvolle Moore gewann. Byron war der Dichter
der Individualität, wie Keiner vor ihm, und als Solcher in
hohem Grade selbstisch; Vorurteil und Eitelkeit konnten nicht
ganz bei ihm ausgemerzt werden, ohne daß edle Teile dabei
gelitten hätten. Shelley dagegen, ohne Eitelkeit und Selbst-
sucht, ging unbedingt in seinen Idealen auf; er entfaltete sein
Ich, bis es das Weltall umspannte; aber was eine rein ideale
Tugend bei ihm als Mensch war, bedingte und verursachte
einen verhängnisvollen Mangel in seiner Poesie, jedenfalls in
der Gruppe von Dichtungen, die er in der ersten Periode
seines allzu kurzen Lebens hervorbrachte. Dem so völlig un-
selbstsüchtigen Dichter fehlte lange Zeit jede Selbstbegrenzung.
Ein geschärfter Formsinn für die große Komposition in ihrer
Ganzheit war ihm viele Jahre lang versagt. Als er seine
Dichterlaufbahn begann, strauchelte er daher auf der Schwelle,
und es gehört mehr als Genie dazu, ein solches Debüt bei
der Lesewelt in Vergessenheit zu bringen. Seine „Empörung
des Islam" war bei all ihren schönen Einzelheiten unbestimmt
und vag, abstrakt und metaphysisch. Sie war mit ihren
schattenhaften, blutlosen Gestalten vor Allem so breit und lang,
daß es eine schwierige Aufgabe ward, das Gedicht zu Ende zu
lesen, — eine Aufgabe, die nur von Wenigen gelöst wurde.
Bis Shelley „Die Cenci" schrieb, scheint ihm jeder Sinn für
den unendlichen Reiz und Wert gefehlt zu haben, den das
Individuelle besitzt. Selbst Prometheus und Asia ermangeln
in ihrer Eigenschaft als Typen jedes Funkens von Individualität, ihre Namen sind nur Ueberschriften für die schönste
Lyrik, die England jemals hervorgebracht hat. Wie deutlich
„Die Cenci" auch zeigen, daß Shelley Alles hätte erwerben
können, was ihm in dieser Hinsicht gebrach, so wurde er doch
hinweg gerafft, ehe es ihm gelang, die reichen Verheißungen
zu erfüllen, welche seine bisherigen Schöpfungen gegeben hatten,
und ehe seine Mitwelt erkannte, was sie in ihm besaß. Und
obschon seine kleineren lyrischen Gedichte, nach meiner und vieler
Anderer Ueberzeugung, Alles übertreffen, was dieses Jahrhundert in lyrischer Form geschaffen hat, so konnten doch
auch diese Poesien nicht auf das Zeitalter wirken, da die

besten derselben nicht einmal bei Shelley's Lebzeiten gedruckt wurden.

So konnte denn er so wenig, wie Moore oder Landor, die Revolution des allgemeinen Bewußtseins vollbringen, deren Europa bedurfte und harrte. Zu dieser war ein Dichter er= forderlich, der eben so individuell, wie Shelley kosmisch, eben so leidenschaftlich, wie Shelley ideal, eben so schneidend satirisch, wie Shelley harmonisch und graziös war, um die grobe und herkulische Arbeit zu verrichten, das politische und religiöse Be= wußtsein Europas umzuroden, die Schläfer zu wecken und die Triumphierenden in den Abgrund des Gelächters zu stürzen. Es war ein Geist dazu erforderlich, der gleich sehr durch seine Laster wie durch seine Tugenden, durch seine Vorzüge wie durch seine Fehler das Interesse des Zeitalters gewinnen konnte. Shelley's Instrument war eine edle Violine; es bedurfte eines Hornes um die Luft zu reinigen und das Kampfsignal zu geben.

Was noch über Shelley's Leben zu berichten bleibt, ist mit wenig Worten erzählt: Seine letzte Reise von Livorno nach Lerici, auf welcher er von dem unvorhergesehenen Sturm überfallen ward, und von welcher er nicht mehr lebend ans Land kam — die langen Tage, welche seine Gattin in fürch= terlicher Angst verbrachte, während sie längs der italienischen Küste nach ihm suchte — dann das Auffinden der unkennt= lichen Leiche. Eine Verordnung bestimmte als Vorsichtsmaß= regel gegen die Pest, daß Alles, was an der Küste ans Land trieb, verbrannt werden sollte. Byron machte sich diesen Um= stand zu Nutze, um Shelley, in Uebereinstimmung mit dessen Charakter, ein griechisch = heidnisches Leichenbegängnis zu Teil werden zu lassen. Räucherwerk, Wein, Salz und Oel wurden auf den Scheiterhaufen gestreut, wie im alten Hellas. Es war ein schöner Tag und ein prächtiges Schauspiel — das ruhige Meer und die Apenninen im Hintergrunde. Ein kleiner Vogel umschwebte den Scheiterhaufen und ließ sich nicht ver= jagen. Die Flamme stieg hoch und golden empor. Der Leich= nam wurde verzehrt, aber zur Verwunderung aller blieb das Herz unversehrt, und Trelawney entriß diese Reliquie dem glühenden Heerde und verbrannte sich die Hand dabei. Die Asche ward neben der Pyramide des Cestius zu Rom beige=setzt, die Shelley als ein so schöner Ruheplatz erschienen war. Der Mann, welcher seinen Leichnam dem Feuer über=antwortet hatte, übernahm sein geistiges Erbe. Wir sind seinem Namen auf jedem Blatte der Zeitgeschichte begegnet. Wir sehen ihn vorbereitet durch Wordsworth, Coleridge und Scott, gehaßt von Southey, mißverstanden von Landor, geliebt von Moore, bewundert, beeinflußt und besungen von Shelley: er spielt eine Rolle im Leben Aller. In Wahrheit ist er es, welcher der poetischen Litteratur des Zeitalters ihr endgültiges und entscheidendes Gepräge verleiht.

17.
Die individuelle Leidenschaftlichkeit. — Byron.

Wenn man das Thorwaldsen=Museum in Kopenhagen betritt, so ist das erste Bildwerk, das man zur Rechten hat, eine Marmorbüste, welche einen schönen jungen Mann mit feinen und edlen Zügen und mit krausgelocktem Haare dar=stellt, — die Büste Lord Byron's. Man findet dieselbe Büste in Gips im Saale Nr. XII. und die Porträtstatue, zu der sie nach Byron's Tode benutzt ward, im Saale Nr. XIII. Stellt man sich vor die Gipsbüste, die ohne Vergleich am beredtesten ist, so wird der erste Eindruck der eleganter und vornehmer Schönheit sein; im nächsten Augenblick wird man sicher durch den Ausdruck von Leben ergriffen werden, der über ihr liegt, und der zumeist in einem unruhigen Zittern der Stirn, als könnten sich Wolken auf derselben lagern und Blitze aus diesen Wolken hervor schießen, und in etwas Ge=waltsamem in Braue und Blick besteht. Diese Stirn trägt das Gepräge der Unwiderstehlichkeit.

Bedenkt man den Abstand zwischen Thorwaldsen's und Byron's Naturen, erinnert man sich daran, daß Thorwaldsen sicherlich nie eine Zeile des englischen Dichters gelesen hat, und weiß man außerdem, daß Byron sich Thorwaldsen nicht

von seiner vorteilhaften Seite zeigte, so muß man das Re=
sultat jener Begegnung der beiden großen Männer höchlich
bewundern. Die Büste giebt, wenn auch naturgemäß einen
schwachen und unvollständigen, doch einen wahren und schönen
Eindruck von einer Hauptseite in Byrons Charakter, die Thor=
waldsen unendlich fern lag. Das Gebiet, auf welchem er am
größten ist, ist das der Idylle; will er den Einzug Alexanders
in Babylon darstellen, so gelingen ihm die Hirten, die Schafe
der Fischer, die Kinder und Frauen, der ganze festliche Auf
zug besser, als der Held selber, denn das Heroische ist nicht
in gleichem Maße seine Sache; um wie viel weniger also
das kriegerische Naturell in jener zusammengesetzten und
modernen Form desselben, welche man dämonisch genannt hat!
Und doch hat er Byron geahnt. Er hat ihm in der Büste
(nicht in der Statue) ein Denkmal gesetzt, das, obwohl es
weder die Gräfin Guiccioli noch Thomas Moore befriedigte,
doch sowohl des Dichters wie des Künstlers würdig ist. Wenn
er Byron näher gekannt hätte, würde das Werk vermutlich
noch vorzüglicher geworden sein, es würde einen Zug des
Offenen und Sympathischen gehabt haben, der Jeden, welcher
Byron genauer kannte, ergriff. Dies trat jetzt nicht hervor.
Aber es gelang dem dänischen Künstler, hinter dem finsteren
Ausdruck, den er für willkürlich angenommen hielt, in das
wirkliche, tief originelle Gepräge von Schmerz, Unruhe, Genie,
edler und furchtbarer Kraft einzudringen.

Es ist zweifellos genug dieser Byron, der Byron, wie man
ihn vom Museum her kannte, mit welchem das jüngere Ge
schlecht in Dänemark aufgewachsen ist. Aber an das Bild
heftete sich zugleich hartnäckig die Anekdote von dem Besuch
in Thorwaldsens Atelier und von dessen Ausruf: „Er wollte
nun einmal so unglücklich sein!"*) und man wunderte sich
unwillkürlich darüber, daß ein so großer Mann nicht durch
aus natürlich sein sollte. So kamen wir Dänen von Anfang
an in ein schiefes oder unsicheres Verhältnis zu Byron. Und

*) Thiele: Thorwaldsen in Rom. Bd. I, S. 342.

in den Jahren, die seit dem Tode des Dichters verstrichen
sind, ist die neue Generation in ein ähnliches fremdes Verhältnis zu ihm gekommen. Er ist so weit davon entfernt,
der Held unserer Tage zu sein. Was unsere Großväter und
Großmütter noch viel mehr, als seine poetische Größe, veranlaßte, für ihn zu schwärmen, das hat gerade das jetzt
lebende Geschlecht von ihm zurückgestoßen: die Legende von
ihm, die ganze Tradition, mit der seine Geschichte überwachsen
ist und die uns verhindert, sie unbefangen zu sehen, der
Theaterheld in ihm, dessen Halstuchknoten ein Modell war,
der Romanheld, der sich nie von seinen Pistolen trennen
konnte, und dessen Liebesabenteuer eben so weltkundig wie seine
Verse wurden, der Aristokrat endlich, dessen hoher Rang ihm
selber so wertvoll war, aber dessen Titel auf ein demo-
kratischeres Nachkommengeschlecht nicht mehr imponirend wirkt.
Unser praktisches und positives Zeitalter schätzt die Figur
gering, welche zu sein Byron sich bald zur Ehre machte, bald
in Wirklichkeit war: ein Dilettant.

Es war ihm Ehrensache, seine Kunst als Liebhaber und
Dilettant zu betreiben. In der Vorrede zu seinen ersten
Poesien bemerkt der junge Dichter, wie seine Stellung und
Bestrebungen es höchst unwahrscheinlich machen, daß er je-
wieder die Feder ergreifen werde. Im April 1814 beschließt
er auf dem Gipfel des Ruhmes, den seine ersten poetischen
Erzählungen ihm verschafft haben, keine Verse mehr zu
schreiben, und Alles, was er schon verfaßt, zu unterdrücken.
Einen Monat darauf dichtet er „Lara", und als Jeffrey den
Charakter des Helden allzu sorglich ausgearbeitet genannt hat,
schreibt er (in einem Briefe von 1822): „Was meinen die
Rezensenten mit dem „sorglich ausgearbeitet"? Lara schrieb
ich), während ich mich auskleidete, wenn ich in dem Bummel-
jahr 1814 von Bällen und Maskeraden heimkam." Man
fühlt, daß er ausdrücklich die nachlässige Produktionsweise
und die Planlosigkeit, welche sie zur Folge hat, betont, weil
er vor Allem Weltmann und nicht Dichter von Fach sein
will, sondern, was sein Genie ihm zu sein verbot, Dilettant
in der Poesie.

Und wie er mit aller Gewalt Dilettant auf einem Ge=
biete sein wollte, wo er es niemals werden konnte, sondern
wo es uns heutigen Tages zuweilen verletzt, daß er nicht in
weit höherem Grade seinen Beruf achtete, so war er umge=
kehrt zweifelsohne Dilettant auf einem Felde, wo er selbst es
durchaus nicht sein wollte, als Politiker nämlich. Wie viel
praktischen Sinn er auch, sobald es zum politischen Handeln
kam, stets an den Tag legte, so war seine Politik doch in
ihrem tiefsten Grunde Gefühls= und Abenteurer=Politik, mochte
er nun an den Verschwörungen der Carbonari in Ravenna
teilnehmen oder als Feldherr an der Spitze der Sulioten in
Missolunghi stehen. Byron's erste Handlung, als er nach
Griechenland zu gehen beschloß, war, für sich und seine
Freunde vergoldete Helme mit seiner abligen Devise als In=
schrift anfertigen zu lassen. Der Politiker unserer Tage ist
ein Mann, welcher bestimmte Pläne macht, sie festhält, sie
Jahr für Jahr entwickelt, und sie endlich hartnäckig und rück=
sichtslos, ohne den Apparat des Helden, aber mit der Festig=
keit des Helden ausführt.

Außerdem hat der ganze Schwarm von Byron's Be=
wunderern und Nachahmern sich zwischen ihn und uns ge=
schoben, das Bild des großen Toten verdunkelt und den
Eindruck von ihm getrübt. Man hat ihm ihre Eigenschaften
zugeteilt und ihm die Schuld für ihre Fehler beigelegt. Als
die litterarische Reaktion gegen diejenigen eintrat, welche ihn
halb und falsch verstanden hatten, gegen die Zerrissenen, die
Blasirten und Interessanten, führte dieselbe allmählich dahin,
daß der große Name mit all den kleineren, deren Stern
erblichen, beiseite gesetzt ward. Er hätte ein besseres Los
verdient.

George Gordon Byron wurde am 22. Januar 1788
von einer leidenschaftlichen und unglücklichen Mutter geboren,
die kurz zuvor einen rohen und rücksichtslosen Gemahl ver=
lassen hatte. Dieser Mann, Kapitän Byron mit Namen, der
als Gardeoffizier eine Zeit lang in Amerika gedient, hatte
sich schon in seiner Jugend durch sein wildes Leben als „der
tolle Jack Byron" allgemein bekannt gemacht. Er wurde ge=

18*

richtlich verklagt, als er die Gemahlin des Marquis von Car=
marthen entführte; der Prozeß endete mit einer Scheidung, er
heiratete die Marquise, brachte ihr Vermögen durch und be=
handelte sie so roh, daß sie wenige Jahre darauf vor Kummer
starb. Mit seiner kleinen Tochter Augusta reiste er dann nach
England zurück und verheiratete sich lediglich aus pekuniären
Rücksichten mit einer reichen schottischen Erbin, Miß Katharina
Gordon, welche Mutter des Kindes ward, dessen Ruhm die
Welt durchklingt. Gleich nach der Hochzeit begann Kapitän
Byron mit dem Vermögen seiner zweiten Gemahlin wie mit dem
seiner ersten zu schalten und im Verlauf eines Jahres hatte er das=
selbe von 24000 auf 3000 Pfund herabgebracht. Sie verließ ihn
in Frankreich und gebar in England*) ihr einziges Kind. Bei
der Geburt wurde der Fuß des Knaben ver renkt oder verletzt.

Zwei Jahre darauf zog die Mutter mit ihrem Kinde nach
Aberdeen in Schottland, wohin Kapitän Byron, in der Hoff=
nung, Geld von seiner Gemahlin zu erpressen, ihnen während
einer Pause in seinen Ausschweifungen folgte. Mrs. Byron
nahm ihn eine Zeitlang gutmütig wieder bei sich auf, später
besuchte er sie noch häufig, bis er, um seinen Gläubigern zu
entrinnen, nach Frankreich zurückkehrte, wo er bald nachher
starb. Als die Nachricht von seinem Tode seiner Gemahlin,
die niemals aufgehört hatte, ihn zu lieben, zu Ohren kam, brach
sie in so leidenschaftliche Klagen aus, daß man sie über die
ganze Straße hin jammern hörte.

Nur in verschiedener Form und verschiedenem Grade
finden wir daher bei den Eltern Byrons als gemeinsamen
Charakterzug eine starke Leidenschaftlichkeit, verbunden mit einem
großen Mangel an Selbstbeherrschung. Und geht man weiter
in die Vergangenheit zurück, so findet man in beiden Ge=
schlechtern dieselben Züge, bei den Vorfahren der Mutter als
Selbstmords= und Vergiftungsversuche, bei denen des Vaters
bald unter der Form heldenmütiger Kühnheit, bald in Gestalt
wilder Brutalität. Byrons Großvater von väterlicher Seite,
Admiral John Byron, allgemein „hardy Byron" (der kühne
Byron) genannt, nahm an dem Seekriege gegen die Spanier

---

*) Ob in Dover, London oder auch auf dem Gute seiner Mutter steht
nicht absolut fest. Anm. d. H.

und Franzosen teil, machte Entdeckungsreisen im Stillen Meere, umsegelte die Erde und erlebte Gefahren, Abenteuer und Schiffbrüche sonder Zahl; der Umstand, daß er nie eine Reise unternehmen konnte, ohne von heftigen Stürmen überfallen zu werden, verschaffte ihm bei den Matrosen den Spitznamen „Foul-weather Jack". Byron vergleicht sein Schicksal mit dem dieses Vorfahren. Bei dem Großonkel des Dichters, William, tritt das Charakterbild des Geschlechts am unheimlichsten hervor. Er war ein ausschweifender Raufbold, der nach einem Wortwechsel seinen Nachbar Chaworth in einem Duell ohne Sekundanten erstach. Nur als Peer von England entging er der auf absichtlichen Totschlag gesetzten Strafe und lebte, von aller Welt wie ein Aussätziger gemieden, auf seinem Besitztume Newstead. Seine Umgebung haßte ihn; seine Gemahlin trennte sich von ihm; die abergläubischen Landbewohner erzählen sich die abgeschmacktesten Mordgeschichten von ihm.

Unruhiges Blut hatte der Dichter also in seinen Adern. Aber dies unruhige Blut war zugleich hochadeliges Blut. Von mütterlicher Seite war er mit den Stuarts verwandt und konnte seine Familie bis auf König Jakob II. zurückführen; väterlicherseits stammte er — allerdings mit einem einzelnen illegitimen Gliede im Stammbaume, ein Umstand, dessen Byron selbst niemals gedenkt — von einem alten normannischen Adelsgeschlechte ab, dessen ältester, bekannter Ahne Radulphus de Burun an der normannischen Eroberung Englands teilnahm. Und da der erwähnte Großonkel seinen einzigen Sohn und 1794 auch seinen einzigen Enkel verlor, war alle Aussicht vorhanden, daß sein Besitzthum Newstead und mit demselben sein Peerstitel und seine Peersrechte dem Kinde zufallen würden, das er niemals gesehen hatte, und das er „den lahmen Jungen, der in Aberdeen wohnt," zu nennen pflegte.

Der kleine lahme Junge wuchs also mit dieser Aussicht vor Augen heran. Stolz und unlenksam war er von Natur. Als er eines Tages als ganz kleiner Knabe gescholten ward, weil er seinen neuen Kittel befleckt hatte, erwiderte er kein Wort, sondern bleich wie der Tod griff er sich mit beiden Händen krampfhaft vor die Brust und zerriß in einem seiner (später

nicht seltenen) Anfälle von stummer Wut den Kittel von oben bis=
unten. Die Erziehung seiner Mutter war von der Art, daß sie
das Kind bald mit Scheltworten, bald mit den heftigsten Lieb=
kosungen überhäufte, ihm bald das Unrecht, das sein Vater
ihr zugefügt, bald gar seinen Leibesschaden vorrückte. Sie war
zum großen Teil Schuld daran, daß dieser Leibesschaden von
Anfang an einen finstern Schatten über das Gemüt des
kleinen Georgie warf; er hörte sich von den Lippen seiner Mutter
Krüppel nennen. Durch orthopädische Maschinen und Ein=
schnürungen hatte man das Uebel verschlimmert; der Fuß
schmerzte, und der stolze Knabe bot seine ganze Willenskraft
auf, um diesen Schmerz und die Anstrengung beim Gehen zu
verbergen. Zuweilen duldete er keine Anspielung auf sein
Gebrechen, zuweilen sprach er selbst mit bitterem Humor von
seinem „Klumpfuße."

Ohne besonderen Fleiß in der Schule zu beweisen, machte
sich der Knabe, so bald er lesen konnte, über geschichtliche Werke,
besonders jedoch über Reisebeschreibungen her; der Grund zu
seiner Sehnsucht nach dem Morgenlande ward solchermaßen
schon in seiner frühesten Kindheit gelegt. Er sagt selber, daß
er in einem Alter von noch nicht zehn Jahren mehr als sechs=
große Werke über die Türkei, außerdem Reiseberichte und ara=
bische Märchen gelesen habe. Der Lieblingsroman des Knaben
war, „Zeluco" von John Moore, dessen Held durch die schlechte
Erziehung der Mutter nach dem Tode des Vaters verleitet
wird, sich jeder Laune zu überlassen, und dessen Temperament
zuletzt „so entzündlich wie Schießpulver" wird. Das Kind sah
sich im Spiegel dieses an „William Lovell" erinnernden Roman=
helden. Unter den Eigenschaften, die eine entscheidende Rolle
in dem Leben des Dichters spielen sollten, zeigte die leiden=
schaftliche Hinneigung zum anderen Geschlechte sich schon bei
dem Knaben. Nur fünf Jahre alt, verliebte er sich so heftig
in ein kleines Mädchen, Mary Duff, daß er fast wie vom
Blitze getroffen ward, als er elf Jahre nachher ihre Verheiratung
erfuhr.

Zu dem Stolze, der Leidenschaftlichkeit, der Melancholie
und der phantastischen Reisesehnsucht kam noch als wichtigster

Charakterzug eine glühende Wahrheitsliebe, eine naive Aufrichtig-
keit, die sich schon in der Kindheit bei demjenigen geltend
machte, dem das Los beschieden war, als Mann den Kampf
mit der gesellschaftlichen Heuchelei in Europa aufzunehmen.
Sein Trotz war nur eine der Formen seiner Wahrheitsliebe.
Eine Anekdote aus seinen Kinderjahren beweist, wie früh schon
die Wahrheit ihm wie Feuer auf der Zunge brannte. Als
die Magd eines Tages den Knaben mit ins Theater genommen
hatte, um Shakespeares „Zähmung der Widerspenstigen“ zu
sehen, und man an die Stelle gekommen war, wo Katharina
sagt: „Es ist der Mond,“ und Petruchio, um sie zu bändigen,
erwidert: „Ei, wie du lügst! 's ist ja die liebe Sonne!“ sprang
der kleine Georgie, empört über diese Unwahrheit, auf und rief
dem Schauspieler zu: „Und ich sag Ihnen, Herr, es ist doch
der Mond!“

Als George zehn Jahre alt geworden war, starb sein
Großonkel. Die erste Regung des Knaben war, zu seiner
Mutter hinzulaufen und sie zu fragen, ob sie keine Veränderung an ihm bemerken könne, da er jetzt Lord geworden sei.
Als die Eleven folgenden Tages in der Schule aufgerufen
wurden und seinem Namen unter dem Jubel seiner Kameraden d.: Titel Dominus hinzugefügt ward, war der Eindruck
so gewaltig, daß er in Thränen ausbrach und die gewöhnliche
Antwort „Adsum“ nicht über seine Lippen zu bringen vermochte. Seine heftigsten Freuden waren frühzeitig und lange
die Triumphe der Eitelkeit. Um aber diese Gemütsbewegung
recht zu verstehen, muß man sich erinnern, was die Lords-
würde in England bedeutet. Adlig im strengen Sinne sind
in diesem Lande nicht mehr als zirka vierhundert Personen,
mithin ungefähr so viele, wie es Fürsten in Deutschland giebt
und der Lord, der in seiner Baronie einen fast unumschränkten politischen und sozialen Einfluß besitzt, gilt kaum weniger
als ein regierender Fürst. Gewöhnlich entspricht auch sein
Reichtum seinem Range; das war hier jedoch nicht der Fall,
denn Byron war vermögenslos und Newstead Abbey verfallen
und tief verschuldet.

Im Herbst 1798 begab Mrs. Byron sich mit ihrem

kleinen Sohne auf die Reise nach Newstead. Als sie an das Chausseehaus von Newstead kamen, that die Mutter als ob sie den Ort nicht kenne, und frug die Frau welche den Schlag= baum öffnete, wem der Park und das Schloß gehörten. Die Frau antwortete, daß der letzte Besitzer der Abtei vor wenigen Monaten gestorben sei. — „Und wer ist sein Erbe?" frug sie in ihrem Glücke. — „Es soll ein kleiner Junge sein, der in Aberdeen wohnt." — Da vermochte die Dienstmagd ihre Freude nicht länger zu verhehlen. Sie küßte den kleinen George, der auf ihrem Schoße saß, und rief triumphierend aus: „Der ist es, und Gott segne ihn!"

1801 ward der Knabe auf die Schule zu Harrow ge= schickt, eine der großen englischen Nationalschulen, die von der Aristokratie besonders begünstigt ward. Der Unterricht (in Griechisch und Latein) war trocken und pedantisch und wirkte nicht sonderlich auf Byron, der meistens auf einem gespannten Fuße mit seinen Lehrern stand, während er schwärmerische Freundschaftsverhältnisse mit seinen Kameraden anknüpfte. „Meine Schulfreundschaften", sagt er in seinem Tagebuche von 1821, „waren förmliche Leidenschaften; denn ich war immer ungestüm". Er war als Freund stets edelmütig und am liebsten Beschützer. Als Peel, der spätere Minister, ein= mal von einem größeren Knaben, dessen Stubengenoß er war, unbarmherzig geprügelt ward, unterbrach Byron seinen Plage= geist mit der Bitte, ihm die Hälfte der seinem Kameraden zugedachten Schläge zukommen zu lassen. Als der kleine Lord Gort von einem jüngeren Lehrer, weil er ihm sein Brot schlecht geröstet hatte, mit einem glühenden Eisen in die Hand ge= brannt worden war, und der Knabe, als die Sache zur Unter- suchung kam, den Thäter durchaus nicht nennen wollte, bot Byron ihm an, Stubenbursch bei ihm statt bei dem Lehrer zu werden, unter dem Versprechen, daß er dann keine Mißhand= lungen zu befürchten haben solle. „Ich wurde sein Leibfuchs" sagt Lord Gort (s. die Memoiren der Gräfin Guiccioli), „und war äußerst glücklich, einen so guten und edelmütigen Herrn bekommen zu haben, der mir beständig Kuchen und Leckereien schenkte und immer meine Fehler nachsichtig ertrug." An seinen

Lieblingsschulkameraden, den Herzog von Dorset, hat Byron in seinen „Stunden der Muße“ schöne Verse zur Erinnerung an das Schulleben gerichtet.

Wenn Byron nun in der Ferienzeit zu Hause war, setzte seine Mutter ihr ungestümes, jeder Selbstbeherrschung er= mangelndes Betragen gegen ihn fort; aber statt Furcht vor ihr zu empfinden, konnte er nicht umhin, über die Leiden= schaftlichkeit der kleinen dicken Frau zu lachen. Nicht genug, daß sie die Teller und Tassen zerschlug, jagte sie bisweilen gar den Sohn mit der Schürstange oder dem Messer in die Flucht.*)

---

*) D'Israeli, der verstorbene Premierminister Englands, hat das Verhältnis zwischen Mutter und Sohn in dem Romane „Venetia“ so wahr und lebendig geschildert, daß ich mit Umänderung der erdichteten Namen (Cadurcis, Plantagenet, Morpeth ꝛc.) in die wirklichen eine zu= sammengedrängte Szene aus diesem Buche hierher setze. Wir denken uns eines Vormittags auf den Herrensitz Annesley in der Nähe von New= stead, als ein Postwagen auf den Hofplatz rollt, aus welchem eine kleine, wohlbeleibte Dame mit rothem Gesichte und in einer Tracht heraussteigt, die auf eigentümliche Weise das Schäbige mit dem Buntscheckigen vereinigt. Ihr Begleiter ist ein Knabe von elf bis zwölf Jahren, dessen Aussehen in höchstem Gegensatze zu dem seiner Mutter steht: er ist blaß und schlank, mit langem gelockten Haar und großen hellen Augen, deren Funkeln hie und da auf angenehme Weise sein Antlitz belebt, das für gewöhnlich einen scheuen und mißmuthigen Ausdruck trägt. Es ist ein erster Besuch. Müde und erhitzt von der Fahrt tritt man ein.

„Eine schreckliche Reise!“ rief Mrs. Byron, sich fächernd, indem sie Platz nahm, „ach, und so heiß! George, mein Schatz, mache der Dame eine Verbeugung! Hab' ich Dir nicht immer gesagt, Du solltest eine Ver= beugung machen, wenn Du in ein Zimmer kämest? Verbeuge Dich vor Mrs. Chaworth!“ Der Knabe nickte verdrießlich, allein Mrs. Cha= worth begrüßte ihn so herzlich, daß seine Züge sich ein wenig erhellten, obschon er sich ganz still verhielt und wie ein Bild trotziger Gleichgültig= keit auf der Kaute seines Stuhles saß. „Eine reizende Gegend, Mrs. Chaworth“, sagte Mrs. Byron; „Annesley ist eine schöne Besitzung, sehr verschieden von der Abtei, aber schrecklich einsam finde ich's hier. Es ist eine große Veränderung für uns, die wir aus einer kleinen Stadt und von unsern freundlichen Nachbarn kommen. Sehr verschieden von Dul= wich, — nicht wahr, George?“ — „Ich hasse Dulwich“, sagte der Knabe. — „Du hassest Dulwich!“ rief Mrs. Byron; „nun, das muß ich Undank gegen all die lieben Freunde nennen. Außerdem, George, habe ich Dir nicht gesagt, daß Du Niemand hassen darfst? Ach, Sie glauben nicht,

Denkt man sich, daß nach einer derartigen Szene ein
junges goldhaariges Mädchen hereintrat und mit einem Blick
den trotzigen Knaben besänftigte, so hat man eine Situation,
die sicherlich oft zu Annesley bei der Familie Chaworth (Nach=
kommen des Mannes, den Byron's Großonkel im Duell ge=

Mrs. Chaworth, welche Mühe es kostet, das Kind zu erziehen. Freilich,
wenn er will, kann er so artig wie Einer sein. Nicht wahr, George?"
 — Lord Byron lächelte höhnisch, setzte sich in den Stuhl zurück und
schwang die Füße, welche nicht mehr den Boden berührten, hin und her.
— „Ich bin überzeugt, daß Lord Byron immer artig ist", sagte Mrs.
Chaworth. „Nun, George", versetzte Mrs. Byron, „hörst Du Das?
Hörst Du, was Mrs. Chaworth sagt? Sorge nun dafür, daß Du der
Dame niemals Anlaß giebst, ihre gute Meinung von Dir zu ändern."
— George rümpfte die Lippe und wandte der Gesellschaft halb den Rücken
zu. — „George, mein Schatz, sprich doch Etwas! Hab' ich Dir nicht
immer gesagt, wenn Du irgendwo zum Besuch wärest, solltest Du dann
und wann den Mund aufthun? Ich mag nicht, daß Kinder schwatzhaft
sind, aber ich verlange, daß Kinder antworten, wenn man mit ihnen
spricht." — „Keiner hat mit mir gesprochen", erwiderte Lord Byron in
mürrischem Tone. — „George, mein Schatz, Du versprachst mir doch
artig zu sein?" „Was hab' ich denn gethan?" - - Lord Byron",
sagte Mrs. Chaworth ablenkend, „möchten Sie nicht Bilder besehen?"
„Nein, ich danke recht sehr", versetzte der kleine Lord in höflicherem
Tone, „ich mag am liebsten, daß man mich zufrieden läßt." — „Sie"
dürfen ihn, beste Mrs. Chaworth, nicht nach Dem beurteilen, was Sie
jetzt von ihm sehen. Er kann so köstlich sein, wenn er will." „Köstlich!"
murmelte der kleine Lord zwischen den Zähnen. — „Hätten Sie ihn nur
in Dulwich ab und zu in einer kleinen Thee-Gesellschaft gesehen, er war
geradezu die Perle der Gesellschaft." — „Nein, das war ich nicht",
sagte Lord Byron. - - „George", versetzte seine Mutter wieder in
pathetischem Tone, „hab ich Dir nicht immer gesagt, Du dürftest nicht
widersprechen?" — Der kleine Lord überließ sich einem unterdrückten
Brummen. — „Vorige Weihnacht wurde eine kleine Komödie aufgeführt,
und er spielte ganz allerliebst. Sie werden das freilich kaum glauben,
nach der Art, wie er dort auf dem Stuhle sitzt. George, mein Schatz,
ich verlange, daß Du artig bist. Sitze doch wie ein Mann!" — „Ich
bin kein Mann", sagte Lord Byron: „ich wollte, daß ich's wäre." —
„George", versetzte die Mutter, „hab' ich Dir nicht immer gesagt, Du
dürftest mir nicht gegenreden? Es ziemt sich nicht für Kinder, gegen=
zureden . . . George, hörst Du, was ich sage?" schrie Mrs. Byron mit
scharlachrotem Gesichte. — „Alle Menschen können hören, was Sie
sagen, Mrs. Byron", antwortete der kleine Lord. — „Nenne mich nicht
Mrs. Byron, das ist keine Art, wie man seine Mutter anredet, ich will

tötet hatte) vorkam, wenn Mutter und Sohn dort zum Be=
such waren, und die junge Tochter des Hauses, Mary Anna Cha=
worth, einen Moment ihre Augen auf George ruhen ließ. Sie
war siebzehn Jahre alt, als Byron fünfzehn zählte. Er liebte
sie leidenschaftlich und mit Eifersucht. Auf den Bällen, wo sie
glänzte, mußte er, den seine Lahmheit am Tanzen verhinderte,
sie mit qualvollen Blicken in den Armen Anderer sehen. Eines
Abends hörte er endlich gar, wie sie dem Kammermädchen,.
das die Rede auf Byron und dessen Aussichten brachte, die
Antwort hinwarf: „Glaubst Du, ich mache mir was aus
dem lahmen Jungen." Er verbiß den Schmerz und zog sich
zurück. Dreizehn Jahre darauf schrieb er unter strömenden
Thränen in der Villa Diodati am Genfersee das Gedicht „Der
Traum", welches dies Verhältniß behandelt und den Beweis
dafür liefert, wie tief ihm diese Jugendtäuschung zu Herzen ging.*)

von Dir nicht Mrs. Byron genannt werden. Ich hätte fast Lust an'
zustehen und Dir einen tüchtigen Klaps zu geben. O Mrs. Chaworth",
schluchzte sie und eine Thräne rollte über ihre Wange, „wüßten Sie,
was es heißen will, das Kind zu erziehen!" — „Liebe Frau", versetzte
Mrs. Chaworth, „ich bin überzeugt, daß Lord Byron keinen anderen
Wunsch hat, als zu thun, was Ihnen lieb ist. Sie haben ihn sicherlich
mißverstanden." — „Ja, sie mißversteht mich immer", sagte der kleine
Lord Byron in einem sanfteren Tone und mit nassen Augen. — „So,
nun fängt er an", sagte die Mutter und begann selbst auf das Schreck=
lichste zu weinen, als im selben Nu die Erinnerung an all seine Unart
in ihrem Bewußtsein auftauchte, und sie empor fuhr, um ihm eine derbe
Tracht Prügel zu geben. Ihr behender Sohn, der an solche Stürme
gewohnt war, lief weg, stellte einen Stuhl vor seine Mutter, über den
sie fast gestolpert wäre, und nun jagten sie in der Stube hinter einander
her. In ihrer Verzweiflung ergriff sie ein Buch und wollte ihm das=
selbe an den Kopf werfen: aber mit einem diabolischen Lächeln bückte
er sich, sodaß das Buch durch eine Fensterscheibe hinausflog. Sie machte
noch einen desperaten Angriff, und in seiner Angst wußte sich der kleine
Lord Byron nur dadurch zu retten, daß er ihr Mrs Chaworth's Nähtisch vor
die Füße warf. Sie fiel über das Tischbein und bekam einen hysterischen
Krampfanfall, während Lord Byron bleich und trotzig in einer Ecke stand.

*) Höchst charakteristisch für die Mutter ist die Art und Weise, wie
sie, zwei Jahre nachdem Byron seine Hoffnungen hatte aufgeben müssen,
ihm mittheilte, daß Mary Chaworth vermählt worden sei. Sie erhielt
die Nachricht, als sie gerade Besuch hatte. „Byron!" rief sie, „ich habe
eine Neuigkeit für Dich." — „Nun was denn?" - - „Hole Dir erst ein

Das Verhältnis zwischen Mutter und Sohn ward immer unnatürlicher, je mehr Byron den Wutanfällen der Mutter mit ruhiger Ironie begegnete. Es kam zu solchen Auftritten, daß Beide eines Abends in der Apotheke bitten ließen, man möge dem andern Teil eine unschädliche Mixtur geben, falls er Gift verlangen sollte. Hatten sie einander mit Selbstmord gedroht? Mit trübseligem Humor spricht der junge Byron in seinen Briefen von den Ausflügen, durch welche er dann und wann diesen Szenen im Hause entfloh, — Ausflüge, von denen er nicht das Mindeste vorher merken ließ, aus Furcht, wie er sich ausdrückt, „vor dem gewöhnlichen mütterlichen Kriegsgeheul".

Im Jahre 1805 bezog Byron die Universität zu Cam= bridge und verbrachte dort seine Zeit weniger mit dem Studium der Universitätsdiszipfinen, als mit allen möglichen Leibes= übungen, denen er sich schon von Kind auf mit Eifer gewid= met hatte, um seinen Körperschaden vergessen zu machen. Reiten, Schwimmen, Tauchen, Schießen, Boxen, Cricketspielen und Trinken waren Fertigkeiten, in deren völliger Aneignung er eine Ehre suchte. Der Dandy begann in ihm zu keimen, und in jugendlichem Uebermute fand er seinen Spaß daran, sich auf seinen Ausflügen von einem hübschen jungen Mäd= chen begleiten zu lassen, daß ihm in Männerkleidung bald als sein Page, bald als sein jüngerer Bruder folgte: ja er war mutwillig genug, sie unter letzterem Titel einer fremden Dame im Seebade Brighton vorzustellen.

Newstead Abbey war verpachtet worden. Sobald der Pächter abgerückt war, zog Byron dort ein. Es war eine wirkliche alte

_____

Schnupftuch, Du wirst desselben bedürfen." Byron that, wie ihm ge= heißen. Als ihm die Mutter dann erzählte, daß Miß Chaworth ver= mählt worden sei, steckte er hastig das Schnupftuch in die Tasche und sagte mit erzwungener Gleichgültigkeit und Kälte: „Ist das Alles?", während eine starke Blässe sein Gesicht überzog. Zu der Bemerkung der Mutter, daß sie geglaubt habe, er werde vor Trauer zusammenbrechen, schwieg er und lenkte das Gespräch auf andere Gegenstände. Je weniger er in seiner Mutter eine Vertraute finden konnte, um so größeren Drang mußte er empfinden, seine Gefühle und Sorgen dem Papier anzuver= trauen.

gothische Abtei mit Refektorium und Zellen, schon 1170 angelegt,
mit Park und See und Ringmauer und einem gothischen Brunnen
auf dem Hofe. Hier führte er mit seinen Kameraden ein aus-
jugendlichem Trotz gegen alle Regeln hervorgegangenes Lotter-
leben, daß in einem Stile gehalten und von einer Originali-
tätssucht gestempelt war, wie man es oft bei genialen Jüng-
lingen, die sich ihrer Aufgaben und Ziele noch nicht bewußt
geworden sind, erblickt hat. Man stand um zwei Uhr Nach-
mittags auf, man focht, spielte Federball, schoß mit Pistolen,
und nach Tische machte zum Entsetzen der gottesfürchtigen Bewohner der Umgegend ein mit Burgunder gefüllter Schädel
die Runde. Byron hatte, als sein Gärtner zufällig einen
alten Mönchsschädel aufgrub, denselben in einem Anfall toller
Laune in Silber fassen lassen und er und seine Freunde fanden
jetzt ein kindliches Vergnügen daran, in Mönchstracht mit
Tonsuren, Kreuzen und Rosenkränzen vermummt, ihn als
Pokal zu benutzen*). Man darf jedoch in diesem Zuge nicht
bloß einen jugendlichen Zynismus der Art sehen wollen, wie
er sich z. B. bei jungen Medizinern so häufig mit fröhlicher
Lebenslust paaren kann; ein Charakter wie der Byrons hat
sicherlich eine Art bitteren Reizes darin gefühlt, beim Trink-
gelag ein solches Memento mori vor Augen zu haben. In
den Versen heißt es, die Berührung von Menschenlippen müsse
dem Toten jedenfalls lieber als der Biß des Wurmes sein.

Aus allzu keckem Uebermut entsprangen seine Extravaganzen jedoch nicht. Er besaß nicht allein die Schwermut,
welche bei hervorragenden Naturen in der ersten Jugend so
häufig dem Gefühl entstammt, daß man mit noch unerprobten
Fähigkeiten und Kräften lauter schwierigen Fragen von Angesicht zu Angesicht gegenüber steht; er besaß auch die Melancholie, welche seine eigentümliche Naturanlage, seine Erziehung,
seine stürmische Leidenschaftlichkeit mit sich bringen mußten.
Man erzählt sich aus dieser Periode seines Lebens ein paar
Anekdoten, über welche seine Biographen gerührt zu werden
pflegen. Die erste bezieht sich auf seinen Hund. Er setzte im

*) Der gegenwärtige Besitzer von Newstead hat ihn aus religiösen.
Ursachen begraben lassen.

Jahre 1808 auf das Grab seines Lieblingshundes eine höchst misanthropische Inschrift, worin er denselben auf Kosten der gesamten Menschheit herausstrich), und machte gleichzeitig ein (später zurückgenommenes) Testament, worin er neben diesem Hunde als seinem einzigen Freunde begraben zu werden verlangte. Das zweite Zeugnis für sein Gefühl der Verlassenheit ist die Art und Weise, wie sein Geburtstag 1809 gefeiert ward. An diesem Tage vollendete er sein einundzwanzigstes Jahr und ward nach den Gesetzen seines Vaterlandes mündig. Dieser Tag wird nach englischer Sitte als der höchste Festtag betrachtet; im Adelsstande feiert man ihn mit Tanz, Illumination, Feuerwerk und Bewirtung aller Gutsbewohner. Byron war so arm, daß er sich nur gegen Wucherzinsen Geld verschaffen konnte, um den herkömmlichen ganzen Ochsen braten zu lassen und seinen Leuten einen Ball zu geben. Keine Wagenreihe mit hohen Gratulanten hielt am 22. Januar 1809 vor dem Schloßportale, weder Mutter, Schwester, Vormund noch Verwandte stellten sich ein, er verbrachte den Tag in einem Gasthause zu London. In einem seiner Briefe von 1822 heißt es: „Hab ich Ihnen jemals erzählt, daß ich an dem Tage wo ich mündig ward, Schinken mit Eiern zu Mittag aß und eine Flasche Ale dazu trank? Es ist mein Leibgericht und Leibgetränk: aber da ich keins von beiden vertragen kann, gestatte ich mir sie nur jedes vierte, fünfte Jahr einmal an hohen Festtagen." Es ist selbstverständlich angenehmer, reich als arm zu sein, und schmeichelhafter für das Selbstgefühl, sich von Lippen und Magen gratulieren zu lassen, als sich heimatlos und allein zu fühlen, aber im Vergleich mit den Schwierigkeiten, und Demütigungen, mit denen jeder moderne junge Plebejer im Beginn seiner Laufbahn zu kämpfen hat, sind die Widerwärtigkeiten dieses jungen Patriziers doch kaum in Anschlag zu bringen. Sie erhalten ihre Bedeutung dadurch, daß sie Byron, der als Aristokrat, so leicht in Standesgefühl hätte aufgehen können, frühzeitig auf die Hilfsquellen allein angewiesen, welche die einzelne, isolierte Persönlichkeit besaß.

Es war keines der großen politischen Ereignisse jener

Periode, kein Eindruck der Begeisterung oder des Zornes über die geschichtlichen Katastrophen, an denen die Zeit so reich war, was Byron dem regel= und planlosen Leben auf New= stead entriß. Ereignisse wie Fox' Tod, wie das für England so schmähliche Bombardement von Kopenhagen ließen Den= jenigen als Jüngling ungerührt, den jede politische Begeben= heit, That oder Unthat, als Mann durchbeben sollte. . Es war eine persönliche litterarische Widerwärtigkeit, welche den ersten Wendepunkt in seinem Leben herbeiführte. Während Byron vom Sommer 1806 bis zum Sommer 1807 in der kleinen Stadt Southwell wohnte, hatte er seine ersten poetischen Ver= suche geschrieben und bei den jüngeren Mitgliedern einer bürgerlichen Nachbarfamilie, Namens Pigot, lebhafte Teilnahme gefunden. In der ersten Hälfte des Jahres 1807 erschien die Sammlung unter dem Titel „Hours of idleness" („Stun= den der Muße"). Unter diesen Gedichten ist keins sehr be= deutend; diejenigen derselben, welche ein energisches Gefühls= leben bekunden, verlieren sich unter einer langen Reihe von Schülerpoesien, teils Uebersetzungen und Nachahmungen der in der Schule gelesenen klassischen Dichter und des Ossian, teils sentimentale, stilistisch unreife Freundschafts= und Liebes= gedichte. Einzelne lassen uns, die wir ja leicht hinterdrein klug sein können, in deutlichen Umrissen Byrons spätere Per= sönlichkeit und Stilweise erkennen: in dem Gedicht „An eine Dame", das an Mary Chaworth gerichtet ist finden sich ein Paar echte Byronsche Strophen:

Wärst Du nur mein, wär Alles gut:
Die Wange, bleich von frühem Schwärmen,
Verzehrte in der Lüste Glut,
Könnt' ruhig an eignem Herd erwärmen . . .

Jetzt aber such ich andre Lust:
Zum Wahnsinn triebe mich das Denken;
Bei lässigem Schwarm, in leeren Wust
Muß ich der Seele Leid versenken.*)

In Wirklichkeit aber verdienten die Gedichte nur geringe Auf=

*) Uebersetzt von Dr. Richard Ackermann.

merksamkeit: und da sie obendrein mit kindischen und geschmack=
losen Anmerkungen versehen, mit einer anspruchsvollen Vor=
rede ausgestattet waren, und auf dem Titelblatte die Bezeich=
nung „ein Minderjähriger" hinter dem Verfassernamen trugen,
enthielt diese Gedichtsammlung Material genug, das zu Spott
und Satire reizen konnte.

Im Januar 1808 brachte die Edinburgh Review, die
höchste kritische Instanz jener Zeit, eine (wahrscheinlich von
Lord Brougham verfaßte) äußerst höhnische Rezension dieser
Gedichte. „Die Minderjährigkeit" heißt es dort, paradiert auf
dem Titelblatte und sogar auf dem Einbande . . . Wenn Je=
mand gegen Lord Byron auf Lieferung eines gewissen Quan=
tums Verse klagen wollte, so ist es höchst wahrscheinlich, daß
der Richter den Inhalt des vorliegenden Bandes nicht als
Poesie anerkennen würde. Hiegegen könnte er den Einwand
der Minderjährigkeit erheben. Da er aber die Waare frei=
willig anbietet 2c. 2c." Und der Rezensent fährt fort: „Mög=
licherweise will er sagen: Seht wie ein Minorenner schreiben
kann! Dieses Gedicht ist wirklich das Werk eines jungen
Menschen von achtzehn Jahren! jenes das eines Sechzehnjäh=
rigen! Aber weit entfernt, uns irgendwie darüber zu wundern,
daß diese armseligen Verse in der Zwischenzeit zwischen
Gymnasium und Universität verfaßt wurden, glauben wir viel=
mehr, daß von zehn Gymnasiasten neunen das nämliche passiert,
und daß der zehnte bessere Verse macht, als Lord Byron . . .
Wir müssen ihm zu bedenken geben, daß der Umstand, daß
die Endsilben sich reimen und die Versfüße richtig an den
Fingern abgezählt sind — was übrigens nicht einmal immer
bei ihm zutrifft — keineswegs der Inbegriff alles dessen ist,
was man von einem Dichter verlangt. Ein wenig Phantasie
gehört auch dazu 2c. 2c."

Der Rezensent erteilt daher Lord Byron den Rat, der
Poesie Valet zu sagen und seine Talente und die Vorzüge
seiner Stellung besser zu benutzen. An den größten englischen
Dichter des Jahrhunderts von Jemandem gerichtet, der es sich
zur Aufgabe gemacht hatte, die Geister kritisch zu prüfen und
zu würdigen, war der Artikel trotz seiner teilweisen Berech=

tigung, unleugbar eine plumpe Bêtise. Aber für Byron war
er das Beste, was ihm begegnen konnte. Er reizte ihn wie
eine freche Herausforderung, er verwundete tötlich seine Eitel=
keit und weckte, was dieselbe überleben sollte: seinen Stolz.
Ein Freund, der ihn besuchte, gleich nachdem die Zeitschrift
ihm zu Händen gekommen war, versichert, Byron habe einen
so wunderbar schönen Ausdruck von Trotz und Stolz in seinen
Augen gehabt, daß kein Künstler der eine beleidigte Gottheit
darstellen sollte, ein Modell von furchtbarerer Schönheit hätte
finden können.

Seiner Umgebung verhehlte er, wie tief erregt er war;
in einem Briefe aus jener Zeit bedauerte er, daß seine Mutter
sich den Artikel so außerordentlich nahe genommen; er erklärt
daß derselbe weder seine Ruhe noch seinen Appetit gestört habe,
und bemerkt nur, daß diese Papierkugeln ihn gelehrt hätten,
Schüssen stand zu halten; allein mehr als zehn Jahre nachher
schreibt er: „Ich entsinne mich noch sehr lebhaft des Eindrucks,
den die Edinburgher Kritik auf mich machte: es war helle
Wut und der Entschluß, zu trotzen und mich zu rächen, aber
keineswegs Niedergeschlagenheit oder Verzweiflung. Eine un=
barmherzige Kritik ist Gift für einen angehenden Schriftsteller,
und diese schlug mich zu Boden — aber ich sprang wieder
auf, . . . fest entschlossen, ihr Rabengekrächz zu Schanden zu
machen, und bald wieder von mir hören zu lassen.‟ So
kam von außen her der Impuls, welcher das leidenschaftliche
und zersplitterte Seelenleben des jungen Mannes zu einem
einzigen Gefühl und einem einzigen Vorsatze konzentrierte
Mit festem Entschluß und zäher Ausdauer begann er zu
arbeiten, schlief bei Tage, stand nach Sonnenuntergang auf,
um mehr Ruhe zu haben, und schrieb mehrere Monate nach
einander die Nächte hindurch bis zum Anbruch des Morgens
seine berühmte Satire.

18.

Berühmt ist und ward dieselbe mit Recht, jedoch nicht
wegen ihres Witzes und ihrer Laune, denn nach denen würde

man vergeblich suchen, auch nicht wegen des Zutreffenden ihrer Ausfälle, denn es fallen fast nur wilde Hiebe nach rechts und links, sondern wegen der Kraft, des Selbstgefühls, der unerhörten Kühnheit, die ihr zu Grunde lagen und sich hier Luft machten. Die Angriffe hatten Byron zum ersten Mal einen Gefühlseindruck gegeben, der bald sein beständiger werden sollte, das Gefühl, in welchem er sich zuerst ganz selber empfand, nämlich das: Ich allein gegen Euch Alle! Diese Empfindung war für ihn, wie für andere große streitbare Naturen der Geschichte, das Lebenselixir: „Mich sollte man ungestraft verhöhnen! Mich glaubt man zerschmettern zu können! Mich, der allein stärker ist, als sie Alle!" war das Thema, das ihm in den Ohren klang, während er schrieb. Die Edinburgher waren gewohnt, wenn sie in einer solchen Rezension einen kleinen Dutzenddichter wie eine Fliege zu Boden schlugen oder einen armen kleinen Singvogel herabschossen, den Betreffenden in der Stille sich härmen, oder demütig seiner eigenen mangel=haften Begabung die Schuld geben zu sehen, so daß der Rezension jedenfalls ein tiefes Schweigen folgte. Allein jetzt waren sie auf Einen gestoßen, dessen ungeheure Stärke und Schwäche es gerade war, niemals sich selber die Schuld eines Mißgeschickes zuzuschreiben, sondern sie mit Leidenschaft auf Andere hinüber zu wälzen. Auch diesmal folgte der Rezen=sion ein anderthalbjähriges Schweigen. Dann aber kam's, wie in Victor Hugo's Gedichte („La caravane" in den „Châtiments"):

Tout à coup au milieu de ce silence morne
Qui monte et s'accroît de moment en moment
S'élève un formidable et long rugissement,
C'est le lion.

Und das Bild ist richtig. Denn diese weder schöne, noch graziöse, noch witzige Satire ist mehr Gebrüll als Gesang. Der Dichter, welcher eine Nachtigallkehle hat, freut sich, wenn er zum ersten Mal den Wohllaut seiner eigenen Stimme hört; das häßliche Entlein merkt seine Schwanennatur als es in sein Element hinausgestoßen wird; aber das Gebrüll des jungen

Löwen überrascht ihn selbst und belehrt ihn, daß er jetzt zum Leuen herangewachsen ist. Man suche daher in den „Englischen Barden und schottischen Rezensenten" nicht nach Degenstößen, die mit fester und sicherer Hand erteilt werden; diese Wunden schlug keine Hand, sondern eine Tatze riß sie — aber ex ungue leonem! Man suche hier nicht nach Kritik, Mäßigung und Vernunft; kennt das verwundete Raubtier Schonung und Takt, wenn eine Kugel, die es töten sollte, es nur flüchtig verletzt hat? Nein, das Raubtier sieht sein eigenes Blut fließen, Blut schwimmt ihm vor den Augen, und es will Blut zur Rache vergießen. Es sucht auch nicht den allein, welcher den Schuß abfeuerte: wenn Einer von der Schar den jungen Löwen verwundet hat, dann wehe der ganzen Schar! Alle Dichternotabilitäten Englands, die berühmtesten, die ge= feiertsten, Jeder, der bei der „Edinburgh Review" gut an= geschrieben stand, Jeder, der für sie schrieb, werden in dieser Satire wie Schulknaben behandelt von einem zwanzigjährigen Jüngling, der vor Kurzem selbst nichts anderes als ein Schul= knabe gewesen war. Sie müssen Spießruten laufen, Einer nach dem Andern, englische Poeten und schottische Rezensenten durch einander. Es begegnet uns hier manches beißende Wort, das nicht in den Wind gesprochen ist. Die hohle Phantasterei in Southey's „Thalaba" und die unnatürliche Produktivität dieses Schriftstellers, die Beweise, welche Wordsworth's Ge= dichte für die Wahrheit seiner Lehre liefern, daß Verse nur Prosa sind, Coleridges Ammenstubenkindlichkeit, und die Lüstern= heit bei Moore werden mit spöttischem Hohne glossiert. Scott's „Marmion" wird mit einem Angriffe bedacht, der an die Invektiven des Aristophanes gegen die Helden des Euripides erinnert. Aber der größte Teil dieser Ausfälle ist doch so unverständig und unbesonnen, daß sie in der Folgezeit dem Verfasser weit mehr Verdrießlichkeiten zuzogen, als Denjenigen, welchen sie galten. Byrons Vormund, Lord Carlisle, dem die „Stunden der Muße" unlängst gewidmet waren, aber der sich geweigert hatte, seinen Mündel in das Parlament einzuführen, Männer wie Scott, Moore, Lord Holland, die später zu Byron's besten Freunden gehörten, wurden hier ohne

Grund, aus ganz unrichtigen Voraussetzungen und mit einer kolossalen Kritiklosigkeit angeschnauzt, die nur ihr Seitenstück in der erstaunlichen Bereitwilligkeit hat, mit welcher Byron, so bald er zu besserer Einsicht gelangte, Abbitte that und die Nachwirkung seiner alten Irrtümer zu verwischen suchte. Er bemühte sich einige Jahre nachher vergebens, die einmal ver= öffentlichte Satire aus der Welt zu schaffen, indem er die fünfte Auflage derselben gänzlich vernichtete. Vorläufig machte sie indeß großes Aufsehen und verschaffte ihrem Verfasser die gewünschte Genugthuung.

Byron hatte im Anfang des Jahres 1809 seinen Wohnsitz in London aufgeschlagen, um seine Satire in Druck zu geben und seinen Sitz im Oberhause einzunehmen. Da er Niemanden hatte, an den er sich der Geleitschaft halber wenden konnte, mußte er sich dort gegen Brauch und Sitte selbst ein= führen. Sein Freund Dallas hat die Szene beschrieben. Als Byron eintrat, schien er noch blässer als gewöhnlich zu werden, und seine Züge trugen den Ausdruck der Kränkung und des Unwillens. Der Kanzler, Lord Eldon, schritt ihm lächelnd entgegen und sagte ihm ein paar verbindliche Worte. Mit einer steifen Verbeugung berührte Byron zur Antwort die ihm dargebotene Hand Lord Eldon's mit seinen Fingerspitzen. Als der Kanzler sein Entgegenkommen verschmäht sah, ging er auf seinen Sitz zurück; Byron warf sich nachlässig auf eine der leeren Oppositionsbänke, verweilte dort einige Minuten, erhob sich dann und entfernte sich. Er wollte nur seinen Platz bezeichnen und andeuten, zu welcher Partei er gehöre. „Jetzt, da ich meinen Sitz eingenommen habe", sagte er zu Dallas, will ich ins Ausland reisen." Im Juni 1809 verließ er England.

Lange hatte er — wie es in einem Briefe an seine Mutter vom Jahre 1808 heißt — gefühlt, „daß derjenige, welcher nur sein eigenes Vaterland gesehen hat, niemals die Menschen von einem freieren oder allgemeinen Standpunkte beurteilen kann; denn," sagt er, „man lernt aus der Er= fahrung, nicht aus Büchern; nichts ist so belehrend wie die sinnliche Betrachtung des Gegenstandes selbst." Er reiste zu=

erst nach Lissabon (das Gedicht Hurra Hodgson!) und die
Schilderung Cintras im ersten Gesange des „Childe Harold"
ist diesem Aufenthalt zu verdanken; dann galoppierte er mit
seinem Gefährten Mr. Hobhouse nach Sevilla, und besuchte
demnächst Cadix und Gibraltar

Keins der prächtigen und historischen Denkmäler Sevillas
macht Eindruck auf ihn; aber hier, wie in Cadix, nehmen die
Frauen alle seine Sinne gefangen. Er fühlt sich jugendlich
geschmeichelt durch die Avancen, welche ihm von schönen
Spanierinnen gemacht werden, und aus Sevilla nimmt er
als Reliquie eine drei Fuß lange Haarlocke mit. Gibraltar
ist ihm als englische Stadt selbstverständlich ein „verwünsch-
ter Ort."

Aber so unberührt ihn die historischen Erinnerungen
lassen, so stark beginnen ihn jetzt die politischen Verhältnisse
des Landes in Anspruch zu nehmen, und das Verhältnis
Spaniens zu England beschäftigt ihn zuerst. Die beiden
ersten Gesänge des „Childe Harold" zeigen, daß er nur bitteren
Hohn für Englands ganze auswärtige Politik hatte; er spottet
über den sogenannten Sieg bei Madrid, wo die Engländer
über 5000 Tote hatten, ohne den Franzosen einen wesentlichen
Schaden zuzufügen, und er ist kühn genug, Napoleon seinen
Helden zu nennen.

Von Spanien ging die Reise nach Malta, dessen Vorzeitserinnerungen, die später den alten kranken Walter Scott
entzückten, ihn wieder völlig kalt ließen. Der historisch-roman-
tische Sinn ging ihm eben so sehr ab, wie das romantische
Nationalgefühl. Seine poetischen Gedanken und Sehnsuchten
hafteten weniger an Englands grünen Wiesen und Schottlands
nebeligen Hochlanden, als am Genfer See in seiner ewigen
Farbenpracht und am griechischen Archipelagus. Ihn interessier-
ten nicht die geschichtlichen Thatsachen seines Volkes, nicht die
Kämpfe zwischen der roten und weißen Rose, sondern die
Politik der Gegenwart, und unter den Vorzeitserinnerungen
nur die Erinnerung an die großen Freiheitskämpfe. Die alten
Statuen waren für ihn nur Stein, er fand die lebenden Frauen
schöner als alle antiken Göttinnen („Töpferarbeit" nennt er

fie im „Don Juan"), aber er verſank in Gedanken auf dem Schlachtfelde von Marathon, und hat dasſelbe in ſeinen beiden Heldengedichten durch unſterbliche Verſe verherrlicht. Und als er in ſeinem letzten Lebensjahre nach Ithaka kam, wies er das Anerbieten der Führer, ihm die Denkmäler der Inſel zu zeigen, mit den Worten an Trelawney zurück: Ich haſſe antiquariſches Geſchwätz. Glauben denn die Menſchen, ich hätte keine lichten Augenblicke und ſei nach Griechenland gekommen, um noch mehr Albernheiten zuſammen zu ſchmieren!" Das praktiſche Freiheitspathos verſchlang zuletzt bei ihm ſogar das poetiſche. Mit Byron iſt die romantiſche Sentimentalität vorüber, mit ihm beginnt der moderne Geiſt in der Poeſie, und deshalb war er ein Mann, der nicht allein für ſein Vaterland, ſondern für Europa wirkte, und deshalb iſt er ein Sänger für die, welche der Zeit angehören, in der ſie leben.

Auf Malta fühlte ſich Byron ſtark gefeſſelt durch eine ſchöne junge Dame, deren Bekanntſchaft er dort machte, eine Mrs. Spencer Smith, die aus politiſchen Urſachen von Napo= leon verfolgt wurde, und es entſpann ſich zwiſchen ihm und ihr eine ſchwärmeriſche Freundſchaft, die in einer ganzen Reihe von Gedichten Byrons ein Denkmal hinterlaſſen hat (Childe Harold, Geſang II, Str. 30. An Florence. In ein Album. Während eines Gewitterſturmes. Im Ambraciſchen Golf) Von Malta reiſte er durch Weſtgriechenland nach Albanien, „der trotzigen Säugamme wilder Männer," wie er in „Childe Harold" das Land nennt, von welchem er ſingt:

> Hier ſtreift der Wolf, der Adler wetzt die Klau,
> Hier hauſen Männer, wild wie Wolf und Aar.

Iſt es nicht charakteriſtiſch für Byron, daß ſeine erſte Reiſe Gegenden galt, die außerhalb der Ziviliſation lagen, und wo die Individualität ſich frei ohne Rückſicht auf irgend eine kon= ventionelle Schranke entwickeln konnte? Es war eine Wahl= verwandtſchaft, die ihn zu dieſen Naturſzenen und dieſen Menſchen hinzog. Es erging ihm wie dem jungen Manne in Wordsworths „Ruth":

> Was er in dieſen Zonen fand,
> An Ton und Anblick unbekannt,

Rief ihm ein Echo nach
In tiefster Brust, verwandter Schall
Ließ hören ihn im Widerhall
Des eignen Herzens Schlag.

Er, welcher in gerader Linie von Rousseau stammt, fühlt sich
mächtig zu allen im Naturzustande lebenden Völkern hingezogen*) Die Albanesen sind heutigentags fast noch so wild
wie ihre pelasgischen Vorfahren, und Faustrecht und Blut-
rache gelten unter ihnen noch als einzige Rechtsordnung.
Der erste Anblick der Männer und Frauen am Strande in
ihren prächtigen Trachten, mit hohen Filzhüten oder Turbans,
mit schwarzen Sklaven, auf kostbar gesattelten Pferden, bei
Trommelwirbel und Muezzin-Rufen von den Minarets, wirkte,
da die Sonne gerade unterging und ihre Strahlen über das
ganze Bild ergoß, wie ein Schauspiel aus „Tausend und eine
Nacht." Janina erwies sich als eine noch ansehnlichere Stadt
als Athen. In der Nähe dieser Stadt verloren die Reisenden
in einer Nacht, welche Byron besungen hat, ihren Führer,
und allein inmitten der Berge, den Hungertod vor Augen,
imponierte er seinen Reisegefährten durch den unerschütterlichen
Mut, der sein männliches Charaktermerkmal in allen großen
Gefahren war.

Am Tage nach seiner Ankunft ward Byron Ali Pascha,
dem türkischen Bonaparte, vorgestellt, den er trotz seiner Grausamkeit und Wildheit immer bewundert hatte. Ali empfing
ihn stehend, war äußerst freundlich, bat ihn, seine Mutter zu
grüßen, und sagte, was Byron besonders schmeichelte, daß er

---

*) Byron hat Rousseau in einer Strophe geschildert (Childe Harold,
Gesang III, Str. 77), die auf ihn selber passen könnte:

Rousseau, der Grübler mit dem wilden Herzen,
Des Grams Apostel, dessen Zaubermacht
Stolze Beredsamkeit abrang den Schmerzen,
Sah hier das Licht, das ihm nur Fluch gebracht;
Und doch, er hat den Wahnsinn schön gemacht;
Die sünd'gen Thaten und des Irrtums Wähnen
Hüllt' er in Worte voller Himmelspracht,
Die gleich der Sonne blenden, und vor denen
Das Auge wehmutvoll sich füllt mit heißen Thränen.

an seinen kleinen Ohren, weißen Händen und gelockten Haaren
seine vornehme Herkunft erkenne. Der Besuch bei Ali hat
das Motiv zu einigen wichtigen Szenen im vierten Gesange
des „Don Juan" abgegeben; Lambro und mehrere andere
Byron'sche Gestalten sind nach ihm gezeichnet, den später
übrigens auch Victor Hugo in den „Orientalen" geschildert hat.
Ali behandelte Byron ganz wie ein verzogenes Kind und
schickte ihm täglich wohl zwanzigmal Mandeln, Obst, Sorbet
und Zuckerzeug.

Gegen die zahlreichen Räuberbanden des Landes durch
das bewaffnete Gefolge geschützt, welches der Pascha ihm mit=
gab, reiste Byron jetzt durch Albanien, und seine wilden Begleiter gewannen ihn so lieb, daß sie, als er einige Tage
darauf am Fieber erkrankte, den Arzt zu töten drohten, wenn
er ihn nicht herstelle; infolgedessen entfloh der Arzt — und
Byron erholte sich nun. Auf dieser Reise, während man in
einer Höhle am Golf von Arta übernachtete, ward Byron
Zeuge jener nächtlichen Szene — der Aufführung des pyrr=
hischen Waffentanzes unter Gesang, — welche Anlaß zu der
Schilderung in „Childe Harold" (Gesang II, Str. 67 ff.
und zu dem schönen Liede „Tamburgi, Tamburgi!" gegeben
hat. In Athen lieferte Byrons Entrüstung über die englische
Plünderung der Skulpturen des Parthenon ihm den Stoff
zu dem Gedichte „Der Fluch Minervas," und eine flüchtige
Liebschaft mit einer der Töchter des englischen Konsularbeamten
Macri das Motiv zu dem kleinen Liede an das „Mädchen von
Athen," dessen Heldin in ihrem ganzen späteren Leben, noch
als sie eine kleine blasse Matrone war, von englischen Touristen
überrannt wurde. Am 3. Mai unternahm Byron seine be=
kannte Schwimmtour über die Meerenge der Dardanellen von
Sestos nach Abydos, in einer Stunde und zehn Minuten, auf
welche er sein Lebenlang so stolz war, und von welcher er im
„Don Juan" spricht.

Alles, was er in diesen fremden Gegenden sah und erlebte,
sollte ihm wenige Jahre nachher als poetisches Material dienen.
In Konstantinopel sah er eines Tages die Hunde das Fleisch
einer Leiche abnagen, und diese von ihm selbst erlebte Szene

gab ihm ein Motiv zur Schilderung der Greuel in der „Be=
lagerung von Korinth", sowie später im „Don Juan" zur
Schilderung der Schreckensszenen, welche die Belagerung
Jsmails begleiteten. Und als er von einer Reise durch Morea
nach Athen zurückkehrte, scheint er selbst das Liebesabenteuer
erlebt zu haben, welches dem „Gjaur" zugrunde liegt. (Der
Brief der Marquise von Sligo an Byron spricht dafür). Jeden=
falls steht es außer Zweifel, daß er eines Tages, als er von
seinem Bade im Piräus heimkehrte, einem Trupp türkischer
Soldaten begegnete, die ein in einen Sack genähtes junges
Mädchen trugen, das ins Meer geworfen werden sollte, weil
es sich in ein Liebesverhältnis mit einem Christen eingelassen
hatte. Mit der Pistole in der Hand zwang Byron die ganze
wilde Schar, umzukehren und erlangte teils durch Bestechung,
teils durch Drohungen die Freilassung des Mädchens.

Das bunte Reiseleben vermochte jedoch nicht seinem Ge=
müte das Gleichgewicht zu geben, an welchem es ihm gebrach.
Seine letzten Reisebriefe atmen die tiefste Schwermut. Die
Zwecklosigkeit und der aus derselben entspringende Lebensüber=
druß schienen ihn zu Boden zu drücken. Die Sorge darüber,
tief verschuldet zu sein und mit einer erschütterten Gesundheit,
mit einem fiebergeschwächten Körper allein, ohne Freunde dazu=
stehen, zieht sich durch all seine Aeußerungen. Er erwartet,
daheim nur von Gläubigern begrüßt zu werden. In Wirk=
lichkeit empfing ihn sofort die Nachricht von der Erkrankung
seiner Mutter. Er eilte nach Newstead, um sie noch einmal
zu sehen, und traf einen Tag nach ihrem Tode ein. Die
Kammerjungfer sah ihn abends neben der Leiche sitzen und ver=
nahm durch die Thür sein Schluchzen. Auf ihre Mahnung,
seinen Schmerz zu beherrschen, antwortete er unter Thränen:
„Ach, ich hatte nur eine einzige Freundin, und jetzt ist sie tot."
Dennoch vermochte er sich in seiner übertriebenen Scheu, andere
seinen Schmerz erblicken zu lassen, nicht zu überwinden, seiner
Mutter das letzte Geleite zu geben. Er stand am Schloßportale,
bis das Leichengefolge verschwunden war; dann rief er seinem
Pagen, hieß ihn seine Fechthandschuhe holen und begann mit
krampfhafter Heftigkeit seine gewöhnlichen Vorübungen. Das

überstieg jedoch seine Kräfte, er warf die Handschuhe fort und stürzte auf sein Zimmer. — Unmittelbar darauf versank er in einen Paroxysmus von Melancholie, währenddessen er aber= mals testamentarisch verfügte, daß sein Leichnam neben dem seines Hundes bestattet werden solle.

Kaum war Byron gelandet, als sein Freund Dallas ihn frug, ob er keine Verse von der Reise heimgebracht habe. Der kritiklose Poet wies ihm nicht ohne Stolz die „Winke nach Horaz", eine neue Satire in Popes Stil, und als der Freund, mit Recht nicht sonderlich von der Lektüre erbaut, ihn frug, ob er nichts anderes habe, rückte Byron, wie er sich ausdrückte, mit „einigen kleineren Gedichten und einer Masse Spenser= Stanzen" heraus — es waren die zwei ersten Gesänge des „Childe Harold". Auf die inständige Bitte des Freundes wurden diese zuerst in Druck gegeben.

Für uns Jetztlebende verschmilzt der Eindruck dieser beiden Gesänge leicht mit der Erinnerung an die (sechs bis sieben Jahre später geschriebenen) zwei letzten Gesänge; man muß jedoch diese beiden Eindrücke scharf auseinander halten, wenn man sich Byrons Entwicklungsgang klar vergegenwärtigen will. Von der ersten Hälfte des „Childe Harold" zu der zweiten ist ein eben so großer Sprung wie von dieser zu „Don Juan". —

Die Stanzen, welche Byron Dallas zeigte, sind wohl= klingend, tief empfunden und manchmal pompös; hier tönen zum ersten Mal Gesang und Musik von den Lippen, über welche reicher Wohllaut strömen sollte, so lange sie Atem hauchten. Aber wir haben hier doch nur die schwache Skizze der Dichterphysiognomie, welche zehn Jahre nachher in ganz Europa bekannt war. Die zahlreichen und kräftigen Natur= schilderungen sind hier noch die Hauptsache, die lyrischen Partieen im Vergleich damit von verschwindendem Umfange, und einem oberflächlichen Blick können diese Stanzen als die Reiseeindrücke eines jungen vornehmen und lebensmüden Eng= länders erscheinen, nur daß sie durch die strenge Idealität des Stils ein veredelndes Gepräge empfangen haben; denn „Childe Harold" ist ein ebenso ausgeprägt idealistisches Gedicht, wie „Don Juan" realistisch ist.

Hier findet man in der Stimmung ein gewisses trübes Grau in Grau; Byron ist hier noch nicht derjenige, welcher von einem Gefühl zum andern, am liebsten in das entgegengesetzte Extrem springt, um ihnen allen Gewalt anzuthun und sie um so gewaltthätiger zu zerreißen, je stärker er sie spannt. Aber erblicken wir die Physiognomie des Dichters auch nur in halbem Profil, sehen wir auch nicht die stachlichte Laune des Satirikers oder sein bald zynisches, bald scherzendes Lächeln hervor blitzen, so tritt doch hier in dem warmen und feierlichen Pathos des Jünglings das große Ich in der Poesie dieses Jahrhunderts vor uns hin. Es waltet eine Subjektivität in diesem Gedichte, die jede Einzelheit beherrscht, ein Ich, das in keinem Gefühle dahinschmilzt, in keinem Gegenstande aufgeht.

Während die anderen Dichterpersönlichkeiten lustige, fließende krystallisierte Formen annehmen konnten, und bald hinter einer fremden Persönlichkeit verschwanden, bald ganz in den Sinneseindrücken aufgingen, die sie von außenher empfingen, begegnet uns hier ein Ich, das sich überall zu sich selbst verhält und auf sich zurückkommt, und zwar ein bewegtes, leidenschaftliches Ich, von dessen Gemütserregung die Bewegung jeder einzelnen, noch so geringen Strophe zeugt, wie das Brausen der einzelnen Muschel an das Brausen des Meeres erinnert.

Childe Harold (im ersten Entwurfe Childe Burun) verläßt nach einer wild durchstürmten Jugend mit einem Herzen voll Spleen eine Heimat, wo er keinen Freund und keine Geliebte hinterläßt. Er empfindet den jugendlichen Ueberdruß am Leben, den frühzeitige Uebersättigung an Genüssen und eine zur Melancholie angelegte physische Organisation mit sich bringen. Es findet sich bei ihm keine Spur von der kecken Fröhlichkeit der Jugend, oder ihrer Lust an Vergnügungen und Ruhm, er glaubt mit allem fertig zu sein, nachdem er wenig erfahren hat, und der Dichter verschmilzt so vollständig mit seinem Helden, daß er sich niemals auch nur einen Augenblick auf den Schwingen der Ironie über ihn erhebt.

Alles dies, welches den Zeitgenossen so sehr imponierte, spricht den modernen kritischen Leser nicht sonderlich an; die tragische „Pose" tritt zu stark hervor, und die Zeit, wo die

Blasiertheit interessant war, ist vorüber. Allein Keiner, der ein geübtes Auge hat, kann andererseits übersehen, daß die Maske — denn eine solche ist hier vorhanden, — wenn sie kritisch entfernt wird, ein ernstes und leidendes Antlitz ent= hüllt. Die Maske war die eines Einsiedlers, man nehme sie fort und eine einsame Natur bleibt zurück! Die Maske war tragische Melancholie; man reiße sie ab, und echte Schwermut liegt hinter ihr; Harolds muschelbesetzte Pilgertracht ist aller= dings nur ein Domino auf dem Maskenballe, aber sie umhüllt einen Jüngling mit feurigem Gefühl, scharfem Verstande, finsteren Lebenseindrücken und seltener Freiheitsliebe. In Childe Harolds besserem Ich ist nichts Unaufrichtiges; für alles, was er denkt und fühlt, steht Byron selber ein. Und wenn der, welcher Byrons eigene Lebensart in der nächstfolgenden Periode kennt, einen Kontrast zwischen dem greisenhaften Trübsinn der erdichteten Persönlichkeit und dem jugendlichen, genußsüchtigen Leichtsinn der wirklichen Persönlichkeit finden sollte, so rührt diese Nichtübereinstimmung einzig daher, weil Byron, welcher in der Dichtkunst noch der abstrakt idealistischen Richtung hul= digte, in den ersten Gesängen von „Childe Harold" noch nicht sein ganzes Wesen an den Tag zu legen vermochte. Alles ist freilich sein Spiegelbild, aber es lebt in ihm noch eine ganz andere Welt, die er erst im „Don Juan" ganz mit hinein zu ziehen und in seiner Dichtung zu verkörpern im Stande war. Man darf die Unvollständigkeit der Selbstschilderung nicht mit Verstellung oder Affektation verwechseln.

Im Februar 1812 hielt Byron im Parlament seine Jungfern= rede zu Gunsten der armen Arbeiterbevölkerung in Nottingham, welche die Webemaschinen, die sie brotlos machten, zertrümmert hatte, und gegen welche jetzt die strengsten Maßregeln bean= tragt wurden. Die Rede ist jugendlich und rhetorisch, aber lebhaft und warm; es lag in Byrons Charakter, zu Gunsten der hungernden und verzweifelnden Masse zu reden, und mit gesundem Verstande weist er seinen Landsleuten nach, daß ein Zehntel der Summe, mit welcher sie bereitwillig die Portugiesen in den Stand gesetzt, Krieg zu führen, hinreichend wäre, um der grenzenlosen Not abzuhelfen, die man jetzt durch Kerker und Galgen

zum Schweigen bringen wollte. Byrons lebhafter und trotziger
Haß gegen den Krieg ist einer von jenen „Grau gesunden Menschen=
verstandes", die man stets in seiner Poesie aufgelöst findet; der=
selbe beseelt auch die ersten Gesänge des „Childe Harold".
Seine zweite Parlamentsrede galt der Emanzipation der
Katholiken: sie gefiel weniger, ist aber ganz vorzüglich; man
sieht aus derselben, daß die Gegner u. A. das Argument her=
vorgebracht hatten: wenn man den Katholiken Religionsfreiheit
gebe, könne man sie eben so wohl den Juden gewähren, —
ein Argument, auf das Byron sehr logisch antwortete. Unter
seinen Papieren findet sich in Betreff dieser Rede folgende
jugendliche und humoristische Aeußerung: „Da beide Parteien
in der Emanzipationsfrage ungefähr gleich standen, schickte
man in aller Eile nach mir und rief mich von einem Balle
ab, den ich, wie ich bekenne, ziemlich ungern verließ, um fünf
Millionen Menschen zu emanzipieren." Derartige scherzhafte
Aeußerungen Byron's — von ähnlichem Schlage wie seine
Notiz über die Ehe: „Wie angenehm muß es sein verheiratet zu
sein und auf dem Lande zu wohnen: man hat eine schöne Frau
und küßt ihre Kammerzofe" — sind, weil sie der Childe Haroldschen
Schwermut so wenig entsprechen, thörichten Menschen ein
hinlänglicher Beweis dafür gewesen, daß er es mit Nichts
ernstlich gemeint habe. Er war eben sehr jung, etwas gecken=
haft, hielt es für eine Schande, sich sentimental auszudrücken,
und nahm sich stets den alten Spruch des heiligen Bernhard
zum Wahlspruch: „Plus labora celare virtutes quam vitia!"
Byron's Jungfernrede machte außerordentliches Glück und
konnte gleichzeitig als Reklame für die beiden ersten Gesänge
des „Childe Harold" dienen, welche zwei Tage, nachdem sie ge=
halten worden war, zur Ausgabe gelangten. Der Erfolg des
Gedichtes war überwältigend: urplötzlich war Byron eine Be=
rühmtheit geworden, der neue Löwe von London, der legitime
Beherrscher der Stadt für das Jahr 1812. Die ganze Welt=
stadt, d. h. Alles in ihr, was schön, vornehm, hochgebildet
und glänzend war, lag dem dreiundzwanzigjährigen Jüngling
zu Füßen. Hätten die ersten Gesänge „Childe Harold's" die
Eigenschaften der letzten gehabt, d. h. die tiefe Originalität und

die ehrliche Kraft, welche diese Meisterwerke beseelt, so hätten
sie sicherlich nicht diese geräuschvolle Popularität erlangt. Große
Ehrlichkeit und große Originalität gewinnen niemals mit einem
Schlage die Gunst der Menge. Allein eben das Verschleiert-Inte-
ressante, das Unklar-Blasierte in diesem ersten Versuche des Genius
machte Eindruck auf den Haufen, die durchblickende Energie wirkte
um so stärker, weil sie sich ein wenig theatralisch aussprach.

Es war die Blütezeit des Dandytums, wo sich unter
den Auspizien des bekannten Brummell das eigentliche Londoner
high-life mit einer Üppigkeit und Leichtfertigkeit entfaltete,
wie es seit den Tagen Karl's II. nicht erlebt worden war.
Gesellschaften und Bälle, Theaterbesuch, Spiel und Schulden,
Liebeshändel, Verführungen und daraus erfolgende Duelle
waren der Lebensinhalt der Aristokratie. Und Byron war der
Held des Tages, ja des ganzen Jahres. Welch' ein Gegenstand der Bewunderung und Anbetung mußte er für eine Gesellschaft sein, die sich langweilte und unter ihrer eigenen Leere
litt! So jung, so schön, so lasterhaft! denn Niemand konnte
daran zweifeln, daß er ein eben solches mauvais sujet wie
sein Held sei. Byron besaß Versuchungen und Schmeicheleien
gegenüber nicht die Kaltblütigkeit und das ruhige Gleichgewicht Walter Scott's. Er schwamm mit dem Strome, der
ihn trug. Der Künstler in ihm sehnte sich, alle Stimmungen
zu durchleben, und wies keine von sich. Mit Leichtigkeit hielt
er seinen Dichterruhm aufrecht; denn in kurzen Zwischen-
räumen folgten die poetischen Erzählungen: „Der Giaur"
(Mai 1813), „Die Braut von Abydos" (Dezember desselben
Jahres), „Der Korsar" (am Neujahrstage 1814 vollendet),
von welchem an einem einzigen Tage 13000 Exemplare verkauft wurden. Die bittere Ode an Napoleon bei Gelegenheit
seiner Abdankung bewies, daß Byron die Tagespolitik über
der Poesie nicht ganz aus dem Gesichte verlor; dann schrieb
er 1815 „Parisina" und „Die Belagerung von Korinth".
Das Neue, das Fremdartige und die beispiellose Leidenschaftlichkeit in diesen Produktionen rissen die abgespannte Londoner
Gesellschaft hin. Er war das Phänomen, auf welchem Aller
Augen ruhten. Junge Damen bebten in den Gesellschaften

vor Freude bei dem Gedanken, daß er sie möglicherweise zu
Tisch führen würde, und wagten zugleich keinen Bissen zu ge=
nießen, da man wußte, daß er Damen nicht essen sehen mochte.
Man gab sich ängstlich der Hoffnung hin, daß er Einem ein
Paar Zeilen ins Stammbuch schreiben würde. Seine bloße
Handschrift war ein Schatz. Man frug sich, wie vielen
griechischen und türkischen Frauen die Liebe zu ihm den Tod
gebracht und wie viele Ehemänner er umgebracht hätte. Seine
Stirn und sein Blick sahen aus, als sprächen sie von lauter
Verbrechen. Er trug keinen Puder, sein Haar war wild,
wie sein Sinn. In jeder Hinsicht verschieden von gewöhnlichen
Sterblichen, war er, wie sein Korsar, von einer Frugalität ohne
Gleichen; bei dem Lord So und=So hatte er neulich elf Gänge
des Diners vorübergehen lassen und Biscuit und Sodawasser
verlangt. Welche Verlegenheit für die Hausfrau, die so stolz
auf ihre Zurüstungen war! und welche Abnormität in einer
Gesellschaft, wo guter Appetit eine Nationaltugend ist!

So sehen wir Childe Harold in Person sich in Don
Juan verwandeln. Der einsame Pilger ward zum Salon=
löwen. Eben so sehr, wie Byron's Poesie, machten natürlich
sein hoher Rang, seine Jugend und seine seltene Schönheit
Eindruck in den Damenkreisen. In Walter Scott's Biographie
findet sich über Byron's Aeußeres die Bemerkung: „Ich glaube
die besten Dichter meiner Zeit und meines Landes gesehen zu
haben, aber obschon Burns die schönsten Augen besaß, hatte
doch Keiner in solchem Grade das Aussehen Dessen, was
man sich unter einem Dichter denkt, wie Byron. Seine
Bilder geben keine rechte Vorstellung von ihm: das Licht ist
wohl da, aber es brennt nicht. Byrons Gesicht war Etwas,
wovon man träumen konnte." Es ist bekannt, daß eine der
berühmtesten Schönheiten Englands, als sie ihn zum ersten
Male sah, ausrief: „Dies blasse Gesicht ist mein Schicksal!"

Die Frauen hatten immer viel von Byrons Seelenleben
in Anspruch genommen, die Andeutungen in „Childe Harold"
gaben Anlaß zu dem Gerüchte, daß er in Newstead einen
förmlichen Harem gehabt hätte, obschon dieser Harem in
Wirklichkeit aus einer einzigen Odaliske bestanden zu haben

scheint; von seinen Reiseabenteuern im Verkehr mit Frauen erzählte man sich lächerlich übertriebene Geschichten. Infolge= dessen wurde er jetzt förmlich von Frauen bestürmt; sein Tisch lag täglich voller Briefe von ihm bekannten und unbe= kannten Damen. Eine kam zu ihm als Page verkleidet, ver= mutlich um Kaled in „Lara" zu gleichen, und viele andere kamen ohne Verkleidung. Von dem Strudel, in welchem er lebte, erhält man einen Begriff, wenn man ihn an Medwin erzählen hört, daß er nach seiner Hochzeit im Wohnzimmer seiner Gemahlin eines Tages drei verheiratete Damen zugleich antraf, „die er" — um uns seines eigenen Ausdrucks zu be= dienen — „alle kannte, wie Tauben aus demselben Schlag."

Es war ein Leben in Triumphen der Eitelkeit und voll hohler Genüsse; für Byron war dasselbe wenigstens besser als Ruhe; denn Ruhe ist, wie er in „Childe Harold" sagt, eine Hölle für starke Herzen. War sein Herz dabei irgend im Spiele? Ich glaube nicht. Die Liebesverhältnisse, welche in diesen Jahren Byron in Anspruch nahmen, und welche für sein späteres Schicksal Bedeutung erlangten, waren, wie uns erhaltene Briefe beweisen, für ihn nur ein Strudel im Strudel und als solcher verlockend, ließen sein Herz aber völlig kalt. Lady Caroline Lamb, eine junge Dame vom höchsten Adel und mit dem später als Lord Melbourne bekannten Staats= manne vermählt, hatte lange den sehnlichen Wunsch gehegt, den Dichter des „Childe Harold" kennen zu lernen. Sie war eine wilde, phantastische, unruhige Natur, die keinerlei Zwang duldete und schnell jeder Eingebung folgte, in dieser Hinsicht geistesver= wandt mit dem um drei Jahre jüngeren Dichter; sie war schlank und schön gebaut, mit blondem Haar und einer sanften Stimme; ihr Wesen übte, obschon es affektiert und exzentrisch erschien, eine starke Anziehung aus; kurz, sie gehörte zu jener Art von Bacchantinnen und enthusiastischen Frauen, die in Paludan Müllers „Adam Homo" singen:

Rütteln wir an seinem Herzen,
Wird uns Teil an seinen Schmerzen;
Rasen wir darin mit Grauen,
Müssen wir den Geist doch schauen.

Unter unsern wilden Tänzen
Winden wir aus seinen Kränzen
Eine Zier uns, zum Entzücken
Aller, um uns selbst zu schmücken.

Sie hat eine ähnliche Rolle in Byrons Leben gespielt, wie
Frau von Kalb im Leben Schillers*). Das Verhältnis erweckte
so viel Aufsehen, daß die Mutter der jungen Dame nicht ruhte,
bis dasselbe durch eine Besuchsreise der Tochter nach Irland
abgebrochen ward. Byron schrieb darauf der Lady Lamb einen
Abschiedsbrief, von welchem diese später der Lady Morgan eine
Kopie zu nehmen gestattete, einen Brief, welcher für Byrons

*) In Lady Morgans Memoiren findet man einige lebensvolle
Bemerkungen der Lady Lamb über die Art, wie ihre Bekanntschaft mit
Byron sich anknüpfte: „Lady Westmoreland lernte ihn im Auslande
kennen. Sie nahm sich vor, ihn ihrer Gesellschaft vorzustellen. Die
Weiber erstickten ihn förmlich. Ich hörte Nichts von ihm, bis eines
Tags Rogers (denn er, Spencer und Moore waren sämtlich meine
Anbeter) zu mir sagte: „Sie müßten den jungen Dichter kennen lernen",
und mir das Manuskript des „Childe Harold" anbot. Ich las es, und
das war genug. Rogers sagte: „Er hat einen Klumpfuß und kaut an
den Nägeln". Ich antwortete: „Und wenn er so häßlich wie Aesop
wäre, ich muß ihn kennen lernen. Ich war eines Abends bei Lady
Westmoreland, und die Damen waren alle in ihn wie vernarrt. Lady
W. führte mich zu ihm hin. Ich schaute mir ihn ernsthaft an und
wandte mich um. Mein Urteil über ihn war, wie ich in mein Tagebuch schrieb: „Toll — schlecht — und gefährlich zu kennen". Ein oder
zwei Tage verstrichen; ich saß bei Lord und Lady Holland, als er angemeldet ward. Lady Holland sagte: „Ich muß Ihnen Lord Byron vorstellen". Lord Byron sagte: „Das Anerbieten ist Ihnen schon früher
gemacht worden; darf ich fragen, warum Sie es ablehnten? Er bat
um Erlaubnis mich besuchen zu dürfen, und that es am folgenden Tage.
Rogers und Moore standen bei mir, ich saß auf dem Sofa. Ich war
gerade von einem Spazierritte heimgekehrt, und war unordentlich und
erhitzt. Als Lord Byron gemeldet ward, sprang ich auf, und flog aus
dem Zimmer, um mich zu waschen. Als ich zurück kam, sagt Rogers:
„Lord Byron, Sie sind ein glücklicher Mann; Lady Caroline hat in all
ihrem Schmutz bei uns gesessen, aber als Sie angemeldet wurden, flog
sie hinaus, um sich schön zu machen." . . . Von dem Augenblicke an
und länger als neun Monate lebte er fast gänzlich in Melbourne-House.
Er war der Mittelpunkt aller Lustigkeit, wenigstens dem Anscheine nach . . .
Der ganze von ton London's versammelte sich hier jeden Tag. Es gab
nichts so Fashionables. Byron bemühte sich, sie alle in die Flucht zu
schlagen." — Mich dünkt, diese mit stenographischer Genauigkeit aufbewahrten Aeußerungen geben ein treffliches Bild von dem Londoner high life.

Stil in seiner unreifen Genieperiode typisch ist, und in welchem
schwerlich ein Psycholog die Sprache der Liebe finden wird.
Derselbe erinnert zumeist an Hamlets geschraubtes Billet an
Ophelia: „Wenn Thränen, die Du sahst und die ich, wie Du
weißt, nicht leicht vergieße; wenn die Gemütserregung, mit
der ich von Dir schied, — eine Gemütserregung, die Du bei
dieser ganzen nervenerschütternden Sache bemerkt haben mußt,
obschon sie erst sichtbar ward, als der Abschiedsaugenblick
herankam; wenn alles, was ich gesagt und gethan habe, und
noch zu sagen und noch zu thun bereit bin, nicht hinlänglich
bewiesen hat, was meine wirklichen Gefühle für Dich, meine
Geliebte, sind und immer bleiben müssen, so habe ich keinen
anderen Beweis zu bieten . . . Giebt es etwas auf Erden
oder im Himmel, was mich so glücklich gemacht hätte, wie
Dich schon längst zu meiner Gattin zu machen? Du weißt,
ich würde mit Freuden alles diesseit und jenseit des Grabes
dafür hingeben, und wenn ich das wie einen Refrain wieder-
hole, kann ich dann mißverstanden werden? Ich scheere mich nicht
darum, wer dies erfährt oder welcher Gebrauch davon gemacht
wird — an Dich allein, an Dich selber sind dieseWorte gerichtet. Ich war und bin Dein, frei und ganz, Dir zu gehorchen,
Dich zu ehren, Dich zu lieben und mit Dir zu entfliehen, wann,
wohin und wie Du selber willst oder bestimmen magst."

Es kann niemand wundern, daß Byron wenige Monate
nachher einen Bruch herbeiführte; seine Liebe kann nie etwas
Anderes gewesen sein, als jene Art von Reflexliebe, die wie in
einem Spiegel alle Bewegungen der Flamme ohne eigenes
Feuer nachmacht. Auf einem Balle, wo Lady Lamb bald
darauf mit Byron zusammen traf, ergriff sie in ihrer Verzweiflung über seine Gleichgültigkeit das erste scharfe Werk-
zeug, das ihr in die Hände fiel, Einige sagen, eine große
Scheere, Andere (Galt) ein zerbrochenes Geléeglas, und schnitt
sich damit in die Kehle. Nach diesem mißglückten Selbst-
mordsversuche machte sie (nach Versicherung der Gräfin Guiccioli) zuerst einem jungen Lord „die unglaublichsten Versprechungen," wenn er Byron fordern und töten würde, und
fand sich doch kurz nachher selber bei Byron ein, „keineswegs

in der Absicht, sich oder ihm die Kehle abzuschneiden." Die
Worte, welche sie, da sie ihn nicht zu Hause traf, auf seinem
Tische zurückließ veranlaßten das Epigramm „Remember
thee!", das man unter Byrons Gedichten findet.

Von Rachgier entflammt, griff Lady Lamb jetzt zur Feder
und schrieb den Roman „Glenarvon", welcher zu der für
Byron allerungünstigsten Zeit, nämlich gleich nachdem seine
Frau ihn verlassen hatte, erschien, und eins der schlimmsten
Gährungselemente in der ihm feindseligen Stimmung ward.
Das Buch trägt das Motto aus dem „Korsaren":

> Sein Name wird der Nachwelt noch verkünden
> Von einer Tugend und von tausend Sünden. —

und schildert Byron als einen Dämon an Verstellung und
Bosheit, ausgestattet mit den schlechtesten Charakterzügen all
seiner Helden. Bei alledem hat sie — vielleicht zu ihrer
eigenen Entschuldigung — nicht umhin können, dem Bilde
auch liebenswürdige Züge zu erteilen. An einer Stelle heißt
es: „Wäre sein Wesen von der Art gewesen, daß er sich
irgend etwas erlaubt hätte, was den Freiheiten oder der
Familiarität glich, welche die Männer sich so häufig heraus-
nehmen, so wäre sie vielleicht erschrocken oder gewarnt worden.
Aber was hätte sie fliehen sollen? Wahrlich nicht die plumpe
Schmeichelei oder die leichtfertigen und leichtsinnigen Be-
teuerungen, an die alle Frauen sich bald gewöhnen, sondern
eine Aufmerksamkeit, die sich auf ihre geringsten Wünsche erstreckte, einen zugleich feinen und schmeichelhaften Respekt, eine
Anmut, eine Zartheit, die ebenso bethörend wie selten sind.
Und das alles verbunden mit allen Kräften der Phantasie,
mit einer Intelligenz und einem Witze, wie kein anderer sie
in gleichem Grade besessen hat."

Während Byrons späterem Aufenthalte in Venedig wurde
„Glenarvon" ins Italienische übersetzt, und der Zensor ließ bei
ihm anfragen, ob er etwas gegen das Erscheinen des Buches
einzuwenden habe, da es solchenfalls unterdrückt werden würde;
als Antwort gab Byron es auf eigene Kosten heraus. Wir
begegnen Lady Lamb nur noch einmal, und auf seltsame
Weise, in Byrons Geschichte. Als seine Leiche von Griechen-

land nach England gebracht worden war, und der Trauerzug
sich langsam zu Fuße von London nach Newstead bewegte,
kamen unterwegs ein Herr und eine Dame demselben entgegen-
geritten, und die Dame frug, wer hier begraben würde. Als
sie die Antwort vernahm, sank sie ohnmächtig vom Pferde.
Es war die Verfasserin von „Glenarvon".

Das leichtsinnige und wilde Londoner Leben Byrons
erhielt einen vorläufigen Abschluß durch das verhängnisvollste
Ereignis seines Lebens, seine Vermählung. Große Achtung
vor dem Weibe hatte sein Lebenslauf ihm nicht eingeflößt;
aber das Weib, wie er es liebte, war das hingebende, aufopfernde Geschöpf, das er in all seinen Dichtungen mit Vorliebe geschildert hat. Und nun wollte das Geschick, daß er
einen zähen und kraftvollen englischen Charakter zur Gattin
erhalten sollte. Miß Anna Jsabella Milbanke, das einzige
Kind eines reichen Baronets, hatte Byron durch ihr schlichtes
und bescheidenes Wesen gefesselt, hatte ihn durch die Aussicht
verlockt, mit Hilfe ihrer Mitgift Newstead in Stand setzen zu
können, hatte ihn durch eine ablehnende Antwort gereizt, als
er sich um ihre Hand bewarb, hatte ihn kurz nachher dadurch
interessiert, daß sie aus eigenem Antrieb einen freundschaftlichen
Briefwechsel mit ihm begann, und jetzt endlich gab sie ihm
ihr Jawort als Antwort auf einen Werbebrief, der in un-
verantwortlichstem Leichtsinn verfaßt und abgesandt worden
war, weil ein Freund, dem er ihn vorlas, ihn „schön geschrieben" fand.

Aus lauter verwerflichen, zum Teil eitlen, zum Teil
philiströsen Rücksichten stürzte Byron sich in eine Ehe, die kein
schlimmeres Ende nahm, als vorauszusehen war. Während
der Verlobungszeit befand er sich in verhältnismäßig heiterer
Stimmung. „Jch bin sehr verliebt," schreibt er an eine
Freundin, „und so thöricht wie alle unverheirateten Herren in
dieser Situation," und an einer anderen Stelle: „Jch bin jetzt
der Glücklichste aller Sterblichen, da ich mich seit acht Tagen
verlobt habe. Gestern traf ich den jungen F., auch den glück-
lichsten aller Sterblichen; denn er hat sich auch verlobt." So
kindisch sind alle Briefe aus dieser Zeit, daß Byrons einzige

ernstliche Sorge die zu sein scheint, daß er keinen blauen Frack
ausstehen kann, und daß es Sitte ist, sich in einem solchen
trauen zu lassen. Je mehr indes die Hochzeit sich näherte,
desto schlechter ward ihm zu Mute; das traurige Verhältnis
seiner Eltern hatte ihm frühzeitig Angst vor der Ehe einge=
flößt. Seine Gefühle bei der Trauung hat er in dem Gedichte
„Der Traum" geschildert, und in den Gesprächen mit Medwin
sagt er, daß er gezittert und ganz verkehrte Antworten ge=
geben habe.

Der „Syrupsmonat", wie Byron ihn nennt, verstrich
wolkenlos. „Ich verbringe meine Zeit (bei den Schwieger=
eltern auf dem Lande)," schreibt er an Moore, „in einem
schrecklichen Zustande von Einförmigkeit und Stagnation und
beschäftige mich ausschließlich damit, Kompot zu essen, umher
zu schlendern, Karten zu spielen, in alten Almanachen und
Zeitungen zu lesen, Muscheln am Strande zu suchen und das
Wachstum einiger verkrüppelter Stachelbeerbüsche im Garten
zu beobachten." Und ein paar Tage später: „Ich lebe hier
sehr komfortabel und höre jeden Abend den verwünschten
Monolog an, den alte Herren Unterhaltung nennen, und dem
mein Schwiegervater sich jeden Abend, mit Ausnahme eines
einzigen, wo er Violine spielte, ergeben hat. Sie sind indessen
sehr liebenswürdig und gastfrei. Bell ist gesund und von
unveränderter Liebenswürdigkeit und guter Laune."

Pegasus fühlte sich nicht recht wohl im Joche. Das
junge Paar reiste indessen nach London, richtete sich glänzend
ein, hielt Equipage und Dienerschaft, gab Gesellschaften 2c.,
bis Byrons Kreditoren sich einstellten. Die 10000 Pfund
Mitgift zerschmolzen wie Tau vor der Sonne; 8000 Pfund,
die Byron soeben geerbt hatte, wanderten denselben Weg.
Er mußte sogar seine Bücher verkaufen. Murray bot ihm
1500 Pfund Honorar an, damit er dieselben behalten könne,
aber aus falschem Stolze sandte er die Anweisung zerrissen
zurück. Dann folgte eine achtmalige Pfändung, sogar die
Ehebetten wurden mit Beschlag belegt, als die Möbel und
Wagen fortgeschleppt worden waren. Unter diesen Verhältnissen
gebar Lady Byron im Dezember 1815 ihre Tochter Ada.

Es war selbstverständlich der verwöhnten jungen Erbin nicht in den Sinn gekommen, daß solche pekuniäre Verhält= nisse ihr bevorstünden. Nichtsdestoweniger war ihr Zusammen= leben anfangs ein gutes. Sie fuhren miteinander aus, und die junge Frau wartete geduldig im Wagen, während ihr Mann Visiten machte. Sie schrieb Briefe für ihn, kopierte seine Ge= dichte und schrieb z. B. „Die Belagerung von Korinth" ab. Inzwischen fehlte es nicht an kleinen Reibungen. Die junge Frau scheint die Gewohnheit gehabt zu haben, den Dichter mit Fragen und Anreden ununterbrochen im Schreiben zu stören, was ihn zu Ausbrüchen übler Laune veranlaßte, welche sie höchst unpassend fand. Sodann hatte sie nie eine Heftigkeit und Regellosigkeit wie die seine gesehen; ein Mal sah sie ihn in der Wut seine Uhr in den Kamin werfen und sie mit der Feuerzange zerstampfen; ein andermal schoß er aus Spaß oder aus Unachtsamkeit eine Pistole in ihrem Zimmer ab. Dazu kam Eifersucht. Sie wußte, in welchem Rufe betreffs der Liebeshändel er stand, und sie kannte besonders sein Ver= hältnis zu Lady Lamb, deren nahe Verwandte sie war. End= lich hatte Byron den unglücklichen Einfall gehabt, sich in das Direktionskomitee des Drurylane=Theaters wählen zu lassen, und man begreift, mit welchen Augen seine Gemahlin den be= ständigen Geschäftsverkehr mit Schauspielerinnen, Sängerinnen und Tänzerinnen betrachtete. Eine Person, welche in Diensten der Lady Byron stand, das Frauenzimmer, welches er in dem Gedicht „Eine Skizze" geschildert hat, gab sich zur Spionin her und erbrach Byrons Schubfächer und Briefe. Zum Letzten ist hier noch ein dunkler Punkt, auf den ich zurück= komme.

Einen Monat nach der Geburt des Kindes verließ die junge Frau nach gemeinschaftlicher Abrede die unruhige und unheimliche Wohnung, um einige Zeit bei ihren Eltern zu verbringen; allein kaum war sie dort angelangt, als ihr Vater Byron wissen ließ, daß sie nicht zu ihm zurückkehren werde. Noch unterwegs hatte sie ihm einen (jetzt gedruckt vorliegen= den) Brief geschrieben, dessen Anrede „Dear Duck!" („Liebe Pute!") lautet, und dessen Unterschrift ebenso zärtlich ist.

Man begreift daher Byrons Ueberraschung. Er antwortete dem Vater, daß er in dieser Sache selbstverständlich nicht seine väterliche Autorität anerkennen könne, sondern die Erklärung seiner Frau haben müsse; dieselbe fiel gleichlautend aus. Im Jahre 1820 erklärte Lady Byron öffentlich, sie habe ihrem Manne nur in dem Glauben, daß er gemütskrank sei, so zärtlich geschrieben, und sie würde, wenn diese Annahme sich bestätigt hätte, treu bei ihm ausgeharrt haben, andernfalls aber habe sie unter keiner Bedingung mit ihm zusammenleben wollen.

In einem von Byron 1817 verfaßten Romanfragmente heißt es in Uebereinstimmung hiemit: „Wenige Tage darauf reiste sie mit ihrem Sohne nach Arragonien, um ihre Eltern zu besuchen. Ich begleitete sie nicht sofort, da ich früher in Arragonien gewesen war . . . Während der Reise erhielt ich einen sehr zärtlichen Brief von Donna Josepha, der mich von ihrem und meines Sohnes Wohlbefinden unterrichtete. Nach ihrer Ankunft auf dem Schlosse schrieb sie mir einen noch zärt= licheren Brief, der mich in sehr liebevollen und sogar ziemlich mutwilligen Ausdrücken bat, sogleich zu ihr zu kommen. Ich schickte mich eben an, Sevilla zu verlassen, als ich einen dritten Brief, diesmal von ihrem Vater, empfing, der mich in den höflichsten Ausdrücken ersuchte, meine Ehe aufzuheben. Ich antwortete eben so höflich, daß mir solches nicht einfiele. Ein vierter Brief langte an, in welchem Donna Josepha mir mitteilte, daß der Brief ihres Vaters auf ihren ausdrücklichen Wunsch geschrieben sei. Ich frug mit umgehender Post nach dem Grunde. Sie antwortete per Expreß: Da Gründe mit dieser Sache nichts zu thun hätten, sei es unnötig solche an= zugeben — aber sie sei eine gekränkte und vortreffliche Frau. Ich frug weiter, warum sie mir die beiden vorhergehenden zärtlichen Briefe geschrieben habe, die mich aufforderten, nach Arragonien zu kommen. Sie antwortete, es sei geschehen, weil sie mich für toll gehalten, und ich hätte mich nur allein auf die Reise zu begeben brauchen, so wäre ich ohne Schwierig= keit in das Schloß meines Schwiegervaters gekommen, und hätte dort die zärtlichste aller Gattinnen und — eine enge Zwangsjacke gefunden."

Sobald Byrons Gemahlin ihn verlassen hatte, war er
nach dem Urteile der Welt mit einem Schlage ein andrer
geworden. Wie er eines Morgens nach dem Erscheinen des
„Childe Harold" erwacht war und sich berühmt gefunden hatte,
so erwachte er jetzt eines Morgens und fand, daß er für in=
fam galt und als ein Geächteter behandelt ward.
Wie ging das zu? Die Ursachen liegen klar zu Tage.
Die Ursache war vor allem der Neid, nicht jener Neid der
Götter, den die Alten als die Quelle des Untergangs der
Großen betrachteten, sondern der schmutzige und niedrige Neid
der Menschen. Er stand so hoch, er war so groß: bei all
seinen Fehlern war er keinen Augenblick auf das Niveau der
spießbürgerlichen Respektabilität herabgesunken; im Vertrauen
auf sein Genie und sein Glück hatte er es immer verschmäht,
sich beschützende Freunde zu erwerben, und es war ihm gleich=
gültig gewesen, wie viele Feinde er sich auf seinem Wege
schuf. Zu zählen waren sie schon längst nicht mehr. Zuerst
und zuvörderst beneideten ihn seine Kollegen, und von allen
Arten des Neides ist der Schriftstellerneid einer der giftigsten.
Er hatte sie gehöhnt und sie Dekadenz=Schriftsteller genannt,
er hatte einigen von ihnen ihren Namen geraubt und es anderen
unmöglich gemacht, einen Namen zu gewinnen — weshalb
sollte er vergöttert und bewundert werden, und sie immer ver=
gebens ihre Locken für den Kranz ordnen, welcher ausblieb?
Welche Lust, ihn von dem goldenen Throne der Berühmtheit
herunter zu zerren und ihn mit dem Schmutze zu beflecken,
in welchem sie selber standen.
Er war in der religiös und politisch orthodoxen Gesell=
schaft lange mit argwöhnischen Blicken betrachtet und heimlich
gehaßt worden. Die wenigen Strophen des „Childe Harold,"
welche in vorsichtigen Ausdrücken einen Zweifel an einem
Wiedersehen nach dem Tode auszusprechen wagen, waren auf
verketzerndes Geschrei gestoßen, und ein ganzes Buch, „Anti=
Byron", war gegen dieselben geschrieben worden. Seine vier
Zeilen an die Prinzessin Charlotte, die mit der Ueberschrift
„An eine weinende Prinzessin" mit dem „Korsaren" zugleich
gedruckt wurden und die Prinzessin bei Gelegenheit des poli=

tischen Umschlages des Prinzregenten trösteten, setzten die ganze mächtige Torypartei in Feuer und Flammen gegen ihn. Aber bisher war er, wie durch einen unsichtbaren Panzer, von seinem „prestige" beschützt worden; was Wunder, daß man jetzt, wo sein Privatleben eine Bresche bot, die öffentliche Meinung wider ihn aufhetzte!

Lady Byron und ihre Familie lebten selbstverständlich ganz nach dem Herzen der Gesellschaft und es war nicht schwer, denjenigen, den eine solche Gemahlin zu verlassen für nötig befand, zu einem Ungeheuer zu stempeln. Die Gerüchte begannen sich zu regen, die Verleumdung ward ausgeheckt, nahm Gestalt an, erhielt Füße, auf denen sie gehen, Flügel, mit denen sie fliegen konnte und wuchs im Fluge. Ihre Stimme schwoll, wie es in Basilios berühmter Arie heißt, von einem Flüstern zum Sausen, von einem Sausen zum ohrenbetäubenden Lärm, wie ein Gewitter im Gebirge. Wer kennt nicht dies Konzert, zu dessen Inszenierung die Gemeinheit sich mit der Einfalt paart, und bei dessen Aufführung die Unwissenheit im Chorus mit der bewußten Niedertracht singt, während die Schaden= freude jubelnd ihre grellsten Triller in die Harmonie schmettert;

Der Neid gegen Byron trat in den Dienst der Heuchelei und arbeitete in ihrem Solde. Die zivilisierte Heuchelei ist bis tief in das neunzehnte Jahrhundert hinein, im Zeitalter der religiösen Reaktion, die soziale Macht gewesen, deren Auto= rität nur in der Art ihrer Mittel, aber keineswegs in der Aus= dehnung und Wirkungskraft derselben, hinter derjenigen zurück= steht, welche das Inquisitionstribunal des sechzehnten Jahr= hunderts besaß. So wird, wie Byron in „Childe Harold" (Gesang IV, Strophe 93) sagt:

Die Meinung Allmacht, die in Nacht uns dicht
Einhüllt, bis Recht und Unrecht Zufall werden,
Und Menschen zittern, daß zu hell das Licht
Hienieden werd', und ängstlich sich geberden,
Als wär' es Sünde, frei zu denken hier auf Erden.

Und so wurde, wie er sich in „Don Juan" (Gesang X, Strophe 34) ausdrückt, die Heuchelei eine Macht, welche,

würdig zu besingen „Vierzig-Pfarrer-Kraft" erfordert hätte.
Es konnte nicht anders sein in einer Zeit, die so viele Ana=
logien mit der Epoche darbietet, welche die Auflösung der an=
tiken Lebensanschauung bezeichnet, — einer Zeit, wo eine alte
theologische Welt= und Lebensanschauung auf allen Punkten
durch die Wissenschaft untergraben und unterhöhlt, außer Stande
sich durch ihre eigene innere Wahrheit zu behaupten, genötigt
wird, sich an die konventionelle Moral der höheren Gesellschaft
zu klammern und diese aufs äußerste zu stärken, um doch
eine Stütze zu haben, und wo die kirchliche Autorität und der
spießbürgerliche Konservativismus zwei Schwankenden gleichen,
die einander gegenseitig stützen. Wirft man einen Blick auf
die Psychologie Europas im Anfang dieses Jahrhunderts, so
hat es förmlich den Anschein, als ob jene Heuchelei, welche
bei den französischen Emigranten aufkeimt, unter der deutschen
Romantik mehr und mehr herangewachsen war, und sich während
der Reaktion in Frankreich zu schwindelnder Höhe entwickelt
hatte, jetzt über das Haupt dieses einen Mannes herabstürzte.

Macaulay sagt bei dieser Veranlassung in seinem Essay
über Byron: „Ich kenne kein so lächerliches Schauspiel, wie
das britische Publikum bei einem seiner periodischen An=
fälle von Moralität. Für gewöhnlich nehmen Entführungen,
Ehescheidungen und Familienzwiste ihren Verlauf ohne beson=
dere Aufmerksamkeit zu erwecken. Wir lesen von dem Skan=
dal, sprechen einen Tag lang darüber, und vergessen ihn.
Allein einmal alle sechs oder sieben Jahre wird unsere Tugend
kriegerisch. Wir können nicht dulden, daß die Vorschriften der
Religion und der Sittlichkeit so verletzt werden. Wir müssen
ein Bollwerk gegen das Laster bilden. Wir müssen den
Leichtfertigen zeigen, daß das englische Volk die Wich=
tigkeit der häuslichen Bande kennt. In Folge Dessen wird
dieser oder jener unglückliche Mann, der in keiner Be=
ziehung verderbter als hundert andere ist, deren Ausschrei=
tungen mit großer Nachsicht behandelt worden sind, zum
Sündenbock erkoren. Hat er Kinder so werden sie ihm ent=
rissen; hat er eine Lebensstellung so wird er aus derselben
vertrieben; die höheren Klassen grüßen ihn nicht mehr, die

niederen zischen und pfeifen ihn aus. Er wird eine Art Prügel-
knabe, durch dessen Strafe und Schmerzen man gleichzeitig
alle Missethäter seines Gelichters straft. Wir denken dann
mit innerem Wohlbehagen an unsere eigene Strenge und vergleichen mit großem Stolze Englands hohe Moralitätsstufe
mit der Pariser Leichtfertigkeit. Endlich ist nun unsre Entrüstung befriedigt. Unser Opfer ist ruiniert oder hat sich zu
Tode gegrämt, und unsere Tugend legt sich für die nächsten
sieben Jahre wieder schlafen."

Waren die Ursachen zu Byron's Sturz komplizierter
Natur, so war das Mittel um so einfacher, — das einzig
wirksame, das es in solchen Fällen giebt: die Presse. Schon
bei Gelegenheit seiner Verse an die Prinzessin Charlotte hatten
die Journale die gemeinsten Verleumdungen wider ihn vorgebracht, und mehrere von ihnen hatten eine stehende Rubrik
für schmutzige Ausfälle gegen den großen Dichter. Jetzt konnten die Angriffe auf sein Privatleben kraft der Anonymität,
welche, trotz aller Unnatur und Korruption, die sie mit sich
bringt, in der englischen Presse herrschend ist, sich den freiesten
Spielraum gestatten. Die Bedeutung der Anonymität ist in
Wirklichkeit nur die, daß der jämmerlichste Stümper, der kaum
die Feder, mit welcher er lügt, zu halten vermag, die moralische Trompete der öffentlichen Meinung an seinen Mund setzen
und die Stimme der beleidigten Tugend in Tausenden von
Exemplaren zu Worte kommen lassen kann. Und nicht genug
damit, daß der einzelne Anonymus in dieser großen Zahl von
Exemplaren zur Allgemeinheit wird, er kann obendrein in seiner
Anonymität Hunderte von Gestalten annehmen, unter allen
möglichen Chiffern und in einem Dutzend verschiedener Blätter
schreiben; und wenn ein einziger Sudler ausreichen würde,
um eine ganze Presse mit nichtswürdigen Ausfällen gegen
einen einzelnen, in den Augen der öffentlichen Meinung ge-
ächteten Mann zu versorgen, wie mußten erst die Angriffe
auf Byron herabhageln, da die Zahl seiner Feinde Legion
war! Er entsann sich später nur weniger der Schimpfwörtern, mit denen die Presse ihn überfiel. Er wurde Nero,
Apicius, Caligula, Heliogabal und Heinrich VIII. genannt,

d. h. er ward aller Formen verruchter Grausamkeit, wahn=
witziger Rohheit, tierischer und unnatürlicher Wollust bezich=
tigt, er ward mit allen Farben gemalt, welche die Nichts=
würdigkeit auf ihrer Palette hat. Von all jenen Beschuldi=
gungen war die entsetzlichste die, welche schon damals die
Presse durchlief und das Brandmal auf die Stirn des ihm
teuersten Wesen drückte, — die Beschuldigung, daß er in
Blutschande mit seiner Schwester lebe. Und obendrein keine
Möglichkeit auf alles dies zu antworten! wer kann sich mit
dem Straßenkote herumschlagen, der einen besudelt!*)

Die Gerüchte gingen von Mund zu Mund. Als die
Schauspielerin Mrs. Mardyn unmittelbar nach der Scheidungs=
affaire auf dem Drurylane=Theater auftrat, wurde sie von der
Bühne heruntergezischt, weil sich das ganz aus der Luft ge=
griffene Geschwätz unter den Zuschauern verbreitet hatte, daß
diese Dame, mit welcher Byron nur einige Male gesprochen
hatte, in einem Liebesverhältnisse zu ihm stünde. Er selbst
konnte niemals ohne Gefahr ausgehen. Er wurde auf der
Straße und auf dem Wege zum Parlamente, wo ihn alle
völlig ignorierten, von dem gebildeten Pöbel insultiert.

Da keine Verteidigung möglich erschien, mußte er, so stolz
er war, das Haupt beugen und das Feld räumen. Er fühlte,
wie er sagt, „daß er nicht mehr für England passe, wenn die
Verleumdungen, die man sich zuraunte und offen aussprach,
Grund hätten; hatten sie aber keinen Grund, so paßte Eng=
land nicht mehr für ihn." Am 25. April 1816 schiffte er sich
ein, um nie wieder lebend heimzukehren. — Von diesem Augen=
blicke an datiert sich Byrons wahre Größe. Die Edinburgher
Kritik hatte ihn zum ersten Male zu geistiger That geweckt.
Dieser neue Schlag schlug ihn zum Ritter. Es ist ganz und
gar kein Vergleich zwischen demjenigen möglich, was Byron
vor, und was er nach seinem großen Unglück, wie er es an=
sah, geschrieben hat. Dies Unglück sandte ihm der Genius der
Geschichte, um ihn einer betäubenden Vergötterung zu ent=
reißen, und um ihn vollständig von dem ganzen erschlaffenden
Zusammenhang mit jener Gesellschaft und jenem Gesellschafts=

---

*) Vgl. Die Emigrantenlitteratur. 5. Aufl. 1897. S. 71 ff.

geiste zu entfernen, gegen welche er mit mehr Glück und Kraft, als irgend ein anderer die Opposition heraufbeschwören sollte.

19.
Die Vertiefung des Ichs in sich selbst. — Byron.

Als er zum zweitenmale ein heimatloser und einsamer Pilger geworden war, nahm er das Reisegedicht seiner Jugend wieder auf. Er fügte dem „Childe Harold" den dritten und vierten Gesang hinzu. Er versetzte sich in die Stimmungen seiner Jugend zurück; aber welche Fülle hatten sie in der Zwischenzeit gewonnen! Der Akkord, welcher von Anfang an in „Childe Harold" angeschlagen wurde, war der Dreiklang der Einsamkeit, der Melancholie und des Freiheitsdranges. Jeder einzelne seiner Töne war jetzt unendlich viel klarer und voll-klingender geworden.

Durch die erste Hälfte des Werkes ging die Stimmung der Einsamkeit als Bedingung der Liebe zur Natur; schon dort hieß es (Gesang II, Str. 25 u. 26): Auf Felsen sitzen, über Wellen träumen, langsam durch unbetretene Wälder wan-dern, allein in Schlucht und Gießbach niederschauen, das sei nicht Einsamkeit, sondern inniger Verkehr mit der Natur; da-gegen im Menschengewühle umherschweifen und dessen unaus-stehlichen Lärm hören, ohne jemand zu lieben oder von jemand geliebt zu werden, das heiße wahrhaft allein sein. Aber diese Ausbrüche waren Erinnerungen an schöne Kindheitseindrücke von Schottlands Berggegenden, oder es waren Träumereien, hervorgerufen durch den Anblick der Wohnung des Eremiten auf dem Berge Athos; es war noch, wie die Einsamkeits-stimmung bei Wordsworth, eine Liebe zur Natur, die auf der Scheu vor einer unbekannten und fremden Menschenwelt be-ruhte. Der Unterschied zwischen dem Gefühle bei Wordsworth und bei Byron war nur der, daß Wordsworth das stumm brütende Verweilen des Landkindes und des Landschafts-malers bei dem Natureindrucke, Byron die sehnsüchtige und nervöse Liebe des Stadtbewohners zu demselben besaß, und Wordsworth die Natur in ihrer Ruhe aufsuchte, während Byron sie am liebsten in ihrem Zorn sah („Childe Harold", II, 37).

In der zweiten Hälfte des Werkes ist das Einsamkeits=
gefühl ein anderes. Es ist ein tiefer Unterschied zwischen dem
Drang zu einem einsamen Verkehr mit der Natur, den Harold
als unerfahrener Jüngling empfindet, und dem, welchen er
als Mann verspürt, nachdem seine erste Erdumseglung der
Menschen und Dinge beendigt ist. Nicht Scheu vor den
Menschen, sondern Abscheu vor ihnen, trieb den Dichter jetzt
an, die stumme Natur zu lieben. Eine ganze große Gesell=
schaft, die herrschende Gesellschaft in einer großen Stadt, welche
dem fremden Auge als so human, so feinfühlend, so rechtlich
denkend und ritterlich gesinnt erschien, hatte die rauhe Seite
wider ihn herausgekehrt, und solche Kehrseite ist lehrreich,
aber nicht schön. Er hatte erfahren, welcherlei Freundschaft
man den Gefallenen erweist, und daß der einzige Faktor, auf
welchem der, welcher Pläne für seine Zukunft machen will, mit
Sicherheit rechnen darf, der Egoismus der anderen und das
aus ihm Erfolgende ist. So ward er zum zweitenmale allein
mit sich selbst, und die Poesie, welche er jetzt schrieb, ist nicht
für gesellschaftliche Naturen. Aber wer auch nur auf kurze Zeit
den Menschen den Rücken wenden gelernt, wer den Wunsch,
in Frieden vor ihnen zu leben, gekannt und den Trieb gefühlt
hat, seine Heimat zu verlassen oder aus seinem Vaterlande
fortzureisen, um dem Anblick der Gesichter zu entfliehen und
den Anblick eines fremden Himmels und Bodens aufzusuchen,
wer auf einsamen Pfaden die Erscheinung eines herannahenden
Menschen als einen Schmutzfleck in seinem freien und reinen
Gesichtskreise empfunden hat, — in der Seele eines Solchen
werden diese lyrischen Ergüsse ein Echo finden. Childe Harold
ist allein. Er hat gelernt, daß er am wenigsten von allen
dazu geeignet ist, in Reih und Glied mit anderen Menschen
zu gehen, daß er außer Stande ist, seine Gedanken der Herr=
schaft fremder Gedanken zu unterwerfen, oder Geistern, gegen
welche der seinige sich empört, Gewalt über seine Seele einzu=
räumen. Wo die Berge emporsteigen, da fühlt er sich unter
Freunden, wo das Meer rollt, da ist seine Heimat; das Ge=
dicht, welches die Natur mit Sonnenstrahlen auf den Spiegel
der See schreibt, ist ihm lieber als ein Buch in der Sprache

seines Geburtslandes. Unter Menschen ist ihm zu Mute wie
dem wilden Falken, dem man die Flügel beschnitten hat. Aber
obschon er die Welt flieht, haßt er sie darum nicht; weder aus
Unmut, noch aus Trotz sammelt sich seine Seele tief im eigenen
Quell; sie fürchtet überzuwallen im Menschengedränge, wo ein
Nu all unser Glück verheeren kann, sodaß „all unser Blut
sich in Zähren verwandelt."

Ist's da nicht besser, fragt er, allein zu sein und ein
Teil der Welt umher zu werden, wenn doch der Anblick hoher
Berge ihm ein wohlthuendes Gefühl, der Lärm der Stadt
aber eine Folter ist, und wenn Gebirg, Himmel und Meer
ein Stück von seiner Seele sind, wie er von ihnen, und sie zu
lieben sein reinstes Glück ist? Am wenigsten allein in der
Einsamkeit, ahnt seine Seele in derselben ein unendliches
Leben, eine Wahrheit, welche sie reinglüht vom Ich. Harold
hat weder die Welt, noch hat sie ihn geliebt. Er ist stolz
darauf, nie ihrem geilen Atem geschmeichelt, nie vor ihren
Götzen sein Knie gebeugt, nie seinen Mund zu einem Lächeln
verzogen zu haben, das er nicht ehrlich meinte, und kein Echo
gewesen zu sein, wenn die Menge schrie; er war inmitten
ihrer, jedoch keiner von den Ihren. Aber er will als offener
Feind von der Welt scheiden, die er nicht geliebt, und die es
ihm mit Zinsen heimgezahlt hat. Er glaubt, sagt er, was
immer die eigne Erfahrung ihn gelehrt haben mag, daß es
Worte giebt, welche so bedeutungsvoll wie Thaten sind, Hoff=
nung, welche nicht trügt, wahre Barmherzigkeit, und zwei oder
drei, welche sind, was sie scheinen*).

So strömt die Stimmung der Einsamkeit über in die
Stimmung der Melancholie. Auch diese Saite war in den
beiden ersten Gesängen angeschlagen; aber ihre Melancholie war
die rein jugendliche Unzufriedenheit. Eine vergeudete Jugend
lag hinter Childe Harold, und wie der phlegmatisch=melan=
cholische Hamlet zwischen Totengräbern, stand er am Grabe
des Achilles und erwog, einen Totenschädel in der Hand, was
das Leben und sein höchster Ruhm wert seien, während er,

---

*) Childe Harold, Gesang III, Str. 69, 70, 72, 75, 90, 113 und 114.

welcher damals die Süßigkeit des Ruhmes noch nicht gekostet
hatte, in Wirklichkeit nichts so leidenschaftlich erstrebte wie
Ruhm, den zum Schein und mit erkünstelter Philosophie ver=
schmähten und verachteten Ruhm. Jetzt hat er ihn genossen,
und erfahren, eine wie wenig nahrhafte Speise er ist.

Sein Herz gleicht einem zerbrochenen Spiegel, der, statt
eines Bildes, dasselbe tausendfach aufnimmt und um so un=
möglicher vergessen kann, je mehr er zerbrochen ist. Selbst
geknickt sucht er daher in der Natur dasjenige auf, was durch
den Gegensatz seine Qual lindern kann, das freie, offene Meer,
dessen Schaummähne er schon als Kind gestreichelt hat, und
das ihn kennt, wie das Roß seinen Reiter und Herrn; er
liebt das Meer, weil dessen Spiegelfläche die einzige ist, die
nicht zertrümmert, ja nicht einmal durch Runzeln und Furchen
entstellt werden kann, die einzige, welche heute noch so aussieht,
wie am Morgen der Zeiten. Allein alles in der Natur er=
innert ihn an Qual und Kampf. Der ferne Donner ist ihm
wie ein Sturmglockenschall, der alles weckt, was sich in ihm
zur Ruhe gelegt hatte. Selbst der liebliche, kleine Remisee
macht ihm nicht den Eindruck des Friedlichen und Sanften,
er erscheint ihm „still wie verhaltener Haß" (Gesang IV,
Str. 173).

Seine Melancholie ist ganz cholerisch. Könnte er all
seine Leidenschaft in e i n Wort drängen, und dies Wort würde
ausgesprochen, wie ein Blitz schreckvoll und zerschmetternd
herabfahren, er würde, sagt er, sich nicht bedenken, es auszu=
sprechen. Alles lieber als Ruhe! ist seine Losung. Ruhe ist
Hölle für ein starkes Herz; es giebt eine Glut der Seele, die
einmal entzündet, niemals erlöschen kann, sondern in immer
wilderen Flammen empor zu lodern strebt. Ein Fieber ist's,
verhängnisvoll für Jeden, den es trifft. Dies, sagt er, —

Dies macht die Tollen, die der Menschen Kinder
Toll machen, Welteroberer, mächt'ge Herrn,
Propheten, Sektenstifter, und nicht minder
Sophisten, Barden, — alles, was zu gern
Aufrührt der Seele tiefsten Born und Kern,
Sie selbst, die Thoren derer, die sie thören,
Glücklich gepriesen, und vom Glück so fern . . .

Ihr Odem ist Tumult, ihr Leben Krampf,
Ein Sturm, der sie dahin trägt in den Tod,
Und doch so brennend und genährt vom Kampf,
Daß, wenn einmal, verschont von Erdennot,
Ihr Tag hinschmilzt in stilles Abendrot,
Dann Gram und Ueberdruß ihr Mark verheert,
Wie Feuer, welchem niemand Nahrung bot.

Ach, ruft Harold aus,

Wir welken früh und keuchen hin durchs Leben,
Krank — krank, kein Durst gelöscht, kein Lohn gebucht,
Bis ganz zuletzt, am Saum des Grabes eben,
Ein Trugbild winkt, wie wir es stets gesucht,
Zu spät! — und doppelt sind wir so verflucht.
Lieb', Ehrsucht, Habgier — alles einerlei,
Gleich eitel alles, alles gleich verrucht,
Sternschnuppen bloß, was auch ihr Name sei,
Und mit dem schwarzen Qualm des Todes ist's vorbei.

O Menschenleben, im Akkord des Alls
Bist du ein falscher Ton, bist schwere Last,
Ein unvertilgbar Mal des Sündenfalls,
Ein ries'ger Upasbaum, der Wurzel faßt
Auf Erden, während Laub und Zweig und Ast
Die Himmel sind, die Unheil niedertaun,
Pest, Knechtschaft, Tod, — was du vor Augen hast,
Und schlimmres Unheil noch, das wir nicht schaun,
Das die gequälte Brust durchbohrt mit ew'gem Graun.

Aus all diesem brütenden Mißmut, mit welchem der
Gedanke an das allgemeine Elend („Weltschmerz" nennen ihn
die Deutschen mit einem eigentümlichen Ausdruck) unvermeidlich
die Seele belastet, war schon in den ersten Gesängen „Childe
Harolds" die Freiheitsliebe, als die dritte Grundstimmung
des Gedichtes, die einzige erlösende Macht, die einzige, welche
dem Leben eine praktische Aufgabe zuwies. Schon in Portugal hatte Harold ausgerufen:

Ach, daß sein Wall ein freies Volk umhegte

und den Spaniern hatte er ins Ohr gesungen:

Auf, Söhne Spaniens! Eure Göttin ruft,
Die Ritterehre!

Schon damals rief er dem unterjochten Griechenvolke, das sich
beständig nach auswärtiger Hilfe umsah, die Mahnung zu:

> Ihr erblichen Leibeignen! wißt ihr's nicht?
> Wer frei sein will, der schlage selbst die Schlacht!
> Sein rechter Arm ist's, der den Sieg ersicht.
> Hofft ihr auf Galliens oder Moskaus Macht?
> Sie beugt vielleicht des Räubers Trotz, doch sacht
> Sie nie der Freiheit Herd zu neuem Brande . . .
>
> Bis Lacedämons Helden auferstehn,
> Bis Theben greift zu sieggewohnten Speeren,
> Bis wieder Herzen schlagen in Athen,
> Bis Griechenmütter Männer einst gebären,
> So lange wird, so lang, die Knechtschaft währen.

Aber seine Freiheitsliebe war damals rein politischer Natur,
es war der Zorn des freigeborenen Engländers darüber, daß
er die fremden Völkerstämme außer Stand sah, ein Joch der
Fremdherrschaft abzuschütteln, das sein eigenes Volk nie ge=
tragen hatte und unmöglich je tragen würde. Jetzt faßt er
die Freiheit in des Wortes weitester und voller, allgemein
menschlicher Bedeutung auf. Jetzt fühlt er, daß der freie
Gedanke der Ausgangspunkt alles geistigen Lebens ist. Ja,
sagt er (Gesang IV, Str. 127. Vgl. „Don Juan", Gesang IX,
Str. 24):

> Ja, lasset kühn uns grübeln, ohne Wanken!
> Es wär' ein feiger, schmählicher Verzicht,
> Die letzte Burg, die Rechte der Gedanken
> Zu opfern. Diesem Recht entsag' ich nicht.
> Ob man die Götterkraft die in uns spricht,
> Auch kette, foltre, beuge, banne, binde
> Und schul' in Dunkelheit, auf daß vom Licht
> Der Geist nicht plötzlich sich geblendet finde, —
> Der Strahl bricht durch! denn Zeit und Kunst heilt ja
> 　　　　　　　　　　auch Blinde.

Und er will nicht bloß grübeln, er will handeln. Er ruft
die Zeit, die große Rächerin, an, er mahnt sie daran, daß er
mit Ruhe und Stolz den Haß der Welt ertragen habe - -

und er hat jegliche Art von Haß erlitten*) — und er schließt
mit dem Gebete:

O sei dies Eisen nicht umsonst getragen
In meiner Seele!

Wenn er daher jetzt wieder von Land zu Land reist,
so schwindet seine persönliche Trauer beim Anblick von Roms
ungeheuren Ruinen, und wie jener Sulpicius, dessen Empfindungen Chateaubriand dem Helden in seinen „Märtyrern"
aneignete), fühlt er die Kleinheit seines Geschickes im Vergleich mit dem, welches die Städte Griechenlands von der Erde
hinweggefegt hat.**) Und wenn er, sich nicht mit bloßen Gedanken der Freiheit begnügend, den Blick nach außen wendet
und sich mit den großen politischen Kämpfen beschäftigt, so
wiederholt er nicht bloß die alten Apostrophen an die Gefallenen, wie z. B. wenn er (IV, 14) der Stadt Venedig zuruft, daß sie Jahrhunderte des Ruhms im Schlamme der
Knechtschaft ersäuft habe, und daß es besser gewesen, sie
selbst wäre im Meere versunken, statt solche Schmach zu erleben; nein, er wendet sich keck wider die Mächtigen, wider
die Sieger von Waterloo, die er spöttisch Napoleons Affen
nennt, und blickt von der politischen Außenseite der Kämpfe
auf ihren sozialen Kern. Freilich, sagt er, (III, 82) hat
Frankreich Ruinen auf Ruinen uralter Vorurteile, die seit An-

---

*) Vom schwersten Unrecht bis zum feigsten Hohn,
Litt ich nicht alles? Schmähung laut und leis,
Der schäumenden Verleumdung frechsten Ton,
Das flüsternde Gezisch im engsten Kreis,
Und jener Nattern feintres Giftgeschmeiß . . .
Childe Harold, IV, 136.

O Rom! du meine Heimat! Stadt der Seele!
Verwaistes Herz, es lehre ein bei dir,
Einsame Mutter toter Reich', und hehle
Beschämt sein Zwergenweh! — Was murren wir?
Childe Harold, IV, 78.

Da wo der Freund des Weisesten in Rom,
Der Freund des Tullius, fuhr gen Griechenland,
Da fuhr auch ich auf blauem Meeresstrom.
Childe Harold, IV, 44.

**) Vergl. Brandes, Die Reaktion in Frankreich, 5. Aufl. 1897 S. 172.

21*

beginn der Zeiten gelebt, empor getürmt, und wir sehen jetzt
aus dem Schutt Gefängnisse und Throne neu erstehen —

> Das aber wird nicht dauern! Ihre Stärke
> Hat endlich doch die Menschheit wohl erkannt.

Und hat Frankreich sich auch in Blut berauscht, bis es Greuel=
thaten ausspie (IV, 97, 98 u. 136):

> Doch, Freiheit! dein zerrissnes Banner wallt
> Wie Donnerwolken gegen alle Winde,
> Und dein Trommetenruf ersterbend schallt,
> Als ob sein Echo niemals wieder schwinde.
> Dein Baum verlor die Blüten, und die Rinde,
> Vom Beil zerhackt, scheint rauh und welk zu sein;
> Jedoch der Saft lebt, und den Samen finde
> Ich tief gesät bis in die Wüstenein,
> Und minder bittre Frucht bringt neuer Lenz dir ein.

> Ich habe doch gelebt! und nicht vergebens:
> Ob dieser Geist erlahmt, dies Herz versiegt,
> Ob dieser Leib zerbricht im Kampf des Lebens,
> Eins ist in mir, was Zeit und Qual besiegt,
> Was atmen wird, wann dieser Hauch verfliegt;
> Ein etwas, das ihr Ohr noch nie vernahm,
> Wie Nachhall der verstummten Harfe, wiegt
> Einst ihren Groll in Schlaf.

So verschmelzen in diesem wunderbaren Gedichte die
Grundstimmungen der Einsamkeit, der Melancholie und der
Freiheitsliebe, und so erweitert und vertieft sich das Seelen=
leben des Dichters mehr und mehr, je weiter das Werk von
Gesang zu Gesang fortschreitet. Wordsworth hatte sein Ich
zum Organ für England gestaltet, Scott und Moore hatten
den Gefühlen Schottlands und Irlands in ihren Liedern Luft
gemacht; aber Byrons Ich ist das allgemein menschliche,
seine Sorgen und Hoffnungen sind die der ganzen Menschheit.
Nachdem dies Ich sich mit männlicher Kraft in sich selbst
zurückgezogen und in seine einsame Trauer versenkt hat, er=
weitert sich sein Schmerz zur Trauer über alles Elend des
Menschenlebens, die harte, egoistische Rinde wird gesprengt,
und die tiefe Freiheitsbegeisterung bricht sich Bahn, um die

ganze Mitwelt des Dichters zu umfassen und emporzuheben*).
Dann hält der Dichter seinen Gottesdienst und sammelt an-
dächtig seine Seele. Er verschmäht alle „Götzenhäuser",
gothische Kirchen so gut wie griechische Tempel, und wie die
alten Perser ihren Altar auf den höchsten, weltüberschauenden
Bergen errichteten, so beugt er sein Haupt in der großen Kirche
der Natur, die aus Erde und Luft besteht („Childe Harold",
III, 91).

20.
Der revolutionäre Geist. — Byron.

Nachdem er das Schlachtfeld von Waterloo besucht hatte,
reiste Byron den Rhein hinauf nach der Schweiz, wo er am
Genfer See seinen Wohnsitz nahm. In einer der dortigen
Pensionen traf er mit dem um vier Jahre jüngeren Shelley
zusammen. Shelley hatte ihm seinerzeit „Die Königin Mab"
zugesandt; aber der Begleitbrief war verloren gegangen, und
so hatte sich keine Korrespondenz daraus entsponnen. Er war
vierzehn Tage früher dort angelangt, begleitet von Mary Godwin und einer Halbschwester derselben, Miß Jane Clairmont,
die schon in London leidenschaftlich für Byron geschwärmt hatte.
Byrons natürliche Tochter Allegra ist die Frucht der kurz
dauernden Verbindung, die jetzt zwischen ihm und der jungen
Dame stattfand.

---

*) In der „Christlichen Ethik" von Johannes Martensen, S. 228,
heißt es von Byron: „Aber nehmen wir ihn in seiner Ganzheit, so
muß man gewiß sagen, daß sein Glaube an das politische Freiheitsideal
nicht entfernt so stark war, wie seine Verachtung der Welt, die so schlecht
ist, daß kein Freiheitsideal darin verwirklicht werden, kein wahrer Fortschritt sich vollziehen kann," — eine Aeußerung, die sich weder verteidigen
läßt, noch von dem Verfasser in seinem Buche begründet wird. Byron
soll dort in die Kategorie „Pessimismus" aufgehen. In Gr. Thomsens
Dissertationsschrift „Ueber Lord Byron", einer in spekulativstem Sinne
verfaßten Arbeit, heißt es gesünder: Die jungen Dichter (in Frankreich)
wurden sich erst durch das Studium von Byrons Poesie des Prinzips
der Revolution selber, des freien Gedankens, klar bewußt."

Während des Zusammenlebens mit Shelley erhielt Byrons Geist einige der stärksten und tiefsten Eindrücke, für welche er empfänglich war. Der erste große Eindruck war der von Shelleys Persönlichkeit und Lebensanschauung. Zum erstenmal in seinem Leben stand Byron einem ganz modernen und ganz emanzipierten Geiste gegenüber. Bei all seinem genialen Vermögen, sich das, was mit seiner Natur übereinstimmte, zu eigen zu machen, war ihm, litterarisch wie philosophisch, nur eine halbe Bildung zuteil geworden, und er hatte sich beständig mehr von Sympathien, als von Ueberzeugungen leiten lassen. Jetzt trat ihm Shelley, von der Begeisterung eines Apostels durchglüht, und längst über jeden Zweifel hinaus, als ein echter Priester des Humanismus entgegen. Weder das zerstreuende Leben in den Londoner Salons, noch der zermalmende Druck schwerer Schicksale hatten Byron die Gemütsruhe vergönnt, viel über metaphysische Probleme oder über die Reform der Menschheit nachzusinnen; er war allzusehr mit sich selbst beschäftigt gewesen. Jetzt begegnete er gerade an dem Punkte seiner Dichterlaufbahn, wo das Ich in ihm aufzutauen begann, dem Geiste, der ihm die Feuertaufe gab. Seine Seele erschloß sich ganz dem neuen Einflusse, und in einer Reihe von Dichtungen, die er jetzt verfaßte, ist derselbe deutlich zu spüren. Die vielen pantheistischen Aeußerungen im dritten Gesange des „Childe Harold" sind unzweifelhaft sämtlich Resultate von Gesprächen mit Shelley, vor allem ist die schöne Stelle von der allmächtigen Liebe als dem Geiste der Natur (III, 100) ein Ausdruck der Lehre Shelleys von Liebe und Schönheit als mystischen, die Welt umspannenden Mächten. In einer seiner Tagebuchsnotizen aus dieser Zeit geht Byron sogar so weit in Shelley'schem Pantheismus, daß er die Stimmung, welche Clarens und Meillerie, den Schauplatz von Rousseaus „Neuer Heloise", umschwebt, „eine „Stimmung von höherer und umfassenderer Art" nennt, „als die Sympathie mit einer einzelnen Leidenschaft:" „es ist," sagt er, „das Gefühl von der Existenz der Liebe in der höchsten und weitesten Bedeutung dieses Wortes und von unserem eigenen Teilnehmen an ihrem Segen und Ruhm; es ist das große Prinzip des

Universums, das hier in verdichteterer Gestalt, als irgendwo anders, zugegen ist, und in welchem wir, obschon wir wissen, daß wir Teil daran haben, unsere Individualität verlieren, während wir in der Schönheit des Ganzen aufgehen." Eine äußerlichere Einwirkung Shelleys läßt sich in den Geister-szenen des „Manfred" und besonders im dritten Akte dieses Dramas nachweisen, dessen Umarbeitung auf seinen Rat er-folgte. Endlich hätte „Kain", selbst wenn Shelley, wie er be-hauptet, keinen direkten Anteil an der Komposition dieser Dichtung hatte, sicherlich nie das Gepräge, welches das Werk trägt, erhalten, wenn man sich Shelley aus Byrons Leben wegdenken könnte.

Die beiden Dichter besuchten Chillon und die ganze Um-gegend miteinander, und so empfing Byron den zweiten großen Eindruck, welcher produktiv auf ihn wirken sollte, den Ein-druck der Alpenkette. Es war eine Erquickung für ihn, welcher noch vor Kurzem den Dunst der Londoner Gesellschaftssäle eingeatmet hatte, sein Auge auf dem ewigen Schnee ruhen zu lassen, wolkenhoch über dem Menschengewimmel die schneebe-deckten Firnen zu betrachten. Sein poetischer Vorgänger Chateau-briand verabscheute die Alpen, ihre Größe wirkte erdrückend auf seine Eitelkeit: Byron fühlte sich unter ihnen heimisch.

„Manfred", dessen eigentümlichsten dichterischen Wert man darin suchen muß, daß dies Gedicht eine Alpenlandschaft, und eine Alpenlandschaft ohne Gleichen, ist, ging direkt aus den Natureindrücken hervor. Taine hat sich zu dem starken Aus-drucke hinreißen lassen, daß Byrons Alpengeister im „Manfred" nur Theatergötter seien; aber Taine kannte, als er diese Aeußerung schrieb, selbst nicht die Schweiz. In keiner Um-gebung liegt der Uebergang dazu, die Natur zu personifizieren, näher, als hier. Selbst der gewöhnliche Reisende fühlt sich dazu versucht. Ich erinnere mich, daß ich eines Abends auf dem Rigi-Kulm stand und die schönen Seen zu Füßen des Berges und die kleinen Wolken betrachtete, die fern drunten über ihrem Spiegel dahinzogen. Plötzlich rollte vom Saume des Horizonts eine kleine weiße Dunstkugel heran. Als die-selbe eine Minute nachher den Pilatus erreichte, war es eine

ungeheure Nebelschicht. Mit rasender Hast verbreitete sie sich
über den Himmel und ließ die Zipfel ihres Wolkenmantels
meilenweit nach beiden Seiten hinausflattern. Sie senkte sich
über die Seeflächen hinab, hüllte die Felszacken ein, ritt über
die Bergrücken, vertiefte sich in die Schluchten, breitete dann
noch einmal ihre Flanken aus, wirbelte wie Rauch gen Himmel,
sank wie Blei auf die Städte, verlöschte alle Farben und zerfloß
als Grau in Grau. Die Weiße des Schnees, das Grün der
Bäume, die tausend Lichter und Farben der sonnebeschienenen
Wolken waren in einem Nu überschwemmt und verschwunden.
Der Blick, welcher eben noch frei über die unermeßliche Fläche
hinschweifte, heftete sich, unwiderstehlich angezogen, allein an
die unförmliche Masse, die schnellfliegend und gewaltig wie
ein Weltkörper in seinem frühesten Zustande auf den Beschauer
zuflog. Es war, als ob himmlische Heerscharen, als ob
hunderttausende lustiger Reiter in geschlossener Kolonne auf
geflügelten, lautlosen Rossen herangesaust kämen, unwidersteh=
licher als irgend ein irdisches Heer, spurlos alles hinter sich
vertilgend, wie asiatische Horden oder die Hunnen Attilas.
Ein Nordländer mußte unwillkürlich an den Kriegszug der
Vanen denken. In dem Augenblick, wo die Wolke den Rand
des Kulms erreichte, verloren die Draußenstehenden einander
aus dem Gesichte, einer nach dem andern verschwand in ihr,
dann klammerte sie sich feucht und dicht umschlingend um einen
jeden, schloß einem den Mund und legte sich schwer auf die Brust.

Naturschauspiele dieser Art haben den Stoff zu den
Geistererscheinungen geliefert, welche Manfred überfallen. Satz
für Satz aus Byrons Tagebüchern ist in sein Gedicht über=
gegangen, und nicht selten sind die Ausdrücke in ihrer ersten,
flüchtigen Gestalt fast noch ergreifender als im Gedichte. „Kam
nach Grindelwald. Aß dort zu Mittag. Ritt zu dem höheren
Gletscher hinan — derselbe glich einem gefrorenen Orkane
(„Which put on — The aspect of a tumbling tempest's
foam — Frozen in a moment" heißt es in „Manfred").
Sternhell, schön, aber ein verhenkerter Weg . . . etwas Blitz,
aber der Tag im Ganzen so schön wie der Tag, an welchem
das Paradies erschaffen ward. Ging durch ganze Wälder ver=

dorrter Tannen, alle verwittert, die Stämme abgeschält und ohne Rinde, die Äste tot; alles das Werk eines einzigen Winters — ihr Aussehen erinnerte mich an mich und die Meinigen." Alle diese Ausdrücke kommen leicht umgestaltet im Gedichte vor.

Aber wie reich an Ausbeute auch Byrons und Shelleys gemeinschaftliche Ausflüge waren, sie wurden ihnen doch auf mancherlei Art verbittert. Ihre reisenden Landsleute plagten sie überall mit ihrer Neugier und drangen sogar mit unglaub= licher Frechheit in Byrons Haus. Wehrte man sie ab, so pflanzten sie sich mit langen Fernrohren an den Ufern und Wegen auf, um ihre Beobachtungen anzustellen, guckten über die Gartenmauer und bestachen Gasthofskellner, wie später in Venedig Gondelführer, um Standalosa zu erfahren. Daß Byron und Shelley gemeinschaftlich mit zwei Schwestern lebten, war das erste Gerücht, das man in Umlauf setzte, und je mehr das Volksgeschwätz die beiden Dichter in eingefleischte Teufel ver= wandelte, einen desto widerwärtigeren Charakter nahmen diese Gerüchte an. Man kann sich also nicht darüber wundern, daß, als Byron eines Tages zu Coppet in das Wohnzimmer der Frau von Staël trat, eine englische Dame, Mrs. Hervey, eine alte fromme Romanschriftstellerin, bei diesem Anblick in Ohn= macht fiel, als hätte sie, wie Byron sagt, „Se. satanische Majestät selber" herantrieseln sehen.

Wenn wir die Ursache dieses, uns jetzt so lächerlichen Entsetzens vor Byrons Person recht begreifen wollen, so werden wir zu dem letzten großen Eindrucke hingeführt, den Byron während seines Aufenthaltes am Genfer See empfing, — näm= lich den Eindruck einer bestimmten Verleumdung, die über ihn verbreitet worden war, deren Beschaffenheit und Umfang er jetzt erst erkannte. Es ist dieselbe, welche Mrs. Beecher Stowe vor einigen Jahren der Welt als eine vertrauliche Mitteilung zum Besten gab, die sie von Lady Byron erhalten habe, „während ein himmlischer Glanz das ätherische Antlitz dieser Dame umfloß," — die Geschichte von dem verbrecherischen Verhältnisse zwischen Byron und seiner Schwester, Mrs. Augusta Leigh. Diese Geschichte war im Lauf der Jahre bei Lady

Byron zu einer so fixen Idee geworden, daß sie, wie eine
1869 erschienene Schrift, „Medora Leigh", beweist, nicht ein=
mal Anstand nahm, einer Tochter von Augusta Leigh, welche
sich in bedrängten Verhältnissen an sie wandte, mitzuteilen,
daß sie keine Tochter des Oberst Leigh, sondern ein Kind Lord
Byrons und seiner Halbschwester sei. Sie erklärte zugleich,
daß sie stets für ihren Unterhalt sorgen werde, was zu thun
sie später gänzlich vergaß.

Von dieser Anschuldigung hat Byron in dem Augenblick,
als er England verließ, offenbar nichts oder so gut wie nichts
gewußt. Er hat schwerlich alle Zeitungsartikel gegen sich ge=
lesen. Er sagt selber: „Erst ziemlich lange nach meiner Ab=
reise unterrichtete man mich über die ganze Verhaltungsweise
und Sprache meiner Feinde. Meine Freunde hätten mir vieles
sagen sollen, was sie mir verschwiegen." Erst in der Schweiz
erfuhr er alles durch einen Freund. Hierdurch erlangt man
auch erst das rechte Verständnis der aus der Schweiz an
Augusta gerichteten Gedichte. So heißt es in „Childe Harold"
(III, 55):

> Und eine sanfte Brust, wie ich erzählt,
> War ihm verbunden durch ein stärkres Band,
> Als es die Kirche schürzt. Zwar unvermählt,
> Doch rein war diese Liebe; sie bestand
> Die Prüfung tiefsten Hasses Hand in Hand,
> Gestählt in tödlichster Gefahr, die mehr
> Als alles Frauenherzen übermannt.
> Ihr Herz blieb fest und wohl war seines schwer,
> Als diesen Gruß er ihr heimsandte übers Meer.

Die Strophen an Augusta enthalten ähnliche Ausdrücke und
die Zeile: „Ob verleumdet, doch wanktest du nicht" (in dem
zweiten der Gedichte an sie) beweist, daß auch sie von diesen
schändlichen Gerüchten wußte.

Erst jetzt erklärt sich auch der in der Schweiz eingetretene
plötzliche Umschlag in Byrons Stimmung gegen seine frühere
Gemahlin. Er, welcher in der ersten Zeit nach der Scheidung
sagt, „er glaube kaum, daß ein fröhlicheres, besseres, liebens=
würdigeres, angenehmeres Wesen als das ihre, zu finden sei,"

und welcher seiner Heftigkeit und Unbesonnenheit alle Schuld
gab, sieht jetzt nur die Schattenseiten ihres Charakters, und
unter dem hier geschilderten überwältigenden Eindruck beginnt
er den unschönen Krieg gegen ein Weib, der sonst so unwürdig
erscheinen müßte, und entwirft das harte Portrait von ihr als
Donna Inez im ersten Gesange des „Don Juan".

Der entscheidende und wahrhaft zermalmende Beweis
gegen Lady Byron kam im Oktober 1869 in der „Quarterly
Review" ans Licht. Es wurden dort nämlich sieben Briefe
und Billets abgedruckt, welche Lady Byron nach der Katastrophe
an Mrs. Leigh geschrieben hat, und welche von Zärtlichkeit
und liebevollen Versicherungen überströmen. Es heißt darin:
es sei ihr „ein großer Trost," zu wissen, daß Mrs. Leigh
bei ihrem Gemahl sei; sie müsse jetzt freilich auf das Recht
verzichten, „ihre teuerste Augusta" ihre Schwester zu nennen,
doch hoffe sie, dies werde der gütigen Gesinnung, welche Mrs.
Leigh immer für sie gehegt habe, keinen Abbruch thun. „In
diesem Punkte wenigstens" (!) schreibt sie, bin ich die Wahrheit
selbst, wenn ich sage, daß, wie meine Lage sich auch gestalten
möge, niemand existiert, dessen Verkehr mir teurer ist oder
mehr zu meinem Glücke beitragen kann. Diese Gefühle werden
unter keinen Verhältnissen eine Aenderung erfahren können.
Solltest Du mich verurteilen, so werde ich Dich darum doch
nicht weniger lieben." So hat Lady Byron an diejenige geschrieben, welche sie viele Jahre nachher als die Schuldige
hingestellt hat, die sie aus dem Hause ihres Gatten vertrieb.
Ja, noch mehr, der freundschaftliche Briefwechsel zwischen
Lady Byron und Mrs. Leigh dauerte fort bis an Byrons
Tod. Noch Byrons letzter unvollendeter Brief beginnt mit
den Worten: „Meine liebste Augusta! Vor wenigen Tagen
erhielt ich Deinen und Lady Byrons Bericht über Adas Gesundheitszustand." Und nun sollen wir glauben, daß Lady
Byron ihr ganzes Lebenlang Augusta, welche fortwährend das
versöhnende Mittelglied zwischen den Ehegatten blieb, als die
unnatürliche Verbrecherin betrachtet habe, welche die Mitschul-
dige an dem Unglück ihres Lebens gewesen sei. Welches
Chaos von Lüge und Wahnwitz!

Wahnwitz ist das richtige Wort; denn, sagt die „Quarterly Review", wie Lady Byron von Anfang an keine andere Erklärung, als Irrsinn, für die Handlungsweise ihres Mannes finden konnte, so können wir uns heutigentages die ihrige nicht anders, als durch Gemütskrankheit, erklären. „Aber es ist ein bemerkenswerter Unterschied zwischen ihrer und Byrons Krankheit. Seine Monomanie bestand darin, ein unmöglicher Sünder, die ihrige darin, eine unmögliche Heilige sein zu wollen. Er that in seinen Wahnsinnsstimmungen alles Erdenkliche, seinen Ruf anzuschwärzen, und sie nahm seine Selbstanklagen, die oft nur schlechte Witze und Mystifikationen waren, für baren Ernst. Ihre Halluzinationen dagegen gingen darauf aus, den Namen und den Ruf derer, die ihr am nächsten standen und die ihr hätten am teuersten sein sollen, zu untergraben. Welche dieser Geistesverirrungen war hier wohl die gefährlichste und unliebenswürdigste!"*)

Byrons letzter Eindruck in der Schweiz war also der Druck der entsetzlichen Verleumdung, unter welcher er sich wand. Seine Gedanken kehrten selbstverständlich immer aufs neue zu derselben zurück, und nach Künstlerart begann er sich tiefer und tiefer in sie hinein zu dichten. George Sand hat einmal in einem Briefe an Sainte-Beuve ihre Natur und die Dichternatur überhaupt mit ein paar kecken Zügen geschildert. Sie spricht von dem Philosophen Jouffroy, der ihr vorgestellt zu werden gewünscht hat, aber vor dem als einem allzu strengen und geistig allzu schwerfälligen Moralisten sie einige Furcht hegt. „Jouffroy", schreibt sie, „ist offenbar ein Mann, der, wenn die Rede auf das Menschenfleischessen käme, ausrufen würde: „Es ist einem wirklichen Menschen niemals eingefallen, Menschenfleisch zu essen!" Sie dagegen mit Ihrem weiteren Blick würden sagen: „Es soll Menschen geben, die wirklich Menschenfleisch essen." Ich dagegen würde sicherlich denken: „Wie mag doch Menschenfleisch schmecken?" — tiefe Worte die an sich eine Definition des Wesens des Dichters

---

*) „Quarterly Review" vom Oktober 1869. — Vergl. Karl Elzes vortreffliche Schrift über Lord Byron, 3. Aufl. S. 183.

im Gegensatz zu dem Wesen des Beobachters und des Mora=
listen enthalten.

Der starke Drang, seiner Einbildungskraft und seiner
Reflexion jedes Experiment zu gestatten, über dasjenige nach=
zusinnen und zu phantasieren, was die Menschen im Allge=
meinen fürchten und verabscheuen, war Byron im höchsten
Grade eigen. Die bekannte Anekdote, welche so großes Ent=
setzen erregt hat, daß er einmal mit einem kleinen Messer in
der Hand ausrief: „Ich möchte wissen, wie einem zu Mute
ist, der einen Mord begangen!" hat keine andere Bedeutung.
Es lockte ihn, sich in das Schuldbewußtsein einer verbrecherischen
Liebe hinein zu grübeln, nicht minder, als es ihn lockte, sich
in das Schuldbewußtsein eines Mörders hinein zu dichten.
Seine frühesten Helden, wie der Gjaur und Lara, haben einen
geheimnisvollen Mord verübt, und es ist bekannt genug, daß
man ohne weiteres Byron dies Verbrechen seines Helden zu=
schrieb, ja, selbst der alte Goethe ließ sich durch das Geschwätz
der Leute dazu verleiten, in seiner Besprechung des „Manfred",
das kindische Ammenmärchen „höchst wahrscheinlich" zu nennen,
wonach Byron in Florenz (wo er obendrein nur einen einzigen
Vormittag gewesen war) eine Liebesaffäre mit einer jungen
Frau gehabt haben sollte, die von ihrem Gatten getötet worden
sei, und deren Tod Byron wieder gerächt habe, indem er
ihrem Mörder das Leben nahm. Ganz wie man früher den
Beweis für seine Mordthaten in Laras tragischen Mienen zu
finden glaubte, hat man in unseren Tagen einen Beweis für
seinen Incest in Manfreds Verzweiflung und in Kains Ehe
mit seiner Schwester erblicken wollen. Es kann nicht Wunder
nehmen, daß Byron und Moore einmal daran dachten, eine
phantastische Biographie des Lord Byron zu verfassen, in
welcher er so viele Mitglieder des einen Geschlechts umge=
bracht und so viele Mitglieder des anderen verführt haben
sollte, daß man hoffen durfte, allen übrigen Anekdotensammlern
durch Ueberbietung den Mund zu stopfen. Sie gaben den
Plan nur aus der Besorgnis auf, daß die Naivetät des
Publikums den Scherz für Ernst nehmen möchte.

Manches Gespräch zwischen Shelley und Byron hat sich

daher wahrscheinlich aus leicht erklärlichen Gründen um die
Liebe zwischen Bruder und Schwester gedreht, um so mehr,
als dasselbe unfruchtbare Problem auch den jüngeren Dichter
beschäftigte. Byron irritierte namentlich der Umstand, daß die
Frommen mit dieser Verirrung so streng ins Gericht gingen,
während sie doch selbst dogmatisch lehrten, daß die Menschheit
als von einem einzigen Paare abstammend, sich durch Ge=
schwisterheirat vermehrt habe. Deshalb betont er in „Kain",
daß Kain und Adah Geschwister sind, und läßt Lucifer der
Letzteren erklären, daß die Liebe zu ihrem Bruder bei ihr keine
Sünde sei, was sie aber bei ihren Nachkommen sein werde,
worauf Adah sehr logisch erwidert:

> Was ist Sünde, die
> Nicht Sünd' an sich ist? Macht ein äußrer Umstand
> Sünd' oder Tugend?

Als Produkt aus allen hier angedeuteten psychologischen
Elementen gingen „Manfred" und „Kain" hervor. Das erste
dieser Werke ist das minder bedeutende und verträgt sicher
durchaus nicht den Vergleich mit Goethes „Faust", zu welchem
es auffordert, und welcher so häufig angestellt worden ist.
Goethe selbst bemerkt, es ließe sich eine schöne Vorlesung dar=
über halten; aber dieselbe ist nachgerade oft genug gehalten
worden, und kaum jemals mit größerer Originalität und Be=
gabung, als von Taine.

Nur in einem einzigen Punkte erhebt „Manfred" sich
über „Faust". Für den Kritiker giebt nichts einen besseren
Wertmesser für die verschiedenen Partien eines Werkes ab, als
der Umstand, was er nach Jahren von einem Gedichte in der
Erinnerung behalten hat, und ich weiß bestimmt, daß das
einzige, was, nachdem ich „Manfred" ein Jahrzehnt nicht ge=
lesen hatte, in meinem Gedächtnisse haftete, die Szene war,
wo er, der sich doch selbst so strenge beurteilt, in seinem Todes=
augenblick, nachdem er den Abt und dessen Trost zurückgewiesen
hat, mit festem Stolz und tiefer Verachtung die bösen Geister
fortsendet, mit denen er nichts gemein und denen er nie die
geringste Macht über sich eingeräumt hat. Der Gegensatz zu

„Faust", welcher sich dem Mephistopheles verkauft und vor
dem Erdgeiste aufs Knie sinkt, ist hier frappant. Dem eng=
lischen Dichter stand das Ideal selbständiger Mannheit vor
Augen, zu welchem der deutsche sich nicht erhoben hat, und
sein Held ist ebenso typisch Mann, wie Goethes Held der
Typus des Menschen ist. Im Tode wie im Leben allein,
ist er ohne Verkehr mit der Hölle, wie ohne Verhältnis zum
Himmel. Er ist sein eigener Ankläger und sein eigener Richter.
Die ganze männliche Moral Byrons liegt hierin. Auf den
einsamen Höhen jenseits der Schneelinie, wo menschliche Schwäche
und Weichheit nicht mehr gedeihen, atmet seine Seele erst
leicht, und die Alpenlandschaft gestaltet sich naturgemäß zum
Rahmen für die mit ihrer strengen Wildheit verwandte Haupt=
person.

Aber in „Manfred" kommt nur die selbstische Seite von
Byrons Dichterseele zum Vorschein. Seine tiefe, allgemein
menschliche Sympathie sprach sich zum ersten Male ganz in
„Kain", dem dramatischen Gegenstück zu „Manfred", aus.
„Kain" ist Byrons Glaubensbekenntnis, d. h. das Bekenntnis
all seiner Zweifel und all seiner Kritik. Wenn man bedenkt,
daß er weder wie Shelley und die großen Dichter Deutsch=
lands, auf dem Wege der Reflexion sich eine freie, humane
Weltanschauung erkämpft, noch, wie die Dichter unserer Zeit
eine wissenschaftliche Naturkunde und eine wissenschaftliche
Kritik der biblischen Schriftdenkmäler als Voraussetzung für
alle Grübeleien und Träumereien über die Lebensauffassung
der Vergangenheit und Gegenwart hinter sich hatte, so muß
man bewunderungsvoll über die Energie und den Ernst er=
staunen, womit er hier alle höchsten Lebensprobleme ergriff.

Als Privatperson war Byron sicherlich eben so unfertig
in seiner Freidenkerei, wie er dilettantisch in seiner Politik
war. Sein klarer Verstand empörte sich gegen den Glauben
an das Absurde; aber er war, wie die meisten großen Männer
zu Anfang des Jahrhunderts, d. h. vor der Entwicklung der
Religions= und Naturwissenschaft, zugleich skeptisch und aber=
gläubisch. Er hatte schon als Kind Widerwillen gegen die
Religion bekommen; seine Mutter schleppte ihn regelmäßig in

die Kirche, und er rächte sich dadurch, daß er sie mit Steck=
nadeln stach, wenn er sich allzu sehr langweilte. Als Jüng=
ling wurde er durch den starren Buchstabenglauben der eng=
lischen Kirche mit ihren 39 Artikeln gereizt und schrieb in sein
„Memorandum“, daß es eben so nutzlos sei, die Vernunft=
untersuchung zu verbieten, wie einem Wachenden zuzurufen:
„Wache nicht, sondern schlafe!“ Der Glaube an eine ewige
Hölle war ebenfalls der Gegenstand seiner beständigen Scherze.
Er schreibt 1822 an Moore: „Erinnern Sie sich der Antwort
Friedrichs des Großen auf die Klage der Bauerngemeinde,
deren Pfarrer gegen die Ewigkeit der Höllenqualen gepredigt
hatte. Sie lautete: „Wenn meine lieben, getreuen Unterthanen
in Schraufenhaufen es vorziehen, ewig verdammt zu sein, so
steht ihnen solches frei.““ Und entsetzlich war es für Byrons
Landsleute, im „Don Juan“ „alten Ruhm und wahre Reli=
giosität“ als die besten Beruhigungsmittel für erhitzte Gemüter
angeführt zu sehen.

Er verabscheute die Pfaffen und ruft bei Trelawney aus:
„Wann haben die Pfaffen das Genie beschützt? Wenn einer
von ihrer schwarzen Bande zu denken wagt, wird er ausge=
trommelt, wie Sterne oder Swift,“ und bei Moore thut er
den Ausspruch: „Die Schurken von Pfaffen haben der Reli=
gion mehr Schaden zugefügt, als alle Ungläubigen.“ Allein
bei all seinen Witzen und Ausfällen fühlte er sich doch unsicher.
Er wagte nicht, den Resultaten, zu welchen Shelleys Reflexion
denselben geführt hatte, seine Beistimmung zu geben, und er
ließ seine kleine uneheliche Tochter in einem Kloster erziehen,
damit das Kind nicht durch die freidenkerischen Gespräche
Shelleys und seiner Gattin beeinflußt würde. Ein schöner
und charakteristischer Brief Shelleys ist ein entscheidendes
Zeugnis für Byrons Unsicherheit. „Lord Byron,“ schreibt
derselbe, „hat mir einen oder zwei Briefe Moores vorgelesen,
worin Moore sehr freundlich über mich spricht, und ich kann
mich nur geschmeichelt fühlen durch den Beifall eines Mannes,
dessen Ueberlegenheit über mich ich mit Stolz erkenne. Allein
Moore scheint meinen Einfluß auf Byron in religiöser Be=
ziehung zu fürchten und den Ton, in welchem „Kain“ gehalten

ist, einer Einwirkung von meiner Seite zuzuschreiben … Ich
bitte Sie, Moore zu versichern, daß ich nicht den geringsten
Einfluß auf Lord Byron in diesem Bezug habe; wäre das
der Fall, so würde ich ihn sicher anwenden, um aus seiner
Seele das Blendwerk des Christentums auszurotten, das trotz
seiner Vernunft beständig zurückzukehren und für Stunden der
Krankheit und des Unglücks im Hinterhalte zu liegen scheint.
„Kain" war viele Jahre zuvor empfangen und begonnen worden,
ehe ich Byron in Ravenna sah. Wie glücklich würde ich ge=
wesen sein, wenn ich mir einen selbst nur indirekten Anteil an
diesem unsterblichen Werke hätte zuschreiben können!"

Wir sehen also, daß Byron als Privatmann keineswegs
zu einer prinzipienfesten Lebensanschauung gelangt war. Allein
um so merkwürdiger ist es wahrzunehmen, wie in seiner poe=
tischen Produktion sein Genie ihn mit sich fortreißt, ihn groß
und siegreich in seiner Argumentation macht und ihn mit einer
Sicherheit ohne Gleichen die entscheidenden Punkte treffen läßt.
Und welche Revolution erfolgte in der europäischen Poesie, die
1821 bis an den Hals im Bibelglauben und in religiöser
Verdummung steckte, als „Kain" wie eine Aufruhrsbotschaft er=
schien! Der Eindruck läßt sich nur mit dem vergleichen, den
Strauß' „Leben Jesu" vierzehn Jahre später in der wissen=
schaftlichen Welt hervorbrachte. Die deutschen Dichter hatten
in ihrem freien Hellenismus die Bibel links liegen lassen.
Hier erhob sich ein anderer, minder zur Freiheit durchge=
drungener Dichter, der im Dogmenkäfig eingekerkert saß, aber
wie ein gefangenes Raubtier herumschritt und an den Stangen
des Käfigs rüttelte.

„Kain" ist nicht mit der zitternden Hast der Inspiration
geschrieben, das Stück stürmt und donnert nicht. Byron hat
es hier verstanden, zu thun, was für ungestüme Seelen das
Schwierigste und der Inbegriff aller Moral ist: seine Leiden=
schaft zu kanalisieren, d. h. ihren blinden Strom fruchtbar zu
machen. Das Stück ist die Arbeit eines Grüblers. Es ist das
Werk einer langsam bohrenden und höhlenden Reflexion, eines
zersetzenden Scharfsinns und einer zersplitternden Denkerkraft.

Nirgends gilt, wie hier, von Byron, was Goethe ihn als
Euphorion im zweiten Teile des „Faust" sagen läßt:

> Das leicht Errungene
> Das widert mir;
> Nur das Erzwungene
> Ergötzt mich schier

Aber die ganze hämmernde und zermalmende Maschinerie des
Geistes, die hier anscheinend so beherrscht und sicher geleitet
wirkt, ist durch eine entzündete und mächtig glühende Phantasie
in Schwung gesetzt, und tiefst innen schluchzt hier eine Seele.
Byron's Glaube ist ihm eben so sehr zu Statten gekommen,
wie sein Unglaube. Mit voller poetischer Naivetät geht er
auf die alttestamentarische Legende, wie sie vorliegt, ein. Er
behandelt die Gestalten der Mythe nicht als Symbole, sondern
als Realitäten, und er verfährt ehrlich, indem er so zu Werke
geht. Es fällt ihm leicht; denn seine Skepsis bewegt sich auch
innerhalb seiner Dichtung stets auf dem Boden der Tradition
und hat denselben zur Voraussetzung. Obendrein war er alt-
testamentarisch in seiner Geistesrichtung und in seinem Seelenleben. In seinem Innern zitterten Klagerufe gleich denjenigen
Hiobs als dieser Trost und Ermahnungen von seinen Freunden
empfing, in seinem Herzen erklang bei Tag und Nacht ein
Rachegeschrei gleich demjenigen David's. Die „Hebräischen
Melodien" sind ein Zeugnis dafür, wie natürlich das jüdische
Gewand den Formen seines Gefühls entsprach.

Indem Byron also jetzt mit voller Arglosigkeit auf die
Tradition eingeht und vorläufig die Vernunft unter ihr Joch
beugt, sehen wir in seiner Dichtung die menschliche Vernunft
sich unter diesem Joche winden, sich wider dasselbe erheben,
von dem Stachel gepeinigt werden, und wider den Stachel
löcken. Und was dies Schauspiel noch anziehender macht, ist
der Umstand, daß jene menschliche Vernunft noch jung und neu-
geboren ist. Auf den wahren Dichter wirkt der Aufgang der
Sonne so stark, als sähe er sie am ersten Schöpfungstage aufgehen; bei Byron hatten alle Zweifel und Fragen eine solche
Frische, daß sie dem ersten Frager und Zweifler in den Mund
gelegt werden könnten. Um diese Zweifel und Klagen zu gestalten, war nichts Geringeres erforderlich, als die ganze lange

Reihe menschlicher Generationen, welche unter der Grausamkeit des Lebens und der Absurdität ererbter Legenden geseufzt und geschmachtet hatten. Aber indem der angehäufte Schmerz von Jahrtausenden, die stets erhöhte Qual, die freie Menschen= vernunft auf der Folterbank des Glaubens festgeschraubt zu fühlen, hier dem ersten Empörer in den Mund gelegt ist, spricht er Alles so ursprünglich und naiv aus, als wäre die Gedankenarbeit von Millionen schon von diesem ersten denkenden Hirne vollbracht. Dieser gewaltige Widerstreit ist das Erste, was uns in der Dichtung ergreift.

Derjenige Teil des Dramas, in welchem einerseits alle inneren Widersprüche der jüdisch=christlichen Tradition, anderer= seits ihr Widerstreit mit der Vernunft aufgedeckt werden, der kryptopolemische Teil darin hat für uns heutzutage freilich ein ziemlich geringes Interesse; die Menschheit hat seit 1821 so viele Schritte vorwärts gethan, daß all diese Spitzfindigkeit, welche aufgeboten wird, um die Theologie des ersten Buches Mosis ad absurdum zu führen, sich für uns fast so ausnimmt, wie eine Polemik gegen den Glauben an Werwölfe. Aber in Wirklichkeit ist ja diese Polemik nur anscheinend buch= stäblich zu nehmen. Es konnte selbstverständlich nicht Byrons Absicht sein, gotteslästerlich zu schreiben; es wäre Wahnwitz, sich einer Kritik des höchsten, Alles umfassenden Wesens zu erdreisten. Was „Kain" bekämpft, ist in Wirklichkeit nur der Glaube, daß die Ordnung der Natur von ethischem Cha= rakter sei, daß das Gute, statt das Ziel des Menschenlebens zu sein, dessen Voraussetzung sein sollte. Man muß sich jedoch erinnern, daß die menschliche Sprache voller Worte ist, welche die Vergangenheit gebildet hat, und welche die spätere Zeit zu gebrauchen genötigt ist, da die Sprache keine anderen besitzt, obschon sie dieselben in immer neuem Sinne auslegt. Solche Worte sind z. B. Seele und Leib, Ewigkeit, Seligkeit, das Paradies, die erste Versuchung, der erste Fluch u. s. w., und Byron hat in seinem Gedichte alle Ausdrücke der Genesis beibehalten*). Zum andern wirkt also sein Drama durch

---

*) Renan bemerkt über dies Thema: Angenommen selbst, daß für uns Philosophen ein anderes Wort vorzuziehen wäre, ganz davon abge=

diesen zweiten, zum Nachdenken erweckenden Widerspruch, daß
alle die alten theologischen und barbarischen Worte beibehalten
sind, so daß ein ununterbrochener innerer Streit zwischen dem
Geiste des Gedichts und seinem Buchstaben besteht. Dieser
zweite Widerspruch erschüttert die Leser, welche der erste aus
dem Schlummer emporgescheucht hat.

Aber der Darlegung der Flachheit des gewöhnlichen
Theismus entspricht in diesem Drama das leidenschaftliche
Aussprechen des unendlichen Jammers des menschlichen Da-
seins. Nicht Pessimismus, wie man es mit einem leeren und
nichtssagenden Worte genannt hat, sondern das tiefe Gefühl
des nicht wegzudisputierenden menschlichen Elends liegt zu
Grunde. Weit tiefer als die Bitterkeit gegen die Weltmacht,
welche nur schafft, um zu zerstören, liegt in Byrons Seele
das Notwendigkeitsgefühl des grenzenlosen Mitleids Aller mit
Allen, das tiefe Mitgefühl mit all der Qual, welcher sich
unmöglich abhelfen läßt, aber gegen welche man sich unmöglich
verstocken kann. „Kain" ist eine Tragödie des Grundtragischen,
daß der Mensch geboren wird, leidet, schuldig wird und stirbt.
Byron motivirt die biblische Legende: Adam ist gezähmt, Eva
gebändigt, Abel ist ein sanfter und gehorsamer Knabe; Kain
ist die junge Menschheit, welche grübelt, forscht, begehrt und
verlangt. Er soll an dem Dankgebete teilnehmen. Weshalb
preisen und danken? Für das Leben? muß ich denn nicht
sterben? Für das Leben? hab' ich gewünscht zu leben? Für

das Leben? bin ich denn noch im Garten Eden? — Mit
welchem Recht leide ich? Für Adams Sünde? Was geht
mich Adams Sünde an? Weshalb wurde er versucht, sich zu
vergehen? Aus welchem Grunde ward der Baum gepflanzt,
wenn nicht für ihn? Weshalb wurde derselbe als der schönste
mitten im Garten in seine Nähe gesetzt? weshalb die Unschuld
durch Reizung ihrer Neugier in Versuchung führen? War
das gut, weil Gott es wollte? Ist das eine Antwort? Kann
der Gute Böses schaffen? und was anders schuf er? Und wenn
das Böse zum Guten führt, weshalb nicht gleich das Gute
thun? In tausendfachem Elend hat Gott sich vervielfältigt,
und doch ist er selig. Wie kann man glücklich sein, wenn
man's allein ist? selig, wenn man der Einzige ist, der sich
dessen erfreut? Und allein ist er, der unfaßliche unvertilgbare
Tyrann.

Wir sind Nichts ihm gegenüber. Wohlan! so will ich
wenigstens nicht Zufriedenheit mit meinem Nichts heucheln und
nicht froh meiner Qual erscheinen. Krieg Aller wider Alle
und wider alle Dinge, und Tod für Alle und Krankheit für
die meisten, und Tortur und Bitterkeit, das sind die Früchte
des verbotenen Baumes. Ist also das Los der Menschen
nicht elend: Nur ein Gutes gab uns der Schicksalsapfel:
Vernunft. Aber wer kann stolz auf eine Vernunft sein, die
an eine körperlich sich abplackende Masse und an die elenden
Bedürfnisse eines Wesens gekettet ist, dessen höchste Lust eine
süße Selbsterniedrigung, ein entnervendes und schmutziges
Blendwerk ist? Nicht das Paradies, sondern den Tod erhiel=
ten wir zum Erbteil auf dieser jämmerlichen kleinen Erde, der
Wohnstatt für Kreaturen, deren höchstes Glück darin hätte be=
stehen sollen, blind in dem Eden der Unwissenheit zu leben,
aus welchem die Erkenntnis wie Gift verbannt war. Und
nun der Gedanke, daß all dies Elend sich fortpflanzen und
vererben soll! Die ersten Thränen zu erblicken und schaudernd
zu begreifen, welches Meer von Thränen fließen wird! Wäre
es nicht besser, das zarte Kind wider den Fels zu schleudern,
und es gleich zu töten, um der Quelle des Jammers im
Entspringen Einhalt zu thun? Wäre es nicht unsäglich viel

beffer, wenn das Kind niemals geboren wäre? Woher nimmt Jemand den Mut, Kinder in eine solche Welt zu setzen? Und für diese Existenz soll ich Dankgebete gen Himmel senden? Das ist die Stimmung in Kain's Seele, als er genötigt wird, zum Opfer zu schreiten, und durch Lucifer's Reden ist dieselbe in ihm entwickelt worden. Denn Lucifer zieht die Marter der Kriecherei mit Hymnen und Harfen vor. Dieser Lucifer ist kein Teufel. Er sagt selbst:

> Wer sucht die Bitterkeit des Bösen
> Um ihrer selber willen? — Niemand! Nichts!
> Es ist der Sauerteig für alles Sein und Nichtsein.

Er ist auch kein Mephistofeles; von einem gelegentlichen leisen Scherz abgesehen ist er streng ernsthaft. Nein, dieser Lucifer ist wirklich der Lichtbringer, der Genius der Wissenschaft, der stolze und trotzige Geist der Kritik, der beste Freund der Men= schen, gestürzt, weil er nicht kriechen und lügen wollte, aber unbeugsam, weil er ewig wie sein Feind ist. Er ist der Geist der Freiheit. Aber eigentümlich genug! er ist nicht der klare und offene Kampf für die Freiheit, sondern die Freiheit, wie sie Verschwörer und Meuterer beseelt, finster und unheim= lich, lautlos auf verbotenen Wegen wandelnd, ein Freiheits= drang wie derjenige, welcher 1821 alle verzweifelnden jungen Freiheitskämpfer Europas beseelte.

In seinem Buche „Die Gerechtigkeit in der Revolution und der Kirche" ruft Proudhon dem Erzbischofe von Besançon zu: „Die Freiheit ist euer Antichrist. O komm, Satan, du von den Priestern und Königen Verleumdeter, laß dich von mir umarmen, laß dich an mein Herz drücken! Deine Werke, o du Gesegneter meines Herzens, sind nicht immer schön oder gut; aber du allein giebst dem Universum einen Sinn. Was wäre die Gerechtigkeit ohne dich? Ein Instinkt. Die Ver= nunft? Eine Gewohnheit. Der Mensch? Ein Tier." Der so verstandene Satan ist Nichts anders als die freie Kritik, und wäre Byron's Poesie nach ihm benannt worden, so hätte sie den Namen der „satanischen" führen können, ohne sich dessen zu schämen. Mit Hilfe Lucifers wird „Kain" ein Geisterdrama; denn Lucifer führt seinen Schüler durch den

Raum des Universums, zeigt ihm alle Welten mit ihren Be=
wohnern, das Reich des Todes und die in den Nebeln der
Zukunft ruhenden, noch ungeborenen Geschlechter. Von Kain
fordert er weder blinden Glauben, noch blinde Unterwerfung.
Er sagt nicht: „Zweifle an mir, und du sinkst hinab —
glaube, und du wirst emporgetragen!" Er macht nicht den
Glauben an ihn zur Bedingung für Kain's Errettung, und
fordert weder Kniefall, noch Dank. Er öffnet Kain die
Augen.

Dann kehrt Kain zur Erde zurück, und der erste Rebell
läßt den ersten Totschläger mit sich allein als Beute seiner
verzehrenden Zweifel. Es soll geopfert werden, und er soll
einen Altar wählen. Was sind ihm die Altäre? Nur Stein
und Rasen. Er, welcher das Leiden verabscheut, will keine
unschuldigen Tiere zu Ehren eines blutdürstigen Gottes schlach=
ten, er legt Früchte auf seinen Altar.*) Abel spricht sein frommes
Gebet nach der Schnur. Kain soll auch beten, Was soll
er sagen?

> Wenn Du beschwichtigt werden mußt durch Opfer,
> So nimm das meine, Gott! Liebst Du das Blut,
> So nimm das Opfer Abel's — — —
> Er, welcher diesen Altar aufgerichtet,
> Er ist, wie Du ihn machtest. Nichts begehrt er,
> Was man durch Knien gewinnt.

Da entzündet der Blitz das Opfer Abel's, und das Feuer vom
Himmel leckt begierig das Blut dieses Altars, während ein
Wirbelwind den Altar Kain's verächtlich niederwirft. Hat
Gott sich gefreut an dem Schmerz der blökenden Mütter, als
ihre Lämmer ihnen entrissen und zur Schlachtbank geführt
wurden? Fand er Gefallen daran, die Qual der armen
Tiere unter dem frommen Messer zu sehen? Kain's Blut
gerät in Wallungen, er will jenen Altar stürzen, allein Abel
hindert ihn daran und hält ihn zurück. „Hüte dich! Dein
Gott liebt Blut!" — Und von seinem Zorn, seinen Qualen
seinem Schicksal bethört, fällt Kain in die Schlinge, die

---

*) In diesem Punkte ist Shelley's Einfluß ersichtlich.

Jehova ihm gelegt hat, und begeht den ersten Mord, ohne
zu wissen, was ein Mord bedeutet, und bringt so selber den
Tod in die Menschenwelt, dessen bloßer Name als er der
Menschheit geweissagt wurde, ihn in einen Zustand des Grausens
versetzt hatte. Die That ist bereut, ehe sie verübt wurde;
denn Kain, welcher alle Menschen liebt, liebt Abel herzlich.
Dann folgt der Fluch, die Strafe, die Austreibung und das
Kainszeichen.

Dies Kainszeichen ist das Zeichen der Menschheit: das
Zeichen der Qual und der Unsterblichkeit. Byron's Drama
schildert den Kampf zwischen der leidenden und forschenden
Menschheit auf der einen Seite und jenem Gott des Blitzes,
des Sturmes und der Heerscharen auf der anderen, dessen
geschwächte Arme genötigt werden, eine Welt, die sich seinem
ehernen Griff entwindet, fahren zu lassen. Um die Welt,
welche ihn verleugnet, zu vertilgen, kann er Ströme Blutes
fließen und die Scheiterhaufen zu Hunderten von seinen
Priestern anzünden lassen; aber Kain steigt ungeschädigt aus
der Asche des Scheiterhaufens empor und geißelt diese Priester
mit unsterblicher Verachtung. Kain ist die denkende Menschheit, die eines schönen Tages die alte Wölbung des Himmels
sprengt und Millionen von Weltkörpern in ihrer Freiheit hoch
über dem tosenden Donnerwagen Jehova's rollen sieht. Kain
ist die arbeitende Menschheit, die im Schweiße ihres Angesichts
ein neues und besseres Eden zu erschaffen strebt, kein Eden
der Unwissenheit, sondern der Erkenntnis und Harmonie, und
der, wenn Jehova längst in sein Totenkleid genäht ist, noch
leben und den wiedergefundenen Abel an sein Herz drücken
wird.*)

„Kain" wurde Walter Scott zugeeignet, welcher fand,
daß Byron's Muse niemals zuvor einen so erhabenen Flug
genommen habe, und im Voraus den Dichter gegen Angriffe
in Schutz nahm. Allein die Veröffentlichung „Kain's" ward
nichtsdestoweniger in England als ein förmliches National-
unglück betrachtet und ausgeschrieen. Schon als das Manu-

---

*) Vgl. Leconte de Lisle: Poèmes barbares. Cain.

skript ihm zugesandt ward, drang Murray auf die Vornahme von Aenderungen, und Byron antwortete: „Die beiden Stellen können nicht geändert werden, ohne daß ich Lucifer wie den Bischof von Lincoln reden ließe, was dem Charakter des Erstgenannten nicht gemäß sein würde." Gleich nach dem Erscheinen wurde das Buch nachgedruckt, und Murray wandte sich an Lord Eldon, um möglichst schleunigen Schutz für sein Eigentum zu erlangen. Er ward abgewiesen, und zwar mit folgenden Worten: „Das Gericht erkennt in Uebereinstimmung mit allen anderen Gerichten dieses Landes die Christlichkeit als das Fundament aller englischen Gesetze. Auch der Schutz des buchhändlerischen Eigentumsrechtes beruht auf dieser Grundlage. Aber das vorliegende Buch, welches die Absicht hat, den ihm entsprechenden Teil der heiligen Schrift herabzusetzen, ist nicht von der Art, daß dem Verleger ein Schadenersatz wegen Nachdrucks zugebilligt werden kann." „Kain" wurde also — wie Southey's „Wat Tyler" — für eine so verbrecherische Dichtung angesehen, daß ihr gegenüber sogar das Eigentumsrecht seine Geltung verlor.

Mittlerweile schrieb Moore an Byron: „Kain ist wunderbar, furchtbar, wird nie vergessen werden. Wenn ich mich nicht täusche, wird er sich tief in das Herz der Welt hinabsenken." Die Geschichte hat dies Urteil bestätigt.

21.

Komischer und tragischer Realismus. — Byron.

Als der Strom reisender Engländer gegen den Herbst 1816 die Schweiz zu überschwemmen begann, vermochte Byron den Aufenthalt dort nicht länger zu ertragen, und machte sich mit dem Reisegefährten seiner Jugend, Hobhouse, auf den Weg nach Italien. In Mailand traf einer der feinsten und schärfsten Beobachter seiner Zeit, Henri Beyle, mit Byron zusammen,*) und es ist ein starker Beweis für den außerordent-

---

*) S. Brandes, Romantische Schule in Frankreich 5. Aufl. 1897. Kap. 18.

lichen Eindruck, den seine Persönlichkeit machte, daß er sogar
den Geist dieses jungen Mannes gefangen nahm, der stets
dagegen auf der Hut war, sich zu unzeitiger Begeisterung
verlocken zu lassen, und der rasch entdeckte, was in Byron's
Haltung erzwungen war. Er sagt: „Ich begegnete Lord
Byron im La Scala-Theater in der Loge des Ministers de
Brême. Ich war überrascht von seinen Augen in dem Moment,
wo er das Sextett aus Meyerbeer's „Elena" hörte. Ich habe
nie in meinem Leben etwas so Schönes und Ausdrucksvolles
gesehen. Noch heute taucht dieser sublime Kopf plötzlich vor
mir auf, wenn ich daran denke, welchen Ausdruck ein großer
Maler dem Genie geben sollte. Ich war einen Augenblick
enthusiasmiert . . . . Nie kann ich den göttlichen Ausdruck
seiner Züge vergessen; es war das klare Bewußtsein von Macht
und Genie."

Von Mailand kam Byron nach Venedig, seiner Lieb-
lingsstadt vor allen andern, die er im vierten Gesange des
„Childe Harold", in „Marino Falieri", in „Die beiden Foscari", in der „Ode an Venedig" und endlich in dem an Ort
und Stelle geschriebenen „Beppo" verherrlicht hat. Nie war
sein Gemüt so bedrückt gewesen wie in diesem Augenblick, und
nie hatte er mehr der Vergessenheit bedurft. Das entzückende
Klima und die bezaubernde Atmosphäre Italiens wehten ihm
zum ersten Male warm entgegen. Er war neunundzwanzig
Jahre alt. Mit seinen schönen Frauen, seinen leichtfertigen
Sitten, seinem ganzen südländischen Leben lud Venedig zu
einem tollen Rausch der Sinne ein. Eine brennende Sehnsucht
nach Glück und Genuß lag in Byron's Natur, und sein Trotz
war bis aufs Aeußerste gestachelt. Man hielt ihn doch jeder
Ausschweifung fähig, er konnte daher eben so gut seinen reisenden Landsleuten wirklich Anlaß geben, Etwas nach Hause
zu schreiben, und den alten Schachteln in Ohnmacht zu fallen;
sie fielen ja doch in Ohnmacht und schrieben Klatschereien über
ihn, was er auch thun mochte.

Das Erste, was Byron in Venedig unternahm, war,
sich eine Gondel, einen Gondolier, eine Theaterloge und eine
Geliebte anzuschaffen. Letztere fand er leicht; er hatte sich bei

einem Kaufmann einlogiert, dessen junge zweiundzwanzigjährige
Frau, Mariana Segati, als eine Antilope mit großen dunklen
Augen geschildert wird. Sie und Byron verliebten sich so in
einander, daß Byron Hobhouse allein nach Rom reisen ließ.
„Ich wollte mitreisen," schreibt er, „bin aber verliebt und
muß warten, bis es vorüber ist." Die junge Frau zog ihn
in alle Karnevalsluftigkeit mit hinein.

Er lebte ganz auf venetianische Art, schwärmte die Nächte
hindurch), beobachtete — aus Furcht, korpulent zu werden —
seine gewöhnliche Fastendiät, lebte nur von Pflanzennahrung,
und mußte sein Lieblingsgetränk Rum mit Wasser in großen
Quantitäten trinken, um die Lebensgeister aufrecht zu erhalten.
Denn zu derselben Zeit vollendete er „Manfred". Es giebt ein
trübes Bild von der damaligen Planlosigkeit seines Lebens, daß
er, nur um ein Gegengewicht gegen die Zerstreuungen zu haben
und seinem Treiben einen Schwerpunkt zu geben, täglich
mehrere Stunden im Kloster San Lazaro damit verbrachte,
von den Mönchen Armenisch zu lernen. Er ließ seine Reit-
pferde nach Venedig kommen, und wie der Vormittag dem
Studium des Armenischen, so wurden die Abende Leibesübungen, namentlich dem Reiten, gewidmet. Mit Shelley
und anderen Freunden ließ er sich in einer Gondel nach dem
Lido übersetzen, wo man auf und ab ritt.

Eine Erinnerung an Byrons Gespräche auf diesen Reittouren ist uns in Shelleys „Julian und Maddalo" aufbewahrt.
Er und Shelley erblicken bei Sonnenuntergang auf einer der
Inseln einen fensterlosen unförmlichen Turm, der sich wie ein
dunkles Relief von dem flammenden Himmel hinter ihm ab-
hebt. Sie hören die Glocken von dort mit ihrer heiseren
Erzzunge erklingen. „Was wir dort sehen," sagt Byron,
„ist das Irrenhaus —

> Und dieses Läuten zum Gebete ruft
> Die Irren jetzt aus ihrer Zellengruft.
> Dies ist ein Bild von unserm Erdenleben,
> Und wie ein Gleichnis ist es uns gegeben.
> Gleich jener schwarzen dumpfen Glocke dort
> Muß unsere Seele rufen immerfort
> In ihrem Turm, umglänzt von Himmelsscheinen,

Daß sich die Wünsche und Gedanken einen
Um das zerrissene Herz, und beten wie
Wahnwitzige — um was? Das wissen sie
Nicht eh'r, als bis der Tod, wie Finsternis
Die Farben jener Vision zerriß,
Uns die Erinnrung unsres Ichs entreißt

Kein Gleichnis malt besser Byrons Leben zu diesem Zeitpunkte.
Sicherlich glichen seine Wünsche und Gelüste damals Wahn=
sinnigen, die nur einmal täglich durch das Läuten der Irren=
hausglocke vereint wurden.

Mit Mühe riß er sich, nachdem Venedigs ungesunde
Luft ihm ein hitziges Fieber zugezogen hatte, so lange von
Mariana Segati los, daß er auf einem kurzen Ausfluge
Ferrara und Rom besuchen konnte; aber nach seiner Rückkehr
verschwand die heftige Leidenschaft für sie, als Byron entdeckte,
daß sie die Schmucksachen, welche er ihr schenkte, verkaufte und
überhaupt danach strebte, ihr Verhältnis zu ihm möglichst ein=
träglich zu gestalten. Bei seinem ersten Aufenthalte in Vene=
dig hatte er vorzugsweise die gute Gesellschaft aufgesucht, die
sich besonders in dem Salon der litterarisch gebildeten Gräfin
Albrizzi versammelte; jetzt zog er sich ganz aus den Herr=
schaftskreisen des guten Tones zurück. Er mietete für sich und
seine Menagerie einen prächtigen Palast am Kanal Grande;
dieser Palast wurde bald zu einem Harem, und die Lieblings=
sultanin darin wurde ein junges Weib aus dem Volke, Mar=
garita Cogni, die, da sie mit einem Bäcker verheiratet war,
auf dem Kupferstiche, den Byrons Verleger von ihr anfertigen
ließ, Byrons Fornarina genannt ward. Ihr Gesicht war von
dem schönsten venetianischen Schnitte, ihre Gestalt vielleicht
etwas zu groß, allein darum nicht minder schön und voll=
kommen passend für die Nationaltracht. Sie besaß die ganze
Naivetät und Possierlichkeit der venetianischen Kinder aus dem
Volke, und da sie weder lesen noch schreiben konnte, vermochte
sie Byron nicht mit Briefen zu plagen. Sie war eifersüchtig,
riß vornehmen Damen die Maske vom Gesicht, wenn sie die=
selben in Byrons Gesellschaft sah, und kam zu ihm, wann es
ihr gefiel, ohne sich um Zeit, Ort und Personen zu kümmern.

In einem Briefe sagt Byron von ihr: „Als ich ihre Bekanntschaft machte, hatte ich eine Liaison mit einer vornehmen
Dame, die so töricht war, ihr zu drohen. Margarita, die
von der Dame herausgefordert war, schlug ihr Kopftuch zurück
und entgegnete in höchst unumwundenem Venetianisch: „Ihr seid
nicht seine Frau, und ich bin nicht seine Frau. Ihr seid
seine Donna, und ich bin seine Donna. Euer Mann ist ein
Tropf, und mein Mann ist ein Tropf. Welches Recht habt
Ihr also, mich zu schelten? Ist es meine Schuld, wenn er
mir den Vorzug giebt?" Nachdem sie dies Meisterstück von
Beredsamkeit zum Besten gegeben hatte, überließ sie es der
Dame, über ihre Worte nachzudenken." Zuletzt installierte sie
sich förmlich bei Byron als Donna di governo, reduzierte
durch strenge Ordnung seine Ausgaben auf die Hälfte, und
spazierte in einem Schleppkleide und mit einem Federhut auf
dem Kopfe — Prachtgegenstände, die das höchste Ziel ihrer
Wünsche gewesen waren — im Palaste umher, prügelte die
Mädchen, erbrach Byrons Briefe und suchte durch Nachgrübeln
das Alphabet zu erlernen, um, wo möglich, die Damenbriefe
darunter zu ermitteln. Mit all ihrer Heftigkeit liebte sie ihn;
ihre Freude, als sie ihn von einer gefährlichen Segelfahrt,
glücklich heimkehren sah, war die „einer Tigerin, die ihr Junges
zurück erhält," und als Byron durch ihre stets zunehmende
Unlenksamkeit genötigt ward, sie zu entfernen, stürzte sie sich,
nachdem sie ihn mit einem Messer bedroht hatte, in ihrer Wut
und Verzweiflung zur Nachtzeit in den Kanal. Sie wurde
rechtzeitig aufgefischt und nach Hause gesandt, und Byron
schrieb ihre Geschichte ausführlich an Murray; er wußte, daß
seine Briefe an den Verleger ganz wie Drucksachen oder öffent=
liche Aktenstücke von Hand zu Hand gingen, und das Ver=
gnügen bei seinen Ausschreitungen war für ihn nur halb,
wenn er nicht zugleich dafür gesorgt hatte, daß man sich in
England darüber ärgere.

Man sieht schon aus dem angeführten Briefe, daß er in
dem zügellosen venetianischen Leben nicht aufging, sondern
ihm eine komische und humoristische Seite abgewann. Das=
selbe war auch für seine geistige und dichterische Entwickelung

durchaus nicht verloren; während seine Freunde in der Heimat
trostlos darüber waren, daß er so seine Würde und seine
bürgerliche Achtung aufs Spiel setzte, entsprang aus dem wilden
und lustigen Karnevalsleben unter Frauen aus dem Volke und
unter der lachenden Sonne Italiens ein neuer realistischer
Stil in seiner Poesie. In seinen Jugenddichtungen hatte er
wehmütig und schmerzzerrissen die Ebbe des Lebens geschildert,
in „Beppo" erhob sich plötzlich die Springflut des Lebens.
Es war der Realismus des Humors, die Wirklichkeit des
Lebens, in Lachen und Scherz aufgelöst. In seinem frühesten
Pathos war etwas Monotonie und Manieriertheit gewesen.
Hier hatte sein Genius sich gehäutet, die Monotonie ward
durch die Verschlingung unablässig wechselnder Themata und
Tonarten unterbrochen, und jede Manier war wie hinweg ge=
blasen durch ein herzliches Lachen. In seinen frühesten Satiren
war ein guter Teil Bissigkeit und ein erheblicher Mangel an
Grazie und Laune bemerklich gewesen. Jetzt wo sein eigenes
Leben für eine kurze Weile den Charakter eines Fastnachts-
spiels angenommen hatte, stellte sich die Grazie von selbst tanzend
und sich durch seine Strophen windend ein, während die Schellen
des Humors den Takt dazu klingelten.

„Beppo" ist der Karneval von Venedig selbst, — jenes
alte Thema, das Byron wie ein anderer Paganini auf seinem
Wege fand, auf die Spitze seines göttlichen Violinbogens hob,
und mit einer Fülle kecker und genialer Variationen, mit einer
verschwenderischen Stickerei von Perlen und goldenen Arabesken
ausstattete. Er hatte gerade zu dieser Zeit ein englisches
komisches Gedicht von König Arthur und den Rittern der Tafel=
runde kennen gelernt, dessen Verfasser, der Diplomat John
Frere, hier des Italieners Berni Umarbeitung von Bojardo's
„Rasendem Roland", dem ersten Gedichte, in welchem die
Ottaverime angewandt sind, nachgeahmt hatte. Dasselbe er=
weckte Byron die Lust, etwas Aehnliches zu versuchen, und
aus der Nachahmung ging der erwähnte künstlerische Scherz
hervor, dessen vollkommene Originalität jede Erinnerung an
ein Vorbild auslöschte. Hier hatte er die Form gefunden, die
er gebrauchen konnte, die Waffe, die seiner Hand bequem lag:

die Sklaverinne mit ihrem dreifach gereimten Sextelte, welchem
der Endreim bald ein Facit, bald einen Scherz, bald eine sprach=
liche Ausgelassenheit, bald einen schwirrenden Witzpfeil hinzu=
fügt. Wovon das Gedicht handelt? Von einem eben solchen
Nichts, wie Alfred de Mussets „Namouna" oder Paluban
Müllers „Tänzerin", welche sechzehn Jahre später als Nach=
ahmungen desselben verfaßt wurden. Die Handlung ist nicht
der Rede wert: Ein Venetianer reist von seiner Frau fort
und bleibt so lange aus, daß sie ihn längst für tot gehalten
hat und längst wieder so gut wie verheiratet ist, als er plötz=
lich, nachdem er als türkischer Sklave verkauft gewesen, heim=
kehrt und als Türke gekleidet seine Frau auf einem Masken=
ball am Arme seines langjährigen Nachfolgers findet. Er
steht nach dem Ende des Balles an der Thür seines Hauses,
als das Paar aus der Gondel steigt. Nachdem alle Drei
sich ein wenig von der ersten Ueberraschung erholt haben, be=
stellen sie drei Tassen Kaffee, und jetzt entspinnt sich folgende
Unterhaltung. Laura sagt:

> O Himmel, wie dein Bart gewachsen ist!
> Was fiel dir ein, daß du so lange bliebst?
> Du ahnst wohl kaum, was du für Anstoß giebst?
>
> Und bist du Türke? Ist es keine Fabel?
> Und hast du einen Harem? Ist es wahr,
> Daß sie die Finger brauchen statt der Gabel?
> Gott welch ein Shawl! — Den krieg ich, das ist klar! —
> Und Schweinefleisch kommt nie in euren Schnabel?

Das ist die ganze Erklärung, welche der Mann erhält oder
fordert; er leiht, da er in seinem Kostüme nicht ausgehen
kann, vorläufig einen Anzug von seinem Nachfolger, Lauras
Kavaliere servente, und die Geschichte endet in bester Harmonie.
Sie ist an und für sich von untergeordneter Bedeutung; aber
sie war Byrons Vorschule zu seinem Meisterwerke, „Don
Juan", — dem einzigen von Byrons Werken, das den gan=
zen weiten Ozean des Lebens mit seinen Stürmen und seinem
Sonnenschein, mit seiner Ebbe und seiner Flut enthält und umfaßt.

Byrons Freunde thaten einen Schritt nach dem andern,
um ihn zur Rückkehr nach England zu bewegen und ihn so
dem Leben, das er führte, zu entreißen. Alles Zureden war

fruchtlos; statt heimzukehren, verkaufte er für (94,000 Pfund) Newstead Abbey, von dem er sich in seiner Jugend niemals hatte trennen wollen, und so entschieden wies er jeden Gedanken, jemals heimzukehren, zurück, daß er sogar mit Schrecken an die Möglichkeit dachte, als Leiche nach England geführt zu werden. Er schreibt: „Ich hoffe, Niemand wird daran denken mich zu konservieren und einzubalsamieren, um mich heimzuführen. Meine Gebeine würden keine Ruhe in einem englischen Grabe finden und mein Staub sich mit dem Staube dieses Landes nicht vermischen können. Der Gedanke, daß einer meiner Freunde so schlecht sein könnte, meine Leiche in euer Land zu bringen, könnte mich noch auf dem Sterbebette rasend machen. Nicht einmal euren Würmern will ich zum Futter dienen."

Da traf ein Ereignis ein, welches auf unvorhergesehene Weise der polygamischen Existenz, die Byron in Venedig führte, ein Ende machte und entscheidende Bedeutung für sein Leben gewann. Im April 1819 wurde Byron in einer Gesellschaft bei der Gräfin Benzoni der jungen sechzehnjährigen Gräfin Teresa Guiccioli, geborenen Gräfin Gamba, vorgestellt, die soeben mit dem mehr als sechzigjährigen Grafen Guiccioli, der schon zweimal Witwer gewesen, vermählt worden war. Die Vorstellung fand gegen den Wunsch Beider statt; die junge Gräfin war müde und wünschte nur heimzukehren, Byron hatte keine Lust, neue Bekanntschaften zu machen, Beide gaben nur aus Höflichkeit gegen die Wirtin nach). Aber seit dem ersten Augenblick, wo sie mit einander sprachen, fiel eine Funke in Beider Seelen, der niemals erlosch. Die Gräfin sagt: „Seine wunderbar schönen und edlen Züge, der Klang seiner Stimme, sein Wesen und der unbeschreibliche Zauber, der ihn umgab, machten ihn zu einem Phänomen, das Allem, was ich zuvor erblickt hatte, überlegen war. Seit diesem Abend sahen wir uns täglich während meines Aufenthalts in Venedig."

Nach Verlauf weniger Wochen mußte Teresa mit ihrem Gemahl nach Ravenna heimkehren. Dieser Abschied erschütterte sie so, daß sie am ersten Tage mehrmals in Ohnmacht und dann in eine so heftige Krankheit fiel, daß sie halbtot zu Hause anlangte. Zu derselben Zeit verlor sie ihre Mutter. Der Graf besaß mehrere Landgüter und Schlösser zwischen Venedig und Ravenna, und von jeder dieser Stationen richtete Teresa die leidenschaftlichsten Briefe an Byron, worin sie ihre Verzweiflung über die Trennung aussprach und ihn beschwor, nach Ravenna zu kommen. Rührend ist die Schilderung, die sie nach ihrer Ankunft von der Veränderung in ihrem ganzen Gemütsleben giebt. Während sie früher nur von Festen und Bällen träumte, hat, sagt sie, ihre Liebe jetzt ihr Wesen so umgewandelt, daß sie in Uebereinstimmung mit Byrons Wunsch alle Gesellschaften vermeidet und in tiefer Einsamkeit sich nur mit Lektüre, Musik, Reiten und häuslichen Ange-legenheiten beschäftigt. Sie wurde vor Kummer und Sehn-sucht gefährlich krank; ein schleichendes Fieber schien an ihrem Leben zu zehren, und Schwindsuchtssymptome stellten sich ein. Da machte sich Byron auf den Weg. Er fand die Gräfin bettlägerig, mit Husten und Blutspeien behaftet, und anschei-nend dem Tode nahe. Er schreibt: „Ich fürchte sehr, daß sie brustkrank ist. So geht es mit jeder Sache, jeder Person für die ich wahre Hingebung empfinde. Aber wenn ihr ein Unglück zustößt, so ist es aus mit diesem Herzen. — Dies ist meine letzte Liebe. Die Ausschweifungen, denen ich mich früher ergab und deren ich herzlich satt bin, haben wenigstens das Gute gehabt, daß ich jetzt in des Wortes edlerer Be-deutung Liebe fühlen kann." Ueber das Benehmen des Grafen gegen den jungen Fremden waren alle erstaunt; er war äußerst höflich, holte Byron täglich in einer Equipage mit sechs Pferden ab, und fuhr, nach Byrons Worten, mit ihm umher „wie Whittington mit seiner Katze."

Byron fühlte sich in der Nähe der Geliebten äußerst glücklich; alle Poesie seiner Jugendgefühle war mit dieser seiner einzigen vollen und glücklichen Liebe zurückgekehrt. Das herr-liche Gedicht „An den Po", welches von einem so tiefen und ritterlichen Gefühle zeugt, und welches mit dem Wunsche, jung zu sterben, schließt, war die erste Frucht der neuen

Leidenschaft. In vollem Ernst und von ganzem Herzen liebte
er wie ein Jüngling, ohne im Geringsten außerhalb seines
Gefühls zu stehen oder den Versuch zu machen, sich über das=
selbe zu erheben. Als die Gräfin im August ihren Gemahl
eine Zeitlang auf einer Reise nach seinen Gütern begleiten
mußte, besuchte er täglich das Haus seiner Geliebten, ließ sich
ihre Zimmer aufschließen, las in ihren Lieblingsbüchern und
schrieb Randglossen in dieselben hinein. In einem Exemplar
der „Corinna" fand man die Zeilen: „Meine geliebte Teresa
— Ich habe das Buch in Deinem Garten gelesen — meine
Geliebte, Du warst abwesend, sonst hätte ich es nicht lesen
können. Es ist eins Deiner Lieblingsbücher, und die Verfasserin
war meine Freundin. Du kannst diese englischen Worte nicht
verstehen, und andere werden sie auch nicht verstehen können
— deshalb habe ich sie nicht auf Italienisch hineingekritzelt.
Aber Du wirst die Handschrift Dessen erkennen, der Dich
leidenschaftlich liebt, und Du wirst erraten, daß er, bei einem
Buche sitzend, welches Dir gehört, nur an Liebe denken konnte.
In diesem Worte, welches in allen Sprachen schön, aber am
schönsten in der Deinigen klingt — amor mio — ist mein
Dasein jetzt und künftig beschlossen . . . Denke zuweilen an
mich, wenn die Alpen und der Ozean uns trennen, aber das
wird nie geschehen, es sei denn, daß Du es wünschest." Man
braucht diese Ausdrücke nicht mit dem Abschiedsbriefe an Lady
Lamb zu vergleichen, um zu fühlen, daß dies die Sprache
einer wahren und innigen Liebe ist.

Als der Graf im September durch Geschäfte nach Ravenna
gerufen ward, gestattete er seiner Frau und Byron, ungestört
einander in Bologna Gesellschaft zu leisten und später ge=
meinschaftlich nach Venedig zu reisen, wo sie unter Einem
Dache wohnten, indem die Gräfin ihren Aufenthalt auf Byron's
Landsitze La Mira nahm. Sie schreibt nach Byron's Tode
in einem Briefe an Moore über jene Tage: „Aber ich kann
nicht bei diesen Erinnerungen an Glück verweilen — der
Kontrast mit der Gegenwart ist zu fürchterlich. Wenn ein
seliger Geist aus dem vollen Genuß himmlischer Glückseligkeit
auf die Erde herabgesandt würde, um all ihr Elend zu er=

dulden, könnte das Leid nicht größer sein, als das, welches
ich seit dem Augenblick empfunden habe, wo jenes schreckliche
Wort mein Ohr traf und ich für immer die Hoffnung verlor,
Ihn wiederzusehen, von welchem ein Blick mir mehr als alles
Glück der Erde war."

Die junge Frau, welcher die Welt es verdankt, daß
Byron nicht in unwürdigen Zerstreuungen zu Grunde ging,
hatte von dem Augenblick an, wo sie ihren Aufenthalt auf
seinem Landsitze aufschlug, sich für immer in den Augen ihrer
Landsleute kompromittiert. Der italienische Moralkodex dama-
liger Zeit —' in Stendhal's italienischen Erzählungen vor-
trefflich dargestellt — gestattete der jungen Frau, einen amico
zu haben, ja betrachtete Diesen sogar als ihren eigentlichen
Gatten, aber nur unter der Bedingung, daß die äußere Form,
gegen welche sie jetzt verstieß, gewahrt würde. Es war nicht
Leichtsinn, was sie bewog, sich dem Tadel der öffentlichen
Meinung auszusetzen, sondern sie sah ihr Verhältnis zu Lord
Byron in einem poetischen Lichte. Sie betrachtete es als ihre
Lebensaufgabe, durch ihre Liebe einen edlen und hochbegabten
Dichter aus den Banden unedler Verhältnisse zu befreien und
ihm den Glauben an reine und aufopfernde Liebe wiederzu-
geben. Sie hoffte, als eine Muse auf ihn zu wirken. Sie
war blutjung und ungewöhnlich schön. Sie war hellblond
mit dunklen Augen, klein, aber mit einer schönen Büste. Der
amerikanische Maler West, welcher in der Villa Rossa bei
Pisa Byron malte, hat folgendes Bild von ihr gegeben;
„Während ich ihn malte, ward das Fenster, welches mir Licht
gab, plötzlich verdunkelt, und ich hörte eine Stimme ausrufen:
E troppo bello. Ich wandte mich um und erblickte eine
schöne junge Frau, die sich beugte, um herein zu sehen, da
der Garten draußen in gleicher Höhe mit dem Fenster war.
Ihr langes, goldenes Haar hing über ihr Gesicht und ihre
Schultern herab, ihre Gestalt war von vollendeter Schönheit,
und ihr Lächeln vervollständigte ein Haupt von dem roman-
tischesten Aussehen, das ich jemals erblickt habe, besonders
wenn eine Glorie von Sonnenlicht dasselbe umrahmte." Je
mehr nun der Gräfin daran lag und liegen mußte, nicht für

23*

eine der vielen Geliebten Byrons zu gelten, desto mehr wünschte
sie, seine Poesie in eine höhere und reinere Sphäre empor zu
heben, als in der sie sich jetzt bewegte.

Eines Abends, als Byron in dem Manuskripte des „Don
Juan" blätterte, von welchem er zwei Gesänge vor seiner Be=
kanntschaft mit der Gräfin begonnen hatte, trat diese hinter
seinen Stuhl, deutete auf die Stelle, bis zu welcher er gelangt
war, und frug ihn, was dort stünde. Es war die 137ste
Strophe des ersten Gesanges, und Byron antwortete auf Italie=
nisch: „Ihr Mann kommt!" — „O Gott! kommt er?" rief
die Gräfin und fuhr erschrocken zurück; sie glaubte, er spräche
von ihrem eigenen Manne. Aber dieser Zufall machte ihr
Lust, den „Don Juan" kennen zu lernen, und als Byron ihr
die ersten zwei Gesänge in französischer Uebersetzung vorgelesen
hatte, beschwor sie ihn, weiblich entsetzt über den Zynismus
des Inhalts, das Gedicht nicht fortzusetzen. Er versprach sofort
seiner „Dictatrice" Alles, was sie begehrte. Dies war der erste
unmittelbare Einfluß, den die Gräfin Guiccioli auf Byron's
Produktion erlangte, — in diesem Falle freilich kein guter; sie
nahm indessen bald ihr Verbot zurück, doch unter der Beding=
ung, daß fernerhin nichts Schlüpfriges vorkommen dürfe, und
der Verkehr mit ihr setzte sich in der nächsten Zeit eine Reihe
schöner und dauernder Denkmäler in allen Werken, die jetzt
aus Byron's Feder hervorgingen. Die Art und Weise, wie
in „Don Juan" der Schleier von jeder Illusion abgerissen
war, der schonungslose Spott, welcher mit der Sentimentalität
getrieben ward, verletzte die Gräfin als Frau, weil es im
Wesen der Frauen liegt, daß sie nicht den letzten Schleier von
den Blendwerken abgerissen sehen mögen, die, so lange sie
dauern, das Leben verschönen.

Bemühte sich jetzt aber die Gräfin, Byron von solcherlei
Produktionen abzulenken, welche den Glauben an die Menschen
und an den Wert des Menschenlebens zerstören, so bewog sie
mit dem Sinn ihrer romantischen Natur für das Erhabene
und als leidenschaftliche italienische Patriotin ihren Geliebten,
Stoffe zu wählen, welche den Geist ihrer Landsleute erheben
und die Begeisterung derselben für die Befreiung ihres Vater=

landes vom Joche der Fremdherrschaft erwecken könnten. „Auf ihren Wunsch schrieb Byron „Die Weissagung Dante's und übersetzte die berühmten Verse Dante's von der Liebe der Francesca von Rimini, und unter ihrem Einflusse verfaßte er die venetianischen Dramen „Marino Faliero" und „Die beiden Foscari", welche, obschon in englischer Sprache geschrieben, durch Stil und Stoff in Wirklichkeit eher der romanischen als der englischen Litteratur eigen sind, wie sie thatsächlich nicht der englischen, sondern der italienischen Bühne angehören. Es sind leidenschaftliche politische Tendenzstücke, deren Zweck es war, durch die stärksten Wirkungsmittel die stumpf ge= wordenen italienischen Patrioten dazu zu entflammen, sich wie Ein Mann gegen die Unterdrücker zu erheben. Direkt endlich ist ihre Persönlichkeit in die beiden herrlichsten Frauengestalten übergegangen, welche Byron in dieser Periode schuf: Adah in „Kain" und Myrrha in „Sardanapal."

In der Gräfin Guiccioli fand Byron das weibliche Ideal verwirklicht, das ihm immer vorgeschwebt hatte, aber das ihm in seinen früheren poetischen Erzählungen nicht auf natürliche Weise darzustellen gelungen war. Er hat selbst einmal gegen Lady Blessington ein naives Geständnis der Schwierigkeit, in der er befangen war, und der Art und Weise, wie er seine Ideale bildete, abgelegt. „Ich halte", sagte er, „viel von starken, vollen Frauen, aber diese haben selten schöne und schlanke Finger, wie sie dem Ideal einer Frau entsprechen; ich mußte also, um meiner Phantasie Genüge zu thun, mir selbst Frauen und junge Mädchen erschaffen, die Alles in sich vereinigten, was man sonst nicht beisammen findet. Ich liebe ferner nur einfache, natürliche Frauen, aber solche sind in der Regel nicht gebildet und nicht mit den Formen des feineren Anstands vertraut, und die feinen und gebildeten sind wieder nicht natürlich. Deshalb verfiel ich auf die griechischen Mädchen, welche mit unbewußter Grazie und Naivetät zugleich die höchste angeborene Freiheit der Gedanken und Gefühle vereinigen." Die Mischung, welche so entstand, war eben so unmöglich wie schön, hatte fast gar kein Gepräge der Wirklichkeit, und entsprach in so fern ganz dem Charakter der Helden, welche diese Frauen anbeten.

Alle epischen Kompositionen Byron's vom „Gjaur" bis zur „Belagerung von Korinth" sind romantisch, jedoch mit einem stark persönlichen Gepräge. Die Leidenschaft wird bei beiden Geschlechtern vergöttert. Alle diese Helden sind, um uns eines Ausdrucks des Gjauren zu bedienen, Wracks, welche die Leidenschaft verwüstet hat, aber welche lieber in ihren Stürmen umhertreiben, als in dumpfer Stille dahinleben wollen; sie lieben nicht mit der kalten Liebe, die einem kalten Klima entstammt, sondern ihre Herzen sprühen „Lavaflammen." Der ausgeprägteste dieser, jetzt so veralteten Byron'schen Helden ist der edle Seeräuber, der „Korsar", welcher stolz, launen=haft und voll Hohn gegen die Menschheit ist, rachgierig bis zur Grausamkeit, von Gewissensbissen gequält, und so edel und hochherzig, daß er sich lieber den barbarischsten Foltern unterwirft, als daß er einen schlafenden Feind erschlüge. Der interessante Bandit mit den geheimnisvollen Gesichtszügen, mit seiner Theaterpositur und seiner schrankenlosen Ritterlich=keit gegen Frauen ist das Byron'sche Seitenstück zu Schiller's Karl Moor. Zu seinem Mannesideal stimmte ein König in einem durch das Gesetz geregelten Lande, von der Hofetikette umgeben, nur schlecht; einem solchen mangelten die roman=tischen Thaten, das freie Leben am Strande und auf dem Meere, daher nahm Byron einen Piratenhäuptling und fügte den Eigenschaften, welche aus dem Handwerk desselben hervor=gingen, die zartesten Eigenschaften seiner eigenen Seele hinzu: der Korsar, welcher in Blut zu waten gewohnt ist, schaudert vor der jungen Sultanin, die ihn liebt, zurück, als er den kleinen Blutfleck auf ihrer Stirn entdeckt, — nicht weil man sich denken kann, daß ein Korsar vor einer solchen Kleinigkeit schaudern würde, sondern weil Byron selbst einen Schauder bei einem solchen Anblick empfunden hätte. Kurz, all' diese Jugendhelden und Heldinnen des Dichters haben den Beifall der Menge in so hohem Maße gewonnen, weil sie — wie man treffend von ihnen gesagt hat — sich stets da bewegen, wo sie keine Gelenke haben. Das Publikum war nicht ent=zückter über die Glut der Leidenschaft in den lyrischen Partien und über die lose (gewöhnlich) erst bei der Korrektur) einge=

fügten poetischen Perlen, als über das Unmögliche der Be=
wegungen, welche außerhalb der menschlichen Natur lagen. Es
war eine Bewunderung von derselben Art, wie die, welche
man einem verwegenen Akrobaten zollt, der halsbrecherische
Kunststücke unter naturwidrigen Körperverrenkungen ausführt.
Allein einzelne Züge dieser Gestalten nähern sich doch
dem Tieferen in Byron's Ideal, das jetzt zum Ausdrucke kam.
Des Korsar's Unbeugsamkeit unter Leiden deutete schon die
Unbeugsamkeit Manfred's an: er will so wenig sein Knie
beugen, wie Kain vor Lucifer oder Don Juan vor Gulbeyaz
knieen will. Das Mitleid mit den Niedrigergestellten, das
niemals aus Byron's Seele entschwand, ist schon, wenn auch
zumeist als „Haß gegen die Herren", bei Lara lebendig, und
die Liebe für die Befreiung Griechenlands bricht im „Gjaur"
wie in der „Belagerung von Korinth" durch. Merkwürdig
genug, beschloß ja der Dichter selbst sein Leben als Befehls=
haber wilder Männer nach Art derjenigen, die er besungen
hat. Das Wikingerblut in seinen Adern ließ ihm keine Ruhe,
bis er selbst ein Wikingerkönig wie jene Normannen, von denen
er abstammte, geworden war. Und sind auch all diese Despe=
rados (der Renegat Alp, welcher die Türken gegen seine eigenen
Landsleute führt, nicht minder als Lara, der mit seinen eigenen
Standesgenossen in Fehde liegt) subjektiv idealistische Phantome,
ein reeller Grundzug ist doch in all diesen Gestalten, derjenige,
welcher der herrschende in allen wird, die sich an sie anschließen:
der Realismus des Tragischen. Der Humor in „Beppo" ist
die Form, unter welcher der Realismus das Theatralische und
Manierierte in seinem Idealismus besiegt. Das Gefühl für
das menschliche Leid, das in Byron's pathetischer Poesie all=
mählich das Interesse für alles Andere verschlingt, ist die
Form, in welcher das Gefühl von der Wirklichkeit des Lebens
das Romantische bei ihm durchbricht und vernichtet.

Dies Gefühl war nach dem Bruche mit England schneidender
und wahrer geworden, als je zuvor. „Der Gefangene von
Chillon" hatte die Qualen geschildert, welche der edle Bonni=
vard erlitt, der sechs Jahre lang an einem unterirdischen Pfeiler
mit einer so kurzen Kette angebunden war, daß er sich nicht

auf die Erde legen konnte, während er seine Brüder, die auf
dieselbe Weise an die zunächst stehenden Pfeiler gekettet waren,
sterben sah, ohne ihnen eine helfende Hand reichen zu können.
Jetzt folgte in derselben Spur „Mazeppa": Der Jüngling,
auf den Rücken des wilden Pferdes gebunden, das mit triefender
Mähne und dampfender Flanke durch die Wälder und über
die Steppen saust, während er selber, Qual hinter sich und
Grausen vor sich, seiner Geliebten entrissen, vor Durst, Wunden
und Scham gefoltert wird. Bisher hatte Byron besonders
das für Fleisch und Blut Entsetzlichste aufgesucht; selbst wo
das Leid, wie bei Bonnivard, eine geistige Seite darbot und
das Sujet Anlaß zur Schilderung eines heroischen Charakters
gab hatte er mit Vorliebe die rein physische Qual ausgemalt.
Jetzt, wo seine Begeisterung für die großen Märtyrer Italiens
geweckt ward, wurde seine Auffassung des Tragischen geadelt.
In der „Weissagung Dante's" schildert er das Dichterlos mit
diesen Worten:

> Gar Mancher ist Poet, der nicht so heißt;
> Denn was ist Dichten? Böses oder Gutes
> Erschaffen durch zu viel Gefühl und Geist:
>
> Zum Himmel klimmen überird'schen Mutes,
> Neuer Prometheus neuen Menschen sein,
> Der Spender eines gottgeraubten Gutes,
>
> Und dann zu spät entdecken, daß mit Pein
> Die Welt belohnt die Bringer solcher Lust,
> Die so umsonst den hohen Schatz verleihn.
>
> Die Geier nagen an des Gebers Brust;
> Einsam am Felsen hängt er überm Meer —

und Byron läßt den großen, gleich ihm selbst ungerecht aus
der Heimat verbannten Dichter ausrufen:

> Dies ist's, was Geistern meines Ranges droht:
> Im Leben Folter und endloses Ringen,
> Ein Herz, das sich verzehrt, einsamer Tod.

Schon früher hatte er Tasso behandelt. Der flüchtigste Ver=

gleich zwischen Goethe's „Tasso" und Byron's „Klage Tasso's"
zeigt, mit welcher Leidenschaft, Byron's Phantasie das hoff=
nungslose Leid aufsuchte. Goethe schildert Tasso als feurigen
Jüngling, als liebend und dichtend, und stellt ihn am Hofe
von Ferrara in den Kreis schöner Frauen, wo er, ein Glück=
lich Unglücklicher, bewundert und verletzt wird. Byron schildert
Tasso als einsam, zermalmt, von der Welt ausgeschlossen, in
die Tollhauszelle gesperrt, ohne toll zu sein, ein Opfer der
Barbarei seines ehemaligen Wohlthäters:

> Ich liebte Einsamkeit, doch ahnt' ich nie,
> Wir würden, ach, wie viele Jahr' entrollen,
> Von allem Dasein fern, als dem der Tollen
> Und ihrer Peiniger: — wär' ich wie sie,
> So wäre längst mein Geist vor dieser Frist
> Begraben und verwest, wie ihrer ist
> Wer aber sah je, daß ich zuckt' und schrie?
> Wir dulden mehr vielleicht in solcher Zelle,
> Als der Verschlagene am öden Saum der Welle;
> Er hat die Welt noch vor sich, — mein' ist kaum
> So groß wie einst für meinen Sarg der Raum.
> Ob er erliegt, er kann gen Himmel schaun,
> Sein sterbend Auge noch kann Gott verklagen, —
> Ich will mein Aug' im Zorn nicht aufwärts schlagen,
> Obwohl ein Kerker es umwölkt mit Graun.

Goethe hatte aus dem Hofe von Ferrara, einem Hofe, den
Lucrezia Borgia besuchte, und wo jede wilde Leidenschaft
und Grausamkeit der Renaissancezeit gedieh, ein kleindeutsches
Weimar gemacht, das überall von der zartfühlendsten Huma=
nität des achtzehnten Jahrhunderts regiert wird; Byron's
Blick wird magnetisch von der empörenden Barbarei des
Herzogs von Ferrara angezogen, er versteht die Grausamkeit
jener inhumanen Periode, und sein Gedicht verwandelt sich in
eine Anklage gegen fürstliches Unrecht und Herrschertyrannei.

Einen noch heftiger anklagenden, jedoch allzu überspannten
Charakter nahm die Schilderung tragischer Leiden endlich in
dem Drama „Die beiden Foscari" an, wo der Vater seinen
Sohn, den er liebt zu allen Qualen der Tortur verurteilen
muß, und wo der Sohn, der Held des Stückes, die Folter=

bant, auf welche er von der ersten bis zur letzten Szene ge=
spannt ist, nur verläßt, um aus Kummer und Gram über die
Verbannung zu sterben. Diese Tragödie ist, wie die übrigen
Byron's, aus Trotz ganz nach den aristotelischen Regeln und
streng in der Manier der französischen Trauerspiele geschrieben:
er ist so davon überzeugt, daß dieser Weg der einzig richtige
sei, daß er sich sogar zu dem komischen Paradoxon versteigt,
England habe bisher kein Drama besessen.

Man hat sich sehr darüber gewundert, daß Byron, der
so vollkommen wie alle anderen englischen Dichter dieser
Epoche ein ausgeprägter Naturalist war, d. h. den Wald dem
Garten, den Naturmenschen dem Salonmenschen und den
ursprünglichen Ausdruck der Leidenschaft ihrer angelernten
Sprache vorzog, so stark für Pope und die kleine Gruppe
von Dichtern schwärmen konnte, die, wie Samuel Rogers,
Crabbe, noch die klassischen Traditionen bewahrten, daß er die
Schwärmerei bis zur Nachahmung des dramatischen Stiles
der Vergangenheit trieb.

Byrons Widerspruchsgeist war die erste Ursache. Daß
die Seeschule, die er verachtete, stets in übertriebenen Aus=
drücken Pope herunter riß, war an sich Grund genug für
ihn, Pope bis zu den Wolken zu erheben, ihn den ersten
aller englischen Dichter, ja den Nationaldichter der Mensch=
heit zu nennen, dem er gern auf eigene Kosten ein Monu=
ment im Dichterwinkel der Westminsterabtei errichten wollte,
von welchem er als Katholik ausgeschlossen war. Dazu kamen
die Schuleindrücke von Harrow, an denen Byron sein ganzes
Leben lang hing, und in Harrow war Pope stets als der
Musterpoet aufgestellt worden, — sodann Byrons ganze
Kritiklosigkeit, die ihn Grillparzers „Sappho" zu derselben
Zeit loben ließ, wo er der Lady Blessington zu verstehen
giebt, daß Shakespeare seiner niedrigen Herkunft die Hälfte
seines Ruhmes verdanke, — ferner der Umstand, daß Pope
verwachsen war und trotz seiner Verwachsenheit einen schönen
Kopf hatte, daß er ein Dissenter, daß er der Dichter der
aristokratischen Gesellschaft, und daß seine Verwachsenheit für
ihn die Quelle einer satirischen Verstimmung gewesen war,

lauter Dinge, mit denen Byron sympathisierte, — endlich der aus seiner normannischen Abstammung hervorgehende lebendige Hang zur Rhetorik in der Manier der romanischen Nationen. Durch sein ästhetisches Verfechten des Systems der Vergangenheit, während er gleichzeitig in allen anderen Beziehungen dem Fortschritte angehört, hat Byron eine gewisse Aehnlichkeit mit Armand Carrel, der, freisinnig bis aufs Aeußerste in allen politischen und religiösen Fragen, die neue Schule in der Litteratur bekämpfte. Da Beide auf den meisten geistigen Gebieten den Standpunkt Frankreichs im achtzehnten Jahrhundert einnahmen, lag es nahe für sie, demselben auch in dem einzigen Punkte, in welchem es die Stagnation beschützt hatte, dem literarischen, zu folgen. Indessen ist gewiß, daß diese theoretische Grille unvorteilhaft auf seine italienischen Dramen einwirkte. Sie bestehen aus Monologen und Deklamation. Byrons Genie und die Vaterlandsliebe der Gräfin Guiccioli im Verein haben nicht vermocht, ihnen mehr als einen allgemeinen poetischen Hauch mitzuteilen.

Allein bei der Ausarbeitung von „Kain" und „Sardanapal" ward die junge Gräfin wirklich, wie sie gehofft hatte, eine Muse für Byron. Im ganzen „Kain" ist Adah das Beste. Während Byrons Männercharaktere, wie man oft bemerkt hat, alle einander gleichen, sind, was man weniger häufig ins Auge gefaßt hat, seine Frauengestalten von höchst verschiedener Art. Ein weiblicher Kain ist Adah nicht, obschon sie die Gattin ist, welche einzig für ihn paßt: Kains weibliches Gegenstück findet man in der stolzen, trotzigen Aholibamah in „Himmel und Erde." Aber wie Kain überall die Vernichtung, so sieht Adah das Wachstum, die Liebe, die Keimkraft, das Glück. Die Zypresse, welche ihr Laubdach über das Haupt des kleinen Enoch spannt, ist für Kain ein Baum der Trauer; Adah sieht nur, daß er ihrem Kinde Schatten giebt. Als Kain seine verzweifelten Worte gesprochen hat, wie alles Böse und alles Unglück der Welt durch Enoch fortgepflanzt werden sollen, sagt Adah:

O Kain, sieh' ihn an! Schau, wie voll Leben,
Voll Blüte, Kraft, voll Schönheit und voll Lust!
Wie ähnlich mir — und dir, so bald du gut bist!

So wenige Worte sind an Adah verschwendet, daß all ihre Repliken zusammengenommen kein Oktavblatt füllen würden. Als Kain zwischen Wissen und Liebe wählen soll, sagt sie: „Wähle Liebe, Kain!" Als Kain Abel getötet hat, und verflucht, als Mörder verabscheut allein steht, beantwortet sie seinen Ausruf „Verlaß mich!" mit den Worten: „Alle haben dich ja verlassen." Und diesen Charakter hat Byron erschaffen, fast ohne sich von den Worten der Bibel zu entfernen, nur indem er sie hin und wieder einem andern in den Mund legt. In der Genesis sagt Kain, als er vom Herrn verflucht wird: „Siehe du treibst mich heute aus dem Lande, u. s. w." Bei Byron bleibt Kain, als der furchtbare Fluch des Engels gesprochen worden ist, stumm, allein Adah öffnete ihre Lippen und spricht:

> Die Straf' ist mehr, als er ertragen kann.
> Siehe, du treibst ihn heut' aus seinem Lande,
> Und bergen muß er sich vor Gottes Antlitz.
> Unstät und flüchtig soll er sein auf Erden?
> So wirds ihm gehn, daß, wer ihn findet, ihn
> Totschlagen wird —

buchstäblich die Worte, welche die Bibel Kain in den Mund legt; aber Byron gewahrte mit dem Blick des Genies in dieser einen Replik, in diesem kleinen alttestamentarischen Thonklumpen die Konturen einer ganzen Menschengestalt, und mit einem einfachen Druck seiner Hand formte er ihn zur Statue des ersten liebenden Weibes.

Die zweite Gestalt, in welcher man — und noch stärker — den Einfluß der jungen Gräfin spürt, ist die griechische Sklavin Myrrha in „Sardanapal". Von Byrons historischen Tragödien ist diese die beste. Mit sorgloser Welt- und Menschenverachtung hat der stolze Sardanapal sich dem Lebensgenusse ergeben. Den Kriegsruhm verschmäht und verachtet er, er mag nicht einen sogenannten großen Namen für das Blut tausender unberühmter Menschen erkaufen, er wünscht nicht wie seine Vorfahren in den Tempeln als Gottheit angebetet zu werden. Sein gleichgültiger Hochsinn geht bis zur Un-

Klugheit. Als das Schwert dem aufrührerischen Oberpriester
entwunden worden ist, giebt er es ihm mit den Worten zurück:

> Inzwischen nimm dein Schwert zurück und wisse:
> Ich zieh' dein Kriegsamt deinem Priestertum
> Bei weitem vor, und liebe keins von beiden.

Seine Manneskraft scheint durch das schwelgerische Genuß=
leben geschwächt zu sein, als Myrrha, die junge Griechin,
seine Lieblingssklavin, ihn zu retten beschließt; sie beschwört
ihn, seine Gleichgültigkeit abzulegen und sich zur Vertheidigung
wider seine Feinde zu waffnen. Sie leidet eben so sehr dar=
unter, daß sie ihn liebt, wie darunter, daß sie Sklavin ist.

> Weswegen lieb' ich ihn? — Nur Helden lieben
> Die Töchter meines Landes. — Meines Landes?
> Der Sklav nennt nichts als Fesseln sein. Ich lieb ihn,
> Das ist der schwerste Ring der langen Kette:
> Den lieben, den man doch nicht achtet, —
> — — — — Vor mir selber bin ich
> Gefallen, seit ich diesen Fremdling liebe.
> Und mehr fast lieb ich ihn, seit ich gewahre,
> Daß ihn die eigenen Barbaren hassen.

Als aber zuletzt die Feinde sich der Königsburg nahen,
und als Sardanapal, nachdem er das plumpe Schwert als zu
unbequem für seine Hand und den wuchtigen Helm als zu
schwer für sein Haupt verschmäht hat, sich barhäuptig und
leicht bewaffnet in die Schlacht stürzt und wie ein Held kämpft,
da triumphiert Myrrha, als ob die Last der Schmach von
ihrer Brust gewälzt wäre:

> Es ist nicht Schande, — nein,
> Es ist nicht Schande, Den geliebt zu haben!
> — — — Der Alcide war entehrt,
> Als er den Weiberrock der Omphale
> Und ihre Kunkel trug, — er aber, der
> Mit einem Mal aufspringt ein Herkules,
> Zu üpp'ger Weichlichkeit zum Mann erzogen,
> Und stürzt vom Schwelgermahl sich in die Schlacht,
> Als wär's ein Bett der Liebe, — er verdient
> Ein griechisch Mädchen wohl zu seiner Buhle,
> Ein griechisch Lied zum Preis, ein griechisch Grab
> Zum Monument —

prophetische Worte für den Dichter selbst! Und galt es nicht
von dem Dichter, wie hier von seinem Helden, daß er tausend
Weiber gekannt hatte, aber bis jetzt nicht Ein Weiberherz?

Myrrha.

Du fragst nach Dem, was du nicht wissen kannst.

Sardanapal.

Das wäre?

Myrrha.

Eines Herzens wahren Wert,
Des Weiberherzens Wert.

Sardanapal.

Ich kannte tausend, —
Tausend und aber tausend.

Myrrha.

Herzen?

Sardanapal.

Freilich.

Myrrha.

Nicht eins! Vielleicht erfährst du's einst.

Gleich Myrrha wies die junge italienische Gräfin ihrem
Geliebten männlichere Ziele als den Lebensgenuß, gleich Myrrha
hob sie ihn aus einem Dasein empor, das nicht der Größe
seines Geistes entsprach.

Wir verließen die Liebenden auf dem Landsitze La Mira
bei Venedig, wo Byron u. A. die Memoiren schrieb, die er
Thomas Moore als Erbteil für dessen kleinen Sohn schenkte,
und die auf Veranlassung der Byron'schen Familie aus nie
gerechtfertigten Gründen verbrannt worden sind. Aber der
scheinbar friedlich geordnete Verkehr zwischen dem jungen
Paare sollte nicht von langem Bestande sein. Der Graf
wollte denselben plötzlich nicht mehr dulden, Teresa wollte

Byron nicht aufgeben, und es kam zu einer Separation zwi=
schen den Ehegatten, durch welche die Gräfin mit Einwilli=
gung ihrer Familie auf Vermögen und gesellschaftliche Stellung
verzichtete; es ward ihr nur ein unbedeutendes Jahrgeld
gesichert, und es war eine der Bestimmungen der Separation,
daß selbiges nur unter der Bedingung fortgezahlt würde,
wenn sie im Hause ihres Vaters wohnen bliebe. Hier pflegte
daher Byron regelmäßig die Abendstunden bei ihr zu ver=
bringen und hörte sie gern Mozart'sche oder Rossini'sche Me=
lodien ihm vorspielen oder singen. Sein Tagebuch vom Januar
bis Februar 1821 besteht fast unabänderlich aus den Worten:
„Ritt aus — schoß mit Pistolen — aß zu Mittag — ging
aus, hörte Musik und plauderte Unsinn — kam nach Hause
— las." So lange der Graf Guiccioli noch als drohendes
Schreckgespenst im Hintergrunde stand, hatte Byrons Liebes=
verhältniß nicht des Elementes der Gefahr und Spannung
ermangelt, das ihm die Würze des Lebens war. Die einzige
Garantie gegen Mordanfälle auf seinen Spazierritten sah er
darin, daß er stets Pistolen im Halfter führte und seine
Sicherheit als Schütze bekannt war, und die einzige Garantie
gegen Mordanfälle in seiner Wohnung fand er darin, daß
der Graf Guiccioli nach seiner Ansicht zu geizig war, um die
zwanzig Scudi verausgaben zu wollen, welche ein zuver=
lässiger Bravo kostete. Jetzt trat eine neue und edlere Auf=
regung an die Stelle der anderen.

Italien befand sich in einer dumpfen Gährung. Nach=
dem die napoleonische Herrschaft gestürzt war, trat im
Kirchenstaat und in Neapel der alte Legitimismus mit dem
unglaublichsten Uebermute auf. Jede wohlthätige Spur des
französischen Regiments sollte ausgerottet und statt der fran=
zösischen Reformen die ganze alte Mißregierung wieder ein=
geführt werden. Der unerträgliche Druck der von der heiligen
Allianz ausgehenden Reaktion trieb die Italiener dazu, eine
weit verzweigte Verschwörung anzuspinnen, und nach dem
Muster der Freimaurerei bildete sich der große Geheimbund
der Carbonari, welcher sich über das ganze Land erstreckte.

Durch seine Geliebte ward Byron in den Kreis der Ver=

schworenen eingeführt. Die ganze Familie Gamba gehörte den Carbonari an, und Teresas Bruder Pietro, ein enthusiastischer Jüngling von zwanzig Jahren, der eine bewundernde Freund=schaftsneigung zu Byron gefaßt hatte und ihm später nach Griechenland folgte, war einer ihrer eifrigsten und einge=weihtesten Führer. Der Carbonarismus erschien Byron als die Poesie der Politik. Er hatte sich von dem parlamenta=rischen Leben daheim in England abgestoßen gefühlt, aber in dieser Form sprach die Politik seine Einbildungskraft an. Er erlangte einen hohen Grad als Carbonaro und ward Führer einer Abteilung derselben, welche sich „Americani" nannte. Er lieferte den Verschworenen Waffen und bot der kon=stitutionellen Regierung in Neapel 1000 Louis'dor als seinen Beitrag zum Kampfe wider die heilige Allianz an. Gegen die österreichischen Gewaltthäter zeigen seine Briefe eine wahre Wut. Wo er auch wohnen mochte, war er der österreichischen Regierung ein Dorn im Auge, seine Briefe wurden erbrochen, die italienische Uebersetzung des „Childe Harold" in den italienisch=österreichischen Landen verboten, und er wußte, daß die Polizei zu Meuchelmord gegen ihn aufhetzte. Nichtsdesto=weniger machte er täglich allein und ruhig seinen gewohnten Spazierritt. Seine Gefühle äußerten sich bei dieser Gelegen=heit, wie sonst, halb als heldenmütiger Stoicismus, halb als knabenhafter Mutwille. Ist es nicht knabenhaft liebens=würdig, wenn er mit großen Buchstaben an den Anfang seiner Briefe setzt: „Die österreichische Regierung Schufte! Die österreichischen Polizei=Beamten Halunken! Ich weiß, daß sie meine Briefe erbrechen und dies lesen! darum schreibe ich's!" Da die härtesten Strafen Demjenigen angedroht waren, welcher Waffen in seinem Hause hatte, ließ er die Waffen aller Ver=schworenen in der Romagna in dem seinigen anhäufen, das so zu einem förmlichen Arsenale ward, während seine Schränke und Schubladen mit ihren Proklamationen und Eidesformularen angefüllt waren. Er dachte mit Recht, daß man bei einem Peer von England schwerlich eine Haussuchung wagen würde.

Es war indeß leichter, ihn zu vertreiben, als ihn einzu=kerkern. Und das geschah einfach dadurch, die Grafen Gamba

plötzlich den Befehl erhielten, das Land binnen vierundzwanzig
Stunden zu verlassen. Da in der Separationsakte bestimmt
worden war, daß die junge Gräfin ins Kloster gehen sollte,
falls sie das väterliche Haus verließe, war man sicher genug,
Byron bei dieser Gelegenheit los zu werden. Der Schluß
von Teresas Brief an Byron, als sie diesen Befehl erfuhr,
lautet: „Byron, ich verzweifle, wenn ich Dich verlassen soll,
ohne zu wissen, wann wir einander wiedersehen werden. —
Ist es Dein Wille, daß ich so entsetzlich leiden soll, so bin
ich entschlossen, zu bleiben. Man wird mich in ein Kloster
sperren; aber dann kannst Du mir nicht helfen . . . Ich weiß
nicht, was man mir sagt. Meine Aufregung überwältigt
mich — und weshalb? nicht der Gefahr halber, die mich bedroht, sondern — dafür rufe ich den Himmel zum Zeugen
an — einzig weil ich Dich verlassen soll."*)

*) Das große Werk „Lord Byron jugé par les témoins de sa
vie", welches die Gräfin 1868 herausgab, liefert, obschon es ästhetisch
und psychologisch wertlos ist, ein rührendes Zeugnis der Stärke und
Tiefe ihrer Liebe. Die Lösung des Rätsels, das die Welt Byron nennt,
liegt für sie in dem einen Worte: Er war ein Engel, nicht mehr, nicht
weniger, schön wie ein Engel, gut wie ein Engel, ein Engel in Allem
und Jedem. Die 1100 Seiten des Buches sind in Kapitel nach seinen
Tugenden eingeteilt; sie widmet seiner Menschenliebe ein Kapitel, seiner
Bescheidenheit ein anderes, u. s. w. Das Kapitel von seinen Fehlern
erörtert aufs klarste, daß er keine hatte. Seinem geistigen Porträt wird
das körperliche hinzugefügt. Die Schönheit seiner Stimme, seiner Nase,
seiner Lippen werden je in ihrer besonderen Rubrik behandelt. Unbe-
greiflich ist es, wie die schändliche Verleumdung sich hat ausbreiten
können, daß Lord Byron lahm oder einen Fuß im Klumpfuß gewesen sei.
Der Fehler bei seinem Gange war so gering, daß man unmöglich sehen
konnte, welcher Fuß nicht normal war, und hier wird ein Attest des
Schuhmachers Sr. Herrlichkeit beigebracht, welcher noch die Holzleisten
besitzt, nach denen seine Schuhe in Newstead angefertigt wurden, und
aus denen man sieht, wie höchst unbedeutend die Abweichung war. Unbe-
greiflich ist es ebenfalls, wie die arge Verleumdung hat Gehör finden
können, daß Lord Byron zuletzt etwas kahl um die Schläfen geworden
sei; allerdings fehlten ihm dort einige Haare, aber das rührte nur daher, weil er es liebte, sich auf der Stirn rasieren zu lassen. Unbegreif-
lich ist es, wie man die alberne Unwahrheit hat hervorbringen können,
daß seine Beine zuletzt etwas dünn geworden seien. Allerdings wurden
sie etwas dünner, als sie früher gewesen; aber war das nicht natürlich

Das große Vermögen, in dessen Besitz Byron durch
seine Ehe gelangt war, die Summen, welche der Verkauf von
Newsteab einbrachte, und die 20,000 Pfund, welche Murray
ihm im Laufe der Jahre an Honoraren auszahlte, hatten ihn
in den Stand gesetzt, eine großartige Wohlthätigkeit zu üben.
Als sich das Gerücht verbreitete, daß Byron Ravenna zu verlassen gedenke, gaben alle Armen der Gegend, denen sein
Wohlthätigkeitssinn zu Statten gekommen war, eine Bittschrift
an den Kardinallegaten ein, daß ihm der fernere Aufenthalt
gestattet werden möge. Allein gerade in der Sympathie der
Bevölkerung für ihn lag ja die Gefahr für die Regierung.
Er vertauschte also Ravenna als Wohnort mit Pisa, da jedoch die toskanische Regierung eben so viel Angst vor Byron
und den Gambas wie die Regierung des Kirchenstaates besaß, erfolgte bald eine neue Ausweisung, und man wanderte
nach Genua, der letzten Station Byrons vor seiner Abreise
nach Griechenland.

22.

Kulmination des Naturalismus. Byron.

In dem Zeitraum von 1818 bis 1823 arbeitete Byron
den „Don Juan" aus. Sobald der Anfang des Manuskriptes
nach England kam, hagelte es von Schreckensausrufen der
Freunde und Kritiker, welche Einsicht in dasselbe erhielten,
— von Beschwörungen um Weglassung und Ausmerzung
dieser und jener Stelle, von Ach und Wehe über die Immoralität des Gedichtes. Immoralität! Das war die große
Anschuldigung, welche Byron bei jedem Schritt seines Lebens
hören mußte, und welche ihn bis über den Tod verfolgte;
unter dem Vorwande der Immoralität wurden seine Memoiren

bei einem Manne, der fast seine ganze freie Zeit zu Pferde verbrachte?
— Wenn man bedenkt, daß dies Buch 44 Jahre nach Byrons Tode
veröffentlicht ward, so kann man nicht leugnen, daß die Leidenschaft,
welche er einflößte, tief und dauernd war.

verbrannt und unter dem Vorwande der Immoralität die Westminsterabtei seinem Standbilde verschlossen. Byron antwortete in einem Briefe an Murray: „Hätte man mir gesagt, die Poesie sei schlecht, so hätte ich mich beruhigt, aber sie sagen das Gegenteil und schwatzen mir dann von Moralität — es ist das erste Mal, daß ich dies Wort von Leuten höre, die keine Hallunken sind und es nicht zu schlechten Zwecken mißbrauchen. Ich behaupte, es ist das moralischste aller Gedichte; wenn die Leute aber die Moral nicht sehen wollen, so ist es ihre Schuld, nicht meine ... Von Ihrem verdammten Beschneiden und Stutzen will ich Nichts wissen. Wenn Sie wollen, können Sie es anonym herausgeben. Das ist am Ende besser; aber ich will meinen Weg gegen Alle durchfechten, wie ein Stachelschwein.“ So lief „Don Juan“ vom Stapel, graziös und leichtsegelnd wie eine englische Luftyacht, zierlich ausgerüstet mit Kanonen und Munition, geschaffen, das weite Meer des Lebens zu befahren und allen Feinden des Baumeisters eine glatte Lage zu geben.

Dies Gedicht, welches anonym, ja ohne nur den Namen eines Verlegers auf dem Titelblatte zu tragen, erscheinen mußte, welches mit der grimmigsten Zueignung Southey gewidmet ward, und welches, wie Byron sagt, schwerer in eine englische Wohnstube kam, als ein Kameel durch ein Nadelöhr, ist das einzige Gedicht unseres Jahrhunderts, das sich mit Goethe's „Faust“ vergleichen läßt: denn dies, und nicht der verhältnißmäßig unbedeutende „Manfred“, ist Byrons Weltgedicht. Als sein trotziges Motto führt er die Shakespearschen Repliken: „Meinst du, weil du tugendhaft seiest, solle es in der Welt keine Torten und keinen Wein geben? Das soll's, bei Sankt Annen, und der Ingwer soll auch noch im Munde brennen!“ — ein Motto, das nur Aergerniß und satirische Scherze in Aussicht stellt; aber nichtsdestoweniger schrieb Byron mit berechtigtem und prophetischem Stolze: „Wenn ihr ein modernes Epos verlangt, so habt ihr den „Don Juan“; das ist so gut ein Epos für unsere Zeit, wie die Ilias für die Zeit Homer's“ Byron bot, was Chateaubriand in den „Märtyrern“ zu bieten gewähnt hatte, die moderne epische

Dichtung, die sich weder auf der christlich-romantischen Grundlage aufführen ließ, wie Chateaubriand es wollte, noch auf
dem Volksleben einer einzelnen Nation, wie Scott es versucht
hatte. Sie gelang Byron, weil seine Grundlage keine geringere war, als die ganze kosmopolitische Kultur unsres Jahrhunderts.

Sein Juan ist kein romantischer Held, er erhebt sich
weder durch Intelligenz noch Charakter sonderlich hoch über
die Durchschnittsmasse, aber er ist ein Günstling Fortunas,
ein ungewöhnlich schöner, stolzer, kühner und äußerst glücklicher Mann, der weit mehr von seinem Schicksal als von
Absicht und Plan gelenkt wird. So paßt er zum Helden
eines Gedichtes, welches das Menschenleben umfassen soll,
und wo es nicht statthaft war, daß der Held sich ein besonderes Feld wählte. Denn für den Spielraum und Bereich
des Werkes war von Anfang an keine Grenze gezogen. Das
Gedicht steigt und fällt, wie von sonnebeglänzten und sturm-
gepeitschten Wellen getragen, und wird von einem Extrem
zum andern geschleudert. Auf die feurige Liebesgeschichte
zwischen Juan und Julia folgt der Schiffbruch mit all seiner
Hungersnot und Todesqual, auf den Schiffbruch der prächtige
und schmelzend weiche Zusammenklang jugendlicher Liebe
zwischen Juan und Haidie, des Lebens höchste, freieste, süßeste
Potenz als seliges Leben — eine nackte und liebliche Gruppe
wie die von Amor und Psyche, aber beseelt — über ihnen
das Mondlicht der griechischen Nächte, vor ihnen das wein-
farbene Meer, dessen melodisches Plätschern ihre Liebesworte
begleitet, als Rahmen das entzückende Klima Griechenlands,
und endlich zu ihren Füßen alle asiatische Pracht des Ostens:
dunkelroter Atlas, Gold, Kryftall und Marmor. Und wie
alles dies auf die höchste Lebensgefahr und Entkräftung folgt,
so folgt auf das Fest in Haidies Palaste: für Haidie bitterste
Qual, die ihr das Herz bricht, für Juan eine zerhauene
Stirn, drückende Bande und der Verkauf in die Sklaverei.
Aber als Sklave wird er an das Serail verkauft, und nun
folgt die possierliche Verkleidung als Mädchen, seine Einführung als Lieblingssultanin und die wunderliche Nachtszene im

Serail mit all ihrer Glut, all ihrem Duft, all ihren mut=
willigen und sinnlichen Späßen. Unmittelbar von dort werden
wir zur Belagerung von Ismail, zur Menschenschlächterei in
gigantischem Stile und allen Greueln eines sinnlosen Krieges
und einer rohen Soldateska hingeführt, die in einem Um=
fange und mit einer Energie geschildert werden, wie es nie
zuvor in der Poesie irgend eines Landes geschehen war.
Dann reisen wir mit Juan an den Hof Katharinas von Ruß=
land unter die lackirten Barbaren Osteuropas, die von einer
genialen Messalina regiert werden, und von da nach England, dem gelobten Lande der Straßenräuberei, der Moral,
der Plutokratie und Aristokratie, der Ehe, der Tugend und
Heuchelei.

Dieser flüchtige und grobe Umriß giebt nur das nackte
Schema für den Umfang des Gedichtes ab. Aber nicht allein
umfaßt dasselbe mit solcher Allseitigkeit die Extreme des
Lebens, sondern jedes dieser Extreme ist wieder auf die Spitze
gestellt. Der Dichter hat an jedem Punkte die Sonde seiner
Phantasie bis auf den Grund der Situation hinab gesenkt,
sowohl der psychologischen wie der äußerlich reellen Situation.
Goethes antikes Naturell führte ihn dazu, wo es möglich war,
die Mittelstraße einzuhalten, und selbst im „Faust", wo er
mit furchtbarem Ernste das Menschenleben enthüllt, hebt er
den Schleier mit schonender Hand. Oft entbehren jedoch seine
Werke hierdurch die höchste Spannung des Lebens; vollen
Spielraum zur Entfaltung ihrer gigantischen Schwingen er=
halten die Genien des Lebens und des Todes selten bei ihm.
Byron will niemals seinen Leser beruhigen, niemals ihn
schonen. Er ist selbst nicht ruhig, bis er Alles, das letzte
Wort in der Sache ausgesprochen hat; er ist ein Todfeind
jedes Idealismus, welcher abstrahirt und dadurch verschönert,
seine ganze Kunst deutet nur auf die Wirklichkeit und auf die
Natur hin und ruft dem Leser zu: Erkenne sie!

Man nehme den ersten besten Charakter, z. B. den Julias.
Sie ist dreiundzwanzig Jahre alt, bezaubernd, ohne es zu
wissen, ein wenig in Juan verliebt, zufrieden mit ihrem
fünfzigjährigen Manne, aber doch — ohne es zu wissen —

den leisen Wunsch hegend, daß er sich in deren zwei von
fünfundzwanzig teilen ließe. Zuerst kämpft sie tapfer für ihre
Tugend, dann giebt sie den Kampf auf; allein noch hat sie
nichts Schlechtes oder Komisches begangen. Dann zeigt Byron
sie uns in einer extremen Situation, wo ihr Mann das Paar
überrascht, und wir entdecken plötzlich eine neue Schicht in
ihrer Seele. Sie lügt, sie betrügt, sie spielt Komödie mit
einer Zungengewandtheit ohne Gleichen. Sie war also nicht
gut und liebenswürdig, wie sie anfangs erschien? Wir haben
uns also in ihr getäuscht? Aber nein! Byron zeigt uns
noch eine tiefere Schicht in ihrer Seele, als sie den berühmten
Abschiedsbrief an Juan schreibt, einen tiefempfundenen, echt
weiblichen Brief, eine der Perlen des Werkes. Der Seelen=
kampf schließt also nicht die Hingebung, die Liebe nicht die
Lüge, die Lüge nicht die höchste Seelenzartheit und Schönheit in
bestimmten Momenten aus. Und dieser Brief, was wird gar aus
ihm? Juan liest ihn mit nassen Augen auf dem Schiffe —
plötzlich wird der rührende Vergleich zwischen der Art und
Weise, wie Mann und Weib lieben, durch die Seekrankheit
unterbrochen; es wird Juan übel mit dem Brief in der
Hand — armer Brief, arme Julia, armer Juan, arme
Menschheit! Denn ist nicht das Menschenleben so? Und noch
einmal armer Brief? Als bei der Meeresgefahr die Mann=
schaft im Boote elend und verkommen die letzte Ration ver=
zehrt hat, als die Matrosen lange mit gierigen Blicken wechsel=
seitig ihre abgezehrten Gestalten betrachtet haben, und als
beschlossen wird, das Los zu ziehen, wer geschlachtet werden
soll, um den Andern als Speise zu dienen, siehe, da findet
sich im Boote kein anderes Blatt Papier, als Julias poetischer
und liebevoller Brief, und man entwindet ihn Juan, um ihn
in Stücke zu reißen und dieselben zu numerieren. Eins dieser
numerierten Lose bringt Pedrillo den Tod. Giebt es denn
wirklich am Firmament einen Weltkörper, wo die Schwär=
merei der Liebe und die kannibalischen Instinkte dicht neben
einander wohnen, ja sich auf demselben Quadratzoll Papier
begegnen? Byron antwortet, er kenne einen solchen: es sei
die Erde.

Unmittelbar darauf werden wir zu Haidie geführt. Was sind alle früheren griechischen Mädchen Byrons gegen dieses? Unreife und schwankende Versuche. Nie war in der modernen Poesie die Liebe eines wilden Naturkindes schöner geschildert worden. Goethe's herrlichste junge Frauengestalten, Gretchen und Klärchen, sind Mädchen aus dem niederen Bürgerstande, und ihre Haltung hat bei allem Adel ein kleinbürgerliches Gepräge; man fühlt, daß ihr Dichter ein Frankfurter Bürger=sohn war, dem sich die Natur in dem niederen Bürgerstande wie die Bildung in dem kleindeutschen Hofleben offenbarte. In Byrons schönsten Frauengestalten ist nichts Bürgerliches; keine bürgerliche Sitte und Gewohnheit hat die freie Natür=lichkeit in ihnen gemodelt. Man fühlt, wenn man von Juan und Haidie liest, daß Byron von Rousseau stammt; aber wie sehr fühlt man auch, daß seine hohe und unabhängige soziale Stellung im Verein mit seinen großen Schicksalen ihm einen ganz anders freigewordenen Blick auf die Menschennatur ge=geben hatte, als ihn Rousseau besaß!

Und so ergingen sie sich, Hand in Hand,
Ueber die blanken Stein' und Muschelschnecken,
Und glitten über festen, glatten Sand;
Und in den öden, wilden Felsverstecken,
Planvoll, so schien's, vom Sturme ausgespannt
Zu weiten Hallen mit Gebält und Decken,
Da ruhten Beide, Arm in Arm geschlungen,
Von Abends Purpurzauber sanft bezwungen.

Sie sahn zum Himmel, dessen flüss'ge Gluten
Hinwallten wie ein ros'ger Ozean;
Sie sahn die Wogen, wie sie schimmernd ruhten,
Und wie der Mond auftauchf' am Himmelsplan!
Sie hörten leise Wind' und müde Fluten,
Und wenn sie dann sich Aug' in Auge sahn,
Den dunklen Blitz, — dann flogen wie zwei Flammen
Die Lippen fest in einen Kuß zusammen.

Ein langer, langer Kuß, ein Kuß der Wonnen,
Der Lieb' und Schönheit, der in eine Glut
Zusammen faßt die Strahlen aller Sonnen . . .

Wer dacht' an Eid' und Skrupel? Nicht Haidie!
Von Ehepakten und Verlöbnis hatten
Die Leut' ihr nie gesagt.

Welcher Leser fühlt hier nicht mit Entzücken, zumal wenn er von der grenzenlosen und widerwärtigen Heuchelei mit dem Erotischen in der französischen Reaktionslitteratur herkommt, den frischen Strom der Wärme jugendlicher Leiden= schaft, die feurige Begeisterung des Dichters für den Adel der natürlichen Schönheit, und seinen tiefen, unergründlichen Spott über die Philiströsitäten der Moral der „ordentlichen" Leute! Giebt es eine Welt — eine regelmäßige Welt, in welcher zweimal zwei vier ist, eine tierische Welt, wo alle niedrigsten und abscheuerweckendsten Instinkte jeden Augenblick hervor= brechen können, in welcher zugleich blitzartig, minutenlang, tagelang, monatelang, in ewigen Augenblicken und Jahren solche Schönheitsoffenbarungen im Menschenleben vorkommen? Ja, antwortet Byron, es giebt eine solche, und zwar die, welche uns Allen offen liegt. Und jetzt schnell von hier zum Sklavenmarkte, zum Serail, zur Schlacht, zu systematischem Mord und Notzucht und zum Spießen kleiner Kinder auf das Bajonett!

So große Gegensätze enthält das Gedicht. Aber es ist keine sinnliche, satirisch=humoristische Epopöe wie diejenige Ariosts, es ist ein leidenschaftlich politisches Tendenzgedicht, voller Ingrimm, Hohn, Drohungen und Mahnrufe, mit wieder= holten langen, gellenden Stößen in die Kriegsdrommete der Revolution.*) Byron schildert nicht allein die Schrecknisse, er kommentiert sie. Als er nach der Einnahme von Ismail den Siegesrapport des Schlächters Suwarow an Katharina citiert hat, bemerkt er:

> Er schrieb dies Nordpol=Lied, Text, Melodie
> Und auch Begleitung, Röcheln, Heulen, Schrei'n,
> Nicht sangbar, doch vergessen soll man's nie!
> Denn ich will pred'gen, bis die Steine schrein
> Und fluchen den Tyrannen. Soll das Knie
> Der Menschheit stets gekrümmt vor Thronen sein?
> Dann lern', o Nachwelt, lern', wie unsre Zeit war,
> Die wir geschildert, eh' die Welt befreit war!

---

*) But by and by I'll prattle
Like Roland's horn in Roncesvalles' battle.
Don Juan, X, 87.

Vergleicht man in diesem Punkte „Don Juan" mit „Fauſt",
dem größten Gedichte des Jahrhunderts, ſo fühlt man, daß
der breite hiſtoriſche Zug in „Don Juan" vollkommen die
Kraft hat, wie der philoſophiſche Geiſt, welcher „Fauſt" be=
ſeelt. Und hält man denſelben in ſeiner Phantaſie einen
Augenblick mit ſeinem ruſſiſchen Sprößling, Puſchkins „Eugen
Onägin", und ſeinem däniſchen Sprößling, Paludan=Müllers
„Adam Homo", zuſammen, ſo fühlt man in dem engliſchen
Gedichte den Meereshauch der Natur und Geſchichte um ſo
ſtärker im Gegenſaße zu dem Welttone und dem politiſchen
Unvermögen in der ruſſiſchen Dichtung und zu dem be=
ſchränkten moraliſchen Standpunkte in der talentvollen däniſchen
Epopöe. In „Don Juan" findet man Natur und Geſchichte,
wie in „Fauſt" Natur und Metaphyſik; hier iſt ein Menſchen=
leben in ſeiner Breite entfaltet, wie im „Fauſt" in eine Per=
ſonifikation zuſammengedrängt, und das ganze Werk iſt das
Produkt einer Entrüſtung, die hier vor den Augen aller
Großen der Zeit ihr Mene Tekel Upharſin ſchrieb.

Erſt in dieſem Werke war Byron ganz er ſelbſt. Aus
gründlicher Erfahrung kannte er jeßt den Lauf der Welt gut
genug, um ſich alles unreifen Idealismus entſchlagen zu
haben. Er wußte jeßt, woraus der Durchſchnittsmenſch be=
ſtünde, und wovon er ſich in ſeinem Leben leiten ließe.
Miſanthropiſch hat man ihn wegen ſeines ſchneidenden Spottes
darüber genannt; ich ſehe vielmehr, daß er die richtige Ant=
wort hierauf gegeben hat, wenn er (IX, 22) ſagt:

> Mich nennt ihr Miſanthrop? Weshalb? Weil ihr
> Mich haßt, ich euch nicht.

Gewiß iſt er hie und da zyniſch, aber in Fällen, wo die
Natur ſelbſt zyniſch iſt. Hat er denn Unrecht, wenn er (V,
48 f.) ſchreibt:

> Die Leute reden viel von Appellieren
> An Leidenſchaft und Herz und auch Verſtand . . .
> All dieſe Zaubermittel aber gehn
> Nicht ſo direkt ans Herz den Millionen,
> Wie der gewalt'ge Klang, das ſüße Loden.
> Das Seelen-Sturmgeläut der Tafelglocken!

Hat er Unrecht, wenn er (IX, 73) unbarmherzig zeigt, wie eitel und selbstsüchtig die Liebe ist? Oder geht er zu weit in der Bitterkeit seiner Satire, wenn er III, 60) witzelt:

> Doch wird man Kinder für ein Glück erklären,
> (Nur nicht nach Tisch, da werden sie zu Plagern;)
> Wie schön, wenn Mütter ihre Kleinen nähren!
> (Nur pflegen sie dabei sehr abzumagern.) —

Ach, so lange alles Schöne hier auf Erden seine Kehrseite hat, frommt es wenig, dem Dichter verbieten zu wollen, daß er sie zeige, wie tief auch der Moralist dabei seufzen mag. Und diese Stellen sind gewiß die ausgeprägt zynischsten des Gedichtes, wie überhaupt die bitteren Roussseau'schen Ausfälle gegen die Zivilisation, deren Wonnen als Krieg, Pestilenz, Despotenverwüstung und Königsgeißeln aufgezählt werden, stets von glühenden Liebeserklärungen an die Natur begleitet sind (siehe besonders VIII, 61—68). „Anonyme Artikel haben mich gottlos genannt", sagt er, (III. 104.)

> Mein Dom ist Meer, Gebirg und Firmament,
> Alles, was von dem Urquell seinen Lauf nimmt.
> Der unsre Seelen schuf und wieder aufnimmt.

Allein es versteht sich, daß diese Naturandacht nicht mit dem theologischen Ritual übereinstimmte. Wie ein Refrain aus „Childe Harold" kehrt die Verherrlichung der Freiheit des Gedankens wieder. Es heißt (XI, 90:

> Ich geb', auch wenn ich einsam bin,
> Mein freies Denken nicht um Kronen hin.

Bald begegnen uns die ingrimmigsten Ausfälle gegen die Vorstellungen der Theologie von der Entstehung der Sünde, bald eine beißende Satire über die Orthodoxie und die landläufige Lehre, daß Krankheit und Mißgeschick fromm machen. Von der Sünde heißt es (IX, 19):

> „Der Himmel deckt", wie Cassio sagt, „uns Alle;
> Kommt, laßt uns beten!" Seien wir beflissen
> Für unsrer Seelen Heil. Seit Adams Falle
> Wird alle Menschheit in das Grab gerissen,
> Samt allen Bestien. „Ob der Sperling falle,
> Sei Fügung," sagt man, wenn wir auch nicht wissen,
> Was er verbrochen hat. Vermutlich saß
> Er auf dem Baum, von welchem Eva aß.

Man sieht, um wie viel freier und kühner der Ton seit
„Kain" geworden ist. Und von der Hospitalsorthodoxie heißt
es XI, 5 und 6):

> Je mehr die Krankheit Angst macht und Beschwerde
> Die Folg' ist, daß ich orthodoxer werde.

> Ein Stoß ben{es} mir Gottes Göttlichkeit,
> (Doch daran glaubt' ich schon, wie auch an Satan;)
> Der zweite Stoß der Jungfrau Heiligkeit;
> Beim dritten nahm ich Adams Sündenthat an;
> Beim vierten kam auch die Dreieinigkeit, —
> Mein Glaube wuchs zu einem solchen Grad an,
> Daß ich nur wünscht', es wären vier statt drei,
> Weil dann noch etwas mehr zu glauben sei.

Byron war jetzt an den Punkt in seiner Dichterlaufbahn
gelangt, daß er nicht mehr wußte, wie er seine Sachen gedruckt erhalten solle. Sein Verleger war ängstlich und zog
sich allmählich ganz zurück. Die ersten Gesänge des „Don
Juan" fanden ja nicht einmal einen Buchhändler, der sie in
Kommission zu nehmen wagte. Byron sagt selbst, indem er
(XI, 56) sein Schicksal mit dem Napoleons vergleicht:

> Doch war „Juan" mein Moskau, und „Faliero"
> Mein Leipzig, und mein Mont St. Jean scheint „Kain";
> Die Belle-Alliance der Tröpfe kann nunmehro
> Viktoria ob dem toten Löwen schrein."

Ich habe schon berichtet, was Southey in der Vorrede seines
Speichelleckergedichtes „Die Vision des Gerichts" zu sagen
sich erfrechte. Er forderte als echter Denunziant die Regierung auf, gegen den Verkauf von Byrons Schriften einzuschreiten; denn daß der Angriff auf Byron gemünzt war, verhehlte er nicht in seiner Antwort auf dessen Erwiderung.
Triumphierend ruft er hier aus: „Ich habe die Mitglieder
dieser Schule als Feinde der Religion, ihres Vaterlandes, der
Gesellschaftsordnung und der häuslichen Moral dem öffentlichen Abscheu preisgegeben. Ich habe ihr den Namen der
satanischen Schule gegeben, ein Name, welchem ihr Begründer
und Häuptling entspricht. Ich habe aus meiner Schleuder

einen Stein geworfen, welcher die Stirn dieses Goliath ge=
troffen hat. Ich habe seinen Namen an den Galgen genagelt
zur Schmach und Schande für ihn, so lange man dessen ge=
denken wird. Nehme ihn herab, wer da kann."

So schrieb der bestallte Skribent, der, wie Byron sagt,
sich zum Hofpoeten emporgelungert hatte.*) Byron antwortete mit
seiner bewundernswerten Satire: „Die Vision des Gerichts."
Georg III. kommt hier, wie bei Southey, an das Himmelsthor und
begehrt Einlaß. Aber St. Petrus ist keineswegs erbötig, seinen
Wünschen entgegen zu kommen. Das Schloß und die Schlüssel
des Pförtners sind verrostet; es giebt so wenig zu thun; seit
1789 wandern alle Menschen zur Hölle. Die Cherubim
wollen dem alten Manne Platz machen, denn die Engel sind
sämtlich Tories. Aber Satan stellt sich als Ankläger ein,
und er und St. Michael machen einander nun das Anrecht
auf den Toten streitig. Jeder von ihnen führt seine Zeugen
vor, und unter diesen holt Asmodeus den Southey herbei,
welcher seine Werke vorzulesen beginnt und so unaufhaltsam
damit fortfährt, daß Alle, sowohl Engel wie Teufel, die
Flucht ergreifen und der alte König in dem allgemeinen Lärm
und Wirrwarr in den Himmel schlüpft. In seiner Ver=
zweiflung über die Vorlesung schlägt St. Petrus sein Schlüssel=
bund Southey um die Ohren, dieser sinkt erst zu Boden —
wie seine Werke, dann schwimmt er wieder oben — wie
er selbst;

> Denn was verfault ist, pflegt so leicht zu sein
> Wie Korkholz oder Irrlichtlein im Moor.

Das ganze kleine Meisterwerk, welchem in der dänischen
Litteratur Paludan=Müller das Motiv zum letzten Gesange
seines „Adam Homo" entnommen hat, folgt Punkt für Punkt
dem Gedichte Southeys, um dasselbe zu parodieren. Aber die
Schwierigkeit war, es gedruckt zu bekommen. Murray wollte

---

*) Vgl. die Ausfälle gegen Southey im „Don Juan", I, 205;
III, 80 und 93; IX, 35; X, 18.

es nicht veröffentlichen, ebenso wenig irgend ein anderer Londoner Verleger. Und in dieser Not beging Byron seinen unklügsten litterarischen Schritt, der ihm in den Augen des englischen Publikums am meisten schadete. Ein talentvoller, aber nicht hervorragender Schriftsteller, der radikale Dichter Leigh Hunt, den Byron, um eine oppositionelle Demonstration zu machen, in seiner Jugend mit Moore besucht hatte, als er wegen Beleidigung des Prinzregenten eine zweijährige Ge= fängnißstrafe verbüßte, und der jetzt mit Shelley liirt war, bezeigte Lust, eine radikale Zeitschrift im Verein mit Shelley und Byron zu begründen. Shelley selbst hielt sich aus Be= scheidenheit zurück; aber kaum hatte er Hunt die Aussicht er= öffnet, möglicherweise Byrons Mitarbeiterschaft zu erlangen, als Hunt mit Weib und Kindern England verließ, alles auf= gab, was er unternommen hatte und wovon er leben sollte, und nun hilflos nach Italien kam, wo Byron ihm und seiner Familie edelmütig ein Unterkommen in seiner eigenen Wohnung gab. Indeß zeigte sich bald, daß zwischen diesen zwei Männern, so verschieden an Art und Wert, keine persönliche Sympathie aufkommen konnte; Byron fühlte sich durch Hunts Familiarität verletzt, Hunt stieß sich an Byrons Ueberlegen= heit. Das Hauptunglück war jedoch, daß Byron sich in der Meinung der Engländer durch Verbündung mit einem so viel geringeren Manne gänzlich ruinierte.

Vergebens warnte ihn Thomas Moore, indem er es ab= lehnte, Beiträge für die projektierte Zeitschrift zu liefern, und ihm schrieb: „Allein können Sie den Kampf gegen die Welt aufnehmen, was schon etwas sagen will, da die Welt, wie Briareus, ein Herr mit vielen Händen ist; aber um es zu können, — müssen Sie allein stehen. Denken Sie daran, daß die elenden Häuser um die Peterskirche dieser fast ganz die Aussicht nehmen." Aber Byron hatte einmal sein Wort gegeben, Hunt zu unterstützen und wollte jetzt nicht zurück= treten. Er ahnte damals nicht, daß Leigh Hunts erste That nach seinem Tode darin bestehen würde, drei Bände zur Ver= unglimpfung seines Andenkens zu schreiben*). Er gab also Hunt „Die Vision des Gerichts" und „Himmel und Erde",

die schöne Weltuntergangsdichtung, welche in der dänischen
Litteratur Paludan=Müllers „Ahasverus" hervorgerufen hat.
Allein die Zeitschrift, welche zuerst „The Carbonaro" heißen
sollte, welcher man aber aus Politik den matten Namen
„The Liberal" gab, rief so viel Entsetzen und Entrüstung
hervor, daß sie ein kümmerliches Dasein fristete und schon
nach dem vierten Hefte einging. So war Byron aus der
Litteratur fast ausgeschlossen, und der Weg zur That und
zum wirklichen Kampfe für seine Ideen war der einzige, der
ihm faktisch noch offen stand.

Zuerst jedoch machte sein revolutionäres Pathos sich Luft
in „Don Juan" und dem „Ehernen Zeitalter." Shelley
traute Byron den Ehrgeiz und die Fähigkeit zu, „der Retter
seines unterdrückten Vaterlandes zu werden." Mit Unrecht;
denn für den zähen und langsamen Freiheitskampf der eng=
lischen Opposition taugte er nicht. Auch war es nicht Eng=
lands politische Not allein, die ihn beschäftigte und ergriff,
sondern in seiner Entrüstung über jegliche Unterdrückung und
in seinem Hasse gegen jegliche Heuchelei warf er sich zum
Fürsprecher für die leidende Menschheit auf. Sein Blut
kochte, wenn er an die Negersklaverei in Amerika, an die Miß=
handlung der armen Bevölkerung in Irland, an das Mar=
tyrium der italienischen Patrioten dachte. Seine Sympathien
hatten immer der französischen Revolution angehört.

Er hatte zuerst Napoleon bewundert; als er jedoch sah,

---

* Mit Recht vergleicht Thomas Moore ihn mit dem Hunde, dem
erlaubt wurde, im Käfig des Löwen zu wohnen:

Though he roar'd pretty well — this the puppy allows —
It was all, he says, borrow'd —' all second-hand roar;
And he vastly prefers his own little bow-wows
To the loftiest war-note the lion could pour.

Nay, fed as he was (and this makes it a dark case)
With sops every day from the lion's own pan
He lifts up his leg at the noble deer's carcass,
And — does all a dog, so diminutive, can.

wie der Held der Zeit sank, um „König“ zu werden, „die er-
wachten Menschenrechte wieder auslöschte, und mit gemeinen
Königen und Schmarotzern verkehrte,“ und sich endlich in
Fontainebleau lieber fesseln ließ, statt sich selbst den Tod zu
geben, griff er mit furchtbaren Hohnworten sein einstiges
Ideal an. In Byrons und Heines Verhältnis zu Napoleon
liegt viel Aehnlichkeit; denn Beide verhöhnen den sogenannten
Freiheitskampf ihres Vaterlandes gegen ihn; aber die Un-
ähnlichkeit ist die, daß der unbeugsame Stolz und Freisinn
des englischen Dichters es ihm unmöglich machte, sich in die
weibische Bewunderung zu verlieren, in welche der deutsche
Dichter verfiel. Napoleons blutiger Kriegsruhm konnte Demjenigen nicht imponieren, welcher („Don Juan“, VIII, 3) das
schöne Wort gesprochen hat, daß es ehrenvoller sei, eine
Thräne zu trocknen, als Meere von Blut zu vergießen, und
welcher keinen anderen Krieger bewunderte, als den, der für
Freiheit kämpfte, wie Leonidas und Washington. Er hatte
lange seine Geißel über das Haupt des Prinzregenten geschwungen und manch liebes Mal den Schlag auf seinen
dicken Wanst herabfallen lassen. „Irland stirbt vor Hunger“,
heißt es einmal, „George wiegt 14 Ließpfund“, und in dem
Epigramm, wo er ihn mit Karl I. und Heinrich VIII. vergleicht: „Karl ohne Kopf und Heinrich ohne Herz 2c.“ ruft
er aus:

> Dem Volk ein Karl, ein Heinrich seinem Weib,
> Die zwei Tyrannen eins in einem Leib!

Jetzt ging Byron seinem Vaterlande selbst zu Leibe. Er griff
alles Unwahre, alles Hassenswerte daselbst an, von der Tradition von der jungfräulichen Königin an („unsere halbkeusche
Elisabeth“ heißt es in „Don Juan“, IX, 81) bis zum
modernsten bon ton. „Ich bin ein zu großer Patriot“, sagt
er spöttisch („Don Juan“, VII, 22), „um nicht lieber zehn
Lügen von den Franzosen zu erzählen, als ein wahres Wort
— denn solche Wahrheiten sind Hochverrat.“ Er wagt, den
Preußen einen großen Teil der Ehre des Sieges bei Waterloo
zuzuschreiben, Wellington Villainton zu nennen (wie Béranger),
und ihn hören zu lassen, daß er, bei all seinen Orden und

Pensionen, sich kein anderes Verdienst erworben, als „die alte Krücke der Legitimität geflickt zu haben." Er wagt endlich mit einem ganz anderen Ernst und Pathos, als Thomas Moore in seinen satirischen Briefen, England ins Ohr zu schreien, wie verhaßt dessen empörende Tory-Politik dasselbe bei allen Völkern der Erde gemacht habe („Don Juan", X, 66—68):

Ich habe wenig Grund, dies Stück der Welt,
Das mir kaum mehr als Leben gab, zu lieben,
Und das den Stoff zum größten Volk enthält.
Doch ist mir Ehrfurcht, Schmerz ist mir geblieben
Für seinen alten Ruhm, der jetzt verfällt . . .

O könnt' es doch recht klar und wahr erkennen,
Wie seinen großen Namen Haß verzehrt,
Wie alle Völker auf die Stunde brennen,
Die seine Brust bloß legen wird dem Schwert,
Wie alle Land' es Feind und Todfeind nennen,
Schlimmer als Feind, den Freund, den sie geehrt,
Den falschen Freund, der Freiheit erst verheißt,
Und dann sie ketten möchte, Leib und Geist.

Will der sich stolz mit seiner Freiheit blähn,
Der nur der erste Sklav ist? Alles Land
Trägt Fesseln, doch den Schließer, was trifft den?
Auch er ist an Verließ und Schloß gebannt.
Das arme Recht, den Schlüssel umzudrehn
Im Kerker, ist das Freiheit?

Byron stand jetzt auf der Höhe, wo keine konventionelle Rücksicht ihn fesseln konnte, er verfolgt das „Ministerium der Mittelmäßigkeiten", wie er es nennt, noch über den Tod seiner Mitglieder hinaus. Er gönnt Castlereagh nicht Ruhe im Grabe, weil, wie er in einer der Vorreden zu „Don Juan" sagt, das System der Unterdrückung und Heuchelei, mit welchem sein Name identisch war, noch lange nach seinem Tode fortdauerte. Er verabscheut die Legitimität und die bis zum Ekel wiederholten Phrasen von dem Dreizack der meerbeherrschenden Britannia und ihrer glücklichen Verfassung, von den hohen Heldenkaisern und dem frommen Russenvolke. Auf den Geldmünzen, sagt er nach Napoleons Sturz, stehen jetzt wieder „dieselben legitim stupiden Gesichter." Wer konnte auch anders als angewidert werden, wenn man die Abgötterei sah, welche mit dem rohesten Volke Europas getrieben ward, und wenn man allenthalben das sentimentale Abschiedslied des gefühlvollen Kosaken an sein Mädchen vernahm, dessen Anfangsworte „Schöne Minka, ich muß scheiden" noch heute nicht vergessen sind.

So eröffnete also Byron in Europa die radikale Opposition, inmitten der Gandiebe donnerte er gegen die politische Romantik und die heilige Allianz, die ja nichts anderes als die in System gesetzte politische Heuchelei Europas war. Er nannte die heilige Allianz den Affen der himmlischen Dreieinigkeit, welcher darauf ausgehe, drei Narren in einen Napoleon zu verschmelzen. Er höhnt den koketten Zaren Alexander, den brillantesten „Walzer und Barbaren", und brandmarkt die heuchlerische Kongreßpolitik, durch welche „die zwanzig Hanswurste in Laibach das Schicksal der Menschheit entscheiden wollten." Er singt („Don Juan", XIV, 82 f.):

> O Wilberforce! du Mann der schwarzen Ehre,
> Den Lied und Rede nie genugsam preist, . . .
> Es giebt auf unsrer alten Hemisphäre
> Noch mancherlei zu thun für deinen Geist:
> Feg auch einmal den andern Erdteil rein;
> Der Schwarz' ist frei, — nun sperr die Weißen ein!

> Sperr ein den kahlen Raufbold Alexander!
> Verschiff die „heil'gen Drei" gen Senegal,
> Und frag sie, wie es schmeckt, so mit einander
> Zu frohnden, und die Prügelsupp' als Mahl?

Welche Sprache! welche Töne bei der Todesstille im unterdrückten Europa! Sie schrillten durch die politische Atmosphäre und widerhallten weit und breit; kein Wort Lord Byrons fiel ungehört zur Erde, und die zahllosen Flüchtlinge und Verbannten, Unterdrückten und Verschworenen in ganz Europa hefteten ihre Augen auf den einen Mann, der bei dem allgemeinen Hinabsinken der Intelligenzen und Charaktere auf ein niederes Niveau aufrecht, schön wie ein Apollo, mutig wie ein Achilleus, stolzer als sämtliche Könige Europas dastand. Er, der überall unverletzliche Peer von England, ward das Organ der stummen Erbitterung, die Europas beste und frei= heitsliebendste Geister erstickte, indem er ungehindert und straf= los die furchtbaren Ausbrüche seines revolutionären Zornes herabwettern ließ.

Er selbst hatte („Don Juan", IV, 106) die Poesie als Leidenschaft definiert. Seine eigene Dichtung ward jetzt lauter beseelte Leidenschaft. Man höre, welcher Donner jetzt über Europa hinrollte, als er von der künftigen Zeit sprach („Don Juan", VIII, 137; IX, 39; VIII, 50 und 51; IX, 24):

Wie eine Fabel wird es euch erscheinen,
Was ihr von Thronen lest, so fabelhaft,
Wie uns ein Mammuthtier, vor deß Gebeinen
Das heutige Geschlecht verwundert gafft,
Oder wie Schrift auf Hieroglyphensteinen,
Das heitre Rätsel künft'ger Wissenschaft;
Gottlob, ein Rätsel wird d i e s einst hienieden,
Wie uns der wahre Zweck der Pyramiden . . .

Denkt, George der Vierte würde ausgegraben!
Ein solcher Zukunftsmensch begriffe nicht,
Was wir d e r Kreatur zu fressen gaben . . .

Genug! Gott schütz' den Thron und alle Throne!
Wenn er's nicht thut, die Menschen thun's nicht länger.
Ein kleiner Vogel singt mit hellem Tone:
„Das Volk bezwingt allmählich seine Dränger."
Der trägste Gaul wird wild in steter Frohne,
Wenn allzu tief ins wunde Fleisch die Sträng' er
Einschneiden fühlt, und selbst der Pöbel hat
Das Beispiel Hiob's nachgerade satt.

Erst knurrt er blos; dann flucht er auch, und dann,
Wie David, wirft er Kiesel nach dem Riesen;
Zuletzt greift er zu Waffen, welche man
Nur aufrafft in verzweiflungsvollen Krisen,
Und dann giebt's Krieg! Noch einmal fängt er an:
Es thut mir leid, ich hab' ihn nie gepriesen;
Nur leider, Revolution allein
Kann von der Höllenfäulnis uns befrein . . .

Krieg schwör' ich Jedem (wenigstens in Reden,
Vielleicht in Thaten einst), der den Gedanken
Bekriegt, und jeden Sykophanten, jeden
Despoten forder' ich in meine Schranken.
Ich weiß es nicht, wer siegt in diesen Fehden,
Doch wüßt' ich's auch, ich würde nimmer schwanken,
Nichts wird den tiefen, offnen Haß je ändern,
Haß aller Tyrannei in allen Ländern.

Er hatte die Revolution geweissagt; er hatte mit Schmerz
die Pläne der Carbonari scheitern sehen. Endlich war sie
ausgebrochen, diese Revolution; „von dem Gipfel der Anden
bis zur Felsspitze des Athos" wehte dasselbe Banner. Er
war aus der Litteratur in England ausgestoßen. Er wurde
in Italien von Stadt zu Stadt getrieben. Er hatte lange
gesagt, ein Mann müsse mehr für die Menschheit thun, als
Verse schreiben. Oftmals hatte er mit einer Geringschätzung,
wie Shakespeares Heißsporn, von der Kunst als von Flitter-
tand gesprochen. Jetzt vereinigte sich Alles, ihn zum Handeln
zu treiben. Die Rücksicht auf die Gräfin Guiccioli war die
einzige, welche ihn noch zurückhielt. Er dachte daran, sich an
dem Freiheitskampfe der Kreolen zu beteiligen, er erkundigte
sich eifrig nach den Zuständen in Südamerika, und schon seine
„Ode an Venedig" hatte er mit den Worten geschlossen:

Besser da,
Wo einst Thermopylä dich fallen sah,
Besiegt und frei Lacedämonia!
Als hier verkümpfen! — oder fliehn auf Bahnen
Des Meers, ein neuer Strom den Ozeanen,
Ein Erbe mehr des Geistes unsrer Ahnen,
Ein Bürger mehr für Dich, Amerika!

Allein das Land, welches ihn zuerst zum Gesange begeistert hatte, übte die stärkste Anziehungskraft auf ihn. Er
riß sich los von seiner Geliebten, die er den Gefahren und
Strapazen eines Feldzuges nicht auszusetzen wagte. Das
englische Komité der Philhellenen hatte ihn unter seine Mitglieder aufgenommen, und er brachte reiche Geldmittel von
demselben mit. In Livorno erhielt er noch am Tage der
Abreise den ersten und letzten Gruß von Goethe, das be-

25*

kannte Gedicht des Altmeisters an Byron. Fünf ganze Mo=
nate verweilte Byron auf Cephalonia, damit beschäftigt, sich
eingehend mit den griechischen Angelegenheiten vertraut zu
machen, und von den verschiedenen Parteiführern, die in Zwist
mit einander lagen, bestürmt, sich jedem einzelnen von ihnen
anzuschließen. Die Verteilung von Kriegsmaterial, Geschütz
und Geld gab Anlaß zu einer ausgedehnten Korrespondenz,
die er mit ehernem Fleiße besorgte. Endlich traf Byron seine
Wahl zwischen den griechischen Häuptlingen, und entschloß
sich, zu Maurocordato nach Missolunghi zu gehen. Während
des Aufenthaltes auf Cephalonia waren ihm schon die für
seinen Ehrgeiz schmeichelhaftesten Anerbietungen gemacht worden.
Die Griechen neigten sich überwiegend der monarchischen Re=
gierungsform zu, und nach der Ueberzeugung Trelawneys,
welcher die Verhältnisse kannte, würde man, wenn er den
Kongreß von Salona erlebt hätte, ihm nichts Geringeres, als
die griechische Krone offerirt haben.

Als Byron in Missolunghi aus Land stieg, wurde er
fast wie ein Fürst empfangen. Geschützsalven und rauschende
Musik begrüßten ihn, die ganze Bevölkerung war in wilder
Begeisterung am Ufer zusammen geströmt, und in dem für
ihn eingerichteten Hause erwartete ihn Maurocordato mit einer
glänzenden Versammlung griechischer und fremder Offiziere.
5000 Mann lagen in der Stadt. Byron nahm 500 Sulioten,
welche durch Marco Bozzaris Tod führerlos geworden waren,
in seinen eigenen Sold. Er selbst wählte sich den gefähr=
lichsten Posten, gleich als wünschte er sich den Tod. Er
wollte in eigener Person den Befehl über die Truppen über=
nehmen, welche gegen Lepanto ausgesandt werden sollten, und
hoffte durch Mut und Thatkraft zu ersetzen, was ihm an
militärischer Erfahrung abging; die eigentliche strategische
Leitung sollte ein Generalstab besorgen. Er fand hier An=
laß, über die mächtige Wirkung zu erstaunen, welche persön=
liche Unerschrockenheit und persönliche Vorzüge auf halbwilde
Leute machen; durch nichts imponirte er seinen Sulioten, die
selbst schlechte Schützen waren, so sehr, wie durch seine Treff=
sicherheit und seine Gleichgültigkeit gegen Gefahren. Er selbst

war ein größerer Mensch geworden. Wohl könnten ihn noch tiefe Anfälle seiner alten Schwermut heimsuchen, aber die Bahn des Ruhmes lag offen vor seinen Blicken. Ein Zeugnis seiner Stimmung ist das herrliche Gedicht, vielleicht das schönste, das er geschrieben hat, welches er an seinem sieben= unddreißigsten Geburtstage verfaßte. Vergleicht man dasselbe mit den verzweiflungsvollen Zeilen, die er an dem Tage schrieb, wo er sein dreiunddreißigstes Jahr vollendete, so fühlt man recht den Unterschied. Es enthält, neben der Ahnung seines nahe bevorstehenden Todes, den männlichsten Vorsatz.

> Nun ist es Zeit, daß endlich sich
> Mein einsam Herz zur Ruh' begiebt;
> Doch muß ich lieben, ob auch mich
> Kein Andrer liebt.

> Das Laub wird gelb, der Winter kam,
> Der Liebe Blüt' und Frucht verdorrt,
> Und nur der Wurm, der Krebs, der Gram
> Sind mein hinfort.

> Nicht aber jetzt, nicht hier erdrückt
> Erinnerungen, Herz und Hirn:
> Nicht hier, wo Ruhm dem Helden schmückt
> Sarg oder Stirn!

> Banner und Schwert und Schlachtgefild
> Und Hellas schaun mir ins Gesicht, —
> Der Sparter, tot auf seinem Schild,
> War freier nicht.

> Was ungesucht so Mancher fand,
> Ein kriegrisch Grab, das suche du!
> Schau denn ins Land, wähl' deinen Stand,
> Und finde Ruh'!

Byrons allererster Gedanke war, wie sich von ihm er= warten ließ, sein Teil dazu beizutragen, der entsetzlichen Bar= barei, mit welcher der Krieg geführt wurde, abzuhelfen. Er schenkte einigen türkischen Offizieren die Freiheit und sandte

sie zu Jusfuf Pascha mit einem in würdigen und schönen
Ausdrücken abgefaßten Schreiben, worin er ihn bat, seinerseits den griechischen Gefangenen Menschlichkeit zu erweisen,
da die Unglücksfälle des Krieges ohnehin schrecklich genug
seien. Dann wandte er mit aller Kraft seine Aufmerksamkeit
der Aufgabe zu, die er sich gestellt hatte, und hier zeigte sich
klar sein praktischer Blick im Gegensatze zu den poetischen
Träumereien seiner Umgebung. Während die übrigen englischen Komitémitglieder in ihrem philosophischen Idealismus
damit beginnen wollten, Griechenland durch Gründung einer
freien Presse, Abfassung von Journalartikeln c. zu zivilisieren,
war bei Byron der Carbonaro jetzt ganz vor dem Real-
politiker verschwunden. Mit Festigkeit und Kraft stützte er
sich überall nur auf die reell vorliegenden Verhältnisse, zuerst
und vor Allem auf den gemeinsamen Türkenhaß der Griechen.
Er glaubte, daß man sicherer mit diesem rechne, als wenn
man auf ihre republikanischen und liberalen Tendenzen zähle.
Stanhope wollte Schulen errichten: Byron verlangte und ver-
teilte Kanonen. Stanhope suchte durch Missionäre protestantisches Christentum einzuführen; Byron, welcher erkannte, daß
diese Thorheit die ganze griechische Geistlichkeit dem Aufstande
entfremden müsse, wollte nur Gewehre und Geld einführen.
Endlich stellt er jetzt jeden feindlichen Ausfall gegen die europäischen Regierungen ein. Er, welcher erlebt hatte, wie
jammervoll der Carbonarismus an der Macht der organisierten
Regierungen gescheitert war, wünschte vor Allem die Anerkennung Griechenlands von Seiten der Großmächte zu erlangen.

Aber leider war seine Gesundheit nicht seinen großen
Plänen gewachsen. Er unternahm in Missolunghi seine gewöhnlichen Spazierritte um die Wälle der Stadt, und um
auf die Phantasie der Einwohner zu wirken, ließ er sich,
wenn er ausritt, von einer Leibwache von 50 Sulioten zu
Fuße begleiten; dieselben waren so treffliche Läufer, daß sie,
Gewehr im Arm, neben seinem Pferde einher liefen, selbst
wenn dieses den stärksten Trab anschlug. Auf einem dieser
Spazierritte wurde er durchnäßt und wollte nicht gleich da-

rauf nach Hause eilen. „Nähme ich solche Rücksichten," sagte er, „so würde ich nur einen schlechten Soldaten abgeben." Am nächsten Tage befielen ihn furchtbare Krämpfe — drei Männer vermochten ihn kaum zu halten — und die Schmerzen waren so schrecklich, daß er sagte: „Ich fürchte nicht den Tod, aber diese Schmerzen kann ich nicht ertragen." Während des ohnmachtähnlichen Zustandes, welcher dann folgte, stürzte ein Trupp aufrührerischer Sulioten in sein Gemach, schwang die Säbel und verlangte Genugthuung für eine vermeintliche Zu-rücksetzung. Byron richtete sich im Bette empor, und mit einer gewaltigen Willensanstrengung, um so ruhiger, je mehr sie schrieen und tobten, beherrschte er sie durch Blick und Mienen und schickte sie fort.

Er hatte früher an Moore geschrieben: Wenn irgend Etwas wie Fieber, Ueberanstrengung, Hunger oder dergleichen hier dem Leben Ihres Bruders in Apollo ein Ende machen sollte, - so denken Sie meiner bei Ihrem Wein und Gesang. Ich hoffe, daß die gute Sache siegen wird: aber das weiß ich, daß das Gebot der Ehre von mir so genau eingehalten werden wird, wie meine Milchdiät." Am 15. April mußte Byron sich wieder zu Bette legen, und das Fieber verließ ihn nicht mehr. Der 18. April war der Ostertag, den die Griechen mit Kanonendonner und Gewehrsalven auf den Straßen zu feiern pflegen. Aber aus Rücksicht auf ihren Wohlthäter verhielt die Bevölkerung sich ganz still. Der 19. April war der letzte Tag seines Lebens. Er lag in De-lirien, glaubte zu kommandieren und rief: „Vorwärts, immer vorwärts! Muth! Als er wieder zu sich kam, bat er seinen Kammerdiener, seinen letzten Willen zu vernehmen. Er sagte: „Geh zu meiner Schwester und sag ihr . . . geh zu Lady Byron und sag ihr . . .", aber seine Stimme versagte, und man hörte nur einzelne Namen: „Augusta — Adah" — „Nun hab' ich Dir Alles gesagt", schloß er. — „Ach, Mylord," antwortete der Diener, „ich habe kein Wort von dem ver-standen, was Ew. Herrlichkeit mir gesagt haben." „Nicht verstanden!" erwiderte Byron mit einem trostlosen Blick; „welches Unglück! jetzt ist es zu spät!" Man hörte noch

einzelne Worte aus seinem Munde: „Armes Griechenland!
Arme Stadt! Meine armen Diener!" Dann wandte sein
Gedanke sich seiner Geliebten zu, denn er sagte auf Italienisch:
„Io lascio qualche cosa di caro nel mondo": Endlich gegen
Abend sagte er: „Nun will ich schlafen" — und er war
hinüber.

Der Tod des großen Mannes traf ganz Griechenland
wie ein Donnerschlag. Das Volk stand diesem Verluste wie
einem furchtbaren Naturereignisse gegenüber, dessen Folgen sich
nicht berechnen ließen. Am selben Tage erschien folgendes
Dekret:

Die provisorische Regierung für Westgriechenland.

Das Osterfest ist heute aus einem Freudenfeste in einen Tag der
Trauer und Sorge verwandelt worden. Lord Noel Byron hat diesen
Nachmittag um 6 Uhr nach einer zehntägigen Krankheit aufgehört zu
leben. Ich verordne hiermit:

1) Morgen bei Tagesanbruch sollen 37 Kanonenschüsse von der
   großen Batterie abgefeuert werden, eine Zahl, welche den
   Lebensjahren des großen Toten entspricht.
2) Alle öffentlichen Gebäude, auch die Gerichtshäuser, bleiben drei
   Tage geschlossen.
3) Alle Verkaufsläden, mit Ausnahme der Apotheken, bleiben gleichfalls geschlossen, und es wird strenge darauf gehalten, daß
   keinerlei Art von Fröhlichkeit, mit welcher das Osterfest sonst
   gefeiert wird, zu erblicken sei.
4) Eine allgemeine Landestrauer für 21 Tage.
5) In allen Kirchen soll ein Traueramt stattfinden.

Gegeben zu Missolunghi den 19. April 1824.

A. Maurocordato.

Es bedarf keines anderen Zeugnisses für den Eindruck, welchen
die Kunde von Byrons Tod auf Alle machte, die ihm nahe
standen. Die griechische Bevölkerung lief wehklagend durch
die Gassen unter dem Rufe: „Er ist tot! der große Mann
ist tot!" — Die Leiche wurde nach England gebracht, und
die Geistlichkeit versagte ihr einen Platz im Dichterwinkel der
Westminsterabtei. Aber „hoch erhaben über Englands Tadel
und Griechenlands Lob" schritt sein Andenken über die Erde.

In Rußlands und Polens, Spaniens und Italiens,

Frankreichs und Deutschlands Geistesleben setzten die Keime, die er mit verschwenderischer Hand ausgestreut hatte, Frucht an. Der Same ward zu Blumen, und die Drachenzähne zu streitbaren Männern. Die slavischen Nationen, welche unter einer brutalen Tyrannei seufzten und welche von Natur einen melancholischen Hang und aufrührerische Instinkte hatten, eigneten sich mit Leidenschaft Byrons Poesie an, und Puschkins „Onägin", Lermontows „Der Held unsrer Zeit" und Mickiewicz' „Konrad Wallenrod", Slovackis Lambro und Benjowski beweisen, wie tief ihre Dichter sich ergriffen fühlten. Die romanischen Völkerstämme, deren schönes Klima und deren süße Sünden er besungen hatte, und die sich gerade jetzt zum Aufstand erhoben, übersetzten und studierten mit Begeisterung seine Werke. Die emigrierten spanischen und italienischen Dichter nahmen sein Feldgeschrei auf, in Spanien selbst bildete sich die Myrtengesellschaft, in Italien erfuhr Giovanni Berchet vor Allen Byrons Einfluß, und derselbe ist nicht minder bei Leopardi und Giusti zu spüren. In Frankreich war der sofortige Eindruck von Byrons Tod jedoch am ersichtlichsten. Nur wenige Wochen lagen zwischen diesem Ereignisse und dem Uebertritte Chateaubriands zur Opposition, und Chateaubriands erste That nach seinem Sturze war, daß er sich zur Aufnahme in das griechische Komité meldete. Victor Hugos „Orientales" waren keine Flucht in den Orient, wie die morgenländischen Poesien der deutschen Dichter; der Poet nahm den Weg über Griechenland und verweilte lange bei den Helden des Befreiungskampfes. Delavigne besang Byron in einem herrlichen Gedichte, Lamartine fügte dem „Childe Harold" einen letzten Gesang hinzu, Alfred de Musset versuchte das Erbe des großen Toten anzutreten, und selbst Lamennais stimmte bald eine Sprache an, in welcher manches Wort und manche Wendung an die Weise von Byrons Invektiven erinnerte.*) Deutschland war noch politisch zu weit zurück, um Verbannte und Ausgewanderte unter seinen Dichtergeistern zu zählen;

---

*) Vgl. Die Reaktion in Frankreich 5. Aufl. 1897. S. 305. Die romantische Schule in Frankreich. 5. Aufl. 1897. Kap. 2. S. 26.

aber mit stiller philologischer Begeisterung hatten seine Ge=
lehrten in der Erhebung Griechenlands die Auferstehung des
alten Hellas gesehen, Dichter wie Wilhelm Müller und (in
späterer Zeit) Alfred Meißner schrieben schöne Elegien zu
Ehren Byrons, und innerhalb der Landesgrenzen gab es hier
in der Litteratur Geister, die sich mit Fug so gut wie exiliert
und geächtet fühlten, und in denen Byrons Dichtung um
so gewaltiger zündete: die Schriftsteller von jüdischer
Herkunft, insbesondere Börne und Heine. Und Heines beste
Poesie, vor Allem das Wintermärchen „Deutschland",*) setzt
das Werk Byrons fort. Der Romantismus in Frankreich
und der Liberalismus in Deutschland stammen beide in direkter
Linie von dem Naturalismus in Byrons Dichtung ab.

Der Naturalismus im englischen Geistesleben beginnt
bei Wordsworth als ländliche Liebe zur äußeren Natur, als
Aufsparen der Natureindrücke und als Pietät gegen das Tier,
das Kind, den Bauern und die Einfältigen im Herzen. Er
verirrt sich bei ihm vorübergehend in eine Sackgasse platter
Naturnachahmung. Er nähert sich bei Coleridge, und noch
mehr bei Southey, der gleichzeitigen deutschen Romantik, folgt
dieser in die Welt der Legende und des Aberglaubens, hält
sich aber von ihren ärgsten Ausschreitungen rein durch seine
naturalistische Behandlung des romantischen Stoffes, durch
seinen offenen Sinn für Land und Meer und für alle Ele=
mente der Wirklichkeit. Der Naturalismus wird völkerpsycho=
logisch und historisch bei Scott und schildert mit lebendigen
Farben den Menschen als Kind einer Rasse und eines be=
stimmten Zeitalters; er erobert bei Keats die ganze Sinnen=
welt und erhält sich hier einen Augenblick neutral zwischen
dem Ruhen in der Naturbetrachtung und dem Predigen eines
Naturevangeliums und natürlicher Rechte. Er wird erotisch
und politisch bei Moore, den der Anblick des Jammers seiner
Geburtsinsel in das Lager der freisinnigen Ideen hinüber
treibt. Er wird bei Campbell zum Lobgesang über England
als Königin des Meeres und zum Ausdruck für britischen

---

*) Vgl. Band 6: Das junge Deutschland 5. Aufl. 1897. S. 31 ff.

Freisinn. Er tritt bei Landor als freier, heidnischer Humanis=
mus auf, aber zu abschreckend und stolz, um Europa für sich
gewinnen zu können. Er verwandelt sich bei Shelley in eine
pantheistische Naturschwärmerei und einen poetischen Radikalis=
mus, der über die herrlichsten poetischen Mittel verfügt; aber
sein kosmischer und abstrakter Charakter im Verein mit dem
allzu großen Vorsprunge des Dichters vor seiner Mitwelt und
sein früher Tod bewirken, daß das Lied ungehört verhallt,
ohne daß Europa geahnt hätte, welchen Dichter es in ihm besitzt
und verliert.

Aber wie Achilleus sich erhebt, nachdem er die Leiche
des Patroklos verbrannt hat, mit so gewaltiger Kraft erhebt
jetzt nach Shelleys Tode Byron seine Stimme. Die euro=
päische Poesie floß in einem schläfrigen und stillen Strome,
und wer am Ufer desselben entlang schritt, fand wenig, wo=
rauf sein Auge verweilen mochte. Da entstand als eine Fort-
setzung des Stromes jene Poesie, welcher so oft der Grund
unter den Füßen wich, daß sie sich in Kaskaden von Fall
zu Fall stürzte, — und Alle betrachten ja zumeist einen Fluß
an der Stelle, wo seine Wogen einen Wasserfall bilden. Hier
bei Byron sah man die Flut schäumen und sieden, hörte sie
rauschen wie Musik und tönend ihr Lied gen Himmel senden.
Hier spritzte das Wasser — schauerlich schön — den weißen
Gischt der Wut empor, wirbelte im Maalstrome umher, zer=
splitterte sich selbst und Alles, was ihm im Wege stand, ja
höhlte mit der Zeit selbst Felsen aus. Und mitten im Wasser-
falle stand, wie Byron es in „Childe Harold" (IV, 72) geschildert hat, eine herrliche Iris, ein prächtig strahlender
Regenbogen, das Zeichen der Harmonie, des Friedens und
Freiheitsglücks, Vielen unbemerkbar, aber sichtbar für Jeden,
welcher die Sonne über sich hat und sich richtig stellt.

Derselbe kündigte bessere Tage für Europa an.

.

www.ingramcontent.com/pod-product-compliance
Lightning Source LLC
Chambersburg PA
CBHW032340280326
41935CB00008B/395